«De una manera u otra, crecí aprendiendo la Bib
y en varias organizaciones serias de estudio bí
tipología. Y sé que no soy la única. Una y otra vez, oigo a quienes han
estudiado la Biblia durante toda una vida —pero apenas acaban de descubrir estas cosas— preguntarse: «¿Por qué nunca vi esto antes?». *40 preguntas sobre la tipología y la alegoría* es un libro que recomendaré a aquellos que se inician en la teología bíblica, porque les ayudará a ver que Dios ha usado tipos y figuras en la historia y en la Biblia para asistirnos en ver la persona y la obra de Cristo más claramente. La sencillez, claridad y especificidad de este libro no solo profundizará nuestra comprensión; también generará el asombro y la admiración adecuada ante la revelación de Jesucristo».

—Nancy Guthrie,
autora de *Bendición*; profesora de Biblia en el programa
Biblical Theology Workshops for Women

«La tipología y la alegoría son conceptos complicados para muchos cristianos, a veces hasta el punto de buscar evitarlos por completo. Mitchell Chase despeja la niebla que rodea a estas antiguas prácticas interpretativas cristianas y nos ayuda a comprender su relevancia. Pero este no es solamente un buen libro sobre tipología y alegoría; es un manual práctico sobre interpretación bíblica cristiana. ¡Lo recomiendo encarecidamente!».

—Matthew Y. Emerson,
profesor de Religión, Oklahoma Baptist University,
y decano del Hobbs College of Theology and Ministry; autor de
He Descended to the Dead: An Evangelical Theology of Holy Saturday

«Mitch Chase muestra hábilmente cómo el Antiguo Testamento, por medio de prefiguraciones, promesas y modelos, se inclina hacia delante anticipando la venida del Mesías. Con una estructura clara y capítulos breves, es un recurso práctico para consultar mientras se prepara para enseñar las Escrituras, todas ellas centradas en Cristo. Puede que el Antiguo Testamento sea una habitación poco iluminada, pero en ella se esconden muchos tesoros».

—Matt Smethurst,
director editorial, The Gospel Coalition; autor de *Antes de abrir tu Biblia*

«¡Usted tiene que leer este libro! Hay una revolución en marcha en la interpretación bíblica, y el camino hacia el futuro pasa por el pasado. La recuperación de la exégesis premoderna está revitalizando la predicación e inspirando a los teólogos para que vuelvan a hacer de la Biblia su fuente primaria. Es posible que se haya preguntado a qué viene todo este alboroto y haya deseado una guía segura que lo introduzca en el panorama. No busque más. Se trata de un libro útil porque recoge un gran número de ideas muy importantes, que los eruditos llevan tiempo debatiendo, y las presenta en un formato accesible, claro y conciso, que estudiantes, pastores y profesores encontrarán atractivo y útil. Hay diferencias considerables entre la tipología y la alegoría, pero hay diferencias mucho mayores entre la forma en que los intérpretes ortodoxos premodernos hacen uso de ellas y la forma en que funcionan en manos de la crítica histórica moderna. Es una cuestión de perspectiva, y este libro le ayudará a tener una mejor perspectiva sobre cómo interpretar la Biblia como revelación divina».

—Craig A. Carter,
profesor de Teología, Tyndale University; autor de *Interpretando la Escritura con la Gran Tradición: Recuperando el espíritu de la exégesis premoderna*

«La tipología y —sobre todo— la alegoría se consideran a veces palabrotas en la interpretación bíblica moderna. Estas estrategias interpretativas son la *reductio ad absurdum* de la hermenéutica premoderna: fantasías que solo fueron posibles porque los antiguos no conocían las metodologías críticas modernas. Pero en este libro extraordinariamente útil, Mitchell Chase rehabilita estas importantes herramientas interpretativas para un público evangélico, no solo explorando cómo funcionan en la práctica, sino también demostrando la visión teológica de las Escrituras y de la historia que las hace inteligibles».

—Luke Stamps,
profesor adjunto de Teología, Anderson University; autor de *Thy Will Be Done: A Contemporary Defense of Two-Wills Christology*

«Me encanta pensar en la tipología y la alegoría porque estos métodos están muy arraigados en la forma de leer las Escrituras. La Biblia sigue construyendo sobre sus metáforas e imágenes hasta que rebosan de vida y significado. Mitch Chase reconoce esto y ofrece un estudio sabio, cuidadoso y completo de estas estrategias de lectura. Abarca definiciones, cómo se emplearon en la historia de la iglesia e identifica tipos y alegorías en las Escrituras. Los lectores disponen ahora de un excelente punto de partida para reflexionar sobre estos importantes temas».

—Patrick Schreiner,
profesor adjunto de Nuevo Testamento y Teología Bíblica, Midwestern Baptist Theological Seminary; autor de *El reino de Dios y la gloria de la cruz*

«Mitchell Chase ha escrito un libro que beneficiará al pueblo de Dios: miembros de la iglesia, estudiantes de teología, pastores y profesores. De las muchas cualidades de este libro, la primera es que está bien escrito. De una manera muy accesible, Chase discute temas —como la tipología y la alegoría— que a menudo son confusos en las mentes del pueblo de Dios. Una segunda cualidad de este libro es que está basado en las Escrituras. No solo porque Chase las cite, sino porque basa sus argumentos en las exigencias de las Escrituras. No teme reflexionar sobre lo que estas quieren decir y cómo su significado debe afectar a la interpretación. Una tercera cualidad de este libro es que su argumentación es canónica. Chase expone sus argumentos basándose en el Antiguo y el Nuevo Testamento, y en cómo las Escrituras interpretan las Escrituras. Una cuarta cualidad del libro es que tiene raíces históricas. El libro de Chase muestra un sano y necesario respeto por los pensamientos de las grandes mentes que nos han precedido. Puesto que las presuposiciones son inevitables y determinantes, ¿por qué no llegar a las Escrituras con presuposiciones probadas a lo largo del tiempo? El libro de Chase nos ayuda precisamente en este punto. Una quinta cualidad de este libro es su relevancia práctica. Ayudará al pueblo de Dios a entender su Palabra escrita para amarlo, adorarlo y servirlo mejor. Agradezco a Mitchell Chase por escribir este libro. Con un estudio cuidadoso, proporcionará una gran ayuda a la iglesia. Informará a todos, desafiará a muchos a repensar cuestiones relacionadas con la tipología y la alegoría, y confirmará las intuiciones de otros».

—Richard C. Barcellos,
pastor de Grace Reformed Baptist Church, Palmdale, CA;
profesor adjunto de Teología Exegética, IRBS Theological Seminary;
autor de *Entendiendo el huerto correctamente: El trabajo de Adán y el reposo de Dios a la luz de Cristo*

Libros de la serie «40 preguntas sobre...»

40 preguntas sobre cómo interpretar la Biblia (Robert L. Plummer)

40 preguntas sobre el ministerio pastoral (Phil A. Newton)

40 preguntas sobre la teología bíblica (Jason S. DeRouchie, Oren R. Martin y Andrew David Naselli)

40 preguntas sobre la tipología y la alegoría (Mitchell L. Chase)

Preguntas y respuestas sobre ancianos y diáconos (Benjamin L. Merkle)

40 PREGUNTAS SOBRE LA tipología y la alegoría

Mitchell L. Chase

Benjamin L. Merkle, editor de la serie

La misión de *Editorial Portavoz* consiste en desarrollar y distribuir productos de calidad —con integridad y excelencia—, desde una perspectiva bíblica y confiable, que animen a las personas a conocer y servir a Jesucristo.

Dedicatoria

Para Jim Hamilton,
un querido hermano cristiano,
cuyo amor por la Biblia y gozo en Cristo
me han impactado y moldeado,
para la gloria de Dios.

Título del original: *40 Questions About Typology and Allegory,* © 2020, por Mitchell L. Chase, y publicado por Kregel Publications, una división de Kregel Inc., Grand Rapids, Michigan 49505. Traducido con permiso.

Título en castellano: *40 preguntas sobre la tipología y la alegoría* © 2024 por Editorial Portavoz, filial de Kregel Inc., Grand Rapids, Michigan 49505. Todos los derechos reservados.

Traducción: Jorge Ostos

Las cursivas en los versículos bíblicos son énfasis del autor.

EDITORIAL PORTAVOZ
2450 Oak Industrial Drive NE
Grand Rapids, Michigan 49505 USA
Visítenos en: www.portavoz.com

ISBN 978-0-8254-5088-4 (rústica)
ISBN 978-0-8254-6350-1 (Kindle)
ISBN 978-0-8254-6351-8 (epub)

1 2 3 4 5 edición / año 33 32 31 30 29 28 27 26 25 24

Impreso en los Estados Unidos de América
Printed in the United States of America

Contenido

Agradecimientos 9
Introducción 10

Primera parte: La gran historia de la Biblia

1. ¿Qué historia cuenta la Biblia? 15
2. ¿Cómo cuenta su historia la Biblia? 23

Segunda parte: Preguntas sobre la tipología

Sección A: Cómo entender la tipología

3. ¿Qué es la tipología? 33
4. ¿Cuáles son los presupuestos teológicos de la tipología? 39
5. ¿Debemos identificar los tipos que el Nuevo Testamento no identifica? 44
6. ¿Conducen todos los tipos a Cristo? 50
7. ¿Se reconocen los tipos únicamente *a posteriori*? 55
8. ¿Son históricos todos los tipos? 60
9. ¿Es la tipología el resultado de la exégesis o algo más? 65

Sección B: La tipología en la historia de la iglesia

10. ¿Cómo se practicaba la tipología en la iglesia primitiva? 71
11. ¿Cómo se practicaba la tipología en la Edad Media? 80
12. ¿Cómo se practicaba la tipología a principios de la Edad Moderna? ... 87
13. ¿Cómo se practicaba la tipología en la Ilustración? 93
14. ¿Cómo se practicaba la tipología en la Edad Moderna tardía? 99
15. ¿Cómo se practicaba la tipología en la era posmoderna? 104

Sección C: Identificación de los tipos

16. ¿Cómo podemos identificar los tipos? 113
17. ¿Qué tipos aparecen en Génesis? 118
18. ¿Qué tipos aparecen en Éxodo? 132
19. ¿Qué tipos aparecen desde Levítico hasta Deuteronomio? 140
20. ¿Qué tipos aparecen desde Josué hasta Rut? 148
21. ¿Qué tipos aparecen desde 1 Samuel hasta 2 Crónicas? 155
22. ¿Qué tipos aparecen desde Esdras hasta Ester? 163
23. ¿Qué tipos aparecen desde Job hasta Cantar de los Cantares? 169
24. ¿Qué tipos aparecen desde Isaías hasta Malaquías? 176

Tercera parte: Preguntas sobre la alegoría

Sección A: Cómo entender la alegoría

25. ¿Qué es la alegoría y la interpretación alegórica? 187
26. ¿Cuáles son los presupuestos teológicos de la alegoría? 193

Sección B: La alegoría en la historia de la iglesia

27. ¿Cómo se practicaba la alegoría en la iglesia primitiva? 201
28. ¿Cómo se practicaba la alegoría en la Edad Media? 208
29. ¿Cómo se practicaba la alegoría a principios de la Edad Moderna? . . . 213
30. ¿Cómo se practicaba la alegoría en la Ilustración? 220
31. ¿Cómo se practicaba la alegoría en la Edad Moderna tardía? 226
32. ¿Cómo se practicaba la alegoría en la era posmoderna? 231

Sección C: Identificación de las alegorías

33. ¿Cómo debemos poner en práctica la interpretación alegórica? 239
34. ¿Hay alegorías desde Génesis hasta Deuteronomio? 245
35. ¿Hay alegorías desde Josué hasta Ester? 252
36. ¿Hay alegorías desde Job hasta Cantar de los Cantares? 257
37. ¿Hay alegorías desde Isaías hasta Malaquías? 263
38. ¿Hay alegorías desde Mateo hasta Hechos? 269
39. ¿Hay alegorías desde Romanos hasta Apocalipsis? 278

Cuarta parte: Reflexión sobre la tipología y la alegoría

40. ¿Por qué los intérpretes deben prestar atención a la tipología y la alegoría? 285

Bibliografía 293
Índice de las Escrituras 295

Agradecimientos

La palabra *gozo* me viene a la mente cuando reflexiono sobre la tarea de escribir acerca de la tipología y la alegoría. Estos temas requirieron el uso de muchos artículos y libros de historia de la interpretación, así como de muchas fuentes primarias. Estoy agradecido por el tesoro de fuentes de la biblioteca de The Southern Baptist Theological Seminary, que me permitió utilizar muchos libros a lo largo de muchos meses.

Mi esposa, Stacie, leyó el manuscrito y me ofreció comentarios y sugerencias útiles que reforzaron el contenido. Su apoyo y su ánimo han sido vivificantes.

Doy las gracias a Ben Merkle, editor de la excelente serie «40 preguntas sobre...», por sus oportunos comentarios y correcciones. Ha sido de mucho apoyo a lo largo del desarrollo de este libro. Toda una bendición trabajar con él.

Quiero expresar mi agradecimiento a Chad Ashby, Matt Emerson, Josh Philpot y Patrick Schreiner, que dedicaron tiempo a estudiar este material y respondieron con sugerencias para que mis argumentos fueran más claros y convincentes.

Mi gratitud abunda por Kosmosdale Baptist Church, donde tengo el privilegio de ser el pastor predicador. Mis queridos hermanos y hermanas, pensé en ustedes una y otra vez mientras escribía este libro, orando para que ustedes, así como todos los santos que lo lean, vean la gloria de Cristo en la Palabra de Dios.

Introducción

En el capítulo 10 de *El sobrino del mago*, al tío Andrew le faltaban los ojos para ver —para ver *de verdad*— la maravilla de lo que Aslan había cantado. Maravillosas vistas y sonidos llenaron las escenas alrededor de los personajes mientras Narnia despertaba a la vida. Pero C. S. Lewis explica por qué el tío Andrew estaba asustado: «...pues lo que uno ve y oye depende en gran medida del lugar donde esté, y también depende de la clase de persona que uno sea».[1] Esta afirmación también es válida para los que leen la Biblia.

Siempre que nos acercamos a las Escrituras, estamos parados en algún lugar. Miremos a nuestro alrededor. En primer lugar, estamos en el siglo XXI d.C., con dos milenios de tradición interpretativa cristiana a nuestras espaldas. En segundo lugar, estamos en una época escéptica, en la que la Biblia es vista, en muchos casos, con desdén, condescendencia, confusión y rechazo.

No obstante, ¿dónde se encuentra usted personalmente? Esta pregunta es importante porque la Biblia no es como cualquier otro libro, y por eso no debemos acercarnos a ella como a cualquier otro libro. Necesitamos ojos para ver la maravilla de lo que Aslan ha cantado: sesenta y seis libros inspirados por Dios, escritos a lo largo de mil cuatrocientos años por más de cuarenta autores, en múltiples lenguas y en múltiples continentes, que juntos cuentan una gran historia, una epopeya que rivaliza con todas las demás y nos convoca a la lealtad. Como escribe Erich Auerbach:

> El mundo de las historias de las Escrituras no se contenta con pretender ser una realidad históricamente verdadera, sino que insiste en que es el único mundo real, que está destinado a la autocracia. Todas las demás escenas, asuntos y ordenanzas no tienen derecho a aparecer independientemente de él, y se promete que a todas ellas, a la historia de toda la humanidad, se les dará el lugar que les corresponde dentro de su marco, se subordinarán a él. Las historias de las Escrituras no cortejan, como las de Homero, nuestro favor, no nos halagan para complacernos y encantarnos. Buscan someternos, y si nos negamos a ser sometidos, somos rebeldes.[2]

---

1. C. S. Lewis, *El sobrino del mago* (Buenos Aires: Destino, 2008), 171.
2. Erich Auerbach, *Mimesis: The Representation of Reality in Western Literature* (Princeton, NJ: Princeton University Press, 1953), 14-15.

Algunos lectores de la Biblia son rebeldes, y esto afecta su forma de leer y lo que ven al leerla. Pueden rechazar totalmente la autoridad, la inspiración y la unidad de la Biblia. Otros pueden afirmar su inspiración y someterse a su autoridad, pero les cuesta comprender su unidad. Leen una Biblia que ha sido demasiado compartimentada en sus mentes, por lo que no ven ni disfrutan de su coherencia y continuidad. Debemos afirmar la autoridad, la inspiración y la unidad de la Biblia, y debemos esforzarnos por comprender las consecuencias de estas afirmaciones para la interpretación. Debemos depender del Espíritu en oración para la fe, la humildad y la iluminación. ¿Por qué son importantes estas búsquedas y oraciones en la lectura de la Biblia? Porque lo que vemos está influido por nuestra posición y por el tipo de personas que somos.

Mi objetivo en este libro es orientar a los lectores de la Biblia en los temas de la tipología y la alegoría, para que podamos ser lectores más fieles de las Escrituras, al tiempo que captamos más plenamente la gloria de su historia. Haremos nuestro viaje planteándonos cuarenta preguntas. Pretendo convencerlo de que, bien consideradas, las herramientas de la tipología y la alegoría son útiles y —me atrevería a decir— *vitales* para leer las Escrituras. Soy consciente de que puede que no esté de acuerdo con todas las conclusiones o que no lo convenzan todos los argumentos, pero el uso generalizado de la tipología y la alegoría por parte de la iglesia cristiana a lo largo de la historia debería llamarnos a la mesa para escuchar y dialogar. Al fin y al cabo, ¡estamos hablando de la Biblia! ¿No deberíamos dedicarnos diligentemente a estudiarla? ¿No deberíamos mirar y aprender de la nube de testigos que nos han precedido durante estos últimos dos mil años?

La primera parte se centra en la gran historia de la Biblia. Como cabe esperar de los primeros capítulos, estos son fundamentales para todo lo que sigue. Las partes 2 y 3 tratan de la tipología y la alegoría, respectivamente. Trataremos de entender qué son la tipología y la alegoría, exploraremos cómo se han utilizado en la historia de la iglesia e identificaremos dónde se utilizan en la Biblia. La cuarta parte ofrece reflexiones finales. Ciertamente, no se habrán formulado todas las preguntas imaginables sobre tipología y alegoría, aunque espero haber planteado, entre estas cuarenta, las más relevantes e importantes.

Quizá nunca imaginó leer un libro sobre tipología y alegoría, pero aquí está. Pero ¿y si le dijera que estos temas pueden afectar profundamente su forma de entender la Biblia? ¿Y si usted supiera que una comprensión cristológica de Salmos afectaría su forma de orar? ¿Y si comprender la tipología y la alegoría aumentara su confianza en la autoridad e inspiración de la Biblia? ¿Y si esta forma de leer condujera a momentos más agradables de devoción y estudio? ¿Y si este tipo de lectura significara que estaría con los santos de antaño? ¿Y si el estudio de la tipología y la alegoría influyera en la manera de preparar los sermones y predicar las Escrituras?

Este libro es una invitación a un tipo de lectura, a un tipo de *ver.* Pero debo advertirle: una vez que vea la belleza de la lectura tipológica y alegórica en el Antiguo y el Nuevo Testamento, no podrá dejar de verla. Y no querría hacerlo, aunque pudiera.

He dedicado este libro a James M. Hamilton Jr. En la bondadosa providencia del Señor, conozco a Jim desde 2005, y su amor por el Señor y por la Palabra de Dios es inspirador. En 2013, completé mi doctorado bajo la supervisión de Jim en The Southern Baptist Theological Seminary y me convertí en su primer estudiante de doctorado en graduarse. Con su fiel enseñanza, predicación y escritura, ha ejemplificado cómo mantener unida toda la Biblia y proclamar las riquezas de Cristo desde sus páginas.

PRIMERA PARTE

La gran historia de la Biblia

PREGUNTA 1

¿Qué historia cuenta la Biblia?

La primera vez que leí la serie de *Harry Potter,* no sabía hacia dónde se dirigía la historia. Y hasta que no se leen los siete libros, no se comprende la totalidad de la epopeya. Si el lector solo conoce el primer libro, la comprensión de la historia es limitada y, en última instancia, deficiente. Pero con cada libro sucesivo, la comprensión del lector aumenta, así como su aprecio por las aventuras anteriores. Si quiere disfrutar aún más de los libros, léalos de nuevo. Un secreto para disfrutar más de la lectura es releer las grandes historias.

Lento, pero seguro

Releer grandes historias no conduce a una experiencia más aburrida, sino más profunda. Lo mismo ocurre con la Biblia. Cuanto más tiempo pasemos en las páginas de las Escrituras, más veremos sus tesoros. Pero la Biblia no cuenta su historia rápidamente. Debemos ser lectores pacientes, envolviendo nuestras mentes en muchos libros y esperando pasar por alto todo tipo de conexiones la primera vez —o la décima— en sus páginas.

Lento, pero seguro, el mensaje de las Escrituras se despliega desde Génesis hasta Apocalipsis. ¿Ha pensado cuánto tiempo transcurre entre estos dos libros? Después que Dios le dice a Abraham que sus descendientes entrarían en la tierra prometida (Gn. 12:1-3), los israelitas no heredan la tierra hasta al menos cinco siglos más tarde. Después que Jacob le dice a Judá que el cetro no se apartará de la tribu de Judá (Gn. 49:10), el primer rey de esa tribu no gobierna en la tierra prometida hasta casi un milenio después. Después que Malaquías acusa a sus oyentes de descuidar y violar la ley mosaica, pasan cuatro siglos de silencio profético antes de que aparezca en escena Juan el Bautista.

La cronología es más larga en el Antiguo Testamento que en el Nuevo. Aunque las fechas de los acontecimientos de Génesis 1–11 son inciertas, las historias de Génesis a Malaquías se desarrollan a lo largo de miles de años. Contrasta este lapso con el del Nuevo Testamento: el ministerio, la muerte y la resurrección de Jesús, así como la predicación y los escritos de los apóstoles, tuvieron lugar en el siglo I d.C.

Avanzar y mirar hacia delante

Génesis

Una de las razones de la amplitud temporal de la época del Antiguo Testamento es su propósito anticipatorio. Todo el Antiguo Testamento se inclina hacia delante. El mundo bueno y ordenado de Dios (Gn. 1–2) se vio perturbado por la rebelión y el pecado (Gn. 3), y el resto de la historia nos cuenta lo que Dios va a hacer al respecto. Pretende que sus bendiciones lleguen hasta donde se encuentra la maldición. Adán y Eva, y todos los que vengan después de ellos, ya no vivirán en la sagrada morada del Edén, pues el pecado trae el exilio y la muerte. Pero Dios promete una descendencia de la mujer, que aplastará a la serpiente (Gn. 3:15) y, a partir de ese momento de la historia, el lector estará pendiente de ese Hijo.

A medida que la humanidad se multiplica, también lo hace el pecado. Caín mata a Abel (Gn. 4), y finalmente el corazón de todos es malo todo el tiempo (Gn. 6:5). Dios inunda su creación, perdonando solo a la familia de Noé de entre toda la humanidad (Gn. 6–8). Pero después de sobrevivir al diluvio, Noé peca y demuestra así que no es el justo libertador que revertiría la maldición (Gn. 9). El problema del pecado persiste de generación en generación. Los descendientes de Noé se unen para hacerse un nombre y construir una torre que alcance los cielos (Gn. 11). El Señor confunde su discurso y dispersa al pueblo. Pero, a medida que el pueblo se dispersa, también lo hace el pecado.

A la edad de setenta y cinco años, un hombre llamado Abram encuentra al Dios vivo y verdadero. Abram y su familia serán una bendición, de alguna manera, para todas las familias de la tierra (Gn. 12:2-3). Esta futura bendición superará la maldición del pecado. Dios promete tierra y descendencia a Abram (Gn. 12), y plasma estas promesas en un pacto (Gn. 15). Dios cambia el nombre de Abram por el de Abraham (Gn. 17:5) y, a la edad de cien años, Abraham se convierte en el padre de Isaac (Gn. 21). Isaac engendra a Jacob (Gn. 25), y Jacob a doce hijos (Gn. 29–30). La línea de Abraham aumenta, y la Biblia sigue dedicando atención a relatos seleccionados sobre estas figuras. Pero el Libertador profetizado de Génesis 3:15 aún no ha llegado.

Jacob recibe el nombre de Israel (Gn. 32:28) y sus descendientes se convierten en los israelitas. Los hijos de Jacob conspiran contra José y lo venden como esclavo (Gn. 37), pero Dios supervisa la tragedia de la caída de José y lo restaura a su debido tiempo. Una hambruna azota la tierra de Canaán —la tierra prometida a los descendientes de Abraham—, y los hijos de Jacob se trasladan a Egipto en busca de comida. Finalmente, se enteran de que su hermano José está vivo (Gn. 45). El hermano que rechazaron se convierte en el hermano que Dios utiliza para mantener a sus familias en Egipto (Gn. 46–47). Más tarde, José muere con la esperanza de que un día Dios saque a los israelitas de Egipto (Gn. 50).

Éxodo–Deuteronomio

Los israelitas permanecen en Egipto durante cientos de años, y se convierten en esclavos de un faraón paranoico y duro (Éx. 1). Entonces nace Moisés (Éx. 2). A los ochenta años, se encuentra con el Dios vivo y verdadero en una zarza ardiente, y Dios declara que ha llegado el momento de liberar a los israelitas del cautiverio egipcio y llevarlos a la tierra prometida (Éx. 3). Mediante una serie de señales y prodigios, Dios debilita la tierra de Egipto, humilla al faraón y asegura la liberación de los israelitas (Éx. 7–12). Cuando surgen obstáculos, Dios los supera y cuida de su pueblo. Conduce a los israelitas a través del mar Rojo por tierra seca y luego derriba los muros de agua sobre el ejército egipcio que los perseguía (Éx. 14). Les da agua cuando tienen sed (Éx. 15), comida cuando tienen hambre (Éx. 16) y la victoria sobre sus enemigos cuando son atacados (Éx. 17).

De camino a la tierra prometida, los israelitas siguen la guía de Dios hasta el monte Sinaí, donde Moisés recibe la ley de Dios (Éx. 19–23). El pueblo acepta cumplir la ley de Dios y establece un pacto con el Señor (Éx. 24). Siguiendo instrucciones específicas, el pueblo construye una morada portátil para el Señor —llamada el tabernáculo— que llevarán consigo a través del desierto y a la tierra prometida (Éx. 25–40). Este tabernáculo lleno de gloria será el lugar para el sistema de sacrificios (Lv. 1–7). Fuera del Edén, Dios está haciendo un camino para que los pecadores se relacionen con Él, porque Él es santo y ellos no. Los pecadores se acercan a Dios mediante el sacrificio.

Tras algo menos de un año en el monte Sinaí, los israelitas levantan el campamento y comienzan a moverse siguiendo las indicaciones del Señor (Nm. 10). ¡Se dirigen a la tierra prometida! Los espías entran en la tierra antes que el resto del pueblo para reconocer a los habitantes y las fortalezas, pero regresan con un informe lleno de entusiasmo y miedo (Nm. 13). Con maldad e incredulidad en sus corazones, los israelitas se rebelan contra Moisés y el Señor. Por eso Dios pronuncia un juicio de cuarenta años en el desierto hasta que muera la generación más antigua de israelitas (Nm. 14).

En el último año de su vida, a la edad de 120 años, Moisés prepara a la segunda generación de israelitas para entrar en la tierra prometida. Recuerda a los oyentes su historia (Dt. 1–3). Los llama a la obediencia y a temer al Señor (Dt. 4–6). Predica sobre las leyes, la idolatría, las fiestas, las comidas, la guerra, los diezmos y el culto (Dt. 13–26). Si los israelitas cumplen la ley, recibirán bendiciones, pero si se niegan a cumplirla, recibirán maldiciones (Dt. 28–30).

Josué–2 Samuel

Tras la muerte de Moisés, Josué se convierte en su sucesor (Jos. 1). Josué conduce a los israelitas al otro lado del Jordán (Jos. 3), y por fin el pueblo se encuentra en la tierra prometida a sus antepasados, los patriarcas. La conquista de la tierra comienza con Jericó (Jos. 6), y el dominio de los israelitas se extiende por los territorios de Canaán (Jos. 7–12). Se establecen los límites de la tierra, y las tribus de Israel están listas para recibir la herencia prometida (Jos. 13–22). Con los israelitas ya en la tierra, están preparados para ser una nación santa, mediadora del conocimiento de Yahvé, llena de luz para las naciones impías. Se renueva el pacto mosaico, y los israelitas están deseosos de dedicarse al servicio y la voluntad del Señor (Jos. 23–24).

El Libertador de Génesis 3:15 sigue sin llegar. Puede que los israelitas estén en la tierra prometida, pero no todo va bien en este nuevo espacio sagrado. El pecado abunda; la maldición permanece. Los israelitas son infieles a la ley, por lo que Dios trae consecuencias que provocan el arrepentimiento del pueblo. En respuesta a su arrepentimiento, Dios levanta a un líder militar —llamado juez— para salvarlos (Jue. 1–2). Pero el ciclo continúa: pecado, juicio, arrepentimiento, liberación. Israel no tiene rey y, en aquellos días, cada uno hacía lo que le parecía correcto (Jue. 21:25).

Durante el oscuro período de los jueces, Dios prepara un rey para el pueblo. En la providencial historia de Rut y Booz, su matrimonio da origen a una familia que desemboca en David (Rt. 4:18-22). Y cuando David tiene treinta años, se convierte en rey de toda la tierra de Israel (2 S. 5). El cetro lo empuña la tribu de Judá, y los efectos son sustanciales. David toma el control de la ciudad de Jerusalén y ordena que se lleve allí el arca de la alianza (2 S. 5–6). Dios hace un pacto con David, prometiéndole un hijo que reinaría para siempre (2 S. 7:12-13). Puesto que el lector de la Biblia ha estado buscando al Hijo victorioso predicho en Génesis 3:15, el pacto de Dios con David no solo confirma esa promesa anterior, sino que también aclara que la semilla de la mujer que aplastará a la serpiente será un *hijo de David.*

1 Reyes–2 Crónicas

Salomón es hijo de David, aunque no es él quien reinará para siempre. Salomón recibe una sabiduría superior y reina durante cuarenta años, en una época dorada de la historia de Israel. Durante el reinado de Salomón, se construye el templo y se consolida la importancia de Jerusalén (1 R. 5–8). La morada de Dios está en Sion, la ciudad elegida. La tragedia, sin embargo, se vislumbra en el horizonte. Cuando el hijo de Salomón, Roboam, se convierte en rey, provoca una rebelión del pueblo aproximadamente en el año 930 a.C. (1 R. 12). Algunos siguen a Roboam, y otros a un hombre llamado Jeroboam. La tierra unida de Israel se divide en reinos del norte y del sur.

El resto de 1–2 Reyes y 1–2 Crónicas relata las dinastías resultantes de la división. El reino del norte (conocido como Israel) perdura hasta que los asirios lo conquistan en el 722 a.C., y el reino del sur (conocido como Judá) perdura hasta que los babilonios lo conquistan en el 586 a.C. Aunque estos siglos implican la infidelidad al pacto mosaico y una letanía de reyes injustos, Dios no calla. Envía una hueste de profetas, unos al norte y otros al sur, para proclamar la palabra de Dios al pueblo y llamar al arrepentimiento.

Pero el pueblo no se arrepiente y Dios no cede. El juicio llega al norte y al sur por medio de ejércitos extranjeros. La destrucción por Babilonia es particularmente horrible, porque los israelitas son llevados al exilio, las murallas que rodean Jerusalén son destruidas, el rey del linaje de David es eliminado, las casas —incluido el palacio— son destruidas, y el templo queda en ruinas. Israel experimenta la muerte nacional. Durante esta caída, el anhelado Libertador no aparece. ¿Dónde está el Rey del linaje de David que vencerá a los enemigos de Dios e invertirá la maldición del pecado y la muerte?

Los profetas que advierten del juicio de Dios también profetizan la restauración del pueblo. Y en 539 a.C., tras décadas de cautiverio, los persas conquistan Babilonia y, un año después, permiten a los exiliados regresar a Jerusalén. Los que regresan reanudan su vida en la tierra prometida, planeando reconstruir el templo y sus hogares. Pero no todo volverá a ser como antes. El rey persa es ahora también rey de la tierra prometida. Ningún hijo de David reinará en el trono de Jerusalén.

Esdras–Ester

Miles de exiliados regresan a la tierra, pero no todos lo hacen. Cronológicamente, los acontecimientos de Ester ocurren antes que los de Esdras y Nehemías, y la historia de Ester tiene lugar del 483 al 473 a.C. fuera de la tierra prometida y durante el reinado del Imperio persa. En la providencia de Dios, Ester se convierte en la esposa de Asuero (Est. 2) y frustra un complot para destruir al pueblo judío (Est. 4–5).

En el año 458 a.C., Esdras llega a Jerusalén y enseña al pueblo (Esd. 7). De vuelta en la tierra desde hace ochenta años, el pueblo necesita algo más que casas reconstruidas y un templo reconstruido. El pueblo mismo necesita ser reconstruido. Necesitan edificación e instrucción, y el Señor utiliza a Esdras para proporcionárselas. Una década más tarde, Nehemías llega a Jerusalén y dirige la reconstrucción de las murallas que la rodean, que el pueblo termina en el año 444 a.C. después de cincuenta y dos días (Neh. 6:15). El pueblo necesita una reforma, y los libros de Esdras y Nehemías relatan respuestas de confesión y arrepentimiento.

Job–Malaquías

Los libros de Génesis a Ester desarrollan la historia del Antiguo Testamento en orden cronológico. Los libros de Job a Malaquías se escribieron durante este período. Los libros de Job a Cantar de los Cantares suelen considerarse literatura sapiencial, pues contienen instrucciones, lecciones y verdades para las personas que desean prosperar en un mundo caído. Los libros de Isaías a Malaquías se consideran típicamente literatura profética, son aquellos profetas que Dios apartó para hacer cumplir la ley de Moisés y su pacto.

Todos estos libros sostienen y promueven la esperanza de que Dios enviará un Redentor para liberar a los pecadores y establecer la justicia. Pero cuando el período del Antiguo Testamento se cierra con la voz profética de Malaquías, el Mesías prometido aún no ha llegado. Tras muchos siglos de espera, los lectores siguen inclinados hacia delante y mirando al futuro.

Promesa y cumplimiento

Mateo–Juan

Cuatro siglos de silencio profético se rompen con la venida del Mesías y de su precursor Juan el Bautista. Mateo abre su Evangelio diciéndonos, en el versículo 1, que esta es la historia del Hijo de David (Mt. 1:1). El Antiguo Testamento dejó en los lectores grandes expectativas, que se verán cumplidas en la persona y la obra de Jesús. Juntos en armonía, Mateo, Marcos, Lucas y Juan relatan la extraordinaria concepción, el humilde nacimiento, la vida sin pecado, la enseñanza autorizada, el poder milagroso, la muerte expiatoria, la resurrección victoriosa y la ascensión triunfante de Jesús el Cristo. Él es la semilla de la mujer que aplasta a la serpiente y trae la bendición a un mundo bajo la maldición del pecado y la muerte.

Hechos

La buena nueva sobre Jesús es un evangelio global, por lo que el libro de Hechos relata cómo la iglesia primitiva acabó extendiéndose desde Jerusalén hasta los confines de la tierra (Hch. 1:8). Los apóstoles proclaman el evangelio de Cristo a judíos y gentiles, llamando a la fe y al arrepentimiento. Sufren por esta buena nueva, soportando persecución, encarcelamiento y exilio. Pero Dios derrama su Espíritu sobre toda carne y da poder a sus testigos con ese mismo Espíritu. En sus discursos, los apóstoles anuncian el designio de Dios y el cumplimiento de las promesas del Antiguo Testamento mediante la vida, muerte y resurrección de Cristo.

Romanos–Judas

Veintiuno de los libros del Nuevo Testamento son cartas. La mayoría están escritas por Pablo, y las otras son de Santiago, Pedro, Juan, Judas y el escritor de Hebreos. Algunas cartas se dirigen a un público muy amplio en varios lugares, otras se dirigen a personas concretas, y otras a iglesias particulares. Estos seis escritores epistolares se dirigen a su(s) audiencia(s) en la autoridad de Cristo y por la inspiración del Espíritu. Todas las cartas del Nuevo Testamento se escriben después de la resurrección y ascensión de Jesús, por lo que se envían en la era del nuevo pacto. Explican el evangelio, interpretan el Antiguo Testamento, exhortan a los santos, denuncian las falsas enseñanzas, prometen el regreso de Cristo, advierten del juicio futuro y esperan la resurrección de los muertos.

Apocalipsis

Mientras Juan está en la isla de Patmos, Dios le concede una visión de Cristo (Ap. 1). Juan recoge las palabras de Cristo para las iglesias de Asia (Ap. 2–3). El resto de Apocalipsis incluye escenas celestiales de gloria, así como representaciones de juicios terrenales. Los ídolos de la época se ganarán la lealtad de los incrédulos, pero los creyentes adorarán al Señor Jesucristo y perdurarán hasta el final. Los malvados se enfrentarán a la justa ira de Dios, y los santos serán vindicados. Todos los elegidos de Dios serán guardados y resucitados. La muerte y el maligno serán derribados y condenados (Ap. 20). La victoria sobre la serpiente será eterna en duración y cósmica en alcance. Mejor que el jardín del Edén, la gloriosa ciudad de Dios será un cielo y una tierra nuevos, donde el antiguo orden de cosas habrá pasado y todo será nuevo (Ap. 21). El comienzo de Génesis apunta al final de Apocalipsis.

En resumen

La Biblia es la historia de Jesucristo. El Antiguo Testamento es una larga historia que predice y prepara su venida, y el Nuevo Testamento es el anuncio explosivo de su llegada y lo que significa para el mundo. Si el Antiguo Testamento es la promesa, el Nuevo Testamento anuncia su cumplimiento. Necesitamos toda la Biblia para contar la historia de Jesús. Los primeros capítulos de Génesis nos hablan del buen mundo de Dios, de lo que salió mal y de lo que Dios planeó hacer al respecto. A medida que se desarrolla la epopeya de las Escrituras, Dios separa a la familia de Abraham, que finalmente da lugar a la nación de Israel. Y por medio de esa familia y nación, Dios bendice a las familias de la tierra con la semilla de Abraham e hijo de David: el Señor Jesucristo. ¡Vengan, adorémoslo!

Preguntas para la reflexión

1. ¿Con qué frecuencia lee usted la Biblia? ¿Hay partes de la Biblia que nunca haya leído con detenimiento?
2. ¿Ha estudiado el hilo argumental de las Escrituras? ¿Hay partes importantes de la historia que le siguen intrigando?
3. ¿Qué partes de la historia del Antiguo Testamento debería estudiar con más detenimiento, para que aumente su comprensión del hilo argumental?
4. ¿Cómo se cumple en el resto de las Escrituras la promesa de Dios de un libertador en Génesis 3:15?
5. Si alguien le pidiera que resumiera el hilo argumental de las Escrituras en cinco minutos, ¿qué personas y acontecimientos incluiría?

PREGUNTA **2**

¿Cómo cuenta su historia la Biblia?

Cuando alguien pinta un paisaje sobre un lienzo, se necesita más de un color. Cada color desempeña un papel para que, juntos, surja un bello cuadro. La hermosa historia de la Biblia también se cuenta de diversas maneras. A veces, el autor bíblico recurre a una simple narración histórica; otras, a una genealogía, una canción, una profecía o una parábola. Cuando todos los géneros de las Escrituras confluyen en el lienzo canónico, el cuadro redentor es atractivo y convincente. En este capítulo, quiero reflexionar sobre las formas en que la Biblia cuenta su historia, que merecen una atenta consideración a la luz del resto de este libro.

Si los colores en un lienzo pueden ilustrar los géneros bíblicos, quiero pensar en cómo han llegado los colores hasta ahí. Los trazos importan, cada movimiento y cada giro. El autor empieza aquí arriba en lugar de allá abajo. El pincel se arrastra para hacer esta forma, pero solo se roza para hacer justo esa otra. Los movimientos del pintor —no solo los colores elegidos— ayudan a explicar por qué el cuadro tiene el aspecto que tiene.

Selección cuidadosa

Al leer la Biblia, es natural que surjan preguntas sobre hechos no relatados. ¿Cómo fueron los primeros días de Adán y Eva fuera del Edén? ¿Qué tipo de cosas hicieron Noé y su familia dentro del arca durante los meses que estuvieron a bordo? ¿Qué hacía Abraham antes de que Dios se le apareciera a los setenta y cinco años? ¿Cómo era la vida de Moisés cuando crecía en la casa del faraón?

La Biblia no responde a todas las preguntas que le planteamos, porque su contenido es selectivo. Inspirados por el Espíritu Santo, los autores bíblicos narran la historia de forma cuidadosa y selectiva. Este proceso inevitablemente significa que muchos detalles sobre ciertos personajes e historias no nos son dados. Es más, a veces nos sorprenderá lo que se incluye. Por ejemplo, en Génesis 23 hay toda una narrativa dedicada a la compra por parte de Abraham de un lugar para enterrar a su esposa Sara. Y en Éxodo 25–40, grandes cantidades de texto describen los materiales, las instrucciones y la construcción del tabernáculo.

La historia interpretada

Aunque los autores bíblicos registran la historia, también la interpretan. No solo nos cuentan lo que sucedió, sino también por qué es importante. Por lo tanto, los autores no son narradores desinteresados. La historia bíblica tiene una agenda teológica, y los autores no se disculpan por ello. El verdadero Señor del mundo se ha dado a conocer y está dirigiendo la historia hacia sus propósitos ordenados. No solo aprendemos que los israelitas abandonaron la opresiva nación de Egipto; aprendemos por qué. No solo aprendemos que los israelitas entraron en la tierra de Canaán; aprendemos por qué. No solamente aprendemos que un niño llamado Jesús nació en Belén; aprendemos por qué. No aprendemos únicamente que Jesús murió en la cruz; aprendemos por qué.

En resumen, la Biblia es historia *interpretada*. El objetivo de las Sagradas Escrituras es el mismo que Dios tiene en todo lo que hace: la exaltación de su Nombre. El corazón que verdaderamente adora al Señor es un corazón que cree en la Palabra revelada de Dios y, más concretamente, confía en Jesús, el Hijo de Dios. Tomemos como ejemplo el Evangelio de Juan. Juan es totalmente transparente sobre el propósito por el que registró los milagros: «Hizo además Jesús muchas otras señales en presencia de sus discípulos, las cuales no están escritas en este libro. Pero estas se han escrito para que creáis que Jesús es el Cristo, el Hijo de Dios, y para que creyendo, tengáis vida en su nombre» (Jn. 20:30-31). Juan era selectivo, y sus selecciones servían a un propósito mayor: que el lector creyera en Cristo para vida.

No debemos separar la historia registrada en la Biblia, de los lentes de sus autores. Al interpretar lo que ocurre, los autores bíblicos nos dan unos lentes, y solo con ellos veremos la Biblia con claridad.

Desarrollo orgánico

A lo largo del hilo argumental de la historia bíblica, hay un desarrollo orgánico perceptible. Los libros de la Biblia encajan como piezas de un rompecabezas. La historia comienza con el «principio». Para traer la bendición a un mundo que está bajo maldición, Dios separa a la familia de Abraham. Los descendientes de Abraham se convierten en los israelitas, y el resto del Antiguo Testamento narra la historia de esos israelitas: cómo son esclavizados en Egipto y luego liberados de él, cómo entran en la tierra prometida, aunque finalmente se enfrentan a la ruina y la devastación del exilio, y cómo regresan a la tierra prometida por la misericordia y el favor del Señor. Mateo, Marcos, Lucas y Juan se unen con las esperanzas y profecías del Antiguo Testamento al anunciar la llegada del Redentor y del reino de Dios. Y en el resto del Nuevo Testamento, los lectores ven la misión y los mensajes de la iglesia de Cristo.

Para comprender la historia de la Biblia, es necesaria la perseverancia como lector. El Pentateuco (Génesis a Deuteronomio) es la tierra de la que brota y continúa la historia de Israel. Y los autores sapienciales y los profetas escritores contribuyen a la trama de la historia mostrando a sus lectores cómo amar a Dios y al prójimo, cómo florecer como pueblo de Dios en el lugar de Dios, para la gloria de Dios, no sea que caiga el juicio. Los autores de la literatura sapiencial y profética también dirigen la mirada del lector hacia el juicio final y la reivindicación, temas que se retoman y desarrollan en el Nuevo Testamento.

A medida que perseveremos en la lectura de la Biblia y reconozcamos el desarrollo orgánico de su gran historia, veremos el carácter indispensable de sus partes. Tanto si leemos una lista de «engendramientos» como la narración de un milagro o las medidas en codos del tabernáculo, toda la Biblia importa, porque toda la Biblia fue inspirada por Dios para su pueblo. Y como la Biblia revela al Dios que es, el desarrollo orgánico y la conexión de la Biblia importan, porque no hay nada más importante que conocer a Dios.

Las Escrituras usan las Escrituras

A medida que los autores bíblicos escriben la revelación de la voluntad y los caminos de Dios, es práctica común que las Escrituras posteriores utilicen las Escrituras anteriores. Y la naturaleza de este uso varía.

Cita, alusión y eco

Las categorías propuestas por Richard Hays son útiles: los autores bíblicos pueden citar, aludir o hacerse eco.[1]

Las citas de las Escrituras pueden tener distinta extensión. Por ejemplo, en Hebreos 8:8-12 el autor cita Jeremías 31:31-34, mientras que en 1 Corintios 9:9 Pablo cita Deuteronomio 25:4. Y una cita puede ir precedida o no de una fórmula introductoria, como: «Escrito está».

Las alusiones al Antiguo Testamento pueden producirse simplemente en unas pocas palabras o en una expresión. En Marcos 1:6, Juan lleva un vestido de pelo de camello y un cinto de cuero, que alude al vestido y el cinturón de Elías en 2 Reyes 1:8. Las alusiones son más sutiles que las citas y requieren una sensibilidad que se cultiva a lo largo del tiempo mediante la inmersión en el Antiguo Testamento. Dado que un autor suele tener la intención de que los lectores reconozcan las alusiones en su material, estas deben ser lo bastante manifiestas como para que el público las detecte.[2]

---

1. Richard B. Hays, *Echoes of Scripture in the Letters of Paul* (New Haven, CT: Yale University Press, 1989), 18-31. Ver también su libro *Echoes of Scripture in the Gospels* (Waco, TX: Baylor University Press, 2016), 10.
2. Bryan D. Estelle, *Echoes of Exodus: Tracing a Biblical Motif* (Downers Grove, IL: IVP Academic, 2018), 33.

La distinción entre una alusión y un eco es borrosa.[3] Si hay que hacer una distinción entre ellos, la longitud y la intencionalidad pueden ser la diferencia. Un eco puede ser más breve que una alusión, incluso puede ser solo una palabra. En Lucas 9:31, Moisés y Elías han aparecido en una montaña con Jesús, que se transfigura ante ellos, y hablan de su inminente «partida» [«éxodo» en el texto griego]. El término «éxodo» es un eco evidente de la liberación de Israel de Egipto. Con el factor de la intencionalidad, un eco puede reflejar algo que el autor humano no pretendía conscientemente, mientras que una alusión reflejaría una intención más consciente. Aun así, una distinción tajante entre alusión y eco puede ser innecesaria y, en última instancia, inútil. Después de todo, cuando el autor utiliza «éxodo» en Lucas 9:31, seguramente la selección de esa palabra revela su intención de evocar esa antigua liberación.

Metalepsis

Al utilizar un pasaje anterior del Antiguo Testamento, el autor bíblico puede pretender evocar una matriz más amplia del contexto veterotestamentario. La cita, la alusión o el eco, entonces, funcionaría más como un gancho para transportar al lector a mucho más que un versículo anterior. Esta técnica se conoce como metalepsis.[4]

Consideremos Lucas 9:31, al que me referí en la sección anterior. Moisés y Elías hablaron con Jesús sobre su próximo «éxodo». Esta importante palabra no conecta con un versículo concreto del Antiguo Testamento, sino con un esquema más amplio de narrativas que implican la salida de Israel de Egipto. Así como Moisés trajo la liberación de la esclavitud mediante un éxodo, Jesús traería la liberación del pecado con un nuevo y superior éxodo. Y mediante el uso de la palabra «éxodo», el lector puede enmarcar e interpretar con precisión la próxima muerte de Jesús.

Conjunto de textos

A veces, un autor bíblico utiliza un conjunto de textos del Antiguo Testamento. Mateo relata las palabras del Padre pronunciadas en el bautismo de Jesús: «Este es mi Hijo amado, en quien tengo complacencia» (Mt. 3:17). La primera frase alude al Salmo 2:7 («Mi hijo eres tú»), y la última a Isaías 42:1 («He aquí mi siervo, yo le sostendré; mi escogido, en quien mi alma tiene contentamiento»). El significado de estos textos queda claro cuando se ve el contexto más amplio de cada versículo. El Salmo 2 describe la llegada del Hijo de David, que reinará

---

3. G. K. Beale, *Handbook on the New Testament Use of the Old Testament: Exegesis and Interpretation* (Grand Rapids: Baker Academic, 2012), 32.
4. Hays, *Echoes of Scripture in the Letters of Paul,* 20.

para siempre, e Isaías 42 habla del Siervo del Señor, que tendría el Espíritu y haría justicia. Jesús es el Hijo de David prometido y el Siervo profetizado.

Mateo 3:17 utiliza textos del Antiguo Testamento que ni se citan ni se señalan con una frase que invoque las Escrituras. Y, sin embargo, allí, en un bautismo en el río Jordán, se produce un anuncio celestial sobre la identidad de Jesús. Creceremos en nuestra consciencia de los conjuntos de textos solo en la medida en que profundicemos nuestra inmersión en el Antiguo Testamento. Los autores bíblicos estaban empapados de la cosmovisión y el texto del Antiguo Testamento, por lo que deberíamos esperar que sus escritos estuvieran empapados de lo mismo.

El Antiguo Testamento en el Antiguo Testamento

Hasta ahora he dado ejemplos del uso que el Nuevo Testamento hace del Antiguo. Pero encontramos la utilización que hacen las Escrituras de las Escrituras mucho antes de que se escribiera el Nuevo Testamento. En Eclesiastés 3:20, la afirmación de que todos somos «del polvo, y todo volverá al mismo polvo» es una alusión a Génesis 3:19. En Ezequiel 14:14, se hace referencia al hombre Job. Isaías 1:10 menciona a Sodoma y Gomorra de Génesis 18–19. En el Salmo 106:7-12, el salmista canta sobre la liberación a través del mar Rojo y el himno posterior en Éxodo 14–15. Los profetas escritores denunciaron la idolatría de Israel y advirtieron de los juicios venideros que se habían prometido en Levítico 26 y Deuteronomio 28.

El Antiguo Testamento utiliza al Antiguo Testamento. Esta verdad no debe darse por sentada; debemos afirmarla y reflexionar sobre sus implicancias. El desarrollo de la historia bíblica conlleva el uso y la reutilización de las Escrituras anteriores. Los autores bíblicos emplearon esta práctica, por lo que sus estrategias para utilizar las Escrituras anteriores deberían resultarnos muy interesantes.[5] De hecho, el modo en que los autores bíblicos utilizan los textos anteriores es el estandarte bajo el que se ha escrito este libro.

Recapitulación narrativa

Al analizar los bloques de las Escrituras, el intérprete observará la reformulación, o recapitulación, de narrativas anteriores en narrativas posteriores. Esta forma de escribir establece la continuidad dentro de la Palabra de Dios y

---

5. Queda fuera del alcance de este capítulo explorar los diversos métodos utilizados por los autores bíblicos en su tratamiento de las Escrituras anteriores. Pero abundan los libros que exploran este tema. Ver Sidney Greidanus, *Predicando a Cristo desde el Antiguo Testamento: Un método hermenéutico contemporáneo* (Lima: Perú, Editorial Teología para Vivir, 2021); G. K. Beale y D. A. Carson, eds., *Commentary on the New Testament Use of the Old Testament* (Grand Rapids: Baker Academic, 2007).

en los pactos bíblicos, y da testimonio de la providencia de Dios a lo largo de la historia. La capitulación narrativa está arraigada en la unidad global de las Escrituras. Cuando los aspectos de un relato bíblico recuerdan de múltiples maneras a un relato anterior, los intérpretes deben considerar si se ha recurrido a la recapitulación narrativa.

Después de ir a la tierra prometida, Abraham se enfrenta a una hambruna, por lo que parte hacia Egipto (Gn. 12:10). Allí, la mujer de Abraham es tomada para el faraón (Gn. 12:15). Pero Dios derrama plagas sobre la casa del faraón, quien finalmente despide a la mujer (Gn. 12:17-19). Cuando Sara y Abraham salen de Egipto, tienen más posesiones que cuando llegaron allí (Gn. 12:16, 20). Estos acontecimientos en la vida de Abraham y Sara se recapitulan a escala nacional en la experiencia de Israel. Al final de Génesis, los israelitas se enfrentan al hambre en la tierra prometida y se dirigen a Egipto (Gn. 41–47). Pero, con el paso del tiempo, un faraón somete a los israelitas (Éx. 1:8-14). Dios derrama plagas sobre la casa de este faraón (Éx. 7–12) y, finalmente, los israelitas se liberan con un gran botín y posesiones (Éx. 12:35-41).

Figuras literarias

Los autores bíblicos emplean múltiples recursos literarios al escribir. Ya he hablado de la metalepsis y las alusiones, por lo que no volveré sobre ellos aquí. Pero debemos considerar otras formas en que los autores bíblicos insertan sus mensajes. Utilizan con frecuencia figuras literarias, como la metáfora, el símil, la hipérbole, la personificación, la metonimia y el simbolismo.[6]

Metáfora y símil

Un escritor utiliza una metáfora para comparar dos cosas equiparándolas. Por ejemplo, «Dios es luz» (1 Jn. 1:5) invita al lector a reflexionar sobre cómo Dios es semejante a la luz. O bien, «El Señor es mi pastor» (Sal. 23:1) invita al lector a considerar el modo en que Dios es pastor para su pueblo.

Un símil también compara dos cosas, pero utiliza «como» o «semejante a». El salmista compara su anhelo con el ciervo sediento: «Como el ciervo brama por las corrientes de las aguas, así clama por ti, oh Dios, el alma mía» (Sal. 42:1). Jesús habla del reino que ha inaugurado: «el reino de los cielos es semejante a un tesoro escondido en un campo» (Mt. 13:44).

Hipérbole

Un escritor puede exagerar un punto utilizando la hipérbole. En la quinta plaga, «murió todo el ganado de Egipto» (Éx. 9:6). Sin embargo, durante la

6. Hay otras figuras literarias en la Biblia. Ver Leland Ryken, *Words of Delight: A Literary Introduction to the Bible,* 2.ª ed. (Grand Rapids: Baker Academic, 1992).

sexta plaga, los forúnculos brotaron en llagas «en los hombres y en las bestias, por todo el país de Egipto» (Éx. 9:9). Hubo bestias durante la sexta plaga que no murieron durante la quinta plaga, aunque el narrador había dicho: «murió todo el ganado de Egipto». El narrador utilizó la hipérbole en la quinta plaga para expresar lo extendida que fue la devastación.

En el Evangelio de Lucas, Jesús enseña: «Si alguno viene a mí, y no aborrece a su padre, y madre, y mujer, e hijos, y hermanos, y hermanas, y aún también su propia vida, no puede ser mi discípulo» (Lc. 14:26). Jesús nos obliga a ver que la lealtad última solo se le debe a Él. No quiere que odiemos a nuestra familia. Sin embargo, su llamado radical a una vida centrada en Cristo es clara.

Personificación

Un escritor utiliza la personificación cuando algo inanimado se representa de forma animada. El Señor advierte a Caín: «Si bien hicieres, ¿no serás enaltecido? y si no hicieres bien, el pecado está a la puerta; con todo esto, a ti será su deseo, y tú te enseñorearás de él» (Gn. 4:7). El pecado está agazapado; en otras palabras, Caín debe cuidarse de las trampas del pecado.

En Proverbios, la Sabiduría tiene voz: «¿Hasta cuándo, oh simples, amaréis la simpleza, y los burladores desearán el burlar, y los insensatos aborrecerán la ciencia?» (Pr. 1:22). Al dar voz a la Sabiduría, el autor bíblico espera enamorar al oyente con la solidez de una vida que teme al Señor y huye del mal. La locura también tiene voz: «Las aguas hurtadas son dulces, y el pan comido en oculto es sabroso» (Pr. 9:17). Mediante la personificación, el escritor pone de relieve el peligro y el absurdo de la vida insensata.

Metonimia

Cuando una palabra (o grupo de palabras) se sustituye por otra cosa, se ha producido una metonimia. Cuando Jesús habla de la práctica del bautismo de Juan, pregunta: «El bautismo de Juan, ¿de dónde era? ¿Del cielo, o de los hombres?» (Mt. 21:25). Por «cielo», Jesús podría haber dicho «Dios», y eso es claramente lo que quiere decir.

Jesús critica a quienes se toman menos en serio sus juramentos, sustituyendo el nombre de Dios por otras palabras, como «cielo», «tierra» o «Jerusalén» (Mt. 5:34-35). Puesto que el cielo es el trono de Dios, la tierra el estrado de sus pies y Jerusalén la ciudad del rey, jurar con tales palabras no es más que una forma indirecta de invocar el nombre de Dios. Los juramentos son vinculantes, aunque los juramentados utilicen la metonimia.

Simbolismo

Los autores bíblicos utilizan a veces símbolos para comunicar sus ideas. Un símbolo puede ser un número, un objeto o una imagen que significa o representa otra cosa. El uso de símbolos puede tener su origen en algo tangible que, con el tiempo, adquiere un significado simbólico. El poder de los símbolos es eficaz cuando los lectores comparten el marco o la cosmovisión del autor, lo que hace que dichos símbolos sean comprensibles y tengan sentido.

En Génesis 49:10, Jacob dice a sus hijos: «No será quitado el cetro de Judá, ni el legislador de entre sus pies». El cetro simbolizaba la autoridad de un rey. Al utilizar este símbolo, Jacob asoció a la tribu de Judá con la realeza. Otro ejemplo es el relato de Éxodo 12 sobre los corderos sacrificados en la primera Pascua (Éx. 12:21-22). El simbolismo de este cordero queda claro cuando el apóstol Pablo escribe que «nuestra pascua, que es Cristo, ya fue sacrificada por nosotros» (1 Co. 5:7).

En resumen

Los lectores de la Biblia deben reflexionar sobre qué historia cuenta la Biblia y cómo la cuenta. Los autores bíblicos, por inspiración del Espíritu, reproducen e interpretan los relatos históricos que han seleccionado. La narrativa de la historia bíblica se desarrolla de forma orgánica, con textos posteriores que utilizan textos anteriores y crean así un registro interconectado de la redención. Por medio de distintos géneros y figuras retóricas, los autores bíblicos narran la epopeya de la revelación escrita de Dios.

Preguntas para la reflexión

1. ¿De qué manera la interconexión de las Escrituras puede ser un argumento a favor de su fiabilidad e inspiración?
2. Además de las que se han tratado en este capítulo, ¿qué otras figuras retóricas utilizan los autores bíblicos?
3. ¿Se le ocurren algunas citas del Antiguo Testamento en el Nuevo Testamento?
4. ¿Podría reconocer historias del Antiguo Testamento que parezcan un eco de historias anteriores del Antiguo Testamento?
5. ¿Hay partes de las Escrituras que suele pasar por alto o saltarse? Piense en cómo contribuyen al relato global y a la unidad de las Escrituras.

SEGUNDA PARTE

Preguntas sobre la tipología

SECCIÓN A
Cómo entender la tipología

PREGUNTA 3

¿Qué es la tipología?

A pesar de los milagros que los líderes religiosos habían visto realizar a Jesús, le dicen: «Maestro, deseamos ver de ti señal» (Mt. 12:38). Jesús promete la señal del profeta Jonás: «Porque como estuvo Jonás en el vientre del gran pez tres días y tres noches, así estará el Hijo del Hombre en el corazón de la tierra tres días y tres noches» (Mt. 12:40). Los contemporáneos de Jesús eran más responsables de lo que oían que, incluso, los ninivitas en tiempos de Jonás: «Los hombres de Nínive se levantarán en el juicio con esta generación, y la condenarán; porque ellos se arrepintieron a la predicación de Jonás, y he aquí más que Jonás en este lugar» (Mt. 12:41).

¿Cómo utiliza Jesús la historia y el ejemplo de Jonás? Habla por comparación («Porque como estuvo Jonás... así estará el Hijo del Hombre») y con un lenguaje que realza el significado de la comparación («he aquí más que Jonás»).

Jesús utiliza algo conocido como tipología.

Los usos de «tipo» (*Tupos*)

El término griego *tupos* aparece quince veces en el Nuevo Testamento.[1] Se refiere a una figura, imagen, ejemplo o modelo.[2] En al menos cuatro ocasiones, los autores bíblicos utilizan *tupos* para conectar con una parte anterior de la Escritura.

- En primer lugar, Pablo llama a Adán «figura» de Cristo. Escribe: «No obstante, reinó la muerte desde Adán hasta Moisés, aun en los que no pecaron a la manera de la transgresión de Adán, el cual es figura [tipo] del que había de venir» (Ro. 5:14).
- En segundo lugar, Pablo califica ciertos acontecimientos de la historia de Israel de «tipos» para sus lectores. Escribe: «Mas estas cosas sucedieron como ejemplos [o tipos] para nosotros, para que no codiciemos cosas malas, como ellos codiciaron» (1 Co. 10:6).
- En tercer lugar, el escritor de Hebreos se refiere a la «figura» o el «tipo» que Moisés utilizó para la construcción del tabernáculo, y esta

1. Ver Jn. 20:25 (2x); Hch. 7:43, 44; 23:25; Ro. 5:14; 6:17; 1 Co. 10:6; Fil. 3:17; 1 Ts. 1:7; 2 Ts. 3:9; 1 Ti. 4:12; Tit. 2:7; He. 8:5; 1 P. 5:3.
2. Ver *tupos* en *A Greek-English Lexicon of the New Testament and Other Christian Literature*, 3.ª ed., rev. y ed. Frederick Danker (Chicago: University of Chicago Press, 2000).

estructura era una sombra de las realidades celestiales. Escribe que los sacerdotes del Antiguo Testamento «sirven a lo que es figura y sombra de las cosas celestiales, como se le advirtió a Moisés cuando iba a erigir el tabernáculo, diciéndole: Mira, haz todas las cosas conforme al modelo que se te ha mostrado en el monte» (He. 8:5).

- En cuarto lugar, en el registro de Lucas del discurso de Esteban, el mártir habla de este mismo «modelo» que Moisés había recibido en relación con el tabernáculo. Esteban dice: «Tuvieron nuestros padres el tabernáculo del testimonio en el desierto, como había ordenado Dios cuando dijo a Moisés que lo hiciese conforme al modelo que había visto» (Hch. 7:44).[3]

Hacia la definición de un tipo

La definición estándar

El uso que hace Pablo de *tupos* en Romanos 5:14 se refiere a una persona. El uso que hace Pablo de *tupos* en 1 Corintios 10:6 se refiere a ciertos acontecimientos de la historia de Israel. Y tanto Lucas en Hechos como el escritor de Hebreos relacionan *tupos* con la construcción del tabernáculo de Israel. Estos usos de *tupos* dan crédito a la definición estándar de un tipo: una persona, evento o institución que prefigura un antitipo (la persona o cosa prefigurada por el tipo).[4] Pero la presencia de la palabra *tupos* no limita el concepto de tipo en el texto bíblico.[5]

Sombras y figuras

Como ejemplo de la presencia de un tipo sin que el autor use esa palabra en particular, el escritor de Hebreos habla de los sacrificios de la ley como una «sombra» de las cosas que estaban por venir: «Porque la ley, teniendo la sombra de los bienes venideros, no la imagen misma de las cosas, nunca puede, por los mismos sacrificios que se ofrecen continuamente cada año,

---

3. La palabra «modelo» en Hebreos 8:5 y Hechos 7:44 viene de *tupos*.
4. La palabra «antitipo» puede sonar negativa al principio: si *anti-* significa *contra,* ¿por qué utilizar una palabra que significa «contra tipo»? Pero *anti-* puede significar *opuesto,* y ese es el sentido de la palabra «antitipo». El cumplimiento (o antitipo) de un tipo es *opuesto* al tipo, a lo largo de la línea temporal de la historia de la salvación. Dicho de otro modo, el antitipo es lo que *corresponde* al tipo anterior.
5. En griego secular, los usos concretos de *tupos* «incluyen un molde hueco para fundir imágenes de metal, un troquel para fundir monedas, marcas grabadas, una figura tallada o moldeada; así, por extensión, una réplica o imagen exacta, la forma de algo, el carácter general de algo (como en un personaje estereotipado en un drama), una forma prescrita para ser imitada, o un patrón o modelo capaz de y destinado a la reduplicación» (Richard Ounsworth, *Joshua Typology in the New Testament* [Tubinga: Mohr Siebeck, 2012], 34).

hacer perfectos a los que se acercan» (He. 10:1). También llama a las ofrendas sacerdotales una «sombra» de las cosas celestiales (He. 8:5). En Colosenses, Pablo se refiere a las regulaciones de comida/bebida y al calendario israelita como una «sombra» de las cosas por venir. Escribe: «Por tanto, nadie os juzgue en comida o en bebida, o en cuanto a días de fiesta, luna nueva o días de reposo, todo lo cual es sombra de lo que ha de venir; pero el cuerpo es de Cristo» (Col. 2:16-17).

En Hebreos 9, el autor escribe sobre la práctica de rociar con sangre para la purificación (He. 9:21-22), y dice que era necesario purificar así las «figuras» de las cosas celestiales (He. 9:23), refiriéndose al tabernáculo y sus vasos como figuras de las realidades celestiales. Luego llama a los lugares santos hechos a mano «figuras» de las cosas verdaderas que se encuentran en la presencia de Dios, donde Cristo se presenta ahora por nosotros (He. 9:24). Pedro argumenta que el bautismo responde al diluvio de Noé en el sentido de que el diluvio de Noé «corresponde» a [o es una figura de] lo que sería el bautismo (1 P. 3:21).[6]

Correspondencia e intensificación

Tras examinar brevemente el lenguaje del Nuevo Testamento sobre tipos, figuras y sombras, podemos concluir que la presencia de un tipo bíblico requiere correspondencia e intensificación entre el tipo y el antitipo.

La correspondencia se refiere al punto o puntos de conexión entre el tipo y el antitipo. No existe un número mínimo de correspondencias. Veamos algunas correspondencias presentes en los pasajes que ya hemos visto.

- En Hebreos 9:11-28, el escritor llama la atención sobre el hecho de que los sacerdotes ofrecían sacrificios y que Jesús ofreció un sacrificio.
- En Mateo 12:41, Jesús dice que así como Jonás experimentó un descenso por un período de tres días, Él también experimentaría un descenso por el mismo período de tiempo.
- En 1 Pedro 3:21, se nos recuerda que los que estaban en el arca fueron salvados por medio del agua y que las personas son salvadas por el agua en la ordenanza del bautismo.

Las correspondencias entre tipo y antitipo no tienen por qué coincidir en todos los aspectos. De hecho, los ejemplos anteriores tienen puntos clave de disimilitud. Los sacerdotes levitas ofrecían sacrificios, mientras que Jesús *era*

---

6. La palabra griega en 1 Pedro 3:21 es idéntica a la de Hebreos 9:24, por lo que, como traducción de *antitupos,* he hecho referencia a «figura» para preservar el vínculo.

el sacrificio. Jonás huía de la voluntad de Dios y estuvo tres días en el interior del pez sin morir, mientras que Jesús cumplía la voluntad de Dios y estuvo muerto tres días en el sepulcro.

La relación entre tipo y antitipo también tendrá intensificación. Mientras que los sacerdotes y Jesús ofrecieron sacrificios, el sacrificio de Jesús fue mejor. Mientras que Jonás y Jesús experimentaron un descenso durante tres días, Jesús no estaba vivo en un pez, sino muerto en la tumba. Mientras que tanto el arca como el bautismo llevan a la gente a salvo por medio del agua, el bautismo apunta a la conciencia limpia y no a la mera liberación exterior.

Cumplimiento «verdadero»

Los autores bíblicos pueden indicar una relación tipológica cuando utilizan el término «verdadero». Por ejemplo, en el Evangelio de Juan, Jesús se llama a sí mismo el «verdadero pan del cielo» (Jn. 6:32) y la «vid verdadera» (Jn. 15:1). Las imágenes del pan celestial y de la vid proceden del Antiguo Testamento (ver Éx. 16; Sal. 80), por lo que proporcionan el trasfondo necesario para comprender la persona y la obra incomparables de Cristo. «Es importante señalar que Jesús no desvaloriza la importancia de los precursores del Antiguo Testamento para lograr los propósitos de Dios en su propio tiempo. Más bien, pretende traer la plenitud o el cumplimiento que no estaba presente en los tipos.»[7]

El autor de Hebreos también vincula la relación tipo/antitipo con la palabra «verdadero». En Hebreos 8:1-2, el santuario terrenal señalaba el «verdadero tabernáculo» no hecho con manos. Y, en Hebreos 9:24, los lugares santos hechos por el hombre eran figuras (o copias) del «verdadero». Hoskins muy bien afirma: «El uso de "verdadero" (*alethinos)* para describir los antitipos es coherente con el uso de este adjetivo en nuestro idioma y en griego, para denotar lo que es real o genuino. En este caso, el antitipo es la entidad real que cumple la sombra incompleta que le precede».[8]

Utilizando el término «verdadero», los intérpretes pueden representar el cumplimiento cristológico con expresiones que llaman a Jesús, el verdadero Josué, el verdadero David, la verdadera arca, el verdadero sumo sacerdote, el verdadero templo, la verdadera luz, el verdadero pan, el verdadero sacrificio o el verdadero Israel.

Una definición más completa

Necesitamos una comprensión de la tipología bíblica que se derive del propio texto bíblico. Esto significa que necesitamos una definición lo sufi-

---

7. Paul M. Hoskins, *That Scripture Might Be Fulfilled: Typology and the Death of Christ* (Maitland, FL: Xulon, 2009), 29.
8. Hoskins, *That Scripture Might Be Fulfilled*, 29.

cientemente completa como para abarcar la forma en que los autores bíblicos aplican el lenguaje de los tipos, las sombras y las figuras. Esta es la definición en la que me basaré en el resto de este libro: *un tipo bíblico es una persona, oficio, lugar, institución, acontecimiento o cosa de la historia de la salvación que anticipa, comparte correspondencias, se intensifica y se resuelve en su antitipo.*

Ya hemos visto algunos ejemplos de tipos que se ajustan a la primera mitad de esa definición: Jonás es una persona, los sacrificios forman parte de la institución sacrificial, y la liberación por medio del arca fue un acontecimiento. Sin embargo, más adelante veremos que los cargos, los lugares y las cosas también pueden ser tipos.

Los verbos de la segunda mitad de la definición se han elegido cuidadosamente. Los tipos son anticipatorios («anticipa»),[9] hay correspondencias entre el tipo y el antitipo («comparte correspondencias con»), el antitipo es en cierto modo superior al tipo que lo prefigura («se intensifica hacia»), y el antitipo cumple en cierto sentido lo que lo ha prefigurado («se resuelve en su antitipo»).

En resumen

Un tipo bíblico tiene correspondencias con su antitipo y se intensifica hacia él. Y un tipo puede ser una persona, oficio, lugar, institución, acontecimiento o cosa en la historia de la salvación. A veces, los autores bíblicos hablan de tipos, sombras o figuras de realidades futuras o celestiales, pero la práctica de la tipología puede ocurrir sin que estén presentes tales términos explícitos.

Preguntas para la reflexión

1. ¿Ha oído a otros escritores o predicadores mencionar la tipología en las Escrituras? Si es así, ¿difieren sus definiciones de lo que ha leído en este capítulo?
2. ¿Puede nombrar al menos cinco personas del Antiguo Testamento que sean tipos de Cristo?
3. ¿Cómo puede ser Adán un tipo de Cristo si fue desobediente, mientras que Jesús fue obediente?

---

9. Se trata de un punto controvertido que intentaré defender más adelante en el libro. ¿Los tipos bíblicos estaban siempre orientados hacia el futuro, o se establecían como anticipatorios una vez que llegaba el antitipo y ofrecía al intérprete un conjunto de lentes retrospectivas? ¿Es posible que los tipos bíblicos tuvieran siempre la intención de anticiparse, una intención arraigada en el autor divino, aunque no necesariamente en el autor humano?

4. Puesto que Jesús habló del descenso de Jonás antes de su propia muerte, ¿requiere la validez del tipo que Jonás muriera en algún momento antes de ser expulsado del pez?
5. ¿Puede pensar en lugares del Antiguo Testamento que puedan ser tipos en la historia de la salvación?

PREGUNTA **4**

¿Cuáles son los presupuestos teológicos de la tipología?

La tipología no se sostiene sin un apoyo. Si se mira debajo de la mesa, la tipología descansa sobre presupuestos teológicos —son las patas que la sostienen—. Estos presupuestos son tan importantes que la tipología no existiría sin ellos. Los intérpretes que no compartan estos presupuestos pueden considerar la tipología un trabajo inútil e indeseable. Podemos identificar al menos cinco presupuestos de la tipología.

La providencia de Dios

En primer lugar, la tipología se apoya en la providencia de Dios. El único Dios verdadero es Señor del mundo que ha creado. En el principio, cuando Dios creó los cielos y la tierra, no se apartó de su creación para dejar que siguiera su curso. Los autores bíblicos rechazan el deísmo. Proclaman la gran dimensión de su realeza sobre su mundo, y su compromiso con él en cada detalle. La plenitud de la tierra pertenece a Dios (Sal. 24:1), y ni siquiera un gorrión caerá al suelo fuera de la voluntad del Padre (Mt. 10:29). Antes de todas las cosas estaba el Hijo, y en Él todas las cosas subsisten (Col. 1:17).

La tipología no funcionaría en un mundo deísta. Si no hay providencia, solo hay coincidencia. La práctica de la tipología reconoce que la historia de la salvación se ha desarrollado según un diseño. Si Dios no dirige los acontecimientos, nada anterior puede ser diseñado para corresponder a acontecimientos posteriores. Pablo enseña, en cambio, que Dios «hace todas las cosas según el designio de su voluntad» (Ef. 1:11). Como soberano de la creación, Dios ordena y dirige los acontecimientos de la historia. Es un Dios providente. Y este ordenamiento de la historia hace posible las correspondencias entre los acontecimientos. «En otras palabras, la interpretación tipológica de las Escrituras surge de la doctrina de las Escrituras sobre Dios, el Señor que actúa en la historia, y encuentra expresión tanto en el Antiguo Testamento como en el Nuevo».[1]

1. Dennis E. Johnson, *Walking with Jesus through His Word: Discovering Christ in All the Scriptures* (Phillipsburg, NJ: P&R, 2015), 57. [Para una versión abreviada en español de este libro, ver Dennis E. Johnson, *Caminando con Jesús: Cada pasaje apunta a Cristo* (San José: Editorial CLIR, 2020).]

La unidad de las Escrituras

En segundo lugar, la tipología requiere la unidad de las Sagradas Escrituras. Ellas son el registro inspirado de la voluntad y los caminos de Dios en la historia de la salvación, y desde Génesis hasta Apocalipsis los autores bíblicos cuentan la gran historia de la creación, la caída, la redención y la consumación. Los patrones abundan porque el Dios de la providencia estableció la unidad de las Escrituras, la cual es el resultado de un autor divino que guio a los autores bíblicos con su Espíritu (2 P. 1:21). Al tener en nuestras manos el canon bíblico, tenemos en nuestras manos la historia de Dios. Sally Lloyd-Jones bien afirma: «Hay muchas historias en la Biblia, pero todas las historias cuentan un relato grande: la historia de cómo Dios ama a sus hijos y viene para rescatarlos. Se necesita toda la Biblia para contar esta historia».[2]

Si los relatos de la Biblia carecieran de un diseño más amplio, los argumentos a favor de la tipología podrían basarse únicamente en el ingenio y la casualidad literaria. Pero si los relatos de las Escrituras muestran una unidad y coherencia generales, entonces el intérprete tiene una base sólida para proponer ciertos tipos bíblicos. «Cristo, como clímax de la historia, da unidad y significado a todo lo que le había precedido».[3] Y si el Dios de la providencia ha tejido una historia con Cristo en el centro, «entonces no podemos tener ninguna objeción a una tipología que trata de descubrir y hacer explícitas las correspondencias reales en los acontecimientos históricos que se han producido por el ritmo recurrente de la actividad divina».[4] Sin embargo, si no hay continuidad en la historia de la redención, las conexiones tipológicas son solo ejercicios de imaginación. Según Geerhardus Vos, «el vínculo que mantiene unidos al tipo y al antitipo debe ser un vínculo de continuidad vital en el progreso de la redención. Cuando se ignora esto, y en lugar de este vínculo se ponen semejanzas accidentales, sin significado espiritual inherente, resultarán toda clase de absurdos, tales que desacreditarán todo el tema de la tipología».[5]

El testimonio del Espíritu

En tercer lugar, la misión del Espíritu Santo es dar testimonio del Hijo. Puesto que las Escrituras están inspiradas por el Espíritu, deberíamos esperar

---

2. Sally Lloyd-Jones, *Historias bíblicas de Jesús para niños* (Grand Rapids: Vida, 2013), 17.
3. G. W. H. Lampe, «The Reasonableness of Typology», en *Essays on Typology* (Naperville, IL: Alec R. Allenson, 1957), 27.
4. Lampe, «Reasonableness of Typology», 29.
5. Geerhardus Vos, *Biblical Theology: Old and New Testaments* (Carlisle, PA: Banner of Truth, 1975), 146. [Para una edición en español, ver: Geerhardus Vos, *Teologia bíblica del Antiguo y Nuevo Testamento: El desarrollo orgánico, histórico y progresivo del plan de Dios* (Lima: Teología para vivir, 2021).]

que la revelación resultante de Dios diera testimonio del Hijo. El Espíritu de Cristo dirigió a los profetas que escribieron sobre los sufrimientos y las glorias de Cristo y que, sin embargo, no comprendían plenamente sus propias profecías (1 P. 1:10-11). Estos autores del Antiguo Testamento sabían que «se les reveló que no para sí mismos, sino para nosotros, administraban las cosas que ahora os son anunciadas por los que os han predicado el evangelio por el Espíritu Santo enviado del cielo; cosas en las cuales anhelan mirar los ángeles» (1 P. 1:12). La identificación de los tipos bíblicos es una forma de mostrar la eficacia del testimonio del Espíritu en el texto de las Escrituras. Sin la inspiración del Espíritu que fundamente la validez de la interpretación tipológica, a los intérpretes solo les queda la imaginación y el ingenio humanos.

Antes de ser arrestado, Jesús prometió a sus discípulos que, cuando se fuera, vendría el Espíritu a ayudarles: «Os conviene que yo me vaya; porque si no me fuera, el Consolador no vendría a vosotros; mas si me fuere, os lo enviaré» (Jn. 16:7). El Espíritu no solo traería convicción (Jn. 16:8-11), sino que también traería a los discípulos memoria y entendimiento. Jesús dijo que «el Consolador, el Espíritu Santo, a quien el Padre enviará en mi nombre, él os enseñará todas las cosas y os recordará todo lo que yo os he dicho» (Jn. 14:26). Además, el Espíritu «os guiará a toda la verdad; porque no hablará por su propia cuenta, sino que hablará todo lo que oyere, y os hará saber las cosas que habrán de venir. Él me glorificará; porque tomará de lo mío, y os lo hará saber» (Jn. 16:13-14). Las implicancias teológicas de esta promesa son profundas: cuando los apóstoles predicaban y escribían sobre Cristo e interpretaban el Antiguo Testamento, lo hacían según la inspiración y el testimonio del propio Espíritu. Jesús dijo: «Cuando venga el Consolador, a quien yo os enviaré del Padre, el Espíritu de verdad, el cual procede del Padre, él dará testimonio acerca de mí» (Jn. 15:26). El Espíritu es enviado por el Hijo desde el Padre para dar testimonio del Hijo. Los tipos bíblicos son una realización trinitaria.

La trayectoria divina en todas las cosas

En cuarto lugar, el Dios de la providencia actúa con un propósito en todo lo que hace. Utiliza la historia para alcanzar sus objetivos. Las genealogías de las Escrituras se dirigen a alguna parte. Muchos acontecimientos tempranos tienen elementos que, en acontecimientos posteriores, se convierten en patrones y paralelos. Los actos de juicio y liberación crean la expectativa de más de lo mismo. Los pactos y las profecías contienen promesas que dejan a los lectores a la espera de su cumplimiento. Cuanto más leemos la Biblia, más nos damos cuenta de que Dios siempre ha orientado el principio de Génesis hacia el final de Apocalipsis. La existencia de tipos bíblicos coincide con la naturaleza prospectiva de las Escrituras.

En el momento señalado, Dios unirá plena y finalmente todas las cosas en Cristo, las del cielo y las de la tierra (Ef. 1:10). Esta meta es el final de una trayectoria planificada desde la fundación del mundo: «Él es la imagen del Dios invisible, el primogénito de toda creación. Porque en él fueron creadas todas las cosas, las que hay en los cielos y las que hay en la tierra, visibles e invisibles; sean tronos, sean dominios, sean principados, sean potestades; todo fue creado por medio de él y para él» (Col. 1:15-16). Toda la historia humana —y, por tanto, todos los tipos de las Escrituras— sirve al gran propósito de la gloria de Cristo en el mundo. Los tipos bíblicos son como Juan el Bautista: ¡preparan el camino del Señor!

Las afirmaciones autorizadas de Jesús

En quinto lugar, la tipología bíblica se basa en las afirmaciones autorizadas de Jesús sobre cómo el Antiguo Testamento se relaciona con Él. Tras su resurrección, Jesús se reunió con dos hombres que caminaban hacia Emaús. Su conversación dio un giro lleno de intriga hermenéutica. «Y comenzando desde Moisés, y siguiendo por todos los profetas, les declaraba en todas las Escrituras lo que de él decían» (Lc. 24:27). No debemos subestimar la importancia de aquel encuentro. Más tarde habló de la necesidad de que se cumpliera todo lo que está escrito sobre Él: «Estas son las palabras que os hablé, estando aún con vosotros: que era necesario que se cumpliese todo lo que está escrito de mí en la ley de Moisés, en los profetas y en los salmos» (Lc. 24:44). Insistió en que las Escrituras dan testimonio de Él: «Escudriñad las Escrituras; porque a vosotros os parece que en ellas tenéis la vida eterna; y ellas son las que dan testimonio de mí» (Jn. 5:39). Jesús dijo que si los dirigentes creían realmente en los escritos de Moisés, también le creerían a Él, «porque de mí escribió él» (Jn. 5:46).

Estas afirmaciones de Jesús son generales, pero también sorprendentemente claras. Enseñó que el Antiguo Testamento lo anticipaba. Dijo que los autores bíblicos escribieron sobre Él. Contrasta esta afirmación con las palabras de Udo Schnelle, que dijo: «El Antiguo Testamento guarda *silencio* sobre Jesucristo».[6] Según Richard Hays, las palabras de Schnelle «contradicen directamente el testimonio explícito de los propios escritores del Nuevo Testamento. Ellos enfáticamente no piensan que el Antiguo Testamento guarde silencio sobre Jesucristo».[7] ¿Y no sería una comprensión correcta del Antiguo Testamento la que más se acerca a la visión que Jesús tenía de él? El punto de vista de Jesús sobre el Antiguo Testamento es verdadero o falso. Si reconoce-

---

6. Udo Schnelle, *Theology of the New Testament* (Grand Rapids: Baker, 2009), 52 (énfasis en el original).
7. Richard B. Hays, *Echoes of Scripture in the Gospels* (Waco, TX: Baylor University Press, 2016).

mos que la tipología está presente en la Biblia, estamos diciendo, en efecto: «Las afirmaciones de Jesús son verdaderas». Reconocer la tipología es una forma de reconocer que Moisés —y los autores bíblicos que lo siguieron— escribieron sobre Jesús.

En resumen

La legitimidad de la tipología descansa en múltiples presupuestos teológicos. Si los lectores de la Biblia no comparten estos presupuestos, los ejemplos propuestos de tipología no tendrán un lugar firme en el que apoyarse. Si la tipología es algo que opera en las Escrituras, entonces los presupuestos que la sustentan también deben estar fundamentados en las Escrituras. Y el testimonio de las Escrituras es que el Dios de la providencia dirige todas las cosas hacia un objetivo que exalta a Cristo. El mismo Espíritu que inspiró a los autores del Antiguo Testamento inspiró también a los apóstoles del Nuevo Testamento para que dieran testimonio de Cristo. Además, Jesús mismo afirmó que los autores bíblicos escribieron sobre Él. No solo lo creyó, sino que enseñó a otros que era verdadero e interpretó las Escrituras para demostrarles que lo era.

Preguntas para la reflexión

1. ¿Por qué el deísmo socavaría la noción de tipología en las Escrituras?
2. Si la Biblia no es una historia unida, ¿cómo socavaría su carencia de unidad, la noción de tipología?
3. ¿Por qué la tipología debe apoyarse en una trayectoria divina para todas las cosas?
4. ¿Cómo serviría algo como una genealogía al propósito de Dios de exaltar a Cristo?
5. ¿Qué enseñó Jesús sobre la relación del Antiguo Testamento con Él?

PREGUNTA **5**

¿Debemos identificar los tipos que el Nuevo Testamento no identifica?

Tengo un vivo recuerdo de mi primera clase en el seminario, cuando el profesor dijo: «Los autores bíblicos nos muestran cómo interpretar el Antiguo Testamento. Deberíamos reflexionar sobre sus movimientos hermenéuticos y luego imitarlos». ¡Qué bombazo! Nunca había oído algo así. En aquel momento, sonaba demasiado bien para ser verdad. ¿Cómo podemos imitar a los apóstoles si no estamos inspirados? Algunos autores dudan de que los métodos hermenéuticos de los apóstoles deban ser nuestra guía. Richard Longenecker, por ejemplo, dice: «Nuestro compromiso como cristianos es la reproducción de la fe y la doctrina apostólicas, y no necesariamente las prácticas exegéticas apostólicas específicas».[1] Pero ¿y si los movimientos hermenéuticos de los apóstoles nos han sido dados como guía, aunque nosotros mismos no estemos inspirados? Mi profesor pensaba que debíamos prestar atención a cómo interpretaban los apóstoles el Antiguo Testamento y leerlo como ellos lo hacían. Y tenía razón.

Aprender de Jesús

Antes de considerar si debemos identificar tipos en el Antiguo Testamento que no fueron identificados en el Nuevo, debemos considerar cómo Jesús y los apóstoles esperan que leamos el Antiguo Testamento. En primer lugar, ¿qué podemos aprender de Jesús?

Creer a Moisés y creer a Jesús

En Juan 5, algunos judíos querían matar a Jesús por blasfemo (Jn. 5:18). En realidad, Jesús no estaba cometiendo tal cosa, pues solo hablaba y hacía lo que su Padre le había encomendado decir y hacer (Jn. 5:19-20, 36). Estos opositores conspiradores afirmaban conocer las Escrituras, pero Jesús les cuestionó si realmente creían lo que leían: «Porque si creyeseis a Moisés, me creeríais a

1. Richard Longenecker, *Biblical Exegesis in the Apostolic Period*, 2.ª ed. (Grand Rapids: Eerdmans, 1999), 219.

mí, porque de mí escribió él. Pero si no creéis a sus escritos, ¿cómo creeréis a mis palabras?» (Jn. 5:46-47).

Jesús acusa directamente a sus conspiradores de no creer realmente en los escritos de Moisés. ¿Cuál es su prueba de ello? ¡Intentaban matarlo! No podían decir que creían a Moisés y, al mismo tiempo, rechazar a Jesús. Puesto que Moisés escribió sobre Jesús, creer a Moisés llevaría a creer a Jesús («si creyeseis a Moisés, me creeríais a mí», Jn. 5:46). Así que Moisés, en un giro irónico, se ha convertido en su acusador y no en su aliado (Jn. 5:45).

Jesús se vio a sí mismo en los escritos de Moisés («de mí escribió él», Jn. 5:46), y sus adversarios deberían haberlo visto también. En cambio, rechazaron al que Dios había enviado y, al hacerlo, demostraron que la Palabra de Dios no permanecía en ellos (Jn. 5:38). Incluso habían escudriñado las Escrituras del Antiguo Testamento, pero no veían cómo esos textos señalaban a Cristo. Jesús se refirió a estos textos cuando dijo: «dan testimonio de mí» (Jn. 5:39).

Aquellos lectores no apostólicos del Antiguo Testamento deberían haber visto que Moisés escribió sobre Jesús. El obstáculo era este: tenían las Escrituras sin entenderlas. Buscaban en el Antiguo Testamento con los ojos cerrados.

Cleofas y el resto de nosotros

Cuando Jesús caminaba hacia Emaús con dos hombres, al principio no supieron que era Él (Lc. 24:16). Uno de los hombres era Cleofas. No era apóstol ni escritor de ningún documento del Nuevo Testamento; a pesar de ello, Jesús lo instruyó en la interpretación de las Escrituras. Interpretaba las obras de Moisés y de los profetas, mostrando cómo las Escrituras daban testimonio de Él (Lc. 24:27). Esto transformó la manera en que Cleofas entendía las Escrituras. Más tarde dijo: «¿No ardía nuestro corazón en nosotros, mientras nos hablaba en el camino, y cuando nos abría las Escrituras?» (Lc. 24:32).

Cleofas, que no escribiría un evangelio inspirado ni ninguna carta autorizada a las iglesias cristianas, era ahora capaz de leer las Escrituras con los ojos abiertos. Su ejemplo es una buena noticia para nosotros, porque tampoco somos apóstoles ni intérpretes inspirados. Y, sin embargo, como Cleofas antes de encontrarse con Jesús, leer el Antiguo Testamento sin una lente cristológica es no entender lo que está escrito. Jesús le mostró cómo debía leerse el Antiguo Testamento.

Aprendiendo de los apóstoles y predicadores

Puesto que Jesús esperaba que la gente lo viera en los escritos del Antiguo Testamento, es razonable que sus apóstoles siguieran su ejemplo. ¿Qué podemos aprender de ellos?

Abrir las mentes para comprender

En Jerusalén, Jesús se apareció a sus discípulos y les interpretó también las Escrituras. Había cosas escritas sobre Él en la Ley, los Profetas y los Escritos, y sus discípulos necesitaban entender lo que estas Escrituras preveían. Así que «les abrió el entendimiento, para que comprendiesen las Escrituras» (Lc. 24:45). El sufrimiento, la resurrección y la proclamación mundial del Mesías se basaban en el Antiguo Testamento (Lc. 24:46-47).

Las conversaciones entre Jesús y sus discípulos continuaron en las semanas siguientes. Enseñó sobre el reino de Dios durante cuarenta días (Hch. 1:3) antes de su ascensión. Esas semanas de instrucción habrían incluido más explicaciones de textos, más apertura de mentes, más transmisión de ideas. Y las lecciones de la interpretación pronto se manifestaron en la predicación y la oración de los apóstoles. Cuando Pedro predicó a partir del Salmo 16 (ver Hch. 2:25-28) y del Salmo 110 (ver Hch. 2:34-35), predicó a Cristo. Cuando los apóstoles oraron e invocaron el Salmo 2 (ver Hch. 4:25-26), entendieron que el Ungido era Jesús.

Interpretación cristológica más allá de Jerusalén

Cuando Felipe salió de Jerusalén, se encontró con un eunuco etíope. No sabemos el nombre del eunuco, pero sí lo que estaba leyendo: el profeta Isaías. Felipe le preguntó: «¿entiendes lo que lees?» (Hch. 8:30). El hombre respondió: «¿Y cómo podré, si alguno no me enseñare?» (Hch. 8:31). Esta escena es instructiva, pues el hombre necesitaba saber cómo el libro de Isaías daba testimonio de Jesús. Así que Felipe tomó el texto del eunuco —Isaías 53— y proclamó la buena nueva sobre Jesús (Hch. 8:32-35). El eunuco no era apóstol ni escritor de documentos neotestamentarios, pero, aun así, necesitaba leer el Antiguo Testamento a la luz de Jesucristo.

Cuando el apóstol Pablo fue a Antioquía de Pisidia, entró en la sinagoga en el día de reposo y proclamó a Jesús (Hch. 13:14). Dijo que los dirigentes judíos habían condenado a Jesús porque no entendían verdaderamente a los profetas (Hch. 13:27). Luego proclamó a Jesús a partir del Salmo 2, Isaías 55, el Salmo 16 y Habacuc 1 (Hch. 13:33-41). Cuando Pablo ministró en Tesalónica, razonó a partir de las Escrituras del Antiguo Testamento que el Mesías tenía que sufrir y resucitar (Hch. 17:2-3).

Cómo oír a Hebreos sobre «las sombras»

El escritor de Hebreos interpreta el Antiguo Testamento a la luz de Cristo y, más aún, declara que la ley es «sombra de los bienes venideros» (He. 10:1). El «santuario hecho de mano» era «figura del verdadero» (He. 9:24). Sin embargo, el autor no desarrolla todos los aspectos tipológicos de la ley en su conjunto.

En Hebreos 9–10, trae a colación múltiples prácticas, lugares y objetos, como el derramamiento de sangre, la labor del sumo sacerdote, las ofrendas de toros y machos cabríos, la purificación del tabernáculo, el Lugar Santísimo y los utensilios de culto. Estos aspectos de la ley forman parte de «la sombra» que prefigura «la imagen misma de las cosas», que llegó en el Señor Jesucristo y por medio de Él (He. 10:1). Estas prácticas, sitios y objetos son ejemplos de tipos en la ley, pero estos ejemplos no son exhaustivos.

Escribiendo sobre tipología y Hebreos, Jonathan Edwards dice:

> Decir que no debemos decir que tales cosas son tipos de estas y aquellas cosas, a menos que la Escritura nos haya enseñado expresamente que lo son, es tan irrazonable como decir que no debemos interpretar las profecías de la Escritura ni aplicarlas a estos y aquellos acontecimientos, a menos que las encontremos interpretadas así de antemano, y no debemos interpretar más las profecías de David, etc. Porque por la Escritura es claro que innumerables otras cosas son tipos que no son interpretados en la Escritura (todas las ordenanzas de la ley son todas sombras de cosas buenas por venir), de la misma manera es claro por la Escritura que estos y aquellos pasajes que no son realmente interpretados son, sin embargo, predicciones de eventos futuros.[2]

Ve, y haz tú lo mismo

Jesús y los apóstoles enseñaron que las Escrituras hablaban de Cristo. A las personas que no eran apóstoles, y que aún no tenían el Nuevo Testamento, se les mostró cómo la Ley, los Profetas y los Escritos daban testimonio del Señor Jesucristo. ¿Cómo se relaciona esta enseñanza con la tipología?

Un límite comprensible pero innecesario

Algunos intérpretes insisten en que los únicos tipos válidos son los que identifica el Nuevo Testamento, pero no deberíamos establecer semejante límite. La noción suena segura, porque entonces nadie encontraría tipos debajo de cada roca que brota. Pero los autores del Nuevo Testamento nunca dicen haber agotado los tipos del Antiguo Testamento. Entonces, ¿por qué suponerlo si nunca lo dijeron? Más bien, según Sidney Greidanus, «si la interpretación tipológica es un método sólido, debería ser capaz de descubrir tipos de Cristo que los escritores del Nuevo Testamento no mencionaron».[3]

---

2. Jonathan Edwards, «Types», en *The Works of Jonathan Edwards* (New Haven, CT: Yale University Press, 1957-2008), 11:152.
3. Sidney Greidanus, *Preaching Christ from the Old Testament: A Contemporary Hermeneutical Method* (Grand Rapids: Eerdmans, 1999), 98. [Para una edición en español, ver: Sidney Greidanus,

Cuando Jesús enseñó a los apóstoles, y cuando los apóstoles enseñaron a otros con su predicación y escritura, el resultado fue la orientación de oyentes y lectores hacia una comprensión cristológica del Antiguo Testamento. En una época posterior a la resurrección, Jesús guio a los apóstoles hacia los textos del Antiguo Testamento con los ojos bien abiertos. Llegaron a comprender cómo la Ley, los Profetas y los Escritos prepararon el camino para el Señor, incluyendo su sufrimiento, y muerte y su resurrección al tercer día.

Sin embargo, todo predicador sabe que un sermón no puede abarcar todo lo que podría decirse. Todo escritor sabe que una carta no puede abarcar todo lo que podría escribirse. Los cuatro Evangelios, los Hechos de los apóstoles, las veintiuna Epístolas y Apocalipsis abordan el Antiguo Testamento de diversas maneras, y la tipología es una de ellas. En lugar de suponer que los autores del Nuevo Testamento proporcionaron todos los tipos que los lectores debían ver en el Antiguo Testamento, debemos entender que sus documentos inspirados contienen movimientos interpretativos autorizados, dignos de reflexión y, sí, de *imitación*.

Aún podemos aprender de los apóstoles

Jesús y los apóstoles mostraron a los no apóstoles cómo entender e interpretar el Antiguo Testamento, y dieron esta instrucción incluso antes que se escribieran los documentos del Nuevo Testamento. El lector moderno podría protestar de inmediato que no tenemos a Jesús y a los apóstoles para que nos hablen de esa manera. Pero —me apresuro a decir— *sí* tenemos las palabras de Cristo y de sus apóstoles escritas y conservadas y esperando nuestra meditación. Siempre que los escritores del Nuevo Testamento interpretan el Antiguo Testamento, lo hacen de forma infalible y autorizada. Es una buena noticia porque, aunque no seamos intérpretes inspirados, podemos estudiar sus interpretaciones inspiradas. Podemos prestar atención a su forma de leer el Antiguo Testamento. Estamos a miles de años de distancia del mundo antiguo del Nuevo Testamento, pero aún podemos aprender de los apóstoles.

Para el tema de la tipología, lo que se necesita es una reflexión cuidadosa sobre los movimientos hermenéuticos de los autores bíblicos. Y tratando de imitar a los autores bíblicos, entenderemos, como Cleofas y otros, el Antiguo Testamento con mayor claridad y nos regocijaremos en sus riquezas. Debemos leer el Antiguo Testamento desde su perspectiva.

Si no tratamos de imitar la forma en que los autores bíblicos leyeron el Antiguo Testamento, incluida la manera en que identificaron los tipos, ¿cuál es

---

Predicando a Cristo desde el Antiguo Testamento: Un método hermenéutico contemporáneo (Lima: Teología para Vivir, 2021).]

la alternativa para los intérpretes? ¿Interpretar el Antiguo Testamento como no lo hicieron Jesús y sus apóstoles? ¿Adoptar un método suponiendo que llegaremos a conclusiones más fiables y seguras, que si tratáramos los movimientos interpretativos de los autores bíblicos como lentes que debemos ponernos?

La determinación de Peter Leithart es directa: «Quiero leer el Antiguo Testamento y el Nuevo como discípulo de Jesús, y eso significa seguir las huellas de los métodos de lectura de los discípulos».[4] Contemplemos cómo los autores bíblicos se ocuparon del Antiguo Testamento, y luego hagamos lo mismo.

En resumen

Aunque algunos intérpretes se muestren reacios a identificar tipos del Antiguo Testamento que los autores del Nuevo nunca especificaron, ese límite no es necesario cuando meditamos y tratamos de imitar las maniobras interpretativas de estos autores inerrantes. Nunca pretendieron haber mencionado todos los tipos del Antiguo Testamento. Por tanto, si Jesús es el intérprete más exacto del Antiguo Testamento que ha existido, y si quienes escribieron en su nombre también interpretaron y predicaron el Antiguo Testamento del modo en que Él les instruyó, entonces nuestra interpretación del Antiguo Testamento será más fiel cuanto más se acerque a la suya. Si imitamos a los autores bíblicos, inevitablemente identificaremos tipos que no están en el Nuevo Testamento. Y lo haremos porque estamos aprendiendo de los apóstoles a leer los escritos sagrados. ¿No nos arderá el corazón por dentro?

Preguntas para la reflexión

1. ¿Por qué algunos intérpretes se preocupan por identificar tipos del Antiguo Testamento que no son reconocidos por los autores del Nuevo Testamento?
2. Según Juan 5, ¿cómo demostraron los oyentes de Jesús que no creían en las palabras de Moisés?
3. ¿Qué ventajas tiene imitar a los autores bíblicos cuando se lee el Antiguo Testamento?
4. ¿En qué sentido Cleofas es un ejemplo esperanzador para los lectores de hoy?
5. ¿Cómo sabemos que las enseñanzas de Jesús tras la resurrección influyeron en la forma en que los apóstoles interpretaron el Antiguo Testamento?

---

4. Peter J. Leithart, *Deep Exegesis: The Mystery of Reading Scripture* (Waco, TX: Baylor University Press, 2009), viii.

PREGUNTA **6**

¿Conducen todos los tipos a Cristo?

«Todos los caminos llevan a Roma», dice el refrán. Pero ¿conducen todos los tipos a Cristo? La respuesta sencilla a la pregunta es sí, los tipos bíblicos apuntan a Cristo. Él es el antitipo que los tipos anteriores prefiguran y anticipan. Pero, entonces, un intérprete podría preguntarse: *¿Qué hay de la antigua Jerusalén que señala a la nueva Jerusalén? ¿Qué hay de la liberación de Noé y su familia que apunta al bautismo cristiano en agua? ¿Qué hay del juicio terrenal de una nación que apunta al juicio final de todas las naciones?* Estas y otras preguntas confirman que nuestra sencilla respuesta no es tan sencilla después de todo.

Un prisma cristológico

Cuando enfocas la luz en un prisma, el rayo entra y atraviesa el prisma, revelando bellos colores. Lo mismo ocurre cuando enfocas los tipos en Cristo: entran *en* Él y *a través de Él*, y revelan cosas hermosas.

Los tipos bíblicos adquieren su significado cuando se ven a la luz de la persona, la obra y los logros de Cristo. Volvamos a las dos preguntas del párrafo inicial de este capítulo y respondámoslas. Mientras que la antigua Jerusalén apunta a la nueva Jerusalén, Cristo es quien ha inaugurado la nueva creación, y, por lo tanto, la consumación de todas las cosas —un cielo nuevo y una tierra nueva— están inseparablemente unidas a Cristo y a su realización. Mientras que la liberación de Noé por el agua apunta al acto del bautismo cristiano, el bautismo es una imagen de la unión del creyente con la muerte y resurrección de Cristo. Mientras que el juicio terrenal de una nación apunta al juicio de todas las naciones, Cristo es el juez justo que reunirá a las naciones ante Él a su regreso y luego confirmará el estado eterno de los justos y los impíos.

Jesús dota a los tipos de su significado, y se entienden correctamente en asociación con Él.

Una narrativa cristológica

El significado cristológico —de alguna forma o manera— de los tipos no es sorprendente en absoluto, una vez que recordamos que la historia de la Biblia es una narrativa cristológica. O, como han dicho otros, el Antiguo y el Nuevo Testamento tienen una relación de promesa y cumplimiento. En el Antiguo

Testamento, el Mesías es prometido y modelado de múltiples maneras, y en el Nuevo Testamento se anuncia su llegada para que el mundo lo oiga. A medida que se desarrolla la historia, los tipos contribuyen a la expectativa y son en sí mismos una forma de expectativa.

Consideremos algunos ejemplos más de cómo la narrativa cristológica dota a los tipos de un significado cristológico. Los creyentes están realmente atados a Canaán (He. 11:13-16), pero es Jesús quien los conduce al descanso sabático en esa tierra prometida. La iglesia es el templo de Dios (1 Co. 6:19), pero esa identidad es verdadera porque estamos unidos a Cristo, que era el Verbo que funcionaba como tabernáculo entre los pecadores y cuyo cuerpo fue derribado y luego reconstruido al tercer día (Jn. 1:14; 2:19-22). Los creyentes somos herederos de las promesas de Dios a Abraham, pero solo porque somos coherederos de Cristo, que es la semilla de Abraham (Gá. 3:16, 29; 4:1-7).

Una corriente pactual

Cuando en las Escrituras Dios obra a favor de su pueblo, lo hace por medio de un pacto. Los tipos son cristológicos porque los pactos del Antiguo Testamento deben entenderse a la luz del nuevo pacto que Jesús hizo en la cruz. Los tipos cristológicos aparecen en contextos pactuales.[1] Una corriente pactual fluye de la creación a la nueva creación. Como dice Barrett: «Mediante su(s) pacto(s), Dios promete redimir a la raza de Adán, pero lo hará por medio de la propia descendencia de Eva, enviando a un Mesías, un Cristo, que será la palabra definitiva del pacto de Dios a su pueblo, proporcionando la redención que prometió primero a Adán y Abraham. Mientras tanto, Dios envuelve su drama con innumerables tipos que sirven para prefigurar a Cristo, el antitipo, que ha de venir».[2]

Adán, un tipo de Cristo, estaba en pacto con el Señor, al igual que Noé, Abraham, Moisés y David. El calendario hebreo y el sistema de sacrificios —que contienen tipos de Cristo— formaban parte del pacto de Dios con Israel. El éxodo, la entrada en la tierra prometida, el exilio y el regreso del exilio tienen connotaciones pactuales. La esperanza de un nuevo David que reinaría para siempre se basaba en las promesas de Dios al primer rey de Israel, de la tribu de Judá (2 S. 7:12-13). Y, por supuesto, Cristo mismo, nacido bajo la ley para redimir a los que estaban bajo la ley, compró y selló el tan esperado

---

1. Ver David Schrock, «From Beelines to Plotlines: Typology That Follows the Covenantal Typography of Scripture», *Southern Baptist Journal of Theology* 21, n.° 1 (primavera 2017): 35-56.
2. Matthew Barrett, *Canon, Covenant and Christology: Rethinking Jesus and the Scriptures of Israel*, New Studies in Biblical Theology, vol. 51 (Downers Grove, IL: IVP Academic, 2020), 3-4. [Para una edición en español, ver: Matthew Barrett, *Canon, pacto y cristología: Repensando a Jesús y las Escrituras de Israel*, Nuevos Estudios en Teología Bíblica (Cali: Monte Alto Editorial, 2023).]

nuevo pacto. Si el antitipo debe entenderse de algún modo con el nuevo pacto, entonces tiene sentido que los tipos de la Biblia fluyan en una corriente pactual. David Schrock bien afirma: «No necesitamos temer a la tipología ni crear un nuevo significado espiritual. Más bien, siguiendo el terreno del texto, necesitamos seguir leyendo la Biblia hasta que, como los apicultores, encontremos el dulce aroma de la miel evangélica en las páginas de la Palabra de Dios».[3]

Puesto que la corriente pactual nos lleva a Cristo y al nuevo pacto, los intérpretes deben seguir la corriente hasta su punto final, sin importar en qué punto anterior de la corriente comiencen. Pablo creía en la lectura cristológica del Antiguo Testamento y sus pactos. Escribió sobre los judíos incrédulos: «porque hasta el día de hoy, cuando leen el antiguo pacto, les queda el mismo velo no descubierto, el cual por Cristo es quitado. Y aun hasta el día de hoy, cuando se lee a Moisés, el velo está puesto sobre el corazón de ellos. Pero cuando se conviertan al Señor, el velo se quitará» (2 Co. 3:14-16). Los creyentes contemplan la corriente pactual de las Escrituras sin el velo. El Señor lo ha levantado, y ahora podemos *ver* realmente cuando leemos el Antiguo Testamento.

Paralelismos entre personajes anteriores a Cristo

Antes de que Jesús, el antitipo, naciera en el mundo, existían correspondencias entre los personajes anteriores de la Biblia, y debemos reflexionar sobre cómo caracterizar a estos personajes. Es notable, por ejemplo, que Adán y Noé tengan paralelismos significativos. Ambos hombres son bendecidos y reciben el mandato de fructificar y multiplicarse (Gn. 1:28; 9:1). Ambos trabajan la tierra (Gn. 3:17-19; 9:20). Ambos hombres pecan con fruta (Gn. 3:6; 9:20-21). Ambos tienen una experiencia en la que chocan la desnudez y la vergüenza (Gn. 3:7-10; 9:22-24). Con estas correspondencias, el autor bíblico nos está recordando la historia de Adán, mientras leemos la historia de Noé. ¿Cómo debemos concebir la relación Adán-Noé?

Un intérprete podría decir: «Noé es un tipo de Adán». Y ese uso de «tipo» pretende captar una relación literaria real entre los personajes. Hay una sombra adámica en la historia de Noé. Pero cuando alguien utiliza «tipo» de este modo, probablemente no está insinuando que Adán sea el antitipo. Más bien, la historia de Adán contiene rasgos narrativos que afloran en la historia de Noé, y estos paralelismos o patrones tienen una semejanza que parece digna de la palabra «tipo».

Sin embargo, para ser más precisos con nuestro lenguaje, podríamos decir que «Noé es un nuevo Adán». O podríamos decir que «Noé es un ectipo de

---

3. Schrock, «From Beelines to Plotlines», 48-49.

Adán». Un *ectipo* es una imitación de algo anterior. En el caso de Adán y Noé, Adán fue el primero en la historia bíblica, y luego la historia de Noé contiene rasgos que nos recuerdan a Adán. Noé, por tanto, es el ectipo, y tanto Adán como Noé son tipos que apuntan a Jesús, el antitipo. Si un intérprete sigue prefiriendo el término «tipo» para describir los paralelismos entre los personajes bíblicos anteriores a Cristo, será importante que el término no pierda su significado superior, que es su *telos* cristológico, o meta.

Dirección horizontal y vertical

La tipología se mueve en más de una dirección.[4] Cuando los intérpretes piensan y hablan de tipología, normalmente se refieren a la tipología en un movimiento lineal, desde un tipo en un punto de la historia hasta el antitipo más adelante en la historia. Esto se conoce como tipología horizontal, pues se mueve a lo largo de planos terrenales de la historia redentora. Si el sistema de sacrificios es un tipo de Cristo en el Antiguo Testamento, entonces la muerte de Jesús en la cruz es el cumplimiento horizontal de ese tipo. El sistema de sacrificios se estableció en un punto anterior de la historia, y luego el tiempo pasó a lo largo del plano terrenal hasta que Jesús dijo «Consumado es» más adelante en la historia. O, como dice Richard Ounsworth: «El pueblo de Dios avanza hacia la escatológica tierra prometida… y esto se representa con la relación tipológica "horizontal" de la entrada histórica de los israelitas en Canaán en el "descanso" real de Dios, que se hace disponible en Cristo».[5]

La tipología no solo puede moverse hacia delante, sino también *hacia arriba*. La tipología vertical reconoce que los tipos terrenales pueden tener homólogos celestiales, como el tabernáculo terrenal, que es un tipo de la presencia celestial de Dios. Según Hebreos 9:11, en su ascensión, Jesús entró a través del «más amplio y más perfecto tabernáculo» que no fue hecho con manos. Esta interpretación demuestra que el tabernáculo terrenal se inspiraba en algo más, algo perdurable y más allá de este mundo. La tipología vertical trata de las correspondencias que existen «entre la realidad del cielo y el reino humano».[6] Según Hebreos 9:24, «no entró Cristo en el santuario hecho de mano, figura del verdadero, sino en el cielo mismo para presentarse ahora por nosotros ante Dios». La tipología vertical se ocupa de las cosas verdaderas del cielo, no de las copias hechas a mano en la tierra.

---

4. Ver el debate sobre la tipología vertical y horizontal en Bill DeJong, «On Earth As It Is in Heaven», en *The Glory of Kings: A Festschrift in Honor of James B. Jordan*, eds. Peter J. Leithart y John Barach (Eugene, OR: Wipf & Stock, 2011), 135.
5. Richard Ounsworth, *Joshua Typology in the New Testament* (Tubinga: Mohr Siebeck, 2012), 5.
6. Ounsworth, *Joshua Typology in the New Testament*, 53.

En resumen

Tanto si los tipos bíblicos se mueven en dirección vertical como horizontal, e independientemente del contexto pactual en el que se produzcan, deben entenderse a la luz de la persona, la obra y los logros de Cristo, aunque esos logros sean actualmente promesas que esperan su consumación. El significado superior de un tipo bíblico es su significado cristológico. Después de todo, los tipos bíblicos ocurren dentro de una historia cuyo centro y meta es el Señor Jesucristo. Todos los tipos fueron creados por Él y por medio de Él y para Él, y en Él todos los tipos se mantienen unidos.

Preguntas para la reflexión

1. ¿Puede pensar en tres personas que sean tipos de Cristo e identificar su respectivo contexto pactual?
2. ¿Puede pensar en algún tipo que reciba su significado superior en un antitipo no relacionado con Jesucristo?
3. ¿Cómo dota Cristo de significado tipológico el juicio final y la nueva creación?
4. Ofrezca algunos ejemplos de tipología vertical y horizontal.
5. ¿Cómo ayuda la ilustración de un prisma a relacionar los tipos bíblicos con Cristo?

PREGUNTA **7**

¿Se reconocen los tipos únicamente *a posteriori*?

Cuando los intérpretes estudian la tipología, se plantea la cuestión de si los tipos se ven a través del parabrisas o por el retrovisor. Si los tipos solo son reconocibles *a posteriori* y, por tanto, después de que haya llegado el antitipo, entonces la tipología es retrospectiva. Si los tipos son reconocibles incluso antes de que llegue el antitipo, entonces la tipología es prospectiva. Así pues, resulta que se puede ver a través del parabrisas *y* por el retrovisor. Algunos tipos son retrospectivos; otros, prospectivos.

Tipos retrospectivos

En una historia cuidadosamente elaborada, un detalle que parece insignificante puede demostrar más tarde que no lo era en absoluto, sino que era crucial, incluso decisivo, para la gran trama. Sin embargo, desde la perspectiva del lector, el significado no se comprendió hasta que se leyó más adelante en la historia. Lo mismo les ocurre a los lectores de la Biblia cuando recorren el canon.

Una vez llegado Cristo, hay ciertas personas que el lector de las Escrituras podría considerar tipos. Personajes como Job, Booz o Samuel pueden ser reconocidos como tipos cristológicos retrospectivamente, pero dentro de sus historias no se ve tan claro que signifiquen un antitipo más allá de sus días. A veces, un autor del Nuevo Testamento identifica un tipo cristológico que no era exactamente evidente en la época del Antiguo Testamento, tipos como Jonás, o la roca de la que brotó agua, o la serpiente de bronce que levantó Moisés.

La razón de los tipos retrospectivos es que los autores bíblicos escribieron mejor de lo que sabían. El autor divino ha entretejido las personas, los cargos, los lugares, las cosas, las instituciones y los acontecimientos que apuntan a Cristo, y algunos de estos tipos no estuvieron claros hasta después de que Cristo vino, murió y resucitó. Sin embargo, ¡un tipo retrospectivo es simplemente retrospectivo desde *nuestra* perspectiva! La intención del autor divino siempre se cumple en su Palabra, sin importar la etapa de la revelación progresiva.

Tipos prospectivos

Un tipo prospectivo se anticipa dentro del propio texto bíblico y, por tanto, es reconocible antes del advenimiento del antitipo.[1] El anticipo de un tipo puede producirse por medio del discurso de un personaje, la descripción de un narrador o una serie de correspondencias que recuerdan algo o a alguien anterior en la historia bíblica. Con ciertas palabras y acontecimientos, el autor bíblico puede utilizar la recapitulación narrativa para evocar una parte anterior de las Escrituras.

Las nociones de sacrificio, morada o éxodo son utilizadas por los propios autores bíblicos para formar patrones y estimular expectativas (ver, p. ej., Gn. 3:21; 4:4; 22:2; Éx. 12:6; Lv. 1–7; 16:1-10; Is. 53:1-12; Dn. 9:24-27; Mt. 26:26-28). Y personas como Adán, Moisés o David tienen rasgos que se entretejen en otras narrativas y personajes, lo que sugiere que tienen un significado tipológico antes de que llegue el antitipo.

Aunque los autores bíblicos anticipan ciertos tipos a medida que se desarrolla la historia de Dios, no necesariamente todos los oyentes históricos los habrían reconocido. Es posible que algunos israelitas ignoraran tipos bíblicos significativos. Esta posibilidad no niega el hecho de que estos tipos hayan sido inscritos. Lo que importa es la naturaleza escrita de esta revelación. ¿Cómo podríamos saber con exactitud lo que habrían pensado los oyentes o lo que entendían los propios personajes de los relatos sobre lo que dicen las Escrituras? Nuestra atención debe centrarse en las palabras del texto bíblico, no en la reconstrucción de la situación que lo precedió, ni en la comprensión de los personajes que lo protagonizaron, ni en la especulación sobre las etapas de composición. La cuestión es que los autores bíblicos han escrito, y lo que han escrito ha sido inspirado por el Espíritu. Él inspiró tipos prospectivos que, se apreciaran o no por completo en su momento, estaban realmente *presentes* en el texto. Si los autores bíblicos vieron estos tipos y los promovieron en sus escritos, los lectores debían verlos también.

El designio divino en los tipos

Hasta este punto del capítulo, hemos estado pensando en los tipos bíblicos desde la perspectiva del lector. A veces un tipo se reconoce como tal antes de que llegue el antitipo, mientras que otras veces un tipo se discierne mejor en retrospectiva. En ambos casos, debe haber evidencia textual —correspondencias entre tipo y antitipo, intensificación de tipo a antitipo y significado cristológico— antes de que un tipo se considere válido.

---

1. Ver el análisis en G. K. Beale, *Handbook on the New Testament Use of the Old Testament: Exegesis and Interpretation* (Grand Rapids: Baker Academic, 2012), 13-25.

No obstante, tenga presente que la Biblia no es un mero conjunto de documentos compuestos por autores humanos. Un autor divino está narrando la historia, y Él ha supervisado los detalles desde Génesis 1 hasta Apocalipsis 22. Hay una implicación importante de esta realidad sobre los tipos bíblicos: un tipo válido (ya sea visto retrospectiva o prospectivamente) ha sido instalado por el autor divino a lo largo de la revelación progresiva de las Escrituras, y así, en un sentido verdadero, todos los tipos bíblicos son prospectivos desde la perspectiva divina. Dios ha ordenado todas las personas, cargos, lugares, instituciones, acontecimientos o cosas de la historia de la salvación. Y puesto que el envío de Cristo era el plan de Dios desde la fundación del mundo, podríamos esperar con razón que la historia del Antiguo Testamento palpite con significado cristológico a medida que el plan de Dios se desarrolla y se intensifica hacia el advenimiento del Redentor.

El Antiguo Testamento está lleno de Cristo, y este es el designio de Dios. Y puesto que Dios ama al Hijo que envía para redimirnos, se complace en llenar el Antiguo Testamento con el Hijo que ama.

Tipología y profecía

Puesto que Dios es el autor de todos los tipos de las Escrituras, y puesto que estos tipos miran hacia el antitipo venidero, podemos hablar de tipos que poseen una cualidad profética. De hecho, los autores del Nuevo Testamento escriben sobre Cristo «cumpliendo» textos del Antiguo Testamento que no parecen ser profecías mesiánicas directas.

Consideremos Mateo 2:15, donde Jesús ha sido librado de la ira del malvado rey Herodes. El escritor del Evangelio dice: «para que se cumpliese lo que dijo el Señor por medio del profeta, cuando dijo: De Egipto llamé a mi Hijo», citando a Oseas 11:1. Los intérpretes podrían verse tentados a decir que Mateo utilizó erróneamente el Antiguo Testamento. Después de todo, cuando Oseas escribía, sus palabras se referían a *Israel*, el hijo primogénito de Dios (ver Éx. 4:22). Oseas recordaba que Dios sacó a Israel —el hijo de Dios— de Egipto en el éxodo. Sin embargo, como señala Garrett, «no necesitamos ir más allá de Oseas 11 para comprender que Oseas también creía que Dios seguía pautas al trabajar con su pueblo. Aquí, la esclavitud en Egipto es el modelo de un segundo período de esclavitud en una tierra extranjera (v. 5), y el éxodo de Egipto es el tipo de un nuevo éxodo (vv. 10-11)».[2] Mateo no está haciendo un mal uso del Antiguo Testamento cuando dice que Jesús cumple Oseas 11:1. Mateo está reconociendo que Jesús encarna las historias de Israel.

---

2. D. A. Garrett, *Hosea, Joel*, New American Commentary 19a (Nashville: Broadman & Holman, 1997), 222.

Y cuando Mateo escribe la historia de la huida de Jesús de Herodes, ve con razón que Jesús —el Hijo de Dios— ha salido «de Egipto», por así decirlo. Un nuevo éxodo está en marcha. Mateo demuestra que el significado superior de Oseas 11 no es el antiguo éxodo, sino el nuevo éxodo.[3]

Jesús cumple algo más que las predicciones directas sobre el Mesías. En Mateo 2, por ejemplo, Herodes se enteró de que el Cristo iba a nacer en Belén (ver Mt. 2:6; Mi. 5:2), y este nacimiento fue una profecía directa que Jesús cumplió (ver Mt. 2:1). Pero cuando Mateo escribe que Jesús cumplió Oseas 11:1 (en Mt. 2:15), o cuando dice que Jesús cumplió «lo que fue dicho por los profetas» cuando fue llamado nazareno (Mt. 2:23), se está cumpliendo algo más que una profecía directa. Es mejor hablar de alguna clase de *patrón* que se cumple. Había correspondencias evidentes entre Jesús y pasajes bíblicos anteriores, y estas correspondencias denotaban un patrón que Jesús adoptó y encarnó, por lo que el lenguaje de «cumplimiento» es apropiado.

Debemos considerar los tipos bíblicos como *profecías indirectas*. Por «indirectas», distinguimos los tipos bíblicos de una declaración directa —o explícita— sobre el libertador designado por Dios. El lenguaje del cumplimiento es importante, incluso necesario, cuando hablamos de tipos, porque los autores bíblicos inspirados y autorizados utilizan el lenguaje del cumplimiento. Si pensamos en el cumplimiento como lo hacen los autores bíblicos, veremos que los tipos bíblicos tienen una cualidad profética.

Cuando un autor bíblico interpreta tipológicamente un pasaje anterior, ese autor no está desmontando o contradiciendo el significado del texto anterior. Al contrario, las Escrituras interpretan a las Escrituras y las Escrituras desarrollan las Escrituras. Aubrey Sequeira y Samuel Emadi señalan que «las Escrituras a menudo desarrollan el significado de un tipo más allá de la intención original del autor, sin en modo alguno… contravenir el significado original de un texto».[4] La intención divina supera la intención del autor humano, pero no la rechaza. Los tipos son diseñados en última instancia por Dios para pronosticar realidades cristológicas, y en este sentido todos los tipos cristológicos son prospectivos.[5] «Los autores bíblicos posteriores pueden desplegar el significado de una persona, acontecimiento o institución del A. T., pero no *confieren* retroactivamente un estatus tipológico».[6]

---

3. Ver el análisis en Beale, *New Testament Use of the Old Testament*, 63-64.
4. Aubrey Sequeira y Samuel C. Emadi, «Biblical-Theological Exegesis and the Nature of Typology», *Southern Baptist Journal of Theology* 21, n.° 1 (primavera 2017): 19.
5. Sequeria y Emadi, «Nature of Typology», 19-20.
6. Sequeria y Emadi, «Nature of Typology», 19 (énfasis en el original).

En resumen

Un tipo es prospectivo cuando el texto bíblico lo anticipa a lo largo de la línea argumental de las Escrituras, antes que haya llegado el antitipo. Pero, a veces, un tipo es claro, solo retrospectivamente, después que el antitipo ha llegado. Estas dos categorías —prospectiva y retrospectiva— parten del punto de vista del intérprete. Pero hay un punto de vista más elevado que el nuestro. Desde la perspectiva divina, todos los tipos son prospectivos, porque Dios ha inspirado la historia que nos lleva a Cristo. Así, estos tipos son prefiguraciones diseñadas para cumplirse en Cristo. Los autores bíblicos hablan del cumplimiento no solo de las profecías mesiánicas directas, sino de los modelos de las Escrituras. Puesto que la relación entre tipo y antitipo implica correspondencia e intensificación, el modelo adquiere una cualidad profética que anticipa el cumplimiento. Aunque el lenguaje del «cumplimiento» puede evocar naturalmente una promesa precedente que se está cumpliendo, las profecías son promesas de Dios que Él, a su debido tiempo, cumplirá. Así pues, Cristo cumple tanto las profecías directas como las indirectas. Los modelos bíblicos se convierten en promesas, y todas las promesas de Dios encuentran su «sí» en Él.

Preguntas para la reflexión

1. Además de los tipos retrospectivos sugeridos en este capítulo, ¿se le ocurren otros tipos que puedan reconocerse en retrospectiva?
2. ¿Por qué se oponen los intérpretes a ver una cualidad profética en los tipos bíblicos?
3. ¿De qué manera la unidad de las Escrituras de autoría divina es un argumento importante para la naturaleza prospectiva de los tipos?
4. ¿Qué pruebas hay de que los autores del Nuevo Testamento entendieron que los tipos funcionaban proféticamente?
5. Si los tipos bíblicos solo fueran reconocibles en retrospectiva, ¿cuáles serían algunas de las implicancias y costes teológicos de esa postura?

PREGUNTA **8**

¿Son históricos todos los tipos?

Los autores del Nuevo Testamento tratan a los personajes y acontecimientos del Antiguo Testamento como históricos, y nosotros deberíamos imitar la perspectiva de estos autores. Después de escribir a los corintios acerca de lo que habían experimentado sus antepasados —el cruce del mar Rojo, la guía divina por una columna de nube, el maná del cielo, una roca que manaba agua al ser golpeada, el juicio de los israelitas en el desierto (1 Co. 10:1-5)—, Pablo dijo: «Mas estas cosas sucedieron como ejemplos para nosotros» (1 Co. 10:6). ¿Captó usted ese verbo? Estas cosas *sucedieron*.

Tipos de no ficción

Cuando Jesús habló de Noé y el diluvio (ver Mt. 24:37-39), no se basó en una figura y un acontecimiento ficticios para profetizar el juicio venidero. Cuando Jesús habló de la incredulidad entre sus contemporáneos, a pesar de las maravillas que había hecho, declaró: «si en Sodoma se hubieran hecho los milagros que han sido hechos en ti, habría permanecido hasta el día de hoy» (Mt. 11:23). Cuando Jesús reprendió a sus contemporáneos por su incredulidad, lo hizo aludiendo a la destrucción real de una ciudad real. Cuando algunos líderes religiosos le pidieron una señal, Jesús respondió: «pero señal no le será dada, sino la señal del profeta Jonás. Porque como estuvo Jonás en el vientre del gran pez tres días y tres noches, así estará el Hijo del Hombre en el corazón de la tierra tres días y tres noches» (Mt. 12:39-40). Jesús trató a Jonás como un personaje histórico e interpretó los acontecimientos del libro de Jonás como hechos históricos.

Hemos definido un tipo bíblico como *una persona, oficio, lugar, institución, acontecimiento o cosa de la historia de la salvación que anticipa, comparte correspondencias, se intensifica y se resuelve en su antitipo.* En esa definición, la frase «historia de la salvación» importa porque las cosas que no sucedieron realmente, o las personas que no existieron verdaderamente, no pueden compartir correspondencias históricas con un antitipo ni ser cumplidas por él.

El inseparable componente histórico

La tipología bíblica lleva incorporada la historia en sus bases. Como dice David Baker: «La convicción fundamental que subyace a la tipología es que

Dios actúa de manera constante en la historia de este mundo —especialmente en la historia de su pueblo elegido— y que, en consecuencia, los acontecimientos de esta historia tienden a seguir un patrón constante».[1] Como soberano de la historia, «Dios ha dirigido la historia de manera que se produzcan prefiguraciones».[2]

Dejar de lado la naturaleza histórica del elemento investigado es desviarse hacia algo que no es la tipología. En la tipología vertical, algo terrenal es una copia o patrón de algo celestial, y en la tipología horizontal, algo terrenal corresponderá y se intensificará hacia algo en un plano terrenal. La realidad, o historicidad, del tipo, es vital, no importa si el movimiento es hacia arriba o hacia delante.

Si la historicidad no es negociable para un tipo, entonces el lente tipológico de los autores bíblicos refuerza la historicidad de los principales rasgos del Antiguo Testamento. Podemos creer que un arca sobrevivió realmente a un diluvio, que Sodoma y Gomorra fueron realmente destruidas en un juicio divino, que Isaac fue realmente el hijo prometido que se enfrentó a la muerte y vivió, que el éxodo de Egipto ocurrió realmente, que el tabernáculo se construyó realmente, que los sacrificios se ofrecieron realmente, que Moisés guio realmente a los israelitas por el desierto, que David reinó realmente como rey, que Jonás vivió realmente durante tres días y tres noches en un pez, que los israelitas regresaron realmente del exilio, etcétera.

Dado que la tipología tiene un componente histórico inseparable, la identificación de Adán como tipo también argumenta a favor de su historicidad. En Romanos 5, Pablo trata a Adán como una figura histórica que cometió desobediencia en la historia y cuyas acciones tuvieron consecuencias históricas. La existencia histórica y las acciones de Adán son lo que lo convierten en un tipo apropiado de Cristo, cuya persona y obra históricas traen la vida y la justificación a los pecadores. Si no hubo un Adán histórico que pecara en la historia, como enseña la Biblia, entonces el poder tipológico de Romanos 5 se desinfla. El argumento evangélico de Pablo en Romanos 5:12-21 depende de la tipología, que a su vez depende de la historia.

La importancia de la historia para Israel

Cuando Israel entró en la tierra prometida, estaba rodeado de pueblos vecinos que habían adoptado relatos míticos sobre la creación y los orígenes

---

1. David L. Baker, *Two Testaments, One Bible: A Study of Some Modern Solutions to the Theological Problem of the Relationship between the Old and New Testaments*, rev. ed. (Downers Grove, IL: InterVarsity, 1991), 195.
2. J. D. Currid, «Recognition and Use of Typology in Preaching», *Reformed Theological Review* 53 (1994): 128.

humanos. De hecho, en todo el antiguo Oriente Próximo se contaban historias de dioses que nacían, y creaban, y luchaban y morían. Frente a los relatos sobre estos dioses, los autores bíblicos declaran la verdadera historia del mundo. Esta era importante para Israel porque el Dios vivo, el Dios que era y que es y que ha de venir, se había dado a conocer en la historia. Había hechos históricos que contar, acontecimientos redentores que recordar. Como dice Joshua Philpot, «el mandato de relatar los actos pasados de Dios para las generaciones futuras es fundamental para el sistema de creencias y el culto de Israel».[3]

Las fiestas de Israel eran actos históricos que recordaban actos históricos. Los cantos de Israel incluían la actividad redentora de Dios en sus letras. De generación en generación, los israelitas debían proclamar lo que el Señor había hecho. Philpot explica las implicancias de este énfasis en la historia: «Si la historia en la mentalidad bíblica es instrucción en los caminos de Dios, y si la verdad de las narrativas debe ser preservada, entonces es inverosímil que los tipos puedan basarse en abstracciones».[4] Siendo un pueblo cuyas Escrituras socavan el mito con la verdad, los israelitas no habrían valorado la interpretación tipológica que era esencialmente interpretación mitológica.

En busca de excepciones

Un lector podría llegar a la conclusión de que los tipos dentro de las narrativas históricas son históricos, pero ¿qué ocurre con las secciones poéticas de las Escrituras? ¿Podrían encontrarse excepciones cuando, por ejemplo, se menciona la figura de Leviatán en el libro de Job? Leviatán evoca la bestia caótica del antiguo Oriente Próximo, que ningún ser humano puede domar. En Job 41, Leviatán puede señalar a un enemigo como Satanás o incluso puede ser el propio Satanás disfrazado de metáfora. Pero si el Leviatán, o cualquier otro personaje poético, tiene realmente un referente histórico, entonces este ejemplo no es una excepción después de todo. Philpot argumenta: «La cuestión no es si la tipología emplea metáforas para recordar personas/acontecimientos, sino si el tipo es una persona o un acontecimiento histórico».[5]

Las excepciones a los tipos históricos causarían un gran trastorno en las genealogías bíblicas, pues los personajes bíblicos aparecen, una y otra vez, en genealogías que trazan antepasados y descendientes. Adán aparece en genealogías (ver Gn. 5; 1 Cr. 1; Lc. 3). Noé aparece en genealogías (Gn. 5; Lc. 3). David está en las genealogías (Rt. 4; Mt. 1). La preservación de estas líneas depende de personas como Aquim y Eliud (Mt. 1:14), de quienes no sabemos

---

3. Joshua M. Philpot, «See the True and Better Adam: Typology and Human Origins», *Bulletin of Ecclesial Theology* 5, n.° 2 (octubre 2018): 88.
4. Philpot, «Typology and Human Origins», 88.
5. Philpot, «Typology and Human Origins», 89n51.

nada y, sin embargo, sus nombres se dan porque el linaje histórico realmente importa. El sentido natural de estos pasajes es que los nombres son figuras históricas. Y si alguna de estas figuras son tipos de Cristo, son tipos *históricos* porque no hay otro tipo. «Si un solo eslabón de una cadena fuerte se rompe o debilita, toda la cadena falla. Así sucede con la tipología. De Adán a Noé, a Abraham, a David y a Jesús, la correspondencia histórica dentro de la cadena debe ser sólida y sin partes débiles (es decir, abstracciones). Si uno de los tipos de la cadena no es histórico, entonces todo el patrón tipológico se derrumba».[6]

Algo más que conexiones literarias

Los tipos bíblicos no son simples conexiones literarias ingeniosas. Más bien, «los acontecimientos del Antiguo Testamento pueden funcionar como tipos porque son hechos históricos y están registrados como parte de la historia escrita».[7] Las conexiones literarias importan porque se basan en realidades verdaderas del plan de Dios. Richard Ounsworth insiste con razón en una *tipología ontológica,* lo que significa que la relación tipológica refleja una relación *real.* Explica que «aunque las similitudes en la redacción de las Escrituras pueden servir para resaltar correspondencias entre distintos aspectos de la historia de la relación de Israel con su Dios, nuestro público entendería que estas correspondencias no se crean, por así decirlo, artificialmente, mediante un recurso literario, sino que solo salen a la luz por las similitudes verbales».[8]

Las realidades históricas —no solo las presentaciones literarias— de los tipos del Antiguo Testamento están moldeadas por la naturaleza y el amor providencial de Dios, razón por la cual «encontramos los mismos patrones repetidos una y otra vez en esa historia: la relación ontológica surge del hecho de que estos eventos relacionados están ambos estampados con el mismo carácter de la naturaleza de Dios; y esta relación es descubierta, no creada, por la exégesis tipológica».[9] La relación literaria entre el tipo y el antitipo se basa en la actuación providencial del Dios vivo en la historia. Las conexiones tipológicas no son mero resultado de la creatividad del autor humano, sino que se deben al control soberano del autor divino sobre todas las cosas.

En resumen

Cuando los autores bíblicos interpretan textos anteriores de manera tipológica, lo hacen de un modo que implica la historicidad del tipo. De hecho, estos autores no tratan ningún tipo como no histórico, por lo que nosotros

---

6. Philpot, «Typology and Human Origins», 89.
7. Richard Ounsworth, *Joshua Typology in the New Testament* (Tubinga: Mohr Siebeck, 2012), 52.
8. Ounsworth, *Joshua Typology in the New Testament,* 4.
9. Ounsworth, *Joshua Typology in the New Testament,* 6.

tampoco deberíamos hacerlo. Al fin y al cabo, el antitipo no tiene verdaderas correspondencias con un tipo anterior si ese tipo no existió realmente. Las conexiones tipológicas no se basan en la creatividad literaria de los autores humanos. La mano providencial de Dios ha estado obrando verdaderamente dentro de la historia, por lo que una relación tipo/antitipo tiene un origen trascendente y una manifestación histórica. «En pocas palabras, si los tipos no son históricos, entonces Cristo no es la culminación de una historia providencialmente ordenada ni el cumplimiento de ninguna promesa histórica real».[10] La tipología y la historicidad son inseparables, y lo que Dios ha unido, que nadie lo separe.

Preguntas para la reflexión

1. ¿Está de acuerdo o en desacuerdo con la siguiente afirmación? «Aunque la Biblia puede contener tipos de Cristo, esos tipos —como ciertas personas o acontecimientos— no son necesariamente históricos».
2. Si los tipos del Antiguo Testamento a los que se refirió Jesús no fueran realmente históricos, ¿cómo socavaría su condición ficcional las palabras y promesas de Jesús?
3. Aparte de los ejemplos mencionados en este capítulo, ¿se le ocurren pasajes de los cuatro Evangelios en los que Jesús utilice la tipología y afirme así la historicidad de alguien o algo del Antiguo Testamento?
4. En Romanos 5:12-21, ¿cómo forma Pablo un argumento tipológico a partir de personas y acontecimientos históricos?
5. Aunque algunos lectores de la Biblia se muestren escépticos ante la existencia de un Adán o un Jonás históricos, ¿por qué el uso que el Nuevo Testamento hace de esos personajes debería hacerles replantearse su escepticismo?

10. Aubrey Sequeria y Samuel C. Emadi, «Biblical-Theological Exegesis and the Nature of Typology», *Southern Baptist Journal of Theology* 21, n.° 1 (primavera 2017): 19.

PREGUNTA 9

¿Es la tipología el resultado de la exégesis o algo más?

¿Es la tipología una forma de aplicación bíblica? ¿Es un método interpretativo que comienza fuera del texto, pero que se aplica al texto? ¿Es el resultado de la exégesis? No hay consenso entre los eruditos bíblicos sobre la cuestión de este capítulo. David Baker dice: «La tipología no es un método de exégesis o interpretación, sino el estudio de las correspondencias históricas y teológicas entre diferentes partes de la actividad de Dios entre su pueblo, con el fin de encontrar lo que hay de tipológico en ellas».[1] Algunas conclusiones a las que ya he llegado, así como algunos argumentos que ya he expuesto, informarán sobre la forma en que aborde la cuestión de manera diferente.

La tipología es un método interpretativo enraizado en la exégesis. Ahora bien, ¿por qué iba yo a decir semejante disparate?

Definición de exégesis

En pocas palabras: la exégesis es el esfuerzo por ver e interpretar lo que significa el texto bíblico. Klyne Snodgrass dice que «la exégesis trata de analizar el significado de las palabras concretas utilizadas y las relaciones en que se establecen para discernir la intención de la comunicación».[2] Hacer exégesis a un pasaje bíblico es, inevitablemente, interpretarlo. Una buena exégesis es el fundamento innegociable de una buena interpretación. La tipología es un método interpretativo, pero no carece de fundamento. La tipología es un intento de interpretar *lo que está* en el texto, no lo que no está en el texto.

Los intérpretes que valoran la exégesis gramatical-histórica deben apreciar y abrazar la tipología, porque esta depende de la gramática y la historia del texto en cuestión. La exégesis gramatical-histórica está comprometida con las palabras mismas de las Escrituras. Este método subraya que el significado del texto es lo que el autor quiso comunicar, y el autor último es Dios mismo.

---

1. David L. Baker, *Two Testaments, One Bible: A Study of Some Modern Solutions to the Theological Problem of the Relationship between the Old and New Testaments*, rev. ed. (Downers Grove, IL: InterVarsity, 1991), 197.
2. Klyne Snodgrass, «Exegesis», en *Dictionary for Theological Interpretation of the Bible*, ed. Kevin J. Vanhoozer (Grand Rapids: Baker Academic, 2005), 203.

Las palabras, frases, cláusulas y oraciones importan porque comunican significado. Si un intérprete sugiere una conexión tipológica entre Job y Jesús o entre la tierra prometida y la nueva creación, no sirve de nada limitarse a afirmar una conexión. Tiene que haber argumentos. ¿Argumentos basados en qué? Debe haber argumentos basados en el propio texto bíblico. Toda la noción de correspondencias históricas presupone que yo —el intérprete— puedo demostrar cómo algo de este texto de aquí se corresponde con algo de aquel texto de allá. No es posible centrarse en la gramática, pues a veces una sola palabra o un conjunto de palabras, o incluso un concepto común, pueden unir un tipo con su antitipo.[3] Y en el capítulo anterior, afirmamos lo importante que es la historicidad para la tipología: no existen tipos bíblicos que no sean históricos.

El reconocimiento de los tipos es el resultado de la atención prestada a la gramática y la historia de las palabras, los conceptos, los modelos y, en última instancia, todo el argumento de las propias Escrituras.

El contexto del canon

Según Francis Foulkes, «la tipología lee en las Escrituras un significado que no está ahí, ya que lo lee a la luz del cumplimiento de la historia. No se trata de exégesis, es decir, de extraer de un pasaje lo que el autor humano entendió y pretendió al escribirlo».[4] Se trata de una interpretación demasiado estrecha de la exégesis. A veces, cuando los autores bíblicos posteriores utilizan textos anteriores, están mostrando el significado presente en esos textos anteriores. A la realidad del autor humano, se añade la del autor divino, que ha supervisado la totalidad del testimonio bíblico. Beale afirma correctamente: «Si la tipología se clasifica como parcialmente profética, entonces *puede considerarse como un método exegético,* ya que la correspondencia neotestamentaria estaría extrayendo retrospectivamente el significado profético más completo del tipo veterotestamentario que fue incluido originalmente por el autor divino».[5]

Cuando los intérpretes reconocen un tipo, están leyendo un texto bíblico a la luz de la historia redentora y de la revelación progresiva. Un carpintero sigue ejerciendo su oficio independientemente de que esté reparando una mesa de

---

3. Considere cómo la palabra «cordero» en Juan 1:29 evoca la Pascua de Éxodo 12:1-28, o cómo el azar para las vestiduras de Cristo en Marcos 15:24 recuerda el lenguaje de David en el Salmo 22:18, o cómo el dolor y el sufrimiento del justo Jesús conectan con justos sufrientes del Antiguo Testamento, como Job.
4. Francis Foulkes, *The Acts of God: A Study of the Basis of Typology in the Old Testament* (Londres: Tyndale, 1958), 39.
5. G. K. Beale, «Did Jesus and His Followers Preach the Right Doctrine from the Wrong Texts? An Examination of the Presuppositions of Jesus' and the Apostles' Exegetical Method», *Themelios* 14 (1988-1989): 93 (cursivas añadidas).

cocina o construyendo una casa. Sin embargo, el alcance y la escala son muy diferentes. En la exégesis, el intérprete puede centrarse en un pasaje concreto o en una serie de pasajes del canon. La tipología es una exégesis que abarca todo el canon de las Escrituras. Verdaderamente, el contexto más amplio para entender cualquier pasaje es el contexto del canon. Si estoy haciendo exégesis e interpretando la historia de Noé, debo hacerlo dentro de Génesis 6–9, dentro del libro de Génesis, dentro del argumento del Antiguo Testamento y, en última instancia, dentro de todo el canon bíblico. «La extensión canónica del contexto de un pasaje que se interpreta no transforma por sí misma el procedimiento interpretativo en uno no interpretativo. Dicho de otro modo, la ampliación de la base de datos que se interpreta no significa que ya no estemos interpretando, sino solo que lo estamos haciendo con un bloque de material más amplio».[6] La interpretación canónica no disminuye, sino que enriquece, un pasaje bíblico. La interpretación canónica no oscurece los textos bíblicos, sino que los ilumina.

No todo el mundo tiene los mismos presupuestos sobre las Escrituras, y este hecho puede determinar cómo se «clasifica» la tipología.[7] Beale explica:

> Por ejemplo, si admitimos que Dios es también el autor de las Escrituras veterotestamentarias, entonces no solo nos interesa discernir la intención del autor humano, sino también la intención divina última y más amplia de lo que se escribió en el A.T., que bien podría trascender y surgir orgánicamente del discurso escrito inmediato del escritor, pero no contradecirlo. El intento de extraer el aspecto tipológico prospectivo de la intención humana y divina de un texto veterotestamentario forma parte ciertamente de la tarea interpretativa. Y, sobre todo, si asumimos la legitimidad de un canon inspirado, entonces debemos tratar de interpretar cualquier parte de ese canon dentro de su contexto canónico general (dado que una mente divina está detrás de todo y expresa sus pensamientos de forma lógica).[8]

El ejemplo de Adán

En Romanos 5, el apóstol Pablo llama a Adán «figura del que había de venir» (Ro. 5:14). Al considerar los efectos salvíficos y de gran alcance de la obra de Jesús, Pablo la contrasta con los resultados desastrosos y de gran alcance del pecado de Adán. Puesto que la obra de Cristo es de una grandeza

---

6. G. K. Beale, *Handbook on the New Testament Use of the Old Testament: Exegesis and Interpretation* (Grand Rapids: Baker Academic, 2012), 25.
7. Beale, *New Testament Use of the Old Testament,* 24.
8. Beale, *New Testament Use of the Old Testament,* 24.

sobrecogedora cuando se compara con la de Adán, Pablo ve una intensificación tanto de calidad como de grado: «mas cuando el pecado abundó, sobreabundó la gracia» (Ro. 5:20). Pablo está haciendo exégesis del relato y ejemplo de Adán en todo el canon, y lo está llevando a su *telos* cristológico. Mientras que la obra de Adán trajo el pecado, la muerte y la condenación, el don gratuito de Dios de Cristo Jesús, por medio de la cruz, trajo la vida, la gracia y la justificación.

Cuando leemos la historia de Adán, no hay ninguna referencia en Génesis 2 o 3 a que sea un tipo del libertador de Dios. Sin embargo, hay un papel obvio que desempeña como cabeza de las personas en la creación. Es el jefe de la raza humana, pues Dios le dio la orden de no comer de cierto árbol (Gn. 2:16-17), y su pecado afectó a todos los que le sucedieron. Se le había ordenado servir y custodiar el jardín del Edén (Gn. 2:15), pero la tentación ejerció su dominio sobre él. Las acciones de Adán fueron extremadamente consecuentes, lo que hace que su comparación con Cristo sea apropiada y poderosa. Si la desobediencia del primer Adán trajo tal desastre, ¡cuanto más la obediencia del último Adán traería la liberación!

En todo el Antiguo Testamento, existe un molde adánico al que se asemejan los personajes posteriores. Como escribe G. K. Beale: «Un autor posterior del Antiguo Testamento puede estilizar algún personaje histórico narrado según el modelo de un personaje anterior del Antiguo Testamento, para indicar que la persona histórica anterior es un indicador tipológico de la persona posterior en cuestión».[9] Noé es un nuevo Adán con el encargo de ser fecundo, multiplicarse y servir como nuevo jefe de la raza humana.[10] Abraham es un nuevo Adán que entra en el espacio sagrado prometido por Dios y será fuente de bendición para el mundo (Gn. 12:1-3). Salomón es un nuevo Adán que habita en la tierra prometida y actúa con sabiduría y dominio (1 R. 3–4). Pablo llama a Jesús el «postrer Adán» (1 Co. 15:45). Jesús es el agente de bendición para el mundo que está bajo maldición, y su perfecta obra expiatoria en la cruz logra la reconciliación entre los pecadores y Dios. Los pecadores alejados en Adán pueden ser perdonados en Cristo. Jesús es la cabeza de un nuevo pueblo: el pueblo de Dios en la obra de nueva creación del Espíritu.

Las palabras de Pablo sobre Adán en Romanos 5 tienen sentido en un contexto canónico. Pablo entiende que el significado y la profundidad de la historia de Adán no se agotan en absoluto en el contexto de Génesis o incluso del Antiguo Testamento. Pablo no está haciendo un mal uso de la historia de Génesis para decir cosas positivas sobre la obra que realizó Jesús. Por el

---

9. Beale, *New Testament Use of the Old Testament*, 16.
10. Richard Ounsworth, *Joshua Typology in the New Testament* (Tubinga: Mohr Siebeck, 2012), 42; Beale, *New Testament Use of the Old Testament*, 16.

contrario, Pablo cree que la historia única del plan redentor de Dios, que culmina en Cristo, comenzó en Génesis. Así, Pablo lee la historia de Adán cristológicamente. Leer la historia de Adán de esta manera no es dar un nuevo significado al texto. El significado de un pasaje bíblico no es plenamente evidente hasta que lo ha envuelto el ámbito más amplio. Las palabras de Pablo en Romanos 5 han hecho exégesis correctamente del significado tipológico de Adán en Génesis 2–3.

En resumen

La tipología es exégesis canónica. Ve correspondencias e intensificaciones entre tipo y antitipo, una relación que abarca libros e incluso Testamentos. Puesto que un intérprete debe ofrecer razones textuales para cualquier relación tipológica, el método gramatical-histórico de interpretación es de importancia para la tipología. Y puesto que los tipos necesitan argumentos textuales, podemos entender correctamente la tipología como una labor exegética. Una lectura tipológica es un esfuerzo por realzar lo que siempre estuvo en el texto debido a la unidad de los Testamentos y a la autoría divina de las Escrituras. Cuando los autores bíblicos leían las Escrituras anteriores de forma tipológica, no ignoraban el contexto original de un pasaje. Y nosotros tampoco debemos ignorar el contexto de un pasaje. Un exégeta debe interesarse por lo que dice el texto y por el contexto en el que se dice. «El contexto es el rey», dice el refrán. Sí, y amén. Y si el contexto es el rey, el canon es el rey de reyes.

Preguntas para la reflexión

1. ¿Existe alguna diferencia entre exégesis bíblica e interpretación bíblica?
2. ¿Qué contexto(s) debe(n) tenerse en cuenta al interpretar un pasaje bíblico?
3. ¿Qué se entiende por «exégesis canónica»?
4. ¿Qué es la exégesis gramatical-histórica?
5. ¿Cómo se relaciona la exégesis gramatical-histórica con la tipología?

SECCIÓN B
La tipología en la historia de la iglesia

PREGUNTA **10**

¿Cómo se practicaba la tipología en la iglesia primitiva?

¿Cómo fue el uso de la tipología después del primer siglo de la iglesia primitiva? Esa pregunta no es fácil de responder, porque dos mil años de historia interpretativa han quedado atrás. Sin embargo, «la interpretación tipológica de la Biblia está presente en todos los siglos de la historia cristiana».[1] En las preguntas 10–15, examinaremos la historia de la iglesia y haremos algunas observaciones importantes sobre cómo se ha utilizado la tipología. Comenzaremos con la época de los padres de la iglesia, que abarca aproximadamente del año 100 al 450 d.C.

La educación de los santos

En los primeros siglos de la iglesia, los creyentes predicaban el evangelio y enseñaban la fe confiada una vez por todas a los santos. Se elaboraban sermones, se escribían tratados y comentarios. Para los comentaristas patrísticos, «la finalidad de la exégesis bíblica —implícita y explícita— era formar la práctica y la creencia del pueblo cristiano, individual y colectivamente».[2]

El uso de la tipología sirvió a este propósito catequético. Aunque no distinguían exactamente la tipología de la alegoría, los padres de la iglesia vieron y enseñaron a Cristo a partir del Antiguo Testamento. Sus escritos demuestran la convicción de que las Escrituras son una unidad, y que lo que se prometió en el Antiguo Testamento se ha cumplido en el Nuevo.[3] Peter Leithart tiene razón cuando dice: «Los padres de la iglesia leían habitualmente la literatura antigua de forma tipológica, viendo en ella anticipaciones de Cristo».[4]

Al leer el Antiguo Testamento como anticipo de Cristo, los padres intentaban imitar a los apóstoles. «Al interpretar cristológicamente el Antiguo Testamento, los padres se consideraban fieles seguidores de los apóstoles,

1. John J. O'Keefe y R. R. Reno, *Sanctified Vision: An Introduction to Early Christian Interpretation of the Bible* (Baltimore: Johns Hopkins University Press, 2005), 70.
2. Frances M. Young, *Biblical Exegesis and the Formation of Christian Culture* (Grand Rapids: Baker Academic, 1997), 299.
3. Ver Brian E. Daley, «Is Patristic Exegesis Still Usable?», en *The Art of Reading Scripture*, eds. Ellen F. Davis y Richard B. Hays (Grand Rapids: Eerdmans, 2003), 74-80.
4. Peter Leithart, *Deep Exegesis: The Mystery of Reading Scripture* (Waco, TX: Baylor University Press, 2009), 180.

que enseñaban lo que el Señor resucitado les había enseñado a ellos».[5] Ireneo (130-202 d.C.) dijo: «Quien lee las Escrituras del modo que hemos indicado» está siguiendo la práctica de los discípulos, con quienes «el Señor empleó este tipo de discurso… después de su resurrección de entre los muertos».[6]

La regla de fe

Un acontecimiento clave en el pensamiento y la obra exegética de Ireneo fue su resumen de la «regla de fe», la tradición oral que abreviaba la predicación de los apóstoles. Según Ireneo:

> Este es, pues, el orden de la regla de nuestra fe, y el fundamento del edificio, y la estabilidad de nuestra conversación: Dios, Padre, no hecho, no material, invisible; un solo Dios, creador de todas las cosas: este es el primer punto de nuestra fe. El segundo punto es: El Verbo de Dios, Hijo de Dios, Cristo Jesús, Señor nuestro, que se manifestó a los profetas según la forma de su profecía y según el método de la dispensación del Padre: por quien fueron hechas todas las cosas; que también al final de los tiempos, para completar y reunir todas las cosas, se hizo hombre entre los hombres, visible y tangible, para abolir la muerte y manifestar la vida y producir una comunidad de unión entre Dios y los hombres. Y el tercer punto es: El Espíritu Santo, por quien los profetas profetizaron, y los padres aprendieron las cosas de Dios, y los justos fueron conducidos por el camino de la justicia; y que al final de los tiempos fue derramado de una manera nueva sobre la humanidad en toda la tierra, renovando al hombre para Dios.[7]

Este resumen era un importante lente interpretativo a través del cual leer el Antiguo Testamento. La regla de fe influye en la lectura del Antiguo Testamento. Y en la cronología de los primeros acontecimientos de la historia de la iglesia, resulta útil situar la regla de fe antes de reconocer el número total de libros del Nuevo Testamento.

Según Christopher Seitz, «La regla de fe es la articulación bíblicamente fundamentada, basada en una percepción adecuada de la hipótesis de la Escri-

---

5. Craig A. Carter, *Interpreting Scripture with the Great Tradition: Recovering the Genius of Premodern Exegesis* (Grand Rapids: Baker Academic, 2018), 141. [Para la edición en español, ver: Craig A. Carter, *Interpretando la Escritura con la gran tradición: Recuperando el espíritu de la exégesis premoderna* (Lima: Teología para Vivir, 2022).]
6. Ireneo, *Contra las herejías* 4.26.1, en Karlfried Froehlich, *Biblical Interpretation in the Early Church,* Sources of Early Christian Thought (Filadelfia: Fortress, 1984), 45.
7. Ireneo, *Demostración de la predicación apostólica* 6, en Steven D. Cone y Robert F. Rea, *A Global Church History: The Great Tradition through Cultures, Continents and Centuries* (Londres: T&T Clark, 2019).

tura, de que Jesucristo es uno con el Dios que lo envió y que está activo en las Escrituras heredadas; que el Espíritu Santo es el medio que da testimonio de su vida activa, aunque oculta, en el "Antiguo Testamento" y de nuestra comprensión de ello».[8]

La lectura cristológica del Antiguo Testamento estaba en consonancia con la regla de fe, pues tal lectura identificaba las sombras de Cristo en el texto y confirmaba el testimonio profético sobre Él. «Para Ireneo, el Cristo proclamado en la regla de fe es la clave de las Escrituras».[9]

La defensa de la fe

Los primeros padres de la iglesia tuvieron que enfrentarse a la crítica desde varios frentes, tratando con judíos hostiles, herejes y disidentes. Utilizando argumentos bíblicos y teológicos, los líderes de la iglesia deseaban equipar a los santos para mantenerse firmes y responder a las acusaciones de los oponentes.

Cuando los padres insistieron en que Jesús era el Mesías profetizado por el Antiguo Testamento, la tipología les resultó útil para sus argumentos apologéticos. Los escritores podían mostrar paralelismos y correspondencias entre el Antiguo Testamento y la persona y el ministerio de Jesús. Tales conexiones seguramente demostrarían que Jesús cumplió de manera única las sombras y los patrones del Antiguo Testamento y que, por tanto, era el libertador de Dios. Apologetas como Justino Mártir, Tertuliano e Ireneo utilizaron el enfoque tipológico contra el judaísmo y el gnosticismo.[10] La tipología también desempeñó un papel en el conflicto con el maniqueísmo, que adoptó errores gnósticos sobre el Antiguo Testamento.[11] Por medio de la tipología, los apologetas pudieron mostrar el valor del Antiguo Testamento (contra el gnosticismo) y el cumplimiento del Antiguo Testamento en el Nuevo (contra el judaísmo).[12]

Las escuelas alejandrina y antioquena

Según un método interpretativo que se conoció como la Escuela de Alejandría, el sentido de las Escrituras no se limitaba a las palabras de la superficie del texto. Existían significados más profundos que debían ser buscados y

---

8. Christopher R. Seitz, *The Character of Christian Scripture: The Significance of a Two Testament Bible,* Studies in Theological Interpretation (Grand Rapids: Baker Academic, 2011), 198.
9. Keith D. Stanglin, *The Letter and Spirit of Biblical Interpretation: From the Early Church to Modern Practice* (Grand Rapids: Baker Academic, 2018), 36.
10. Friedbert Ninow, *Indicators of Typology within the Old Testament: The Exodus Motif* (Frankfurt: Peter Lang, 2001), 24.
11. Jean Danielou, *From Shadows to Reality: Studies in the Biblical Typology of the Fathers,* trad. Dom Wulstan Hibberd (Londres: Burns & Oates, 1960), 2.
12. Richard M. Davidson, *Typology in Scripture: A Study of Hermeneutical TUPOS Structures* (Berrien Springs, MI: Andrews University Press, 1981), 20.

descubiertos. En respuesta a este movimiento, otro método interpretativo, la Escuela de Antioquía, insistió en la moderación interpretativa. Estos intérpretes criticaban a la escuela alejandrina por sus interpretaciones fantasiosas y por minimizar —o ignorar— las características históricas y gramaticales del texto bíblico.

Existe el peligro de simplificar en exceso estas dos escuelas. Durante mucho tiempo, ha existido la caricatura de que los alejandrinos eran partidarios de la interpretación alegórica, mientras que los antioquenos eran partidarios de la interpretación literal. En lugar de enfrentar ambas escuelas como opuestas, es más exacto hablar de un *espectro* entre ellas.[13]

Tanto la escuela alejandrina como la antioquena reconocían significados espirituales y literales en el texto bíblico. Como explica Carter, «la principal preocupación de los alejandrinos era que el sentido literal separado del espiritual mataba el significado; mientras que la principal preocupación de los antioquenos era que "la secuencia histórica bíblica podía perderse en el simbolismo atemporal"».[14] O, como lo resume Karlfried Froehlich, la diferencia entre Alejandría y Antioquía radicaba en los énfasis y las prioridades metodológicas de las dos escuelas, pues la segunda hacía hincapié en el análisis racional del lenguaje bíblico más que en el análisis de la realidad espiritual, y la primera subordinaba la historia a un significado más elevado pretendido por el autor divino.[15] De hecho, «al reconocer al autor divino de las Escrituras, ambos bandos buscaban un sentido más profundo y tesoros ocultos de revelación en el texto sagrado».[16] Por ejemplo, aunque Teodoro de Mopsuestia (350-428 d.C.) estaba frustrado con los alegoristas, creía que el sentido más exaltado de las Escrituras era el revelado por la tipología.[17]

Juan Crisóstomo (349-407 d.C.), representante de la escuela antioquena, también defendió la importancia de la tipología. Decía que un tipo puede compararse con el dibujo de un rey que alguien ha esbozado en forma de contorno, para luego rellenarlo con colores.[18] Los colores rellenan —o cumplen— el contorno, y el antitipo cumple el tipo. Los primeros padres de la iglesia, y tanto la escuela alejandrina como la antioquena, vieron esbozos y contornos de Cristo y su obra en todo el Antiguo Testamento. La «coloración» del Nuevo Testamento dio a estos intérpretes ojos para ver, y vieron.

---

13. Young, *Biblical Exegesis*, 120.
14. Carter, *Interpreting Scripture with the Great Tradition*, 99. Ver Stanglin, *Letter and Spirit of Biblical Interpretation*, 48-68.
15. Karlfried Froehlich, *Biblical Interpretation in the Early Church, Sources of Early Christian Thought* (Filadelfia: Fortress, 1984), 20-21.
16. Froehlich, *Biblical Interpretation in the Early Church*, 22.
17. Ninow, *Typology within the Old Testament*, 25.
18. Juan Crisóstomo, *Homilías sobre Filipenses* 10.4.

Ejemplos de tipos entre los padres de la iglesia

Basilio (329-379 d.C.) escribió: «La naturaleza de lo divino es representada muy frecuentemente por los contornos ásperos y sombríos de los tipos; pero como las cosas divinas son prefiguradas por cosas pequeñas y humanas, es obvio que no debemos por ello concluir que la naturaleza divina es pequeña. El tipo es una exhibición de cosas esperadas, y da una anticipación imitativa del futuro».[19] Para el conjunto de los padres de la iglesia, «la interpretación tipológica se entiende mejor como una red en constante expansión de modelos y asociaciones que remiten al testimonio apostólico sobre Jesucristo».[20]

Los primeros padres vieron tipos en muchos relatos del Antiguo Testamento. Aunque no distinguieron con precisión la tipología de la alegoría, podemos estudiar sus escritos y hacer tales distinciones en retrospectiva. Cuando los escritores ofrecen correspondencias históricas y luego interpretan algo o a alguien en el Antiguo Testamento con una intensificación cristológica, podemos detectar la exégesis tipológica en acción. Más adelante en este libro, observaremos interpretaciones alegóricas en sus escritos, pero para los fines de este capítulo, los siguientes ejemplos son diferentes tipos que los padres discutieron.

Adán y Jesús

La relación tipológica entre Adán y Jesús es expuesta explícitamente por el apóstol Pablo en Romanos 5, y los primeros padres de la iglesia analizaron estas conexiones, así como el hecho de que tanto Adán como Jesús se enfrentaron a la tentación.[21]

El diluvio y el arca

Ningún tema aparece con más frecuencia en los escritos de los padres de la iglesia que el simbolismo del arca de Noé como tipo de la iglesia, que libera a los pecadores del juicio divino.[22] La devastación del diluvio prefiguraba la ira de Dios en el juicio final, y la provisión del arca señalaba cómo Dios rescata de su ira a su pueblo.[23] A veces la liberación del diluvio se relacionaba con el bautismo.[24]

---

19. Basilio, *Tratado sobre el Espíritu Santo* 14.31, en Robin M. Jensen, *Baptismal Imagery in Early Christianity: Ritual, Visual, and Theological Dimensions* (Grand Rapids: Baker Academic, 2012), 16.
20. O'Keefe y Reno, *Sanctified Vision,* 76.
21. Ver Justino Mártir, *Diálogo* 103; Ireneo, *Contra las herejías* 3.18.7; Orígenes, *Romanos* 5.1.7; Cirilo de Alejandría, *Juan* 1.9; 2.1.
22. Danielou, *From Shadows to Reality,* 69.
23. Justino Mártir, *Diálogo* 138.
24. Ambrosio, *Sermones sobre los sacramentos* 2.1.

El sacrificio de Isaac

Tertuliano escribió sobre las formas en que el misterio de la cruz se exponía en los tipos del Antiguo Testamento. Cuando Isaac, siguiendo las instrucciones de su padre, viajó al lugar del sacrificio con la leña a cuestas, este episodio era un tipo de Cristo, a quien el Padre envió a viajar al lugar de la crucifixión.[25] Melitón de Sardes dijo que si se quiere ver el misterio de Cristo, hay que contemplar a Isaac, que fue atado.[26]

La historia de José

Tertuliano vio a José en Génesis como un tipo de Cristo.[27] Cuando Gregorio de Nisa interpretó la historia de José, vinculó la liberación de la prisión y la resurrección final en el último día.[28] Melitón vio el intercambio de José como prefiguración de lo que le sucedería a Jesús.[29]

La Pascua

En Éxodo 12, el Señor cumple su promesa de sacar a los israelitas cautivos de Egipto por medio de su siervo Moisés, y su salida se produce después de la Pascua. Los primeros escritores cristianos trataron la Pascua como lo hace el Nuevo Testamento: como un tipo que señala el sufrimiento y la muerte de Cristo. En un sermón de los primeros cristianos, Melitón de Sardes se refirió a los acontecimientos de la Pascua en Éxodo 12 como un «tipo» que anticipaba la «realidad» de la obra expiatoria de Cristo.[30]

Las manos extendidas de Moisés

Las manos levantadas de Moisés durante la batalla contra Amalec en Éxodo 17 proporcionaron imágenes fascinantes a los primeros padres de la iglesia. Las manos de Moisés sostenían la vara de Dios, y esta escena prefiguraba la cruz y la victoria de Jesús.[31] Tertuliano se preguntó por qué Moisés no habría estado simplemente postrado en oración o golpeándose el pecho con súplicas por la liberación de Israel; reflexionó sobre el hecho de que haya tenido los brazos extendidos durante toda la batalla.[32] Así llegó a

---

25. Tertuliano, *Contra Marción* 3.18.
26. Melitón de Sardes, *Sobre la Pascua*, trad. y ed. por A. Stewart-Sykes (Crestwood, NY: St Vladimir's Seminary Press, 2001), 52.
27. Tertuliano, *Contra Marción* 3.18.
28. Gregorio de Nisa, *In Sanctum Pascha*.
29. Melitón, *Sobre la Pascua*, 53.
30. Melitón, *Sobre la Pascua*, 37-38.
31. Ver Cipriano, *Testimonios* 2.21; Teodoreto, *Preguntas sobre el Octateuco*, Éx. 34; Justino Mártir, *Diálogo* 90, 97.
32. Tertuliano, *Contra Marción* 3.18.

la conclusión de que era necesario que Moisés extendiera sus brazos, porque prefiguraba al Señor Jesús, que vencería al diablo en la cruz con los brazos extendidos.[33]

La roca, el mar y la nube

Algunos padres de la iglesia vieron un significado sacramental en los tipos del Antiguo Testamento. Teodoreto señaló una relación tipológica entre el mar Rojo y la pila bautismal, la nube y el Espíritu Santo, y Moisés y Cristo.[34] Ambrosio comparó la roca (de la que brotaba el agua en tiempos de Moisés) con la Eucaristía.[35] Según Cipriano, el agua que brotaba de la roca encontró su cumplimiento cuando Cristo fue atravesado por la lanza romana, y vinculó esa imagen también a las aguas del bautismo.[36] Cuando Basilio escribió sobre la roca que brota, dijo que la roca es Cristo, y el agua que brota de ella es un tipo del poder de Cristo.[37]

La ley

En la iglesia primitiva, la ley estaba llena de misterios que revelaban en sentido figurado el plan del evangelio y el reino de Dios.[38] Según Hilario de Poitiers, la Biblia contiene «verdaderas y auténticas prefiguraciones» de lo que Cristo vendría a hacer al dar a luz, santificar, llamar, elegir y redimir a la iglesia.[39] De hecho, «Todo lo que Cristo cumpliría había sido prefigurado desde el principio del mundo».[40] Según Melitón de Sardes, los decretos del evangelio fueron proclamados de antemano por la ley, lo cual hace que esta sirva como tipo.[41]

La serpiente de bronce

En Números 21:4-9, la serpiente de bronce fue levantada en el desierto. Algunos de los primeros padres escribieron sobre esta escena como un tipo de la cruz de Cristo, de acuerdo con la interpretación de Jesús en Juan 3:14-15.[42]

Josué y Jesús

En la literatura de los primeros padres de la iglesia, Josué es interpretado casi universalmente como un tipo de Cristo, en especial desde que la

---

33. Tertuliano, *Contra Marción* 3.18.
34. Teodoreto, *Preguntas sobre el Octateuco,* Éx. 27.
35. Ambrosio, *Sermones sobre los sacramentos* 5.1.
36. Cipriano, *Epístolas* 63.8.2.
37. Basilio, *Tratado sobre el Espíritu Santo* 14.31.
38. Danielou, *From Shadows to Reality,* 11.
39. Hilario de Poitiers, *Tractatus Mysteriorum* 1.1.
40. Hilario de Poitiers, *Tractatus Mysteriorum* 1.1.
41. Melitón, *Sobre la Pascua,* 47.
42. Ver Justino Mártir, *Diálogo* 91; Tertuliano, *Contra Marción* 3.18.

Septuaginta traduce su nombre *Iesous,* el nombre usado para Jesús en el Nuevo Testamento.[43] El texto más antiguo en el que aparece la tipología de Josué es la *Epístola de Bernabé* (12:8-10). Se presta atención al nombre de Josué y a su relación con el nombre griego de Jesús en el Nuevo Testamento. «Es muy cierto que la similitud de los nombres es una razón principal por la que los padres ven en Josué un tipo de Jesús».[44] Por ejemplo, Justino apeló al nombre de Josué y lo vinculó tipológicamente a Cristo.[45] Agustín habló de Josué como un tipo, pues así como este condujo a los israelitas a la Canaán terrenal, Cristo conduciría a su iglesia a ocupar la futura Canaán celestial.[46]

El cordón de grana de Rahab

El autor de 1 Clemente —una carta atribuida a Clemente de Roma, que murió aproximadamente en el año 101 d.C.— escribió que el cordón de grana de Rahab mostraba de antemano que la redención llegaría mediante la sangre de Jesús para todos los que creyeran en Él (ver 1 Clem. 12:7). Justino también consideraba que el cordón de grana señalaba la sangre de Cristo por la que se salvarían los pecadores de las naciones.[47]

En resumen

Durante siglos, los primeros padres de la iglesia vieron a Cristo en el Antiguo Testamento, y una forma de verlo fue a través de los tipos del Antiguo Testamento. Sus convicciones sobre la unidad de las Escrituras y los propósitos cristológicos de Dios en la historia de Israel estimularon y realzaron su visión como lectores para ver a su Salvador en las sombras. Ciertos personajes y acontecimientos del Antiguo Testamento señalaban no solo a Cristo, sino también a la iglesia y sus sacramentos. Las lecturas tipológicas eran útiles para educar a los santos y para defender la fe cristiana. Los padres de la iglesia creían que leían el Antiguo Testamento como Cristo había enseñado a leerlo a sus apóstoles. Como dijo Ireneo, «quien lea atentamente las Escrituras encontrará en ellas la palabra relativa a Cristo y la prefiguración de la nueva vocación», pues Cristo es el tesoro escondido en el campo, es decir, Cristo está escondido en las Escrituras.[48]

---

43. O'Keefe y Reno, *Sanctified Vision,* 74.
44. Danielou, *From Shadows to Reality,* 231.
45. Justino Mártir, *Diálogo* 113.
46. Ver Sidney Greidanus, *Preaching Christ from the Old Testament: A Contemporary Hermeneutical Model* (Grand Rapids: Eerdmans, 1999), 100.
47. Justino Mártir, *Diálogo* 111.
48. Ireneo, *Contra las herejías* 4.26.1.

Preguntas para la reflexión

1. ¿Qué utilidad tuvo la exégesis tipológica para la educación de los cristianos en la iglesia primitiva?
2. ¿Por qué era importante la exégesis tipológica para los defensores de la fe cristiana?
3. ¿Cuáles fueron algunos personajes o acontecimientos comunes del Antiguo Testamento que los primeros padres de la iglesia trataron como tipos?
4. ¿Cuál era la diferencia entre las escuelas alejandrina y antioquena?
5. Según Ireneo, ¿hasta qué punto era crucial la tipología para comprender el Antiguo Testamento?

PREGUNTA **11**

¿Cómo se practicaba la tipología en la Edad Media?

La interpretación tipológica no desapareció después de los primeros siglos de la iglesia cristiana. Los teólogos de la Edad Media —un lapso que abarca mil años (450-1450 d.C.)— siguieron viendo múltiples sentidos en el texto bíblico. Henri de Lubac resume el panorama general: «La tradición cristiana entiende que las Escrituras tienen dos significados. La denominación más general de estos dos significados es significado literal y significado espiritual ("pneumático")».[1] Así pues, era fundamental reconocer que el Antiguo Testamento tenía un significado cristológico incrustado en él por el autor divino. Y una forma en que los intérpretes de la Edad Media veían a Cristo en el Antiguo Testamento era por medio de la tipología.

La influencia de Agustín y Juan Casiano

No hay un momento exacto que marque el comienzo de la Edad Media, pero sí puede haber habido una persona crucial. David Baker identifica la obra de Agustín (que vivió entre 354 y 430 d.C.) como «la transición de la iglesia primitiva a la Edad Media: es la culminación de varios siglos de pensamiento cristiano y constituye el fundamento de la teología en Occidente durante los siglos siguientes».[2]

Centrarse en Agustín es especialmente apropiado para un estudio sobre la tipología en la historia de la iglesia. Después de todo, para él, Cristo era *la* clave para entender el Antiguo Testamento. Agustín escribió: «Todo en esas Escrituras habla de Cristo, pero solo al que tiene oídos. Él abrió sus mentes para entender las Escrituras; y así oremos para que abra las nuestras».[3] Agustín tenía claro que, aunque las Escrituras hablan de Cristo, tal comprensión no es completamente evidente para los lectores. Necesitamos que nuestros oídos y nuestra mente sean abiertos. Necesitamos la ayuda divina.

1. Henri de Lubac, *Medieval Exegesis: The Four Senses of Scripture*, vol. 1, trad. Mark Sebanc (Grand Rapids: Eerdmans, 1998), 225.
2. David L. Baker, *Two Testaments, One Bible: A Study of Some Modern Solutions to the Theological Problem of the Relationship between the Old and New Testaments*, rev. ed. (Downers Grove, IL: InterVarsity, 1976), 47.
3. Agustín, *Tratados sobre el Evangelio de San Juan* 2.1, en Sidney Greidanus, *Preaching Christ from the Old Testament: A Contemporary Hermeneutical Model* (Grand Rapids: Eerdmans, 1999), 100.

La dependencia de la oración y la ayuda divina eran importantes debido a la convicción de que las Escrituras tenían más de un sentido. En la época de la iglesia primitiva, Orígenes había enseñado que las Escrituras tienen tres sentidos (el cuerpo, el alma y el espíritu), y Ambrosio también enseñó un triple sentido o significado (el literal-histórico, el moral y el místico). Agustín añadió un cuarto sentido, que buscaba un significado escatológico. Este cuádruple sentido fue importante para Juan Casiano (360-435 d.C.), contemporáneo de Agustín. Casiano estableció la forma estándar del cuádruple sentido. En su obra *Colaciones,* escribió sobre los sentidos literal, alegórico, tropológico y anagógico.[4] Este cuádruple sentido también se conoce como la cuadriga, el «carro de cuatro caballos».

La cuadriga

El uso de la cuadriga floreció en la Edad Media. El sentido literal era fundamental para el sentido espiritual, que se dividía en sentido alegórico, tropológico y anagógico.

1. El sentido literal se centra en los hechos.
2. El sentido alegórico se centra en cómo los hechos prefiguran algo más.
3. El sentido tropológico se centra en la explicación y exhortación moral.
4. El sentido anagógico se centra en la esperanza.[5]

¿Cómo se entrecruza la tipología con la cuadriga? Si el sentido literal del Antiguo Testamento apunta a Cristo más allá de sí mismo, entonces el significado cristológico se encuentra en el sentido espiritual. Y si el sentido espiritual puede dividirse en tres: alegórico, tropológico y anagógico, ¿en qué categoría entra la tipología? El término «alegórico», en la forma en que se utiliza en la cuadriga, es un paraguas lo suficientemente amplio como para incorporar la tipología en él. Esto puede parecer contradictorio, porque este libro no sostiene que tipología sea igual a alegoría, pero los primeros intérpretes no hacían distinciones tajantes entre ellas.

Así pues, en la Edad Media, los tipos cristológicos del Antiguo Testamento encajaban mejor en el sentido espiritual, y específicamente en el sentido alegórico, pues la segunda parte de la cuadriga era la etiqueta que se daba a la comprensión más profunda y cristológica de un texto bíblico. Comprometerse con el sentido alegórico de un texto era participar en «una digestión teológica sistemática y abiertamente cristocéntrica del Antiguo y el Nuevo Testamento

---

4. Juan Casiano, *Colaciones* 14.8. Estos cuatro términos se explicarán en la siguiente sección sobre la cuadriga.
5. Ver de Lubac, *Medieval Exegesis,* 1:1.

juntos».[6] Como dice Keith Stanglin: «La alegoría engloba tipos que relacionan el Antiguo y el Nuevo Testamento».[7]

La pregunta 8 sostenía que los tipos bíblicos son históricos. Su historicidad significa que el compromiso del sentido alegórico no ignora ni niega el sentido literal. Más bien, utilizando la cuadriga, la tipología incorpora *tanto el sentido literal como el alegórico.* Se afirman hechos históricos que prefiguran otra cosa. Por ejemplo, la historia de la derrota de Goliat ante David en 1 Samuel 17 es un relato histórico que también tiene un significado más profundo en la plenitud del canon bíblico: prefigura al hijo mayor de David, quien conquistó a la serpiente.[8]

Comprender cómo funcionaba la cuadriga es crucial para discernir correctamente el uso de la tipología en la Edad Media. Como resume Karlfried Froehlich:

> La atención que debía prestarse al sentido literal conservaba el énfasis gramatical e histórico de la escuela antioquena; el sentido alegórico expresaba la comprensión tipológica del Antiguo Testamento y su rica tradición paleocristiana; el sentido tropológico daba cabida a los intereses de los moralistas judíos y cristianos, desde los rabinos y Filón hasta Tertuliano y Crisóstomo; el sentido anagógico mantenía viva la preocupación central de la exégesis alejandrina por una lectura espiritual de las Escrituras.[9]

La unidad de las Escrituras

La interpretación durante la Edad Media, en particular la cuadriga, dependía de la unidad de las Escrituras. Si el Antiguo y el Nuevo Testamento no son una unidad, la cuadriga se derrumba. Esta presuposición sobre la unidad socava gran parte de la erudición moderna, que trata las Escrituras como una compilación de fragmentos, aunque esta presuposición está muy en consonancia con el período de la iglesia primitiva que afirmaba la coherencia de la gran historia de la Biblia.

Hubo escritores que hablaron con valentía sobre la relación de los Testamentos. Por ejemplo, Esteban Langton (1150-1228) dijo que al igual que los

---

6. Karlfried Froehlich, *Sensing the Scriptures: Aminadab's Chariot and the Predicament of Biblical Interpretation* (Grand Rapids: Eerdmans, 2014), 57.
7. Keith D. Stanglin, *The Letter and Spirit of Biblical Interpretation: From the Early Church to Modern Practice* (Grand Rapids: Baker Academic, 2018), 97.
8. Ver James Hamilton, «The Skull Crushing Seed of the Woman: Inner-Biblical Interpretation of Genesis 3:15», *Southern Baptist Journal of Theology* 10, n.° 2 (verano 2006): 30-54.
9. Karlfried Froehlich, *Biblical Interpretation in the Early Church, Sources of Early Christian Thought* (Filadelfia: Fortress, 1984), 28-29.

serafines de Isaías «proclaman las alabanzas de Dios unos a otros», el Antiguo y el Nuevo Testamento —«cada uno de los cuales contiene al otro»[10]— dan testimonio de las mismas verdades. El Nuevo está en el Antiguo, y el Antiguo está en el Nuevo. La unidad de las Escrituras era indispensable para la hermenéutica medieval. De hecho, si tenemos en cuenta el énfasis medieval en la inspiración divina de las Escrituras, la importancia de un intérprete virtuoso y el papel de la regla de fe de la iglesia, «la exégesis medieval no es más que una continuación de la exégesis patrística».[11]

El fundamento del sentido literal

Una de las marcas de la interpretación en la Edad Media fue el compromiso generalizado con el sentido espiritual. Pero no debemos descuidar o negar el sentido literal. Más bien, si pensamos en la cuadriga como en una casa, el sentido literal es el cimiento. Mientras que Jerónimo había hablado del sentido literal como fundamento de la interpretación correcta, Gregorio Magno (540-604) amplió la metáfora: se ponen los cimientos (*littera),* luego se levantan las paredes (*allegoria)* y después se pinta la casa (*tropología,* la otra palabra para la interpretación moral).[12] Un cuarto sentido —anagogía (*anagogia)*— es el tejado. Alcuino (735-804) dijo: «Los cimientos de la historia deben ponerse primero, para que el tejado de la alegoría pueda construirse más adecuadamente sobre la estructura establecida en primer lugar».[13]

A lo largo de la Edad Media, algunos intérpretes percibieron un descuido del sentido literal. Se había formado una trayectoria en la que las interpretaciones se centraban sobre todo en el sentido espiritual de un texto, y este énfasis conducía a menudo a conclusiones injustificadas. La interpretación alegórica estaba muy extendida e, incluso, parecía desenfrenada (ver la tercera parte de este libro).

Sin embargo, el olvido del sentido literal no fue universal. Por ejemplo, Ruperto de Deutz (1075-1129) dijo que «el sentido literal debe tomarse en serio en todos los casos».[14] Y Hugo de San Víctor (1096-1141) se opuso a la alegorización sin sentido y favoreció el sentido literal del texto. Hugo enseñó que los intérpretes responsables estudian el sentido literal o histórico de un texto. En su obra sobre hermenéutica, *Didascalicon: El afán por el estudio,*

---

10. De Lubac, *Medieval Exegesis,* 1:256.
11. Stanglin, *The Letter and Spirit of Biblical Interpretation,* 78.
12. *The Letters of Gregory the Great* 5.53a, trad. John R. C. Martyn, Medieval Sources in Translation 40 (Toronto: Pontifical Institute of Medieval Studies, 2004), 382.
13. Citado en Henning G. Reventlow, *History of Biblical Interpretation,* vol. 2, *From Late Antiquity to the End of the Middle Ages,* trad. James O. Duke, Resources for Biblical Study 61 (Atlanta: Society of Biblical Literature, 2009), 123.
14. Citado en Reventlow, *History of Biblical Interpretation,* 2:155.

Hugo —como Jerónimo y Gregorio antes que él— comparó las Escrituras con la estructura de un gran edificio. El sentido histórico era su fundamento, y la alegoría, su superestructura:

> Pero así como ves que todo edificio que carece de cimientos no puede mantenerse firme, lo mismo sucede en el aprendizaje. Sin embargo, la base y el principio del aprendizaje sagrado es la historia, de la que, como la miel del panal, se extrae la verdad de la alegoría. Por lo tanto, cuando vayas a construir, pon primero los cimientos de la historia; después, persigue el significado tipológico; a continuación, construye una estructura en tu mente que sea una fortaleza de fe. Por último, sin embargo, con la belleza de la moralidad, pinta la estructura sobre nosotros con los colores más hermosos.[15]

Tomás de Aquino y Nicolás de Lira

El sentido literal era importante para reconocer los tipos bíblicos, porque los tipos están arraigados en realidades históricas. La tipología solo podía florecer donde se afirmaba y respetaba el sentido literal. Buenaventura (1221-1274) dijo que nadie puede ser un intérprete competente de las Escrituras que no esté familiarizado con «las palabras de la Biblia».[16] No obstante, Buenaventura seguía centrándose en el aspecto «iluminativo» de las Escrituras, identificando los tipos al margen de la alegoría.[17]

Cuando se respetaba el sentido literal y se hacía hincapié en él como fundamento de una interpretación correcta, se podían discernir los tipos. Por ejemplo, en una homilía cisterciense del siglo XII, el José histórico era visto como un tipo de Cristo: «Lo que he puesto ante ustedes, hermanos, es como un huevo o una nuez; rompe la cáscara y encontrarán el alimento. Bajo la imagen de José encontrarán al Cordero Pascual, Jesús, aquel por quien suspiran ustedes».[18] El escritor habla de la distinción de José entre sus hermanos, las acciones intachables de José, sus juicios prudentes, su rechazo y humillación, y su elevación, reivindicación y recompensa: todas las cosas que corresponden al Señor Jesús y se intensifican en Él.

Entre los teólogos medievales que se opusieron a los abusos del sentido espiritual y que hicieron hincapié en el sentido literal, quizá no haya auto-

---

15. Jeremy Taylor, ed. y trad., *The Didascalicon of Hugh of St Victor* (Nueva York: Columbia University Press, 1961), 138.
16. Citado en Reventlow, *History of Biblical Interpretation,* 2:210.
17. Friedbert Ninow, *Indicators of Typology within the Old Testament: The Exodus Motif* (Frankfurt: Peter Lang, 2001), 26.
18. Guerrico de Igny, *Liturgical Sermons [by] Guerric of Igny,* vol. 2, trad. Monks of Mount Saint Bernard Abbey, Cistercian Fathers 32 (Spencer, MA: Cistercian, 1971), 81.

res más notables que Tomás de Aquino (1225-1274) y Nicolás de Lira (1270-1349).[19] Stanglin representa la valoración de otros cuando califica a Tomás de Aquino como «el teólogo más influyente después de Agustín» en la iglesia occidental.[20] Aunque Tomás de Aquino no distinguía entre tipología y alegoría, mantenía que el sentido espiritual se basa en el sentido literal. Las Escrituras «no inducen a confusión, puesto que todos los significados se basan en uno, a saber, el sentido literal».[21] Aunque Tomás de Aquino hizo hincapié en el sentido literal en su práctica exegética, su concepto de sentido literal envolvía conclusiones atribuidas anteriormente al sentido espiritual.[22] Cuando escribió sobre Isaías 12, que promete el regreso de Israel del cautiverio babilónico, creía que tal consuelo prefiguraba la liberación definitiva del cautiverio que se encuentra en Cristo.[23] Y cuando trata Isaías 40–66, a menudo une un sentido literal y tipológico, como con la figura de Ciro, a quien interpreta tanto como figura histórica como tipo de Cristo.[24] Sin embargo, cualquier sentido espiritual que persiga el intérprete no debe ser la base de la doctrina. Para Tomás de Aquino, «nada necesario para la fe se contiene bajo el sentido espiritual, que no se transmita abiertamente mediante el sentido literal en otra parte».[25]

Nicolás de Lira estaba de acuerdo con Tomás de Aquino en que, aunque en un texto puede haber varios sentidos místicos o espirituales, todos ellos presuponen el sentido literal como fundamento (*fundamentum)*.[26] De hecho, con Tomás de Aquino y Nicolás, vemos que el sentido espiritual se reconduce al sentido literal para conformar lo que podría llamarse el «sentido doblemente literal» o «sentido literal ampliado».[27] Se trata de un avance importante en la Edad Media, porque el significado cristológico de un pasaje podría considerarse el sentido llano, si el sentido literal se amplía para solaparse con lo que antes habría quedado relegado por completo al sentido espiritual. Nicolás también perpetuó la imagen constructiva de los múltiples sentidos de las Escrituras. El sentido literal era el cimiento del edificio interpretativo, y «una

19. Stanglin, *Letter and Spirit of Biblical Interpretation,* 110.
20. Stanglin, *Letter and Spirit of Biblical Interpretation,* 103.
21. Tomás de Aquino, *Summa Theologiae* 1.1.10, trad. Blackfriars (Nueva York: McGraw-Hill, 1964-1981). Sobre este mismo argumento, ver Sidney Greidanus, *Preaching Christ from the Old Testament: A Contemporary Hermeneutical Model* (Grand Rapids: Eerdmans, 1999), 106-7.
22. Craig A. Carter, *Interpreting Scripture with the Great Tradition: Recovering the Genius of Premodern Exegesis* (Grand Rapids: Baker Academic, 2018), 99.
23. Brevard S. Childs, *The Struggle to Understand Isaiah as Christian Scripture* (Grand Rapids: Eerdmans, 2004), 156-57.
24. Childs, *Isaiah as Christian Scripture,* 158. Ver Tomás de Aquino, *In Isaiam Prophetam Expositio, Opera Omnia,* vols. 18-19 (París: Louis Vives, 1876).
25. Tomás de Aquino, *Summa Theologiae* 1.1.10, trad. Blackfriars, 1:38-39.
26. Stanglin, *Letter and Spirit of Biblical Interpretation,* 106.
27. Carter, *Interpreting Scripture with the Great Tradition,* 101.

interpretación mística que se desvíe del sentido literal debe juzgarse inapropiada e inadecuada».[28]

En resumen

Tras los siglos de la iglesia primitiva, el período de mil años de la Edad Media continuó con la práctica de la interpretación tipológica. La cuadriga era un esquema interpretativo que incluía una dimensión cristológica. Los Testamentos unidos conservaban las prefiguraciones de Cristo y el cumplimiento de esos tipos. La tipología se basa en el reconocimiento del sentido literal de un texto bíblico, y este sentido literal era fundamental para los intérpretes de la Edad Media. Cuando se producían abusos del sentido espiritual que se apartaban o disminuían el sentido literal, se alzaban voces para defender el sentido literal sin negar al mismo tiempo el significado más profundo del texto bíblico. Este renovado énfasis en el sentido literal fue una trayectoria que se retomó durante la siguiente era de la historia de la iglesia.

Preguntas para la reflexión

1. ¿Cuáles son las cuatro partes de la cuadriga?
2. ¿Cómo ilustra la imagen de un edificio las etapas de la interpretación?
3. ¿Por qué el énfasis en el sentido literal era una característica importante que había que mantener para la interpretación tipológica?
4. ¿Qué papel desempeñaron Tomás de Aquino y Nicolás de Lira cuando el sentido literal no se reconocía y subrayaba adecuadamente?
5. ¿Cuáles son algunas de las formas en que la interpretación en la Edad Media se solapaba con la interpretación en los primeros tiempos de la iglesia?

---

28. Citado en Reventlow, *History of Biblical Interpretation*, 2:250.

PREGUNTA 12

¿Cómo se practicaba la tipología a principios de la Edad Moderna?

La Edad Moderna temprana (1450-1650) incluyó el período de la Reforma protestante, por lo que fue una época dedicada febrilmente al estudio y la interpretación del texto bíblico. Los teólogos siguieron empleando la tipología al leer el Antiguo Testamento, estrategia que continuaba desde la Edad Media y los siglos de la iglesia primitiva. Las prácticas interpretativas en el período de la Reforma retomaban una trayectoria de los años anteriores.

Énfasis en el sentido literal

El énfasis renovado en el sentido literal —que había marcado la obra de figuras como Tomás de Aquino y Nicolás de Lira en la Edad Media— continuó durante los primeros años de la Edad Moderna. Durante los años de la Reforma, «el sentido literal se hizo más prominente, aunque más complejo, al absorber cada vez más el contenido de los significados espirituales».[1] Los reformadores se mostraban reticentes a desviarse del sentido literal y adentrarse así en el terreno de la especulación y las interpretaciones fantasiosas. Su vacilación estaba justificada por una larga tradición cristiana que atendía al sentido literal de las Escrituras como fundamento de una exégesis sólida.[2]

No obstante, el énfasis en el sentido literal no significaba la negación de otros sentidos. Dos de las figuras más famosas de esta época —Martín Lutero (1483-1546) y Juan Calvino (1509-1564)— creían que el texto bíblico contenía varios sentidos.

Martín Lutero

Nacido en 1483, Martín Lutero se formó en la cuadriga, lo cual era de esperar, ya que para entonces la cuadriga se había utilizado durante mil años. El estudio de las Escrituras lo llevó a criticar la alegorización de los

1. Timothy George, *Reading Scripture with the Reformers* (Downers Grove, IL: IVP Academic, 2011), 27.
2. Iain Provan, *The Reformation and the Right Reading of Scripture* (Waco, TX: Baylor University Press, 2017), 202.

textos bíblicos. Señaló a Jerónimo, Orígenes y Agustín como ejemplos de alegorizadores. Sin embargo, sus críticas no le impidieron buscar un sentido espiritual en el texto bíblico.

Lutero enfatizó el sentido literal del texto, pero permaneció abierto a un sentido espiritual también. La razón por la que consideraba que el texto bíblico tenía este doble sentido o significado era su suposición acerca de su unidad. Creía que todo el Antiguo Testamento se aplicaba a Cristo, y por ello hizo muchas identificaciones tipológicas.[3] Lutero identificó tipos de Cristo en personas del Antiguo Testamento como Melquisedec, Aarón, David y Salomón, en acontecimientos como las travesías del mar Rojo y el río Jordán, y en cosas como el maná, el agua de la roca de Horeb y la serpiente de bronce.[4]

En palabras del propio Lutero: «El Antiguo Testamento apuntaba hacia Cristo. El Nuevo, sin embargo, nos da ahora lo que antes se prometía y señalaba mediante figuras en el Antiguo Testamento».[5] La tipología de Lutero era por completo cristocéntrica y estaba firmemente arraigada en la historia, aunque en su esfuerzo por ver la dimensión cristológica del Antiguo Testamento, sus interpretaciones a veces se desviaban hacia la alegoría.[6]

Juan Calvino

Juan Calvino reconocía los tipos en su lectura e interpretación del Antiguo Testamento. Para él, la tipología no era un leve interés interpretativo: era dominante, imponente, central. Para ser claros: «Sin tipología... Calvino no sería Calvino; porque la tipología ocupa un papel central y significativo en su teología».[7] Estaba convencido de que el Antiguo Testamento revelaba a Cristo en todas sus páginas sagradas, aunque no en toda su gloria, por supuesto, sino en tipos y sombras que Cristo cumplía.[8] Para Calvino, la tipología era la clave para abrir el Antiguo Testamento.[9]

3. Friedbert Ninow, *Indicators of Typology within the Old Testament: The Exodus Motif* (Frankfurt: Peter Lang, 2001), 27.
4. Thomas M. Davis, «The Traditions of Puritan Typology», en *Typology and Early American Literature,* ed. Sacvan Bercovitch (Amherst: University of Massachusetts Press, 1972), 37.
5. Citado en Paul Althaus, *The Theology of Martin Luther,* trad. Robert C. Schultz (Filadelfia: Fortress, 1966), 95.
6. Richard M. Davidson, *Typology in Scripture: A Study of Hermeneutical TUPOS Structures* (Berrien Springs, MI: Andrews University Press, 1981), 30.
7. Davis, «Traditions of Puritan Typology», 38.
8. Davis, «Traditions of Puritan Typology», 39.
9. Véanse las explicaciones en Juan Calvino, *Institutes of the Christian Religion,* ed. John T. McNeill, trad. Ford Lewis Battles, 2 vols., Library of Christian Classics (Filadelfia: Westminster, 1960), 2.11. [Para una edición en español, ver Juan Calvino, *Institución de la religión cristiana* (Barcelona: Fundación Editorial de Literatura Reformada, 1999); o Juan Calvino, *Institución de la religión cristiana* (Grand Rapids, MI: Libros Desafío, 2012).]

En sus numerosos comentarios, Calvino afirmó que José, Aarón, Sansón, David, Sedequías, Ciro y Zorobabel eran todos tipos de Cristo.[10] Escribió: «El Evangelio señala con el dedo lo que la Ley ensombrecía bajo los tipos».[11] Consideraba que los tipos eran una distinción clave entre el Antiguo y el Nuevo Testamento, pues exhibían «solo la imagen de la verdad, mientras que la realidad estaba ausente, la sombra en lugar de la sustancia», mientras que el antitipo exhibía «tanto la verdad completa como el cuerpo entero».[12]

El énfasis en el sentido literal continuó en los escritos y la predicación de Calvino. Pero mientras que los intérpretes anteriores consideraban típicamente que los tipos cristológicos se situaban en el sentido espiritual de un texto bíblico, Calvino situaba los tipos en el sentido literal mismo.[13] En otras palabras, guiado por su compromiso con la interpretación histórica de un texto bíblico, Calvino creía que el sentido literal de un texto *incluía* los tipos que prefiguraban a Cristo.[14] Al ampliar el sentido literal para incluir los tipos bíblicos de Cristo, la interpretación tipológica de Calvino llegó a lo que él consideraba el «sentido llano» del texto.[15] Carter lo resume de esta manera: «Todo el significado se encuentra en el sentido llano, que puede entenderse como una combinación de los sentidos literal y espiritual, unificados por Jesucristo como el gran tema y centro del Antiguo y Nuevo Testamento, entendidos como un solo libro».[16]

William Perkins

Después de Lutero y Calvino, William Perkins (1558-1602), un popular predicador y teólogo reformado inglés, ejerció una importante influencia internacional, sobre todo en los que más tarde se llamarían los puritanos.[17] Se ocupó del Antiguo Testamento con instintos tipológicos. Por ejemplo, cuando Perkins leyó Éxodo 12, lo interpretó de una manera doble: en primer lugar, la Pascua tenía por objeto celebrar la liberación de Israel de Egipto, y en segundo lugar, la Pascua era un tipo de nuestra «liberación espiritual

10. Peter J. Leithart, «The Quadriga or Something Like It: A Biblical and Pastoral Defense», en *Ancient Faith for the Church's Future,* eds. Mark Husbands y Jeffrey P. Greenman (Downers Grove, IL: IVP Academic, 2008), 111.
11. Juan Calvino, *Institutes,* 2.9.3.
12. Calvino, *Institutes,* 2.10.4.
13. Craig A. Carter, *Interpreting Scripture with the Great Tradition: Recovering the Genius of Premodern Exegesis* (Grand Rapids: Baker Academic, 2018), 169.
14. Ninow, *Typology within the Old Testament,* 27.
15. Carter, *Interpreting Scripture with the Great Tradition,* 165.
16. Carter, *Interpreting Scripture with the Great Tradition,* 176.
17. Keith D. Stanglin, *The Letter and Spirit of Biblical Interpretation: From the Early Church to Modern Practice* (Grand Rapids: Baker Academic, 2018), 142.

de la muerte eterna, por el sacrificio de Cristo Jesús, el inmaculado Cordero de Dios».[18]

Según Perkins, la cuadriga de la Edad Media no reflejaba con exactitud el número de sentidos del texto bíblico. Un texto tenía un único sentido: el sentido literal, que incluía cualquier característica literaria o elemento figurativo. Decía: «Dar muchos sentidos a la Escritura es anular todo sentido y no dar nada por certero. En cuanto a los tres sentidos espirituales (así llamados), no son sentidos, sino aplicaciones o usos de la Escritura».[19] A Perkins le preocupaba que la multiplicidad de sentidos implicara la inestabilidad del significado. Según su enfoque interpretativo, cualquier tipo bíblico se situaba en el sentido literal de un texto bíblico.

Sin embargo, el énfasis de Perkins al sentido literal seguía incorporando conclusiones que exegetas anteriores podrían haber atribuido al sentido espiritual. Según Stanglin, «al igual que Lutero, que censuraba la interpretación alegórica, pero al mismo tiempo la practicaba, Perkins también reconocía un sentido más completo de las Escrituras de forma coherente con la exégesis patrística y medieval».[20] Y Perkins afirmaba sin vacilar una lectura cristológica del Antiguo Testamento. De hecho, recomendó a los estudiantes de la Biblia que leyeran Romanos y el Evangelio de Juan antes de pasar a los libros del Antiguo Testamento, para que tuvieran una mayor capacidad de ver el significado tipológico y cristológico.[21]

La escuela cocceiana

Johannes Cocceius (1603-1669) vivió después de Lutero, Calvino y Perkins, cerca del final de la Edad Moderna temprana. Distinguió entre los tipos que las Escrituras identificaban explícitamente, y los que, según él, estaban implícitos, aunque no identificados. Cocceius no estableció ningún control interpretativo para la tipología, por lo que «se abrió la puerta» a un número cada vez mayor de tipos posibles.[22]

El enfoque de Cocceius sobre las Escrituras provocó críticas de otros en los años siguientes. Dos siglos después de Cocceius, Patrick Fairbairn (1805-1874)

---

18. William Perkins, *The Works of That Famous and Worthy Minister of Christ in the Universitie of Cambridge M. William Perkins*, 3 vols. (Londres, 1631), 3:151. Ver Erwin R. Gane, «The Exegetical Methods of Some Sixteenth-Century Puritan Preachers: Hooper, Cartwrights, and Perkins. Part II», *Andrews University Seminary Studies* 19, n.° 2 (1981): 99-114.
19. William Perkins, *A Commentarie, or, Exposition upon the Five First Chapters of the Epistle to the Galatians* (Londres: John Legatt, 1617), 304-5.
20. Stanglin, *Letter and Spirit of Biblical Interpretation*, 143.
21. Stanglin, *Letter and Spirit of Biblical Interpretation*, 143. Ver William Perkins, *The Arte of Prophecying, or, a Treatise concerning the Sacred and Onely True Manner and Methode of Preaching*, en Perkins, *Works*, 2:736, col. 2.
22. Ninow, *Typology within the Old Testament*, 28.

dijo que el antiguo intérprete había «dejado un amplio margen para la indulgencia de una fantasía exuberante».[23] Si la exégesis tipológica podía practicarse sin suficientes controles para el intérprete, ¿no acabaría la práctica derivando inevitablemente hacia la subjetividad? A pesar de las críticas posteriores a Cocceius, su hermenéutica floreció, especialmente en Gran Bretaña y en los escritos de los puritanos de Nueva Inglaterra.[24]

Francis Turretin

Mientras Johannes Cocceius vivía, nació un hombre llamado Francis Turretin (1623-1687). Con siglos de interpretación basada en la cuadriga a sus espaldas, es importante ver cómo Turretin se enfrentó al lente cuádruple de interpretación: lo rechazó. Abrazó «un solo y genuino sentido», el sentido literal, que podía ser simple e histórico, o compuesto y tipológico.[25]

Sin embargo, al igual que algunos intérpretes que lo precedieron, Turretin no deja de lado un sentido espiritual del texto, sino que simplemente lo subsume en el propio sentido literal. Escribe: «Un significado compuesto o mixto se encuentra en los oráculos que contienen tipología, parte de la cual [el oráculo] es tipo y parte antitipo. Esto no constituye dos significados, sino dos partes de uno y el mismo significado pretendido por el Espíritu Santo, que cubrió el misterio con el significado literal».[26] Cuando se trata de los sentidos alegórico, tropológico o anagógico de la cuadriga, Turretin dice que «no son significados diferentes, sino aplicaciones del único significado literal; la alegoría y la anagogía se aplican a la instrucción, y la tropología se aplica a la disciplina».[27]

Aunque Turretin se centra en el sentido literal del texto, cree que este sentido literal puede seguir abarcando lo que los teólogos anteriores habían llamado el sentido espiritual o los sentidos alegórico, tropológico y anagógico de la cuadriga. Para Turretin, «el sentido literal abarca un sentido más completo que permite lecturas tropológicas y cristológicas del Antiguo Testamento», y considera «los tres sentidos espirituales como legítimos en cuanto a usos o aplicaciones.»[28]

---

23. Patrick Fairbairn, *The Typology of Scripture: Viewed in connection with the Whole Series of the Divine Dispensations,* 2 vols., 6.ª ed. (Edimburgo: T&T Clark, 1876), 1:29.
24. Ninow, *Typology within the Old Testament,* 28.
25. Stanglin, *Letter and Spirit of Biblical Interpretation,* 145; Francis Turretin, *Institutes of Elenctic Theology,* trad. George Musgrave Giger, ed. James T. Dennison Jr. (Phillipsburg, NJ: P&R, 1992), 2.19.1-4 (1:149-50).
26. Turretin, *Institutes of Elenctic Theology,* 2.19.2 (1:149-50).
27. Turretin, *Institutes of Elenctic Theology,* 2.19.6 (1:150-51).
28. Stanglin, *Letter and Spirit of Biblical Interpretation,* 146.

En resumen

Los intérpretes de principios de la Edad Moderna, en concreto los reformadores, prestaron gran atención al sentido literal, incluso subsumiendo bajo él el tipo de conclusiones cristológicas que antes pertenecían al sentido espiritual. La tipología siguió siendo utilizada por intérpretes como Lutero, Calvino, Perkins, Cocceius, Turretin y otros. Estos teólogos desconfiaban de los abusos del sentido espiritual y criticaban a los teólogos de la iglesia primitiva y de la Edad Media, que parecían especializarse en sentidos que descuidaban o ignoraban el sentido literal. La cuadriga, que se había utilizado durante los mil años anteriores, no fue afirmada ni defendida por estos teólogos. Sin embargo, su énfasis en el sentido literal incorporaba lecturas cristológicas del Antiguo Testamento.

Preguntas para la reflexión

1. ¿Qué presupuestos sobre la interpretación del texto bíblico tiene en común el período moderno temprano con las épocas de la iglesia primitiva y la Edad Media?
2. ¿Cómo abordó Martín Lutero la noción de tipos en el Antiguo Testamento?
3. ¿Cuáles son algunos de los alcances de que Juan Calvino ampliara el sentido literal para incluir los tipos del Antiguo Testamento?
4. ¿Por qué fue Johannes Cocceius importante en la discusión histórica de la tipología?
5. ¿Cómo entendía Francis Turretin el valor de la cuadriga?

PREGUNTA **13**

¿Cómo se practicaba la tipología en la Ilustración?

En los años que siguieron a la Reforma, la tipología ocupó un lugar destacado en la obra de los puritanos. Pero los años de la Ilustración (1650-1800) también tuvieron efectos negativos en la tipología, ya que la elevación de la razón humana influyó en la forma en que la gente veía y leía la Biblia. Por lo tanto, mientras que algunos intérpretes continuaron tratando la Biblia como un libro sobrenatural con testamentos unidos que exaltaban a Cristo, otros intérpretes trataron la Biblia con sospecha, cuestionaron presupuestos largamente sostenidos y contribuyeron a la disminución de la visión de la tipología.

El auge de los puritanos

Los puritanos vivieron, predicaron y escribieron durante los siglos XVI y XVII. Los reformadores reconocieron la presencia de tipos bíblicos, y los puritanos siguieron su ejemplo. «Los reformadores fueron, de hecho, de los más fervientes practicantes de la tipología, y la práctica puritana se basa claramente en el precedente reformador».[1] Pero la práctica de la exégesis tipológica de los puritanos va más allá de los años de la Reforma; está arraigada «profundamente en las tradiciones de los padres de la iglesia».[2] Un par de ejemplos de exégesis tipológica puritana serán suficientes: Thomas Goodwin y Samuel Mather.

Thomas Goodwin (1600-1680) escribió un libro titulado *El corazón de Cristo,* y en él hizo múltiples observaciones tipológicas. Dijo que el matrimonio de Adán con su esposa era un tipo y una sombra del matrimonio de Cristo con su iglesia.[3] Consideró que el Lugar Santísimo era un tipo de la sede más alta del cielo, donde se sienta Cristo.[4] Llamó a Cristo la verdad y la sustancia de los tipos ceremoniales.[5] Consideraba a Moisés como un tipo

1. Thomas M. Davis, «The Traditions of Puritan Typology», en *Typology and Early American Literature,* ed. Sacvan Bercovitch (Amherst: University of Massachusetts Press, 1972), 12.
2. Davis, «Traditions of Puritan Typology», 12.
3. Thomas Goodwin, *The Heart of Christ* (1651; reimpr., Carlisle, PA: Banner of Truth Trust, 2011), 83. [Para una edición en español, ver Thomas Goodwin, *El corazón de Cristo en el cielo hacia los pecadores en la tierra: Un aliento para la fe* (Lima: Teología para Vivir, 2023).]
4. Goodwin, *Heart of Christ,* 105.
5. Goodwin, *Heart of Christ,* 84.

de Cristo.[6] Y decía que los sumos sacerdotes «eran tipos de nuestro gran sumo sacerdote».[7]

La interpretación puritana enfatizaba fuertemente la historicidad de los relatos bíblicos. «El sentido puritano de la historicidad literal de las Escrituras no se manifestó en ninguna parte más vigorosamente que en la defensa de Mather de las correspondencias tipológicas, que se basaban en acontecimientos literales del Antiguo Testamento y no eran en modo alguno ficciones alegóricas o analogías fantasiosas».[8] De marzo de 1666 a febrero de 1668, Samuel Mather (1626-1671) predicó un tratamiento sistemático de la tipología. Tras su muerte, su hermano menor Nathanael publicó estos sermones en Londres en 1673 bajo el título *The Figures or Types of the Old Testament, by which Christ and the Heavenly Things of the Gospel Were Preached and Shadowed to the People of God of Old, Explained and Improv'd in Sundry Sermons, by Samuel Mather* [Las figuras o los tipos del Antiguo Testamento, por medio de los cuales Cristo y las cosas celestiales del Evangelio fueron predicadas y ensombrecidas al pueblo de Dios del Antiguo Testamento, explicadas y mejoradas en sermones dominicales, por Samuel Mather].[9] Mason Lowance Jr. señala: «La influencia y popularidad de esta obra queda indicada por las tres distribuciones de la primera edición y por la demanda de una segunda edición en 1705».[10]

Según Samuel Mather, «Un tipo es alguna cosa externa o sensible, ordenada por Dios bajo el Antiguo Testamento, para representar y sostener algo de Cristo en el Nuevo».[11] Identificó a muchos personajes bíblicos como tipos de Cristo, tales como Adán, Noé, Melquisedec, Abraham, Isaac, Jacob, José, Moisés y Josué.[12] Identificó «cosas tipológicas», como el arca de Noé, la escalera de Jacob, la zarza ardiente y el maná.[13] E identificó «acciones tipológicas», como el éxodo de Egipto, el cruce del mar Rojo, el viaje por el desierto, el cruce del Jordán y el exilio a Babilonia.[14] Dijo que el templo «tipificaba el Cuerpo de Cristo»,[15] y que las vestiduras de Aarón «tipificaban y reflejaban la belleza

---

6. Goodwin, *Heart of Christ*, 63, 88.
7. Goodwin, *Heart of Christ*, 49, 94, 99, 103.
8. Mason I. Lowance Jr., introduction to Samuel Mather, *Figures or Types of the Old Testament, Opened and Explained*, 2.ª ed., v-xxiii (1705; reimpr., Nueva York: Johnson Reprint, 1969), xiv.
9. Ursula Brumm, *American Thought and Religious Typology* (New Brunswick, NJ: Rutgers University Press, 1970), 40.
10. Lowance, introduction to Mather, *Figures or Types*, xvi.
11. Mather, *Figures or Types*, 52.
12. Lowance, introduction to Mather, *Figures or Types*, xviii.
13. Lowance, introduction to Mather, *Figures or Types*, xviii-xix.
14. Lowance, introduction to Mather, *Figures or Types*, xix.
15. Samuel Mather, *A Testimony from the Scripture against Idolatry and Superstition* (Boston, 1725), 61.

de Cristo, nuestro verdadero Sumo Sacerdote, en todas las gloriosas gracias del Espíritu de santidad que hay en Él».[16]

La Biblia y la razón humana

El ascenso de Baruch Spinoza (1632-1677), durante los años de la Ilustración, fue un acontecimiento significativo e inquietante. Craig Carter lo llama un «judío herético… que abrió el camino para el desarrollo de la crítica bíblica racionalista, y sus motivos eran de naturaleza política».[17] Las ambiciones de Spinoza no eran pequeñas: quería liberar a la sociedad de la superstición de la religión, ya que consideraba que todas las religiones eran caldo de cultivo para la crueldad, el miedo, el odio y la violencia.[18] Si la religión se asociaba con supersticiones, entonces la propia Biblia llegó a ser vista con sospecha y, en última instancia, con una inclinación antisobrenatural.

Es sobre todo el siglo XVIII el que se asocia con el título de «Siglo de las Luces», con figuras clave como Voltaire (François-Marie Arouet, 1694-1778), David Hume (1711-1776), Jean-Jacques Rousseau (1712-1778), Adam Smith (1723-1790) e Immanuel Kant (1724-1804).[19] En general, los pensadores de la Ilustración querían acabar con el poder de la iglesia en la sociedad, y una medida clave para lograr este objetivo fue afirmar que la moralidad podía basarse únicamente en la razón, sin necesidad de una revelación especial.[20]

La elevación de la razón humana no fue simplemente el rechazo de una cosmovisión sobrenatural; fue el establecimiento de una cosmovisión natural. Si se podía confiar en la razón humana hasta el punto de que la revelación especial no era necesaria, entonces la Biblia no tenía necesariamente la autoridad que los intérpretes creían que tenía. Y si se podían buscar explicaciones naturales y plantear teorías científicas sobre de dónde venimos y por qué estamos aquí, entonces los elementos sobrenaturales de la Biblia parecían, francamente, anticuados y primitivos. La Biblia era un antiguo documento literario que ahora podía estudiarse como cualquier otra obra literaria.[21]

Bajo la continua inflación de la razón humana y el antisobrenaturalismo, los presupuestos sobre la Biblia empezaron a resquebrajarse. Los intérpretes ya no necesitaban la virtud para comprender el texto sagrado. La tradición de

---

16. Mather, *Testimony from the Scripture,* 31.
17. Craig A. Carter, *Interpreting Scripture with the Great Tradition: Recovering the Genius of Premodern Exegesis* (Grand Rapids: Baker Academic, 2018), 114.
18. Carter, *Interpreting Scripture with the Great Tradition,* 114.
19. Iain Provan, *The Reformation and the Right Reading of Scripture* (Waco, TX: Baylor University Press, 2017), 391.
20. Carter, *Interpreting Scripture with the Great Tradition,* 16.
21. Friedbert Ninow, *Indicators of Typology within the Old Testament: The Exodus Motif* (Frankfurt: Peter Lang, 2001), 33.

los teólogos de la iglesia ya no era una guía fiel para los lectores de la Biblia. El mensaje de la Biblia ya no dependía de la unidad de ambos testamentos. «Ahora, las Escrituras se consideraban un conjunto de diversas tradiciones y orígenes que no tenían conexión alguna entre sí».[22]

El efecto sobre la tipología fue desastroso. Sin la unidad y la inspiración de las Escrituras, la tipología es imposible. Las correspondencias textuales se reducen a coincidencias históricas en lugar de a la providencia divina. Y si el texto bíblico no era autoritativo e inspirado, tampoco era necesariamente digno de confianza en cuestiones históricas. Si rechazamos la autoría divina del texto bíblico, entonces la Biblia es meramente un libro humano, y se sabe que los humanos se equivocan. Puesto que la tipología depende de hechos históricos reales, el escepticismo del antisobrenaturalismo significaba que los hechos de la Biblia podían no haber sucedido. «La tipología ya no se consideraba un enfoque legítimo de las Escrituras... Así, el método tipológico de interpretación se convirtió en una extraña reliquia con poco o ningún significado».[23]

Las diferentes miradas de Edwards y Marsh

Jonathan Edwards (1703-1758) nació durante el Siglo de las Luces, mientras el escepticismo sobre la Biblia desafiaba y erosionaba los presupuestos teológicos mantenidos durante mucho tiempo por los intérpretes. Cuando Edwards interpretaba el Antiguo Testamento, creía que los tipos impregnaban los relatos bíblicos. Los tipos no se limitaban a lo que identificaba el Nuevo Testamento.[24] Más bien, el Antiguo Testamento «era, por así decirlo, un mundo tipológico».[25] Es «racional suponer que las Escrituras abundan en tipos».[26] Por ejemplo, afirmaba que Melquisedec era un tipo de Cristo, y veía el estanque de Siloé como un tipo de la gracia y la misericordia de Cristo.[27] Aun así, Edwards no quería que la identificación e interpretación de los tipos «diera paso a una fantasía descabellada».[28]

Herbert Marsh (1757-1839) afirmaba los tipos en el Antiguo Testamento, pero no tenía un esquema tipológico tan abierto como Edwards. Marsh quería un enfoque más restrictivo de los tipos en el Antiguo Testamento. Sostenía que un tipo solo es válido cuando es identificado por Jesús o sus

---

22. Ninow, *Typology within the Old Testament*, 33-34.
23. Ninow, *Typology within the Old Testament*, 34.
24. Jonathan Edwards, «Types», en *The Works of Jonathan Edwards* (New Haven, CT: Yale University Press, 1957–2008), 11:146-47.
25. Edwards, «Types», 11:146.
26. Edwards, «Types», 11:151.
27. Edwards, «Types», 11:146-48.
28. Edwards, «Types», 11:148.

apóstoles en el Nuevo Testamento.[29] Probablemente, fue el defensor más hábil de una visión mucho más restrictiva de los tipos bíblicos.[30] Expresó sus dudas sobre la afirmación de tipos no identificados: «Pero si afirmamos que una persona o cosa fue diseñada para prefigurar a otra persona o cosa, cuando tal prefiguración no ha sido declarada por la autoridad divina, hacemos una afirmación para la que no tenemos, ni podemos tener, el más mínimo fundamento».[31]

Estudios bíblicos y el término «tipología»

Johann David Michaelis (1717-1791) creía que el Antiguo Testamento «debía leerse como los restos literarios de una importante civilización antigua»[32] y estudiarse por su poder estético, sus ideas políticas y como recurso para la filosofía moral y el estudio del lenguaje.[33] Vista de este modo, la Biblia ya no proporcionaba «una narrativa global y unificada, tipológicamente integrada y centrada en Cristo, que interpretara toda la existencia humana».[34] Michaelis contribuyó a sentar las bases de la disciplina de los estudios bíblicos que floreció en Europa después de su época. Iain Provan explica: «El nacimiento de esta disciplina con su recién concebida Biblia, ahora lo entendemos, fue una consecuencia directa de la muerte de la Escritura, tal como la habían concebido los cristianos durante mil setecientos años antes; y, de hecho, formaba parte de un esfuerzo concertado en curso para asegurarse de que la Escritura permaneciera en su tumba y no volviera a salir de ella».[35]

Mientras que la palabra «tipo» se utilizaba en años anteriores a la Ilustración, el término «tipología» no apareció hasta mediados de la década de 1750.[36] La persona que acuñó «tipología» fue J. S. Semler (1721-1791).[37] Hay una ironía con Semler y la tipología, ¡ya que este hombre que acuñó el término no era un defensor de la práctica! Por el contrario, fue «una de las principales fuerzas en desacreditar la validez de la interpretación tipológica».[38] Semler dijo: «Aquel que no asume tipos… no se priva de nada en absoluto; e incluso

29. Herbert Marsh, *Lectures on the Criticism and Interpretation of the Bible* (Cambridge, UK: C&J Rivington, 1828), 373.
30. Richard M. Davidson, *Typology in Scripture: A Study of Hermeneutical TUPOS Structures* (Berrien Springs, MI: Andrews University Press, 1981), 36.
31. Marsh, *Criticism and Interpretation of the Bible*, 373.
32. Provan, *Reformation and the Right Reading of Scripture*, 398.
33. Michael C. Legaspi, *The Death of Scripture and the Rise of Biblical Studies* (Nueva York: Oxford University Press, 2010), 31.
34. Provan, *Reformation and the Right Reading of Scripture*, 399.
35. Provan, *Reformation and the Right Reading of Scripture*, 399-400.
36. Ninow, *Typology within the Old Testament*, 23.
37. Ninow, *Typology within the Old Testament*, 29n56.
38. Davidson, *Typology in Scripture*, 37-38.

aquel que es más aficionado a la tipología no puede, por todo ello, colocarla entre los fundamentos del cristianismo».[39]

En resumen

El Siglo de las Luces trajo consigo importantes cambios en la práctica de la interpretación tipológica. La elevación de la razón humana condujo a la disminución de los presupuestos teológicos de la iglesia sobre la Biblia. Muchos intérpretes dejaron de considerar las Escrituras como una historia inspirada y unida, cuyo mensaje redentor es Jesús el Cristo, por lo que la tipología se consideró una estrategia de lectura anticuada. Los antiguos presupuestos teológicos de la gran tradición carecían de validez en la modernidad. Estos importantes avances interpretativos no significaron que todos los lectores y predicadores de la Biblia rehuyeran la tipología. Hubo puritanos en el siglo XVII y teólogos como Jonathan Edwards en el siglo XVIII que estaban comprometidos con las Escrituras como Palabra inspirada de Dios y que interpretaban el Antiguo Testamento tipológicamente, enraizados en la gran tradición y no arrastrados hacia el escepticismo y el naturalismo por los vientos dominantes de la Ilustración.

Preguntas para la reflexión

1. ¿Cómo veían los puritanos la interpretación tipológica?
2. ¿Cómo afectó la elevación de la razón humana a la práctica de la tipología?
3. ¿De qué manera Jonathan Edwards leyó la Biblia de forma diferente a las presuposiciones naturalistas previas?
4. ¿Cómo reconoció Herbert Marsh los tipos en el Antiguo Testamento?
5. ¿Cuándo apareció por primera vez el término «tipología»?

39. Esta cita, junto con la primera aparición del término «Typologie», procede de las notas de Semler en A. H. Sykes, *Paraphrasis des Briefes an die Hebräer,* trad. Johann S. Semler (Halle: s.e., 1779), 86n96.

PREGUNTA **14**

¿Cómo se practicaba la tipología en la Edad Moderna tardía?

Durante el período de la Ilustración, el uso de la tipología experimentó cambios importantes a medida que la elevación de la razón humana erosionaba las presuposiciones que los intérpretes habían mantenido a lo largo de las épocas de la iglesia primitiva, la Edad Media y la era moderna temprana. Esta tendencia en la academia no se invirtió en la era moderna tardía (1800-1900). Básicamente, los supuestos en los que se basaba el método histórico-crítico de la Ilustración estaban siendo llevados a sus conclusiones lógicas en el siglo XIX.[1] La creciente confianza en la ciencia continuó durante estas décadas y solidificó la desintegración de la unidad y la historia de la Biblia. ¿Cómo podía haber lugar para la tipología en un entorno abarrotado de mentes tan ilustradas?

La tipología y la nueva crítica

Dado que la unidad de la Biblia era una noción parecida a un modo de vida primitivo que servía de compasión y después de un duro revés, la deconstrucción de los textos bíblicos se convirtió en la labor a seguir. En lugar de dedicar las energías eruditas a la presentación canónica de Génesis a Apocalipsis, lo que importaba eran las etapas de la composición de un texto, lo que había *detrás* del texto. Además, surgieron diversas formas de crítica que no asumían la autoría divina ni las dimensiones cristológicas de los textos bíblicos.

Richard Davidson presenta con precisión el panorama de la tipología en la modernidad tardía:

> Los eruditos críticos explicaron los pasajes del Nuevo Testamento, que antes se consideraban indicativos de una correspondencia tipológica, como una adaptación cultural del siglo I que ya no tenía validez en la cosmovisión moderna. Desde el auge del Siglo de las Luces hasta el

1. Keith D. Stanglin, *The Letter and Spirit of Biblical Interpretation: From the Early Church to Modern Practice* (Grand Rapids: Baker Academic, 2018), 174.

siglo XIX, las opiniones tradicionales sobre la tipología bíblica fueron ignoradas en gran medida por los eruditos críticos.[2]

A medida que la aplicación del método histórico-crítico desvirtuaba el mensaje global de la Biblia para el pueblo de Dios, ese mensaje se hacía más difícil de escuchar. Según Carter, «la crítica histórica, al igual que la teología liberal en general, ha hecho mucho por debilitar la convicción de la iglesia de que la Biblia es un libro unificado, de inspiración y autoridad únicas, con un mensaje de importancia crucial para toda la humanidad, que uno puede comprender leyéndolo y escuchando los sermones que lo explican».[3]

En su libro, que explora la interpretación de Isaías en la historia de la iglesia, Childs señala algunos intérpretes en particular, cuyas obras estuvieron marcadas por la crítica histórica: Wilhelm Gesenius (1786-1842) y Ferdinand Hitzig (1807-1875). La erudición de Gesenius tenía una «fuerte dosis de racionalismo ilustrado», y Hitzig era «extremadamente hostil a la interpretación cristiana tradicional, a la que consideraba enemiga de la auténtica exégesis».[4]

Julius Wellhausen (1844-1918) fue un erudito alemán que propuso la «hipótesis documentaria», una teoría sobre la composición del Pentateuco. Wellhausen rechazó la autoría de Moisés y sugirió varias fuentes detrás del Pentateuco: las fuentes yahvista, elohista, deuteronómica y sacerdotal. Esta teoría en los estudios de crítica superior alentó nuevas especulaciones mediante la imaginación erudita. «El trabajo del exégeta, en tanto que historiador, consistía ahora en despojarse no solo de las tradiciones interpretativas de la teología cristiana posterior, sino también de los estratos de la propia Biblia, y desechar todo lo que pareciera históricamente improbable».[5] Y, por supuesto, dado que la exégesis tipológica depende inextricablemente de la historicidad de los personajes y acontecimientos bíblicos, una implicación de los textos deconstruidos es la demolición de la tipología.

En la búsqueda de Jesús

Los tentáculos del escepticismo y la metodología histórico-crítica se extendían por ambos testamentos. Llegar «detrás del texto» a lo que realmente sucedió significaba desmontar los cuatro Evangelios. Al quedar descartada

---

2. Richard M. Davidson, *Typology in Scripture: A Study of Hermeneutical TUPOS Structures* (Berrien Springs, MI: Andrews University Press, 1981), 38.
3. Craig A. Carter, *Interpreting Scripture with the Great Tradition: Recovering the Genius of Premodern Exegesis* (Grand Rapids: Baker Academic, 2018), 23.
4. Brevard S. Childs, *The Struggle to Understand Isaiah as Christian Scripture* (Grand Rapids: Eerdmans, 2004), 265-66.
5. Stanglin, *Letter and Spirit of Biblical Interpretation*, 174.

la tendencia hacia lo sobrenatural, los intérpretes tuvieron que darse cuenta de que Jesús no dijo todo lo que los Evangelios cuentan que dijo, ni hizo todo lo que los Evangelios cuentan que hizo. El verdadero Jesús, el Jesús histórico, debía encontrarse en algún lugar de los Evangelios, y había llegado el momento de emprender la búsqueda.

Personas como David Strauss (1808-1874) rechazaron el teísmo, la doctrina de que Dios creó el mundo, la posibilidad de los milagros, la divinidad de Cristo y el cristianismo en general.[6] El rechazo de estas convicciones teológicas a la hora de acercarse a la Biblia convirtió la tipología en un imposible. El efecto de la crítica literaria contribuyó a la «ruptura de la antigua concepción de la unidad de la Escritura y al consiguiente descrédito de la exégesis tipológica y profética, familiar a tantas generaciones de cristianos».[7] En 1835, Strauss publicó un libro titulado *Vida de Jesús,* en el que cuestionaba la historicidad de los cuatro Evangelios. Explicaba con lenguaje de «mito» por qué ciertas cosas aparentemente sobrenaturales se asociaban al ministerio de Jesús, y también proponía formas de distinguir los hechos históricos de los Evangelios, de los elementos legendarios.

El tratamiento de los cuatro Evangelios con filtros histórico-críticos provocó una dicotomía entre el «Jesús de la historia» y el «Cristo de la fe». La primera figura podía afirmarse, y la segunda no. Muchos eruditos se vieron cautivados por la búsqueda del Jesús histórico, retomando las trayectorias de Strauss en estudios posteriores.[8] Continuaron las especulaciones sobre lo que ocurrió realmente en el ministerio de Jesús. Dado que la interpretación tipológica está arraigada en la providencia de Dios y en la autoría divina de una historia bíblica unida, tal interpretación vacila y se derrumba en la búsqueda del Jesús real.

Algunos que se mantuvieron firmes

Si la posición académica popular era ser escéptico respecto a las Escrituras y rechazar los presupuestos teológicos de la gran tradición, no todos hicieron lo que era popular. E. W. Hengstenberg (1802-1869) expuso una respuesta conservadora a «la erudición bíblica crítica de finales del siglo XVIII y especialmente de principios del XIX», y sus posturas quedaron claras en su libro *Cristología del Antiguo Testamento,* en el que dedicó un capítulo a las secciones

6. Carter, *Interpreting Scripture with the Great Tradition,* 117.
7. G. W. H. Lampe, «The Reasonableness of Typology», en *Essays on Typology,* Studies in Biblical Theology 22 (Naperville, IL: A. R. Allenson, 1957), 17.
8. Stanglin, *Letter and Spirit of Biblical Interpretation,* 177.

cristológicas de Isaías.[9] La influencia de Hengstenberg se extendió a Gran Bretaña y a Estados Unidos.

A mediados de la década de 1850, algunos eruditos «intentaron colocar el método tipológico sobre una base sólida. Intentaron evitar los extremos de las posiciones cocceana o marshiana mediante la identificación y aplicación de principios básicos de hermenéutica tipológica extraídos del uso bíblico de los tipos».[10] Por ejemplo, Patrick Fairbairn (1805-1874), que coincidió casi exactamente con David Strauss, publicó una obra que se convirtió en el tratamiento clásico del siglo XIX sobre tipología. En 1857 publicó *La tipología de las Escrituras,* que pasó por múltiples revisiones y reimpresiones. Criticó no solo el enfoque tipológico laxo de Cocceius, sino también el enfoque tipológico constrictivo de Marsh, «como si no hubiera manera de que las Escrituras proporcionaran una dirección suficiente sobre el tema, excepto especificando cada caso particular».[11]

Estos eruditos del siglo XIX que afirmaban la realidad de la tipología en las Escrituras lo hacían porque afirmaban la autoría divina, la inspiración y la unidad del Antiguo y del Nuevo Testamento. Estos intérpretes se distinguían ciertamente de sus contemporáneos de la alta crítica de finales de la Edad Moderna, pero estaban en bendita continuidad histórica con la nube de testigos de la iglesia primitiva en adelante.

En resumen

Gran parte de la erudición del siglo XIX consolidó las trayectorias escépticas derivadas de la Ilustración. Aunque no todos los intérpretes rechazaron las convicciones teológicas mantenidas hasta entonces por los lectores fieles de la Biblia, la práctica del método histórico-crítico socavó la realidad y la utilidad de la tipología para comprender el texto bíblico. El sentido espiritual no tenía cabida en ese método. Las afirmaciones tradicionales del sentido espiritual formaban parte de antiguos prejuicios que debían dejarse de lado inmediatamente, en aras de lo que había detrás de los pasajes. «El escepticismo se convirtió en la actitud por defecto hacia el texto bíblico».[12] Esta situación explica por qué «dentro de la erudición histórico-crítica se

---

9. Childs, *Isaiah as Christian Scripture,* 266. Ver E. W. Hengstenberg, *Christology of the Old Testament,* 4 vols. (Edimburgo: T&T Clark, 1854).
10. Davidson, *Typology in Scripture,* 38.
11. Patrick Fairbairn, *The Typology of Scripture: Viewed in Connection with the Whole Series of the Divine Dispensations,* 2 vols., 6.ª ed. (Edimburgo: T&T Clark, 1876), 1:43. [Para una edición en español, ver: Patrick Fairbairn, *La tipología de las Escrituras,* 2 volúmenes en 1 (San Antonio, TX: Editorial Doulos, 2023).]
12. Stanglin, *Letter and Spirit of Biblical Interpretation,* 183.

ha repudiado en gran medida la relevancia y validez contemporáneas de la tipología bíblica».[13]

Preguntas para la reflexión

1. ¿Cómo afectó la Ilustración a las opiniones sobre la tipología a finales de la Edad Moderna?
2. ¿Cómo influyen el método histórico-crítico y la deconstrucción en la interpretación tipológica?
3. ¿Cómo veían la Ilustración los eruditos alemanes Gesenius y Hitzig?
4. ¿Qué significa la dicotomía entre el «Jesús de la historia» y el «Cristo de la fe»?
5. ¿Por qué fue Patrick Fairbairn importante para el tema de la tipología?

---

13. Davidson, *Typology in Scripture*, 45.

PREGUNTA 15

¿Cómo se practicaba la tipología en la era posmoderna?

En nuestro último capítulo sobre el estudio histórico de la tipología, llegamos a la era posmoderna (1900-actualidad). Debido al predominio en el mundo académico de presupuestos antisobrenaturales y del método histórico-crítico, la tipología había sido ignorada en gran medida como método exegético legítimo. En los años 1900, esta postura académica fue adoptada por más eruditos, pero también se produjo una renovación del interés por la tipología.

Algunas voces más críticas

Rudolf Bultmann (1884-1976) rechazó la autoridad y el valor del Antiguo Testamento, y con ese rechazo se anula automáticamente la tipología. Fue el heredero del escepticismo transmitido por teólogos como J. S. Semler y Julius Wellhausen. «Siendo especialmente influenciado por la escuela literaria-crítica de Wellhausen, declaró que el Antiguo Testamento no tiene más valor para el cristiano que un documento pagano».[1]

Friedrich Baumgärtel (1888-1981) se pronunció claramente sobre la noción de incorporar la interpretación tipológica al ambiente histórico-crítico actual: «Querer tender puentes teológicos... renovando las formas tipológicas y cristológicas de comprensión... significa básicamente excluir el pensamiento histórico-crítico moderno del proceso de comprensión».[2]

La tipología y la década de 1940

Aunque rodeada de fuerzas de la alta crítica que intentaban extinguir su influencia, la interpretación tipológica no murió. Un erudito alemán llamado Gerhard von Rad (1901-1971) pensaba que la tipología era una forma legítima de relacionar el Antiguo y el Nuevo Testamento. Ofreció ocho características

1. Friedbert Ninow, *Indicators of Typology within the Old Testament: The Exodus Motif* (Frankfurt: Peter Lang, 2001), 34. Ver R. Bultmann, «The Significance of the Old Testament for the Christian Faith», en *The Old Testament and the Christian Faith: A Theological Discussion*, ed. B. W. Anderson (Nueva York: Herder & Herder, 1969), 31-32.
2. F. Baumgärtel, «The Hermeneutical Problem of the Old Testament», trad. M. Newman, en *Essays on Old Testament Hermeneutics*, eds. C. Westermann y J. L. Mays (Richmond, VA: John Knox, 1963), 157.

de la interpretación tipológica.[3] Pero von Rad no describía la tipología como algo con un sentido prospectivo, sino puramente retrospectivo, que permite a los intérpretes ver prefiguraciones del acontecimiento de Cristo en retrospectiva. Al identificar los tipos, los intérpretes ven que «el mismo Dios que se reveló en Cristo ha dejado también sus huellas en la historia del pueblo del pacto del Antiguo Testamento».[4] Ninow explica que «el enfoque de von Rad hizo aceptable la teología bíblica dentro de la erudición histórico-crítica. Demostró cómo uno podía apropiarse del fenómeno de la tipología bíblica sin renunciar a los presupuestos fundacionales que rigen el enfoque crítico».[5]

Leonhard Goppelt (1911-1973) publicó el primer estudio exhaustivo de la tipología del Nuevo Testamento desde una perspectiva histórica moderna. Concluyó que «la tipología es el método de interpretación de las Escrituras predominante y característico del Nuevo Testamento».[6] Goppelt publicó el libro (su tesis doctoral) *TYPOS: The Typological Interpretation of the Old Testament in the New* [TYPOS: La interpretación tipológica del Antiguo Testamento en el Nuevo] en 1939. Este libro se ha convertido en una obra clásica sobre tipología, a la que los estudiosos posteriores deben dedicarse cuando escriben en las áreas de estudios bíblicos y tipología.

En la década siguiente, la de 1940, se emprendieron múltiples estudios sobre teología bíblica. En Gran Bretaña, William J. T. P. Phythian-Adams y Arthur G. Hebert intentaron explicar el modo en que Dios actuó en las épocas del Antiguo y del Nuevo Testamento. Austin M. Farrer trató de establecer una base filosófica para el método tipológico y exploró un posible esquema tipológico en Apocalipsis. En Estados Unidos, Charles T. Fritsch pronunció una serie de conferencias sobre tipología bíblica en el Seminario Teológico de Dallas. Y Samuel Amsler escribió una disertación en la que examinaba el uso de la tipología en el corpus paulino. Hablando de estos trabajos en la década de 1940, Davidson dice: «Estos estudios representan varios intentos de abarcar tanto la tipología bíblica como los resultados de la crítica histórica. Aparte de estos trabajos y de algunos abordajes superficiales sobre el tema, a finales de la década de 1940, la tipología seguía siendo ignorada en gran medida dentro de la erudición bíblica crítica».[7]

---

3. Gerhard von Rad, «Typological Interpretation of the Old Testament», en *Essays on Old Testament Hermeneutics,* ed. Claus Westermann (Richmond, VA: John Knox, 1963), 36-39.
4. Von Rad, «Typological Interpretation of the Old Testament», 36.
5. Ninow, *Typology within the Old Testament,* 39.
6. Leonhard Goppelt, *TYPOS: The Typological Interpretation of the Old Testament in the New* (Grand Rapids: Eerdmans, 1982), 198.
7. Richard M. Davidson, *Typology in Scripture: A Study of Hermeneutical TUPOS Structures* (Berrien Springs, MI: Andrews University Press, 1981), 56-59.

La tipología revive

En las décadas posteriores a 1940, «floreció»[8] un renovado interés por la tipología bíblica. Entre los autores que abogaban por una tipología controlada hermenéuticamente (como la de Fairbairn), se encontraban Geerhardus Vos, Louis Berkhof y J. Barton Payne.[9] Vos (1862-1949) escribió una teología del Antiguo y Nuevo Testamento que se publicó en 1948 con el título *Teología bíblica*. Enfatizó la importancia de identificar lo que simbolizaba un tipo antes de que un intérprete procediera a identificar el antitipo:

> Un tipo nunca puede ser un tipo sin ser antes un símbolo. La puerta de entrada a la casa de la tipología está en el otro extremo de la casa del simbolismo. Esta es la regla fundamental que hay que observar para determinar qué elementos del Antiguo Testamento son tipológicos y en qué consisten las cosas que les corresponden como antitipos. Solo después de haber descubierto lo que una cosa simboliza, podemos proceder legítimamente a plantear la cuestión de lo que tipifica, pues esto último nunca puede ser otra cosa que lo primero elevado a un plano superior. El vínculo que mantiene unidos al tipo y al antitipo debe ser un vínculo de continuidad vital en el progreso de la redención. Cuando se ignora esto, y en lugar de este vínculo se ponen semejanzas accidentales y se vacía de significado espiritual inherente, resultarán toda clase de absurdos, tales que desacreditarán todo el tema de la tipología.[10]

Un importante predicador y escritor sobre la cuestión de Cristo en el Antiguo Testamento fue Edmund Clowney (1917-2005). Clowney fue un erudito evangélico que escribió, enseñó y predicó con un gran compromiso con la tipología. Para él, la historia redentora del Antiguo Testamento conllevaba un rico paradigma de figuras centradas en la morada de Dios en medio de la humanidad. Y todas estas figuras conducían a la revelación del Nuevo Testamento en la que Dios, en Cristo, moraba en medio de los humanos.[11] En su libro *El misterio revelado,* afirma que el Antiguo Testamento está lleno de signos que apuntan a Cristo. Explica el evangelio con la historia del casi sacrificio de Isaac por parte de Abraham. «Dios hizo lo que Abraham no

8. Ninow, *Typology within the Old Testament,* 16-17.
9. Davidson, *Typology in Scripture,* 48.
10. Geerhardus Vos, *Biblical Theology* (Carlisle, PA: Banner of Truth, 1948), 145-46. [Para una edición en español, ver: Geerhardus Vos, *Teología bíblica de Antiguo y Nuevo Testamento* (Perú: Teología para vivir, 2021).]
11. Ninow, *Typology within the Old Testament,* 68-69.

tenía que hacer: Hizo de su Hijo una ofrenda por el pecado... Sin la tipología del sacrificio de Abraham, no podríamos entender la profundidad del significado de la enseñanza del Nuevo Testamento sobre el amor de Dios al dar a su Amado».[12] En *Predica a Cristo desde toda la Escritura*, Clowney dice que un tipo bíblico debe encontrar su realización, su antitipo, en lo que es «culminante, escatológico, cristocéntrico».[13] Y Clowney no limita los tipos a los que identifica el Nuevo Testamento, pues «eso es un poco como decir que solo se pueden encontrar soluciones a problemas matemáticos mirando en la contraportada del libro, ya que no se tiene ni idea de cómo resolver los problemas».[14]

En su libro *Jesus and the Old Testament* [Jesús y el Antiguo Testamento], R. T. France (1938-2012) distinguía entre tipología y exégesis,[15] aunque creía que la segunda era necesaria para la primera. France reconocía correspondencias y escalamientos entre tipo y antitipo. Cuando los escritores del Nuevo Testamento interpretaban el Antiguo, creían que Dios actuaba «de manera coherente, y que en la venida de Cristo se repiten y consuman sus actos del Antiguo Testamento. Esta es la tipología del Nuevo Testamento».[16]

Una aproximación más completa a la tipología que se escribió en los años 1900 fue la disertación de David Baker, publicada en 1975, titulada *Two Testaments, One Bible: A Study of Some Modern Solutions to the Theological Problem of the Relationship between the Old and New Testaments* [Dos testamentos, una Biblia: Estudio de algunas soluciones modernas al problema teológico de la relación entre el Antiguo y el Nuevo Testamento]. Llegó a la conclusión de que el uso de *tupos* en la Septuaginta y el Nuevo Testamento tiene el significado general de «ejemplo o patrón», y enunció dos principios subyacentes a la tipología: primero, los tipos son históricos, y segundo, existen correspondencias reales entre tipo y antitipo.[17] Pero «la tipología no es una exégesis o interpretación de un texto, sino el estudio de las relaciones entre

---

12. Edmund P. Clowney, *The Unfolding Mystery: Discovering Christ in the Old Testament* (Phillipsburg, NJ: P&R, 1988), 59. [Para una edición en español, ver Edmund P. Clowney, *El misterio revelado: Descubriendo a Cristo en el Antiguo Testamento* (Envigado: Poiema Publicaciones, 2014).]
13. Edmund P. Clowney, *Preaching Christ in All of Scripture* (Wheaton, IL: Crossway, 2003), 31. [Para una edición en español, ver Edmund P. Clowney, *Predica a Cristo desde toda la Escritura* (Barcelona: Andamio, 2016).]
14. Clowney, *Preaching Christ in All of Scripture*, 31.
15. R. T. France, *Jesus and the Old Testament* (Londres: Tyndale, 1971; Vancouver: Regent College Publishing, 1998), 41.
16. France, *Jesus and the Old Testament*, 43.
17. David L. Baker, *Two Testaments, One Bible: A Study of Some Modern Solutions to the Theological Problem of the Relationship between the Old and New Testaments*, rev. ed. (Downers Grove, IL: InterVaristy, 1991), 41, 195.

acontecimientos, personas e instituciones registradas en los textos bíblicos».[18] Baker negó que la tipología tuviera alguna prefiguración diseñada con un *telos* cristológico.

E. Earle Ellis (1926-2010) estudió y escribió sobre la forma en que los autores del Nuevo Testamento utilizaron el Antiguo Testamento. Al igual que Goppelt antes que él, Ellis creía que la tipología era la forma principal en que los autores del Nuevo Testamento utilizaban las Escrituras anteriores. La tipología era «completamente cristológica en su enfoque».[19] Ellis se refería a la «exégesis tipológica» y decía que está «firmemente basada en el significado histórico de los "tipos"».[20] También sostenía que no basta con caracterizar la tipología con correspondencias y desechar la intención divina. «Para los escritores del Nuevo Testamento, un tipo no tiene simplemente la propiedad de "tipicidad" o similitud; ellos ven la historia de Israel como *Heilsgeschichte* [historia de salvación], y el significado de un tipo veterotestamentario reside en su *locus* particular en el plan divino de redención».[21]

En 1981, Richard Davidson (nacido en 1946) publicó su disertación *Typology in Scripture: A Study of Hermeneutical TUPOS Structures* [Tipología en las Escrituras: Un estudio de las estructuras hermenéuticas TUPOS]. En este exhaustivo libro, Davidson examina la literatura previa sobre tipología, explora el uso de *tupos* en la literatura bíblica y no bíblica, y construye un argumento inductivo para el uso de la tipología en los dos testamentos. Davidson concluye que los tipos bíblicos son realidades histórico-salvíficas que Dios diseñó para que se correspondieran con sus antitipos intensificados y los predijeran prospectivamente.[22]

Una fuerza importante en el ámbito de la teología bíblica es G. K. Beale (nacido en 1949). En su *Handbook on the New Testament Use of the Old Testament* [Manual del uso del Antiguo Testamento en el Nuevo Testamento], Beale dice que las características esenciales de un tipo son la correspondencia analógica, la historicidad, la anticipación, la intensificación y la retrospección.[23] Para la posición de Beale sobre la tipología, es crucial su énfasis en la naturaleza prospectiva de los tipos del Antiguo Testamento. Hay una intención divina que los tipos del Antiguo Testamento buscan guardar, por lo que los tipos tienen un sentido profético, aunque de forma indirecta.[24]

---

18. Baker, *Two Testaments, One Bible,* 190.
19. E. Earle Ellis, *Prophecy and Hermeneutic in Early Christianity* (Grand Rapids: Baker, 1993), 166.
20. E. Earle Ellis, *Paul's Use of the Old Testament* (Grand Rapids: Baker, 1981), 127.
21. Ellis, *Paul's Use of the Old Testament,* 127.
22. Davidson, *Typology in Scripture,* 421.
23. G. K. Beale, *Handbook on the New Testament Use of the Old Testament: Exegesis and Interpretation* (Grand Rapids, Baker Academic, 2012), 14.
24. Beale, *New Testament Use of the Old Testament,* 17.

Kevin Vanhoozer (nacido en 1957) afirma y practica la interpretación tipológica. Asevera que el discurso tipológico no añade un segundo sentido espiritual al texto bíblico, sino que *amplía* el sentido literal.[25] Así lo explica:

> Por tanto, la exégesis tipológica descubre el sentido llano del autor, pero también descubre que los autores humanos dicen más de lo que pueden saber, pues no siempre son conscientes del referente último de su discurso. Solo cuando leemos el sentido llano del autor humano en el contexto canónico, discernimos el «sentido llano canónico» divinamente intencionado, junto con su «referente llano canónico»: Jesucristo.[26]

Un prolífico escritor sobre teología bíblica y tipología es James M. Hamilton Jr. (nacido en 1974), a quien está dedicado este libro. En *¿Qué es la teología bíblica?*, dice: «Los tipos no son correspondencias arbitrarias inventadas por los autores bíblicos, sino relatos genuinos de lo que realmente ocurrió. Los autores bíblicos llaman la atención sobre personas, acontecimientos e instituciones en los que el autor divino ha causado una semejanza real».[27]

En resumen

Los siglos XX y XXI fueron testigos de una renovación del interés por la tipología. Pero esta renovación no ha sido exactamente un retorno en toda regla a los presupuestos teológicos presentes desde la iglesia primitiva hasta la era moderna temprana. Por ejemplo, algunos eruditos han intentado defender la tipología, manteniéndose ellos mismos dentro del método histórico-crítico, pero esta postura no puede sostener la naturaleza prospectiva de los tipos bíblicos. Hay que negar las trayectorias antisobrenaturales dentro del método histórico-crítico para afirmar la unidad y el designio divino del canon bíblico. En la última mitad del siglo XX, hubo teólogos que publicaron conclusiones sobre la tipología más acordes con las convicciones premodernas, y esa bendita tendencia ha continuado también en la primera parte del siglo XXI. Samuel Lewis Johnson muy bien afirma: «No debemos sucumbir al mordaz ridículo

---

25. Kevin J. Vanhoozer, «Ascending the Mountain, Singing the Rock: Biblical Interpretation Earthed, Typed, and Transfigured», en *Heaven on Earth? Theological Interpretation in Ecumenical Dialogue*, eds. Hans Boersma y Matthew Levering (Hoboken, NJ: Wiley Blackwell, 2013), 218.
26. Vanhoozer, «Ascending the Mountain», 218.
27. James M. Hamilton Jr., *What Is Biblical Theology? A Guide to the Bible's Story, Symbolism, and Patterns* (Wheaton, IL: Crossway, 2014), 78. Ver también James M. Hamilton Jr., *God's Glory in Salvation through Judgment: A Biblical Theology* (Wheaton, IL: Crossway, 2010). [Para sus respectivas ediciones en español, ver James M. Hamilton Jr., *¿Qué es la teología bíblica?: Una guía para la historia, el simbolismo y los patrones de la Biblia* (Cali: Monte Alto, 2020); James M. Hamilton Jr., *La gloria de Dios en la salvación a través del juicio: Una teología bíblica*, 2 vols. (Cali: Monte Alto, 2021).]

de quienes denigran la tipología. Entonces podríamos ser culpables de ignorar lo que Dios ha subrayado. Uno de los resultados más felices de la erudición del siglo XX ha sido el redescubrimiento de la importancia de la tipología para la comprensión de la Biblia».[28]

Preguntas para la reflexión

1. ¿Cómo veía Rudolf Bultmann el valor del Antiguo Testamento para el cristiano?
2. ¿Cómo entendía Gerhard von Rad la tipología?
3. ¿Por qué fue importante la década de 1940 para el tema de la tipología?
4. ¿Qué papel desempeñó Edmund Clowney en el renacimiento de la tipología?
5. ¿Cómo veían la tipología Leonhard Goppelt y E. Earle Ellis?

---

28. S. L. Johnson, «A Response to Patrick Fairbairn and Biblical Hermeneutics as Related to the Quotations of the Old Testament in the New», en *Hermeneutics, Inerrancy, and the Bible,* eds. E. D. Radmacher y R. D. Preus (Grand Rapids: Zondervan, 1984), 794-95.

SECCIÓN C
Identificación de los tipos

PREGUNTA 16

¿Cómo podemos identificar los tipos?

De acuerdo con lo que enseñó Jesús, lo que escribieron los apóstoles y lo que afirma la historia de la interpretación, el Antiguo Testamento trata de Jesucristo. Si el Antiguo Testamento antes de Cristo era como una habitación poco iluminada, llena de sombras y figuras, ahora podemos leer esos libros con todas las luces encendidas gracias a su resurrección. Cristo es la llave de la cerradura, la sustancia del misterio, el crescendo de la historia. ¿Cómo identificaremos los tipos del Antiguo Testamento?

La identificación del Nuevo Testamento

La primera y más segura manera de reconocer un tipo del Antiguo Testamento es si un autor del Nuevo Testamento lo hace en sus escritos. Aunque los autores del Nuevo Testamento no identifican todos los tipos posibles del Antiguo, sus escritos son un punto de partida útil. Cuando especifican un tipo, tenemos su interpretación inspirada del Antiguo Testamento, y sus palabras son autorizadas y dignas de confianza. No malinterpretan ni distorsionan el Antiguo Testamento, no descartan los contextos originales ni hacen movimientos hermenéuticos imposibles de rastrear.

Si los escritores del Nuevo Testamento reconocen a Jonás (Mt. 12:40-41), Salomón (Mt. 12:42) y Adán (Ro. 5:14) como tipos de Cristo, entonces tenemos varias personas que Dios designó para señalar a su Hijo. Si los escritores del Nuevo Testamento reconocen el maná (Jn. 6:51), la roca (1 Co. 10:4) y el cordero (Jn. 1:29) como tipos de Cristo, entonces tenemos varias cosas que Dios designó para señalar a su Hijo. Si los escritores del Nuevo Testamento reconocen a los sacerdotes (He. 7:26), los reyes (Mt. 1:1) y los profetas (Hch. 3:22) como tipos de Cristo, entonces tenemos varios oficios que Dios designó para señalar a su Hijo. Basándose en estos casos y en otros, los intérpretes pueden discernir cómo los autores del Nuevo Testamento leyeron tipológicamente el Antiguo. En la pregunta 3, establecimos la siguiente definición de tipo: *un tipo bíblico es una persona, oficio, lugar, institución, acontecimiento o cosa de la historia de la salvación que anticipa, comparte correspondencias, se intensifica y se resuelve en su antitipo.*

Paralelismos con los tipos identificados

Una buena exégesis tipológica no debe ser arbitraria. Una forma en que los lectores pueden ver los tipos no identificados del Antiguo Testamento es discerniendo los paralelismos con los tipos identificados.[1] Algunos ejemplos ilustrarán esta noción. Si la Biblia reconoce a Adán como tipo de Cristo (Ro. 5:14), y si observamos que Noé tiene correspondencias con Adán (Gn. 9:1), entonces podemos ver a Noé como tipo de Cristo. «Sin embargo, en ninguna parte del NT se dice que Noé sea un tipo de Cristo. No obstante, si Noé es un antitipo parcial del primer Adán, pero no cumple todo lo que el primer Adán tipológico señala, entonces también es plausible considerar a Noé como parte del tipo adámico de Cristo en el AT».[2] Un argumento similar puede hacerse respecto a Josué. «Puesto que el lector/observador original habría estado justificado al interpretar a Josué como una segunda figura de Moisés (cf. Dt. 31; Jos. 1; 3:7), y puesto que Jesús también puede ser visto como un segundo Moisés, es posible correlacionar el significado de los actos de salvación de Josué y la conquista de la tierra prometida con la obra de Cristo».[3] Si la Biblia reconoce a David como tipo de Cristo, y luego vemos que Booz tiene correspondencias con David, podemos ver a Booz como tipo de Cristo.[4]

Aunque podamos observar paralelismos entre un tipo identificado y un tipo no identificado, la necesidad de correspondencias e intensificación a Cristo no es negociable. Si un intérprete puede argumentar a favor de las correspondencias y la intensificación entre alguien/algo del Antiguo Testamento y Cristo, entonces estamos ante un tipo cristológico plausible. En otras palabras, es necesario que el tipo tenga un significado redentor o pactual. Si tal significado existe, junto con las correspondencias y la intensificación a Cristo, entonces el intérprete ha discernido un tipo.

Síntomas y diagnóstico

Piense en los componentes tipológicos anteriores —correspondencias, intensificación y un significado redentor o pactual— como síntomas de un tipo, igual que hay síntomas de una enfermedad. Tomando prestada una analogía negativa en aras de un punto positivo, la presencia de ciertos síntomas aumenta la probabilidad de un determinado diagnóstico. Como intérpretes, cuando diagnosticamos un tipo, lo hacemos por la presencia de determina-

1. Ver G. K. Beale, *Handbook on the New Testament Use of the Old Testament: Exegesis and Interpretation* (Grand Rapids: Baker Academic, 2012), 21.
2. Beale, *New Testament Use of the Old Testament,* 21.
3. G. P. Hugenberger, «Introductory Notes on Typology», en *Right Doctrine from the Wrong Texts?,* ed. G. K. Beale (Grand Rapids: Baker, 1994), 341.
4. Ver Mitchell L. Chase, «A True and Greater Boaz: Typology and Jesus in the Book of Ruth», *Southern Baptist Journal of Theology* 21, n.º 1 (primavera 2017): 85-96.

dos síntomas. Y para quienes estudian las enfermedades y los síntomas, un diagnóstico no es ni una conjetura ni un tiro al aire.

Para llevar la metáfora de la enfermedad un poco más lejos, imaginemos dos pacientes: uno que ha sido diagnosticado con certeza y otro que no. El paciente A puede convertirse en una especie de modelo para los demás. Así, si el paciente B empieza a mostrar los mismos síntomas que el paciente A, no nos sorprendería un diagnóstico idéntico. La exégesis tipológica es un acto de diagnóstico de los tipos mediante una evaluación deliberada (no arbitraria) y cuidadosa (no imprudente) de las correspondencias, la intensificación y el significado redentor o pactual.

Lectura paciente y en oración de toda la Biblia

Los autores del Nuevo Testamento estaban profundamente familiarizados con el Antiguo Testamento, y esto se manifiesta en la forma en que sus escritos lo utilizan mediante citas, alusiones y ecos. Debemos familiarizarnos cada vez más con las Sagradas Escrituras, lo que aumentará nuestra sensibilidad a las correspondencias y los paralelismos del Antiguo Testamento. La exégesis tipológica requiere una lectura completa de la Biblia. «Toda la Escritura *ya* está escrita con un hilo argumental que fluye desde el Edén a través de las colinas y valles de Israel, hasta que termina y se desborda en la persona y obra de Jesucristo», y este reconocimiento nos ayuda a «escuchar lo que el Espíritu quiso originalmente cuando prestamos cuidadosa atención a los contornos del hilo argumental bíblico».[5]

Si compartimentamos excesivamente los libros de la Biblia, esa unidad deshilachada y fracturada oscurecerá (al menos parcialmente) las pautas y conexiones bíblicas internas entre los testamentos. Puesto que los dos testamentos están unidos en su historia teológica y su mensaje, los intérpretes deberían verse obligados a leer y releer pasajes, incluso grandes franjas de texto, para ver con mayor claridad la plenitud de la belleza de la Biblia. La interpretación fiel del Antiguo Testamento, y en concreto la exégesis tipológica, requiere tiempo y concentración, por lo que nuestra mente debe ser paciente. Deléitese en el lento trabajo de ponderar los pasajes. No existe una fórmula secreta que garantice un resultado seguro si se introducen los factores adecuados. Bautice su lectura bíblica con la oración. Clame por la ayuda de Dios, y no me refiero a hacerlo escasa o mecánicamente. Sumerja su interpretación de las Escrituras en la oración. ¡Dios es fiel para ayudar a nuestras mentes a pensar y a nuestros ojos a ver!

---

5. David Schrock, «From Beelines to Plotlines: Typology That Follows the Covenantal Typography of Scripture», *Southern Baptist Journal of Theology* 21, n.º 1 (primavera 2017): 48-49.

Ver con los santos

La interpretación fiel se ve favorecida por el diálogo y el compromiso con una comunidad confesante fiel. Si leemos la Biblia y hablamos con otros sobre lo que vemos, estaremos en mejor posición para que se afirmen nuestras interpretaciones fieles y se corrijan nuestras lecturas sesgadas. La interpretación de la Biblia no debe ser una tarea individual. Aunque no estamos inspirados por el Espíritu como los autores bíblicos, estamos habitados por el Espíritu y unidos en un cuerpo de Cristo que necesita nuestro compromiso, atención y cuidado. Y parte de nuestro compromiso cuidadoso y reflexivo debería implicar pensar en voz alta sobre la Biblia. Necesitamos ver las Escrituras con los santos de hoy.

Además de comprometernos con nuestros hermanos en la fe, debemos dialogar con los santos de antaño. Al intentar leer la Biblia —y, en particular, el Antiguo Testamento— con fidelidad y cristológicamente, debemos hacerlo con una conciencia cada vez mayor de cómo se leyó la Biblia antes que nosotros. Nuestras interpretaciones se beneficiarán de una perspectiva histórica, y hay una historia de dos mil años de interpretación detrás de nosotros. Al familiarizarnos con los antiguos intérpretes, podemos alejarnos de errores como pensar que las lecturas cristológicas del Antiguo Testamento son espiritualmente peligrosas, históricamente raras y contextualmente deshonestas. Desde la iglesia primitiva, la gran tradición ha elegido la Biblia como la Palabra inspirada de Dios que da testimonio de Cristo, primero preparando su camino y después declarando su llegada. Y esta gran tradición ha visto la tipología como una forma válida de relacionar el Antiguo y Nuevo Testamento entre sí.

En resumen

Si nos afanamos en las Escrituras con oración y paciencia, y si nuestra postura ante ellas se caracteriza por convicciones fieles sobre su autoría divina y su unidad, percibiremos la importancia de leer el Antiguo Testamento con lentes cristológicos.[6] Al estudiar los movimientos hermenéuticos de los autores del Nuevo Testamento, podremos interpretar más fielmente el Antiguo Testamento al imitarlos. Veremos cómo los tipos identificados pueden ayudarnos a reconocer los tipos no identificados. Y sabiendo que no somos intérpretes inspirados, necesitamos estar convencidos de lo cruciales que son las voces actuales y pasadas, pues estas voces pueden impulsarnos hacia una interpretación fiel. No debemos temer a la exégesis tipológica, porque estamos

---

6. Ver Matt Smethurst, *Before You Open Your Bible: Nine Heart Postures for Approaching God's Word* (Leyland, Inglaterra: 10Publishing, 2018).

rodeados de esta nube de testigos que pueden ayudarnos a custodiar y guiar nuestras lecturas del texto sagrado.

Preguntas para la reflexión

1. ¿Cuál es la forma más segura de identificar un tipo bíblico?
2. ¿Por qué es importante ver paralelismos entre tipos no identificados e identificados?
3. ¿Cómo se relaciona la lectura y relectura de la Biblia con la interpretación tipológica?
4. ¿Qué relaciones personales mantiene usted que incluyan, entre otras cosas, el diálogo y el compromiso sobre la interpretación de la Biblia?
5. ¿Cómo puede mejorar su propia lectura de la Biblia con las voces de la historia de la iglesia?

PREGUNTA 17

¿Qué tipos aparecen en Génesis?

En el principio, Dios creó los tipos. El primer libro de la Biblia, Génesis, es la plataforma de despegue de la trayectoria cristológica de las Escrituras. Aunque las secciones que siguen no pretenden agotar los tipos de Génesis, representarán las clases de sombras que anticipan la obra y la luz de la persona del Salvador.

Génesis 1–3

El cielo y la tierra

La Biblia comienza con la creación y termina con la nueva creación. Este despliegue final del poder de Dios enmarca la historia bíblica. En Génesis 1, Dios formó y llenó el cielo y la tierra. De la nada, hizo todo y lo declaró bueno. La palabra «principio» (Gn. 1:1) nos lleva al final, cuando todas las cosas son hechas nuevas. El cielo y la tierra de Génesis 1 son un tipo del nuevo cielo y la nueva tierra. En su visión final, Juan vio «un cielo nuevo y una tierra nueva; porque el primer cielo y la primera tierra pasaron» (Ap. 21:1). Mientras que la primera creación era temporal, la nueva será eterna. Mientras que la primera creación estaba manchada por el pecado, la vida en la nueva creación no tendrá lágrimas, muerte, luto ni dolor (Ap. 21:4). Isaías transmitió la promesa de Dios: «Porque he aquí que yo crearé nuevos cielos y nueva tierra; y de lo primero no habrá memoria, ni más vendrá al pensamiento» (Is. 65:17). Hay una clara intensificación de la primera a la nueva creación, ya que los nuevos cielos y la nueva tierra no son un mero retorno a como eran las cosas antes de la caída. Los cielos nuevos y la tierra nueva llevarán, por así decirlo, una vestidura de inmortalidad.

La nueva creación es una esperanza cristológica (Ro. 8:18-21), lo que confirma que la primera creación es un tipo cristológico. Johnson explica: «La interpretación de Isaías de la creación original como un patrón —un tipo— de la obra final de salvación de Dios, la creación de unos cielos nuevos y una tierra nueva y libre de maldición, sería posteriormente elaborada por el Espíritu Santo en el Nuevo Testamento».[1] La obra de redención se llevó a cabo en la

1. Ver Dennis E. Johnson, *Walking with Jesus through His Word: Discovering Christ in All the Scriptures* (Phillipsburg, NJ: P&R, 2015), 67-68.

cruz, y esta obra de redención hará que sus bendiciones fluyan hasta donde se encuentre la maldición. La resurrección de los creyentes señalará la renovación de toda la creación (Ro. 8:21-23). La resurrección de los santos se producirá al regreso de Cristo, cuando el último enemigo —la muerte— sea derrotado (1 Co. 15:23, 26). El Hijo del Hombre reunirá a las naciones mediante la resurrección corporal, y convocará a los santos para que hereden el reino eterno que fue preparado «desde la fundación del mundo» (Mt. 25:34). Cuando leemos sobre la fundación del mundo en Génesis 1, el final de la nueva creación formaba parte del plan cristológico.

El huerto del Edén

Dios creó un espacio sagrado en su mundo bueno, y Adán y Eva debían ejercer el dominio y ser fecundos y multiplicarse (Gn. 1:28; 2:8). Este espacio sagrado, el huerto del Edén, era un tipo de la futura nueva Jerusalén. En el huerto, estaba el árbol de la vida y un río (Gn. 2:9-10), y la nueva Jerusalén se caracteriza por un río y el árbol de la vida (Ap. 22:1-2). La gloria del paraíso del Edén era real, pero solo temporal. Con el pecado de Adán y Eva, la pareja profanó el espacio sagrado de Dios y fue desterrada (Gn. 3:24). El huerto del Edén sería superado un día por un espacio sagrado de alcance cósmico (Ap. 21–22). La historia del pueblo de Dios pasa de un huerto a una ciudad, donde se cumple el objetivo del huerto.[2]

El huerto del Edén era un minitemplo, una morada microcósmica.[3] Adán y Eva debían guardar y custodiar el espacio sagrado, sometiendo todo lo que pudiera profanarlo (Gn. 1:26-28; 2:15). Las instrucciones que Dios les dio confirmaron la vulnerabilidad del huerto. Sin embargo, en el estado final del nuevo mundo de Dios, nada traerá corrupción. No habrá nada bajo maldición (Ap. 22:3), y nada impuro entrará jamás (Ap. 21:27). Todos los que habiten allí se caracterizarán por la vida y la gloria eternas. La nueva Jerusalén será un nuevo y mejor Edén.

Adán y Eva

La primera unión (Adán y Eva) apunta hacia la última unión (Cristo y su iglesia). Adán era la cabeza de la humanidad, y sus acciones afectaban a todos los que estaban en él. Cristo era la cabeza de la nueva humanidad, y sus acciones afectan a todos los que están en Él. Pablo llama a Adán «figura

---

2. Ver Johnson, *Walking with Jesus*, 202-6.
3. Ver G. K. Beale, *El Templo y la misión de la Iglesia: Una teología bíblica de la morada de Dios*, Nuevos Estudios en Teología Bíblica, ed. D. A. Carson (Cali: Monte Alto Editorial, 2021); J. Daniel Hays, *The Temple and the Tabernacle: A Study of God's Dwelling Places from Genesis to Revelation* (Grand Rapids: Baker, 2016).

del que había de venir» (Ro. 5:14).[4] Jesús es «el último Adán» (1 Co. 15:45). Mientras que la condenación y la muerte vinieron por medio del primero, la justificación y la vida eterna vinieron por el último. Adán fue tentado y fracasó, pero Cristo fue tentado y venció. Adán debía ejercer el dominio como portador de la imagen, pero comprometió su responsabilidad y deshonró al Señor. Como imagen del Dios invisible (Col. 1:15), Jesús ejerció dominio sobre la enfermedad, los demonios y la muerte, y reina a la diestra de Dios y ejerce dominio sobre sus enemigos (1 Co. 15:25-26; He. 1:3). Jesús es el verdadero y mejor Adán.[5]

Eva es un tipo de la iglesia, que está en Cristo.[6] Eva es la primera novia, y la iglesia es la última novia. Pablo «desposó» a los corintios «con un solo esposo, para presentar[los] como una virgen pura a Cristo» (2 Co. 11:2). Pero la iglesia, al igual que Eva, se enfrentó a las artimañas engañosas de «la serpiente» (2 Co. 11:3). Aunque Adán no protegió fielmente a Eva cuando estaba con ella al comer del fruto prohibido (Gn. 3:6), Cristo protegerá y preservará fielmente a la iglesia, y nada podrá separarla del amor de Dios en Cristo (Ro. 8:31-39).

Matrimonio

Adán despertó de un sueño profundo y allí estaba Eva, a la que llamó «hueso de mis huesos y carne de mi carne» (Gn. 2:23). Su unión en una sola carne fue el primer matrimonio, y este matrimonio fue un pacto formado en presencia de Dios entre un hombre y una mujer. El pacto matrimonial era una institución que prefiguraba a Cristo y a la iglesia. Cuando Pablo escribió sobre los esposos y las esposas y se refirió a esta relación de una sola carne, dijo: «Grande es este misterio; mas yo digo esto respecto de Cristo y de la iglesia» (Ef. 5:32).[7]

La nación de Israel en el Antiguo Testamento estaba en pacto con Dios, y los profetas a veces describían esta relación en términos matrimoniales (ver Éx. 24; Ez. 16; Os. 1). Si Israel cumplía el pacto con Dios, era una esposa fiel; si quebrantaba la ley de Dios, cometía adulterio espiritual. Tales representaciones muestran que el matrimonio, incluso en el Antiguo Testamento, tenía un significado más allá de sí mismo. De hecho, una forma de captar la

4. Ver David Schrock, «From Beelines to Plotlines: Typology That Follows the Covenantal Typography of Scripture», *Southern Baptist Journal of Theology* 21, n.º 1 (primavera 2017): 38-39.
5. Joshua M. Philpot, «See the True and Better Adam: Typology and Human Origins», *Bulletin of Ecclesial Theology* 5, n.º 2 (2018): 77-90.
6. Ver Edmund P. Clowney, *The Unfolding Mystery: Discovering Christ in the Old Testament* (Phillipsburg, NJ: P&R, 1988), 24.
7. Ver Nicholas P. Lunn, «"Raised on the Third Day according to the Scriptures": Resurrection Typology in the Genesis Creation Narrative», *Journal of the Evangelical Theological Society* 57, n.º 3 (septiembre 2014): 526.

historia de las Escrituras es la de un Dios bondadoso que persigue y redime a una novia. El matrimonio cierra la Biblia. El pueblo de Dios espera «la cena de las bodas del Cordero» (Ap. 19:9), y la nueva creación es descrita como descendiendo «del cielo, de Dios, dispuesta como una esposa ataviada para su marido» (Ap. 21:2).

El árbol de la vida

En medio del huerto que Dios plantó, puso un árbol de la vida (Gn. 2:9). De los otros árboles que Dios plantó allí (Gn. 2:16), solo este tenía la designación «de la vida», y la razón de esta designación es el efecto que produce en el que come de él. Más tarde aprendemos que comer de este árbol significa vivir para siempre (Gn. 3:22). Cuando la serpiente tienta a Eva para que coma, no provoca su curiosidad con el árbol de la vida. En cambio, ella come del árbol prohibido (Gn. 2:17; 3:2-6). Y, por eso, la pareja es apartada del árbol de la vida eterna.

El Evangelio de Juan nos dice que Dios amó al mundo de esta manera: dio a su Hijo único para que todo el que crea en Jesús no perezca, sino que tenga vida eterna (Jn. 3:16). Esta esperanza y esta promesa nos conectan con la vida de la que el pecado nos ha separado. Apartados del árbol de la vida a causa de nuestra injusticia, volvemos a tener acceso a esta vida gracias a la justicia de Cristo. Cuando murió en la cruz en nuestro lugar y soportó la ira de Dios, el árbol del juicio para Él se convirtió en el árbol de la vida para nosotros. El árbol de la vida en el huerto del Edén es un tipo de la obra de Cristo en la colina del Calvario.

Túnica de pieles

Dios es un Dios que cubre el pecado de su pueblo. Cuando Adán y Eva se rebelaron contra el Señor, cosieron hojas de higuera a modo de taparrabos y se escondieron entre los árboles del huerto (Gn. 3:7-8). Pero Dios cubrió su vergüenza con las túnicas que les proporcionó. La forma en que Adán y Eva se cubrieron fue inadecuada. El Señor «hizo al hombre y a su mujer túnicas de pieles, y los vistió» (Gn. 3:21). Estas pieles habrían sido pieles de animales, y adquirir estas pieles significaba la muerte de estos animales.

Puesto que algo fue sacrificado para cubrir a Adán y Eva, estas vestiduras de pieles eran un tipo de la cruz donde Jesús murió para cubrir a su novia. En Cristo, estamos revestidos de una justicia que no es la nuestra (Fil. 3:9). La escena de Génesis 3 mostraba la iniciativa de Dios: Él es el que hizo la ropa y también el que los vistió. Adán y Eva se habían rebelado contra Dios, pero la misericordia llegó por el juicio. Cuando Israel tuvo más tarde un sistema de sacrificios que apuntaba a Cristo, también conocería historias como la de Génesis 3:21, en la que Dios actuó para cubrir la vergüenza de su pueblo.

Expulsión del huerto

Adán y Eva, ahora cubiertos por las vestiduras de piel que el Señor les proporcionó, abandonaron el huerto del Edén en exilio (Gn. 3:24). Aunque trágico, este exilio era necesario, no fuera a ser que Adán «[alargara] su mano, y [tomara] también del árbol de la vida, y [comiera], y [viviera] para siempre» (Gn. 3:22). La redención era necesaria. El exilio que experimentaron les aseguraría la muerte, pues fueron apartados del santuario del huerto. Abandonaron el lugar de bendición y pisaron la tierra bajo la maldición de Dios.

El destierro del Edén prefiguraba el juicio que Cristo llevó en nuestro nombre. Nosotros también merecemos el exilio y la maldición, volver al polvo del que procedemos. Merecemos ser desterrados de la comunión de la presencia de Dios. El exilio del huerto fue testigo del horror de la condición humana. En Adán, todos pecaron (Ro. 5:12), y todos fueron desterrados también en él. Sin embargo, en Cristo se invertiría nuestro exilio, y por su obra en la cruz volveríamos a tener acceso al árbol de la vida, para poder vivir para siempre en la presencia de Dios como su pueblo redimido.

Génesis 4–11

Abel

Adán y Eva tuvieron a Caín y Abel, y según el escritor de Hebreos, Abel caminó por la fe (He. 11:4; cf. Gn. 4:1-2). El nacimiento de los hijos era significativo para Eva, pues Dios había dicho que nacería un futuro hijo que vencería a la serpiente (Gn. 3:15). ¿Sería Abel la simiente prometida de la mujer?

No sabemos qué edad tenía Abel cuando Caín lo mató, pero su muerte fue la primera muerte de un portador de la imagen. Y como hombre inocente que se enfrentaba a la persecución de la hostil semilla de la serpiente, Abel era un tipo del justo sufriente definitivo.[8] Abel y Jesús eran descendientes de Eva, y Jesús también se enfrentó a la persecución de sus contemporáneos. Jesús caminó por fe y lo hizo sin pecado. La sangre de Abel seguía siendo la sangre de un pecador, pero la sangre de Jesús era la sangre del Salvador. La sangre de Abel clamó justicia desde la tierra (Gn. 4:10), pero la sangre de Jesús pronunció una palabra mejor (He. 12:24). Jesús fue el mediador de un nuevo pacto, y su sangre clamó misericordia mientras bebía la copa de la justicia por nosotros. Colgado de la cruz, Jesús oró: «Padre, perdónalos, porque no saben lo que hacen» (Lc. 23:34). Jesús era la semilla de la mujer prometida hace tiempo a Eva. Él es el verdadero y mejor Abel.

---

8. Los que se oponen a Dios y a su pueblo son la semilla de la serpiente, porque tal oposición corresponde al corazón hostil del maligno (Gn. 3:15; Jn. 8:39-44).

Set

Después que Caín mató a Abel, Adán y Eva tuvieron otro hijo al que llamaron Set. Eva dijo: «Porque Dios me ha sustituido otro hijo en lugar de Abel, a quien mató Caín» (Gn. 4:25). Set era el nuevo Abel, la nueva simiente de la mujer. Durante sus días, «los hombres comenzaron a invocar el nombre de Jehová» (Gn. 4:26), lo que puede indicar la realidad de la fe de Set y su influencia.

Set era un tipo de Cristo porque era el nuevo hijo de Eva. Él, como Abel, anticipaba la verdadera semilla de la mujer, que no solo invocaría el nombre del Señor, sino que sería el Señor mismo, el Verbo hecho carne.[9] Set era también hijo de Adán y se lo llama «hijo a su semejanza, conforme a su imagen» (Gn. 5:3). Schrock señala: «Como confirman el resto de las Escrituras, Adán es la fuente de todos los tipos personales. Puesto que su imagen y semejanza se transmiten de Adán a Set (Gn. 5:3), el tren de la historia redentora se acelera a medida que una generación de portadores de imagen da a luz a otra».[10] Mientras que el asesinato de Abel por parte de Caín parecía poner en peligro la línea prometida, el nacimiento de Set fue la resurrección de esa esperanza. Y mientras que la cruz parecía ser la derrota de Jesús, la esperanza resucitó con Él de entre los muertos.

Enoc

Hubo un hombre en Génesis que no murió. Enoc caminó con Dios durante más de tres siglos hasta que Dios se lo llevó (Gn. 5:22-24). Mientras vivió en la tierra, vivió por fe (He. 11:5) y advirtió del juicio venidero de Dios sobre los impíos (Jud. 14-15). El arrebatamiento de Enoc de la muerte fue un acto sin precedentes, pues las generaciones anteriores y posteriores a él siguieron muriendo. Las fauces de la muerte no consumieron a Enoc. ¡Parecía haber vencido a la muerte!

Enoc era un tipo de Cristo. El Señor Jesús caminó por fe y vivió obedientemente, sin ninguna transgresión. Él también proclamó la venida del juicio sobre los impíos, y su tiempo en la tierra también terminó de una manera sin precedentes. Aunque Jesús murió en la cruz, resucitó al tercer día en un cuerpo glorificado. Enoc pudo haber sido arrebatado antes de la muerte, pero no disfrutó de un cuerpo físico glorificado. Jesús fue la primicia de todos los que resucitarían en Él (1 Co. 15:20). Jesús también ascendió para estar con Dios, pero su ascensión fue para reinar a la diestra de Dios, hasta que todos sus enemigos estuvieran a sus pies (1 Co. 15:25). Jesús, y no Enoc, fue el verdadero vencedor de la muerte.

---

9. Ver Clowney, *Unfolding Mystery*, 42.
10. Schrock, «From Beelines to Plotlines», 38.

Noé

Después que el diluvio acabó con todo lo que no estaba en el arca, el mundo necesitaba un nuevo Adán, y ese nuevo Adán era Noé. El padre de Noé, Lamec, tenía esperanzas en el destino de su hijo, pues el nombre «Noé» suena como la palabra hebrea para «descanso». Lamec esperaba que su hijo trajera el «descanso» del trabajo agotador y de la tierra bajo maldición (Gn. 5:29). Lamec buscaba la semilla de la mujer (Gn. 3:15). Aunque Noé no sería el Salvador, sería un tipo. A través de Noé, Dios liberó un remanente por amor a su nombre.

Noé era justo en medio de su perversa generación (Gn. 6:9). Caminó con Dios, como Enoc. Por fe y por reverencia a Dios, Noé construyó un arca y se convirtió en heredero de la justicia que viene por la fe (He. 11:7). Su obediencia aseguró la liberación de los miembros de su familia. Después que las aguas del diluvio se retiraran, Noé dirigiría a la nueva humanidad. Era un nuevo Adán, al que se le dijo que fructificara y se multiplicara (Gn. 1:28; 9:7). Además, la historia de Noé está aderezada con el lenguaje del pacto (Gn 6:18; 9:9-17). Noé es un tipo de Cristo, cuya misión y obra estaban vinculadas al nuevo pacto e inaugurarían la nueva creación. Noé fue un nuevo Adán que señalaba al último Adán.[11] La vida de Cristo estuvo marcada por la fe y la reverencia. Y la obediencia de Cristo aseguró la liberación de todos los que acuden a Él para unirse a su familia.

El arca y el diluvio

El arca sobrevivió al tumultuoso diluvio sobre la tierra, y esto fue un tipo de liberación misericordiosa del justo juicio de Dios. Jesús dijo que el regreso del Hijo del Hombre sería repentino e inesperado, como el de los que fueron sorprendidos por el diluvio en los días de Noé (Mt. 24:38-39). Cristo Jesús es nuestra arca, un refugio para los pecadores y la única estancia de la ira de Dios. El diluvio en torno a Noé señalaba «el día del juicio y de la perdición de los hombres impíos» (2 P. 3:7). Los juicios terrenales anticipan el juicio final.

Pedro relaciona el bautismo con los acontecimientos de la historia de Noé (1 P. 3:20-22). Del mismo modo que el arca preservó a los que estaban dentro en el diluvio, la unión con Cristo preserva a los pecadores en el día del juicio. Esta unión está representada por el bautismo, pues Cristo murió, fue sepultado y resucitó, y en unión con Él nos identificamos con su muerte, sepultura y

---

11. Ver Richard Ounsworth, *Joshua Typology in the New Testament* (Tubinga: Mohr Siebeck, 2012), 42; Peter J. Link Jr. y Matthew Y. Emerson, «Searching for the Second Adam: Typological Connections between Adam, Joseph, Mordecai, and Daniel», *Southern Baptist Journal of Theology* 21, n.º 1 (primavera 2017): 129.

resurrección (Ro. 6:3-5). Nuestro bautismo es una imagen de pasar por debajo de las aguas del juicio con Cristo y luego salir vindicados.

Génesis 12–25

Abraham

Dios llamó a Abraham para que dejara a su familia y su país y viajara a una nueva tierra (Gn. 12:1). Por fe, Abraham obedeció y se dirigió a la tierra prometida (He. 11:8-9). Dios le prometió muchos descendientes y una herencia, y plasmó estas promesas en un pacto (Gn. 12:2-3; 15:5, 8). Por medio de la familia de Abraham, Dios bendeciría a todas las familias de la tierra (Gn. 12:3). Puesto que por Adán vino la maldición, Abraham fue un nuevo Adán mediante el cual vendrá la bendición.[12] Este objetivo global de bendición es crucial cuando recordamos el problema global de la maldición del pecado. Dios apartó a Abraham por el bien del mundo.

Jesús es un Abraham verdadero y más grande.[13] Dejó la gloria que compartía con su Padre y se humilló en la verdadera humanidad. Mediante su obra en la cruz, se estableció un nuevo pacto. Él mismo fue el cumplimiento de la promesa de Dios a Abraham de que la bendición llegaría a todas las familias de la tierra.

La tierra prometida

La introducción de la «tierra prometida» recuerda la pérdida del espacio sagrado en el Edén (Gn. 3:24). Mientras Adán y Eva eran desterrados del Edén, Abraham y su familia heredarían una tierra como promesa (Gn. 12:7). La familia sería fecunda y se multiplicaría y ejercería el dominio. El problema para Abraham fue su muerte antes de heredar la tierra. Solo habitó allí como extranjero y peregrino. Murió poseyendo la promesa de la tierra y no la tierra misma.

Según el autor de Hebreos, Abraham murió en la fe, «sin haber recibido lo prometido» (He. 11:13). Sin embargo, la promesa no fue revocada. Abraham heredaría lo que Dios le había prometido, pues buscaba una patria mejor (He. 11:14). Abraham deseaba una patria «mejor, esto es, celestial», y Dios preparó para la familia de Abraham «una ciudad» (He. 11:16). Ounsworth dice: «Jesús ha tenido éxito donde Moisés fracasó, al conceder al pueblo de Dios acceso al descanso celestial del que la tierra terrenal no era más que un tipo o una

---

12. Schrock, «From Beelines to Plotlines», 40.
13. Benjamin Keach, *Preaching from the Types and Metaphors of the Bible* (1855; reimpr., Grand Rapids: Kregel, 1972), 973-74.

sombra».[14] La tierra prometida prefiguraba la nueva Jerusalén, la ciudad cuyo constructor y artífice es Dios (He. 11:10). La fe de Abraham no fue en vano, pues su muerte no anuló su herencia. Abraham resucitará al regreso de Cristo, y su herencia será todo lo que la tierra prometida señalaba. Pablo dijo que Abraham y su descendencia «sería[n] heredero[s] del mundo» (Ro. 4:13). La tierra prometida, como antes el Edén, miraba hacia la nueva creación que se recibiría en Cristo Jesús.[15]

Melquisedec

Después de que Abraham rescató a su sobrino secuestrado y derrotó a las fuerzas en batalla (Gn. 14:1-17), se encontró con un hombre intrigante. Un rey-sacerdote llamado Melquisedec trajo pan y vino y bendijo a Abraham (Gn. 14:18-20), quien dio el diezmo de todo lo que tenía a Melquisedec (Gn. 14:20). Ese acto de sacrificio fue la última mención de este personaje, hasta el Salmo 110. Escrito por David, el Salmo 110 relata las palabras de Dios al Mesías, que el rey ungido se sentará a la diestra de Dios hasta que sus enemigos sean puestos por estrado de sus pies (Sal. 110:1). El Mesías gobernará con un cetro poderoso y, por tanto, es un rey (Sal. 110:2). Pero el Mesías es también «sacerdote para siempre según el orden de Melquisedec» (Sal. 110:4). Puesto que los sacerdotes de Israel procedían de la tribu de Leví, y puesto que los reyes de Israel procedían de la tribu de Judá, no está claro cómo el Mesías podría ser a la vez sacerdote y rey. Melquisedec es un tipo útil, quien es él mismo rey y sacerdote.

Jesús pertenecía a la tribu de Judá y no a la de Leví. Así pues, aunque su linaje real está establecido (Mt. 1:1-17), la legitimidad de su sacerdocio permanente no es tan evidente. ¿Por qué Jesús es rey y sacerdote a la vez? Es rey y sacerdote como Melquisedec. Melquisedec, pues, era un tipo de Cristo.[16] El autor de Hebreos —que es el único escritor del Nuevo Testamento que menciona al antiguo rey-sacerdote— dedica un espacio significativo a explicar cómo se relaciona el sacerdocio de Jesús con el de Melquisedec (ver He. 7). El sacerdocio superior de Jesús está tipificado por Melquisedec, que fue superior a Abraham (He. 7:7) y cuyo sacerdocio fue superior al sacerdocio de los descendientes de Abraham (He. 7:9-10). Al igual que Melquisedec, Jesús fue el sacerdote y rey superior.

---

14. Ounsworth, *Joshua Typology in the New Testament*, 66-67.
15. Ver la *Epístola de Bernabé* 6.
16. Ver Ralph Allan Smith, «The Royal Priesthood in Exodus 19.6», en *The Glory of Kings: A Festschrift in Honor of James B. Jordan*, eds. Peter J. Leithart y John Barach (Eugene, OR: Pickwick, 2011), 105-10; Keach, *Types and Metaphors of the Bible*, 973.

Circuncisión

La circuncisión era el signo del pacto de Dios con Abraham (Gn. 17:11). Al octavo día, los varones hebreos debían ser circuncidados y demostrar así su consagración a Dios. De hecho, la negativa a circuncidar a un niño supondría la exclusión del pueblo de Israel y la violación del pacto de Dios (Gn. 17:14). Este signo se mantendría siglo tras siglo, generación tras generación.

El signo de la circuncisión no solo remite al pacto de Dios con Abraham (Gn. 15:18), sino que apunta hacia el nuevo pacto que Cristo establecería en la cruz. El signo externo de Génesis anticipaba la obra interna que Dios realizaría por medio de su Hijo. La circuncisión hecha con las manos prefiguraba la circuncisión hecha sin las manos (Col. 2:11). Cristo fue cortado por nuestra causa. Fue rechazado para que nosotros pudiéramos ser reunidos. Y ahora «ni la circuncisión vale nada, ni la incircuncisión, sino una nueva creación» (Gá. 6:15). A causa del nuevo pacto, los judíos en Cristo y los gentiles en Cristo han sido circuncidados en el corazón, por el Espíritu y no por la letra (Ro. 2:28-29).[17]

Sodoma y Gomorra

Las ciudades de Sodoma y Gomorra son famosas por el ardiente juicio que cayó sobre ellas (Gn. 19:24, 28). Y el juicio sobre estas ciudades malvadas es un tipo del juicio final sobre todos los malvados. En el diálogo de Abraham con el Señor (Gn. 18:22-33), los justos no serían barridos con los impíos. Abraham aprendió que el juez de toda la tierra haría lo que es justo (Gn. 19:25).

Los que perecieron en Sodoma y Gomorra serían resucitados en el último día para ser juzgados (Mt. 11:24). El juicio histórico de Génesis 19 era un tipo del juicio escatológico que Cristo administraría a su regreso. Según Pedro, la condena de Sodoma y Gomorra fue un «ejemplo a los que habían de vivir impíamente» (2 P. 2:6). Sin embargo, los justos no deben temer el juicio final. Del mismo modo que Dios pudo distinguir entre justos e injustos en Sodoma y Gomorra, Dios librará a su pueblo del derramamiento de su ira.

Isaac

Isaac es el hijo prometido de Abraham, nacido gracias al poder de Dios (Gn. 11:30; 18:10; 21:1-7). La estéril Sara dejó de serlo, y la edad de la pareja no fue obstáculo para Dios. El hijo de la promesa se enfrentó a la hostilidad de su hermano Ismael, hijo de la esclava Agar (Gn. 16:15; 21:9-10). No obstante, Isaac sería el heredero de las promesas y el portador sucesivo del pacto. Por medio de Isaac vendría la descendencia de Abraham (Gn. 21:12). Dios puso a prueba la confianza del patriarca cuando le pidió que sacrificara a Isaac en

---

17. Keach, *Types and Metaphors of the Bible*, 993.

un monte, y luego el monte se convirtió en un lugar de sustitución cuando se ofreció un carnero en lugar de Isaac (Gn. 22:1-3, 11-13).[18]

Tanto Isaac como Jesús son hijos de Abraham (Gn. 22:2; Mt. 1:1). Por el poder de Dios, la virgen María concibió (Lc. 1:35), lo que nos recuerda el poder de Dios en el Antiguo Testamento, que realizó concepciones milagrosas. Así como Isaac fue el hijo prometido y amado de Abraham (Gn. 22:2), Jesús fue el Hijo prometido y amado de su Padre (Mr. 1:11; Jn. 3:16). Como simiente última de Abraham, Jesús es aquel a quien verdaderamente pertenecen las promesas de Dios a Abraham (Gá. 3:16).[19] A Isaac se le opuso Ismael, y Jesús vino a los suyos solo para ser rechazado por ellos (Jn. 1:11). Aunque Isaac fue perdonado en el monte del sacrificio, Jesús no sería perdonado. Isaac fue librado de la muerte, pero Jesús fue librado de la muerte mediante la resurrección. Jesús es el verdadero y superior Isaac.[20]

Génesis 25–50

Jacob

Las promesas y el pacto de Dios fueron dadas a Abraham, pero también *por medio de* él, a Isaac y luego a Jacob. En Génesis 25 comienza la historia de Jacob. Era un embaucador que engañaba y conspiraba para conseguir lo que no le pertenecía (Gn. 25:29-34). Su astucia provocó graves tensiones con su hermano Esaú. Años más tarde, mientras viajaba para reunirse con él, Jacob luchó con un hombre no identificado hasta el amanecer (Gn. 32:24). Después, la figura pronunció el nuevo nombre de Jacob: «Israel», que significa «lucha con Dios» (Gn. 32:28). Jacob se dio cuenta de que su lucha había sido con una figura divina. «Vi a Dios cara a cara» —dijo— «y fue librada mi alma» (Gn. 32:30).[21]

Jesús fue un Jacob mayor.[22] No fue un embaucador como aquel patriarca. Jesús se humilló y entregó su vida por nosotros (Fil. 2:8). Actuó para darnos lo que no merecíamos, pero que necesitábamos desesperadamente: la redención y la nueva creación.[23] Como Jacob, Jesús se encontró con tensiones entre hermanos. Sus propios hermanos no creían en Él antes de su resurrección (Jn. 7:5; Hch. 1:14), y a veces trataban de intervenir cuando creían que había perdido el juicio (Mr. 3:20-21, 32). Jesús era superior a Jacob, pues mientras que este vio manifestarse la presencia del Señor en Génesis 32, solo Jesús ha morado

---

18. Ver Tertuliano, *Contra los judíos* 10; *Epístola de Bernabé* 7.
19. Ver Keach, *Types and Metaphors of the Bible*, 974.
20. Ver Clowney, *Unfolding Mystery*, 54-59.
21. Ver Keach, *Types and Metaphors of the Bible*, 974-75.
22. Ver Clowney, *Unfolding Mystery*, 76-77.
23. Leonhard Goppelt, *TYPOS: The Typological Interpretation of the Old Testament in the New* (Grand Rapids: Eerdmans, 1982), 186-87.

eternamente y sin trabas con el Padre. A Jacob, como a un nuevo Adán, se le dijo «crece y multiplícate» (Gn. 35:11). Sin embargo, solo Cristo, el último Adán y el Jacob superior, produciría una descendencia innumerable de toda nación, tribu, pueblo y lengua (Ap. 7:9).

José

José soñó que reinaría sobre sus hermanos (Gn. 37:7-10). Pero, según el plan de Dios, este reinado se lograría mediante el rechazo y el sufrimiento. Los hermanos de José conspiraron contra él y, luego de echarlo a una cisterna, lo vendieron por plata (Gn. 37:12-28). En Egipto, José tuvo que enfrentarse a falsas acusaciones y a la cárcel (Gn. 39:13-20). Pero, por la buena providencia del Señor, interpretó un sueño para el faraón y se convirtió en primer ministro de Egipto, solo superado por el propio faraón (Gn. 41:43-46). El hambre llevó a la familia de José a Egipto y, sin que ellos lo supieran, acudieron a su hermano rechazado y necesitaron su provisión (Gn. 42:7-8). José acabó por revelarse y reconciliarse con ellos (Gn. 45:1-15). Lo que los hermanos habían pensado para mal, Dios lo había diseñado para bien (Gn. 50:20).

Jesús es un José superior y verdadero.[24] Jesús reinaría como Rey de reyes, pero este reinado se llevaría a cabo mediante el rechazo y el sufrimiento (Mr. 8:31). Sus compañeros israelitas conspiraron contra Él, uno de sus discípulos lo negó y otro lo traicionó por plata (Mt. 26). La traición condujo al arresto, el arresto llevó a falsas acusaciones, y un veredicto de muerte significó la crucifixión.[25] Así que, fuera de la ciudad de Jerusalén, las fuerzas judías y romanas se opusieron a Jesús y se deleitaron en su derrota. Pero lo que ellos querían para mal, Dios lo quería para bien. El descenso de Jesús al abismo de la muerte fue seguido por la resurrección y la reivindicación. Se reveló a sus discípulos, restableció a Pedro y les encargó que difundieran la buena nueva (Mt. 28; Jn. 20–21). Jesús realizó la mayor obra de reconciliación: reunió no solo a hermanos separados, sino a pecadores y a un Dios justo. Y Dios dio a Jesús el nombre que está por encima de todo nombre, para que ante su nombre se doble toda rodilla (Fil. 2:9-11).

Judá

Judá era uno de los doce hijos de Jacob (Gn. 29:35). Después que él y sus hermanos arrojaron a José a una cisterna, Judá sugirió que lo vendieran a los

---

24. Ver Tertuliano, *Contra los judíos* 10; Peter J. Leithart, *A House for My Name: A Survey of the Old Testament* (Moscow, ID: Canon, 2000), 65.
25. Ver Link y Emerson, «Searching for the Second Adam», 130-32; Tim Gallant, «Judah's Life from the Dead: The Gospel of Romans 11», en Leithart y Barach, *Glory of Kings*, 51; Johnson, *Walking with Jesus*, 63.

ismaelitas en lugar de matarlo sin provecho (Gn. 37:26-27). Lo que Judá quería para mal, Dios lo quería para bien. Aunque los hermanos se beneficiaron de la venta de su hermano, sacaron mucho más provecho de José (desconocido para ellos en aquel momento) en los años venideros, cuando necesitaron grano (Gn. 42:3). José había pedido ver a su hermano menor, pero Benjamín se había quedado con Jacob en la tierra prometida. Judá intentó convencer a Jacob de que enviara a Benjamín: «Yo te respondo por él; a mí me pedirás cuenta. Si yo no te lo vuelvo a traer, y si no lo pongo delante de ti, seré para ti el culpable para siempre» (Gn. 43:9). Más tarde, cuando José ordenó que se pusiera secretamente una copa de plata en el saco de Benjamín, Judá se ofreció en lugar de Benjamín: «te ruego, por tanto, que quede ahora tu siervo en lugar del joven por siervo de mi señor, y que el joven vaya con sus hermanos» (Gn. 44:33). Todo se fue conociendo a medida que José se identificaba. Y entonces Jacob y el resto de la familia emprendieron el viaje a Egipto. Antes de su muerte, Jacob pronunció palabras de bendición sobre sus hijos, diciendo a Judá: «No será quitado el cetro de Judá, ni el legislador de entre sus pies, hasta que venga Siloh; y a él se congregarán los pueblos» (Gn. 49:10).

Jesús fue un verdadero y superior Judá. Todo lo que Jesús habló y todo lo que hizo, lo dijo e hizo por el bien de su pueblo. Mientras que Judá se ofreció en lugar de Benjamín, Jesús se ofreció en lugar de todos nosotros (Mr. 10:45). «En Judá tenemos una imagen del Fiador y Sustituto».[26] Judá estaba dispuesto a dar su vida para complacer a su padre y proteger a su hermano menor. Jesús, que agradó a su Padre entregando su vida en la cruz (Jn. 10:17), es el Buen Pastor que nos protege de la condenación. Todos somos Benjamín. Judá había dicho que sería prenda de la seguridad de Benjamín, y Jesús es nuestra esperanza, nuestra paz y nuestro lugar de refugio. Jacob había prometido que el cetro no se apartaría de Judá, y Jesús, que descendía de la tribu de Judá, resucitó de entre los muertos para sostener el cetro para siempre y recibir la alabanza y la obediencia de las naciones (Ro. 1:5).

En resumen

Génesis sienta las bases de la tipología bíblica. El lector atento es capaz de advertir múltiples personajes, acontecimientos, lugares y cosas que tienen un significado cristológico. El impacto de Adán es especialmente profundo, pues los personajes posteriores son una reminiscencia de él y, por tanto, funcionan como tipos de Cristo al igual que él. La sombra adánica seguirá extendiéndose sobre los personajes de los libros bíblicos posteriores, por lo que aumentará el número de personajes que sirvan como tipos de Cristo. Los juicios y las

26. A. M. Hodgkin, *Christ in All the Scriptures* (Londres: Pickering & Inglis, 1909), 15.

liberaciones terrenales también anticipan la actividad escatológica futura, concretamente la futura resurrección de los muertos y el juicio final de los malvados. La nueva creación de Dios para el final de los tiempos está anticipada en Génesis por el primer cielo y la primera tierra, por el huerto del Edén y por la tierra prometida. A medida que avancemos en las Escrituras, veremos que el número de tipos aumenta como si estuvieran cumpliendo el mandato de la creación de ser fecundos y multiplicarse.

Preguntas para la reflexión

1. ¿En qué sentido es Abel un tipo de Cristo?
2. ¿Cómo se relacionan el diluvio y el arca con el juicio final de Dios sobre los impíos?
3. ¿Por qué debe considerarse a Isaac un tipo de Cristo?
4. ¿Puede pensar en otras correspondencias entre la historia de José y el ministerio de Jesús?
5. ¿Puede encontrar otros personajes de Génesis que podrían ser tipos de Cristo?

PREGUNTA **18**

¿Qué tipos aparecen en Éxodo?

Los relatos de Éxodo narran el surgimiento de Israel como nación, la huida de Egipto, la llegada al monte Sinaí, la entrega de la Ley, la formación de un pacto con Israel y la construcción del tabernáculo. Se dedica un capítulo entero a Éxodo porque, como Génesis, es un profundo pozo de tipos del que los intérpretes siguen extrayendo.

Éxodo 1–12

Moisés

Nacido bajo amenaza de muerte para los varones hebreos, Moisés es salvado por la providencia de Dios para liberar al pueblo de Dios (Éx. 1:22–2:10). Tuvo que enfrentarse al rechazo y la oposición de su propio pueblo (Éx. 2:14), pero Dios lo había apartado para una misión de redención. Moisés realizó señales y prodigios por el poder divino, y estos milagros confirmaron que había sido enviado por Dios y que Él iba a hacer lo que había prometido: liberar a los cautivos israelitas mediante un éxodo fuera de Egipto (Éx. 7–12).

Jesús es el verdadero y superior Moisés, porque Él también escapó a la amenaza de muerte impuesta a los bebés por un gobernante villano (Mt. 2:13-18).[1] Mientras que las multitudes seguían a Jesús, escuchaban sus enseñanzas y se beneficiaban de sus milagros, los líderes religiosos mostraban una fuerte oposición a Él (Mr. 3:6; 14:1). Jesús se enfrentó al rechazo de su propio pueblo. No obstante, sus conspiraciones contra Él no tendrían éxito antes de la hora señalada de la muerte, porque Dios había enviado a su Hijo único en misión redentora. Los signos y prodigios de Jesús confirmaron su identidad (Jn. 5:36). Él había sido enviado para dirigir un nuevo éxodo.

Israel

Israel era el hijo primogénito de Dios (Éx. 4:22), un hijo corporativo al que Dios había liberado y criado. Este hijo corporativo heredaría las promesas de Abraham (Éx. 3:8). Dios llevó a Israel a través de las aguas del mar Rojo hacia

1. Ver Benjamin Keach, *Preaching from the Types and Metaphors of the Bible* (1855; reimpr., Grand Rapids: Kregel, 1972), 976; Sidney Greidanus, *Preaching Christ from the Old Testament: A Contemporary Hermeneutical Method* (Grand Rapids: Eerdmans, 1999), 260, 327.

el desierto (Éx. 13–14). Cuando se enfrentaron a la tentación, una y otra vez fracasaron (Éx. 15–17). Dios les dio su ley e hizo con ellos un pacto de sangre (Éx. 19–24). Sin embargo, Israel no pudo cumplir la ley y sus maldiciones cayeron sobre sus cabezas.

Jesús era el Hijo de Dios y el verdadero heredero de las promesas de Abraham (Gá. 3:16). En su bautismo, atravesó las aguas para simbolizar la victoria que iba a lograr. Después se enfrentó a la tentación en el desierto, pero, a diferencia de Israel, venció al enemigo y no pecó (Mt. 4:1-11).[2] De hecho, Jesús guardó toda la ley de Dios, sin violar nunca sus preceptos con sus acciones, palabras o pensamientos. Jesús hizo lo que Israel nunca pudo hacer. Fue la luz verdadera para el mundo (Jn. 8:12). Y en su muerte, se formó un nuevo pacto mediante la sangre (Lc. 22:20). El juicio de Dios, que Él no merecía, cayó sobre su cabeza en nuestro lugar.

Plagas sobre Egipto

Después que Israel estuvo en Egipto durante más de cuatrocientos años, Dios desencadenó plagas sobre este país, que trajeron devastación a la tierra y humillaron a sus dioses (Éx. 7–12). Dios estaba respondiendo a la maldad de Egipto y preparándose para liberar a su pueblo del cautiverio. Aquellos juicios —que incluían la transformación de las aguas, el ataque a los animales, el oscurecimiento del sol y la muerte de los primogénitos— eran como una descreación que se producía delante de todos, aterradora e imparable.

Las plagas de Egipto prefiguran el día final de la ira de Dios, cuando los malvados rindan cuentas y deban enfrentarse a la justicia que nunca habían temido o que nunca pensaron que llegaría. Los juicios terrenales, como el de Egipto en tiempos de Moisés, son una prueba histórica de que Dios se toma en serio el pecado y tiene poder para vencer a sus enemigos. Como dice Goppelt: «Los milagros de castigo del AT siguen mostrándonos que Dios juzga con indulgencia. Para nosotros y para Cristo, son tipos del juicio futuro».[3] Y en el último día, su juicio será aterrador e imparable.

El cordero pascual

Haciendo caso de las palabras de Dios a través de Moisés, las familias israelitas ponían sangre de cordero en los marcos de las puertas de sus casas (Éx. 12:21-23, 28). Si el primogénito era cubierto por la sangre del sacrificio de esta manera, el juicio no caería sobre él cuando comenzara la décima plaga.

---

2. Ver Dennis E. Johnson, *Walking with Jesus through His Word: Discovering Christ in All the Scriptures* (Phillipsburg, NJ: P&R, 2015), 61.
3. Leonhard Goppelt, *TYPOS: The Typological Interpretation of the Old Testament in the New* (Grand Rapids: Eerdmans, 1982), 75.

Israel conmemoraría este acontecimiento mediante la Fiesta de la Pascua cada año (Éx. 12:24-27). Con la Pascua, los israelitas recordarían cómo la muerte pasó sobre ellos porque estaban cubiertos por la sangre.

Jesús no murió en cualquier semana del año. La muerte de Jesús en la cruz ocurrió en la Pascua, porque la Pascua era un tipo que Él cumplió (Mr. 14:1-2). Jesús era el Cordero inmolado que necesitábamos. Era nuestro Cordero de Pascua (1 Co. 5:7) y el Cordero que verdaderamente se encargaría del pecado mediante su sacrificio (Jn. 1:29). Y la condenación no alcanzará a nadie que esté cubierto por su sangre, porque Él es el verdadero y superior sacrificio de Pascua.[4]

Éxodo 13–18

La liberación del mar Rojo

Con el ejército egipcio persiguiéndolos, los israelitas no tenían adónde ir, de espaldas al mar Rojo (Éx. 14:9-10). Moisés pidió a su pueblo que se mantuviera firme y contemplara la salvación de Dios (Éx. 14:13). Un viento impetuoso partió el mar, y los israelitas llegaron en seco a la otra orilla, flanqueados por muros de agua (Éx. 14:22). La liberación del mar Rojo mostró el poder de Dios para rescatar a su pueblo por sí mismo.

Y por sí mismo, Cristo llevó a cabo la expiación en la cruz. Partió las aguas del juicio para que pudiéramos pasar a la tierra seca de la justificación. La liberación del mar Rojo anticipa la redención y la reivindicación final del pueblo de Dios. Hundidos por los enemigos del pecado y de Satanás, no teníamos otra esperanza que el poder de Dios Todopoderoso. El éxodo de Egipto y a través del mar señaló el nuevo y superior éxodo que Cristo condujo.[5]

Maná

Los años entre Egipto y la tierra prometida fueron años de provisión milagrosa cada mañana. Dios daba a su pueblo maná seis mañanas a la semana; la sexta mañana, tenían el doble para que no tuvieran que recogerlo en sábado (Éx. 16:22-26). Así lo hizo durante cuarenta años (Éx. 16:35). El maná los sostenía y demostraba el cuidado de Dios por ellos. Contrariamente a los temores que a veces expresaban, Dios no los había llevado al desierto para verlos morir a todos.

Llegó el día en que Dios proporcionó algo mejor que el maná del pasado de Israel. Jesús dijo: «mi Padre os da el verdadero pan del cielo. Porque el pan de Dios es aquel que descendió del cielo y da vida al mundo» (Jn. 6:32-33). El

---

4. Ver Keach, *Types and Metaphors of the Bible*, 995-96; Edmund P. Clowney, *The Unfolding Mystery: Discovering Christ in the Old Testament* (Phillipsburg, NJ: P&R, 1988), 98.
5. Ver Greidanus, *Preaching Christ from the Old Testament*, 259.

mundo necesita vida, y necesita vida que dure. Jesús es ese pan de vida. «Yo soy el pan vivo que descendió del cielo; si alguno comiere de este pan, vivirá para siempre; y el pan que yo daré es mi carne, la cual yo daré por la vida del mundo» (Jn. 6:51). Jesús es el verdadero y superior maná de Dios.[6]

La peña golpeada

Dios no solo proporcionó comida a los israelitas, sino también bebida. Cuando estaban temerosos y refunfuñando a causa de la sed, el Señor dijo a Moisés: «He aquí que yo estaré delante de ti allí sobre la peña en Horeb; y golpearás la peña, y saldrán de ella aguas, y beberá el pueblo» (Éx. 17:6). Así que Moisés debía golpear la peña, y sobre esta peña estaría el Señor. ¿Golpear la peña donde estaba el Señor y entonces fluiría el agua? Moisés lo hizo, salió agua y el pueblo bebió (Éx. 17:6). Dios proveyó a lo largo de sus viajes por el desierto. Era como si la peña divinamente bendecida los siguiera dondequiera que fueran.

Cuando Pablo escribió a los corintios sobre sus antepasados israelitas, dijo que estos «bebían de la roca espiritual que los seguía, y la roca era Cristo» (1 Co. 10:4). Cristo fue golpeado y alimentó al pueblo de Dios, igual que la peña de Éxodo 17 fue golpeada y alimentó al pueblo.[7] Sin embargo, la roca que Moisés golpeó no podía proporcionar al pueblo más que agua física. Jesús tiene agua viva que sacia la sed del alma (Jn. 4:14). Mediante el golpe de la cruz, la muerte de Cristo asegura la vida eterna para su pueblo.

Las manos alzadas de Moisés

De camino al monte Sinaí, los israelitas se enfrentaron a los hostiles amalecitas. Josué dirigió una batalla contra ellos, mientras Moisés y otros dos subían a la cima de una colina (Éx. 17:10). Moisés levantó su vara —la vara que obró señales y prodigios en Egipto y que golpeó la peña que derramó agua— hasta que sus manos se cansaron, tras lo cual sus dos compañeros levantaron las suyas (Éx. 17:11-12). Los israelitas salieron victoriosos mientras el bastón estuvo levantado por las manos de Moisés. La batalla terminó, y los israelitas prevalecieron.

La victoria sobre los amalecitas prefiguraba la victoria de Cristo.[8] Jesús ascendió a una colina y, con las manos extendidas, realizó la mayor maravilla de todas: la expiación de los pecadores para reconciliarlos con un Dios santo. Ahora, el Salvador resucitado y ascendido reina hasta someter a todos

---

6. Ver Greidanus, *Preaching Christ from the Old Testament*, 260.
7. Ver Keach, *Types and Metaphors of the Bible*, 993-94; Johnson, *Walking with Jesus*, 63.
8. Tertuliano, *Contra los judíos* 10; Sidney Greidanus, *Preaching Christ from the Old Testament*, 330-31.

los enemigos bajo sus pies (Sal. 110:1; Mr. 12:36). Tiene toda autoridad en el cielo y en la tierra (Mt. 28:18). En Él todas las cosas permanecen unidas, y sus manos no se cansan.

Éxodo 19–40

El día de reposo

De todos los diez mandamientos de Éxodo 20, el cuarto es el más largo. Dios dice a los israelitas que recuerden el día de reposo [*sabbat*] descansando del trabajo normal el séptimo día (Éx. 20:8-11). Fuimos creados para ejercer dominio y disfrutar del descanso, pero el pecado ha comprometido nuestra capacidad de cumplir este mandato. Israel debía santificar el día de reposo para demostrar su confianza en el Señor y recordar su creación de todas las cosas. En Génesis 1, Dios creó el mundo en seis días, y luego en Génesis 2 entró en reposo en el séptimo día. El ritmo de la vida de Israel tendría un patrón de seis días de trabajo porque fueron hechos para reflejar al Señor y entrar en su descanso también.

A veces, Jesús sanaba en el día de reposo para mostrar que venía a traer lo que el día de reposo señalaba. El descanso que necesitamos es uno que supere la maldición y los efectos del pecado. Cuando los milagros de Cristo trajeron transformación y restauración en el día de reposo, sus acciones corrigieron las falsas nociones de sus contemporáneos que creían que tales milagros violaban el cuarto mandamiento (Mr. 2:23-28; 3:1-6). El descanso que la creación necesita no es el cese de la actividad, sino la invasión y la presencia de la paz y la vida. Es una buena noticia, pues, que Jesús dijera: «el Hijo del Hombre es Señor aun del día de reposo», porque Él es la fuente de esta paz y vida. Como Señor del día de reposo, Jesús cumplió y dio lo que el día de reposo señalaba. Dijo: «Venid a mí todos los que estáis trabajados y cargados, y yo os haré descansar» (Mt. 11:28; He. 4:9). Como dice Ounsworth: «La observancia del día de reposo se interpreta tipológicamente, y una vez más tenemos un tipo que actúa como término mediador: como el día de reposo se forma para el pueblo del pacto de Dios a imagen del propio descanso primordial de Dios, su propósito es moldearlo para que sea un pueblo preparado para entrar en ese descanso primordial cuando el pacto llegue a su plenitud».[9]

Las festividades de Israel

El calendario de Israel orientaba la vida del pueblo hacia Dios. Además del día de reposo cada semana, tenían que observar varias festividades anuales. En

9. Richard Ounsworth, *Joshua Typology in the New Testament* (Tubinga: Mohr Siebeck, 2012), 83.

el primer mes del año, los israelitas celebraban la Fiesta de los Panes sin Levadura, que duraba una semana y comenzaba después de la Pascua (Éx. 23:15). Siete semanas después, se celebraba la Fiesta de la Siega (o Pentecostés), que celebraba la provisión de Dios (Éx. 23:16a; Lv. 23:15-22). Las primicias de las cosechas pertenecían al Señor, y esta ofrenda simbolizaba el valor de Yahveh, así como la confianza de Israel en su bondad. Al final de la cosecha de otoño, se celebraba la Fiesta de la Recolección (o de las Cabañas/Tabernáculos), que señalaba y celebraba la provisión de Dios en los viñedos y huertos de Israel (Éx. 23:16b; Lv. 23:33-44).

Los creyentes no guardan las fiestas de Israel, porque el Señor Jesús ha cumplido el ciclo de las fiestas.[10] Si alguien enseñaba que la vida en el nuevo pacto requería guardar las fiestas judías, la respuesta de Pablo era: «nadie os juzgue en comida o en bebida, o en cuanto a días de fiesta, luna nueva o días de reposo, todo lo cual es sombra de lo que ha de venir; pero el cuerpo es de Cristo» (Col. 2:16-17). Las sombras han dado paso a la Sustancia. Jesús es nuestro Salvador sin levadura, que fue sin pecado y da vida al mundo. Él es la primicia de la resurrección (1 Co. 15:20) y el dador del Espíritu prometido el día de Pentecostés (Hch. 2:1). Cristo hizo tabernáculo entre nosotros, declarando en la Fiesta de la Recolección, que tenía agua viva para los sedientos y luz para el mundo (Jn. 7:37-39; 8:12). Las fiestas de Israel eran imágenes de la persona y la obra de Cristo.[11] Eran sombras destinadas a desvanecerse cuando llegara la Sustancia.

El Tabernáculo

Exiliados del Edén, Adán y Eva abandonaron la morada de Dios (Gn. 3:24). Pero Dios no permitió que el pecado interrumpiera permanentemente su comunión con el hombre. El tabernáculo que construyó Israel al pie del monte Sinaí es una clara señal de que Dios persigue a los pecadores para habitar entre ellos. Dios dijo: «Y harán un santuario para mí, y habitaré en medio de ellos» (Éx. 25:8).

Jesús es el verdadero y superior tabernáculo.[12] «Cuando los israelitas presentaron el tabernáculo a Moisés, aunque no lo entendieran del todo, estaban exponiendo el evangelio. Mucho antes de que Cristo viniera al mundo, Dios utilizaba símbolos para enseñar a la gente su obra salvadora».[13] Juan empieza su Evangelio hablando de la Palabra que estaba con Dios: «Y aquel Verbo

10. Ver Johnson, *Walking with Jesus*, 207-9.
11. Roy Gane, *Leviticus, Numbers*, NIV Application Commentary (Grand Rapids: Zondervan, 2004), 393.
12. Ver Keach, *Types and Metaphors of the Bible*, 983.
13. Philip Graham Ryken, *Exodus*, Preaching the Word (Wheaton, IL: Crossway, 2015), 1086.

fue hecho carne, y habitó entre nosotros (y vimos su gloria, gloria como del unigénito del Padre), lleno de gracia y de verdad» (Jn. 1:14). El Verbo *habitó* como un tabernáculo (ver Éx. 25:8). De hecho, la frase puede traducirse: «El Verbo se hizo carne e hizo tabernáculo entre nosotros». La construcción del tabernáculo en Éxodo anticipaba el día en que Dios moraría entre ellos en Jesucristo.

El arca del pacto

Entre los recipientes y muebles que se construirían y colocarían en diferentes partes del tabernáculo, el arca del pacto sería el más significativo. El arca del pacto, una caja de madera recubierta de oro y transportada por pértigas, estaría en el Lugar Santísimo y oculta por una cortina (Éx. 25:10-15). El interior del arca contendría las tablas de los diez mandamientos, una vasija de maná y, finalmente, el bastón de brotes de Aarón (He. 9:4). Sobre la tapa (o propiciatorio) del arca, había dos querubines de oro esculpidos (Éx. 25:18-20). El arca representaba la presencia de Dios y no podía ser tocada por manos humanas (ver 2 S. 6:7). Más adelante, en la historia de Israel, cuando Babilonia destruyó el templo de Salomón, saqueó los utensilios y el mobiliario, lo que incluyó llevarse el arca del pacto. Aunque Israel regresó del exilio, el arca no volvió con ellos y nunca se recuperó.

El arca del pacto apunta a Jesucristo, Dios que mora con los humanos.[14] Él es el asiento de la misericordia y portador de los testimonios de Dios. Si bien el arca del pacto acabó perdiéndose para Israel, la llegada de Jesucristo es el perfeccionamiento de ese artefacto. En lugar de madera de acacia recubierta de oro, el Verbo se hizo carne y habitó entre nosotros. Y tras su muerte en la cruz, fue depositado en un sepulcro del jardín que no se utilizaba y que se convirtió en Lugar Santísimo (Jn. 19:41). Después de su resurrección, María lloró ante la tumba vacía, viendo a dos ángeles sentados donde había estado su cuerpo, uno a la cabecera y otro a los pies (Jn. 20:11-12). Nuestra verdadera y superior arca es Jesús, gloria de Dios y lugar de misericordia.

El sacerdocio

El santuario portátil sería transportado y mantenido por los levitas (Nm. 3:5-39). De los levitas saldría el sacerdocio de Israel. Estos sacerdotes eran mediadores entre Dios y la nación (Éx. 40:12-15). Los sacerdotes dependían de otras tribus para la alimentación y las finanzas. Como ellos facilitaban los sacrificios ofrecidos en el tabernáculo, el sacerdocio era un oficio vital en la

14. Ver Keach, *Types and Metaphors of the Bible*, 984.

vida de Israel. Pero los sacerdotes no podían durar en su cargo. Eran pecadores, y la muerte se llevaba a uno tras otro.

Cuando el escritor de Hebreos habla del sacerdocio, contrasta a Jesús con los sacerdotes anteriores: «mas este, por cuanto permanece para siempre, tiene un sacerdocio inmutable» (He. 7:24). Mediante su resurrección al tercer día, Jesús puede ejercer el oficio de sacerdote para siempre.[15] Él pone fin a la necesidad de sacerdotes, incluso de un sumo sacerdote.[16] Pablo escribió: «Porque hay un solo Dios, y un solo mediador entre Dios y los hombres, Jesucristo hombre, el cual se dio a sí mismo en rescate por todos, de lo cual se dio testimonio a su debido tiempo» (1 Ti. 2:5-6). Jesús es el verdadero y superior mediador, el Sacerdote que los pecadores necesitaban y el que ahora tienen en los lugares celestiales. Jesús entró «en el cielo mismo para presentarse ahora por nosotros ante Dios» (He. 9:24). Él es nuestro mediador sin pecado.

En resumen

Cuando Dios levantó a Israel en el libro de Éxodo, también levantó tipos que apuntaban a la persona y la obra de Cristo. Las historias de Moisés e Israel relatan experiencias que se convierten en expectativas, y estas expectativas nos llevan al Salvador, que es un Moisés superior y el verdadero Israel. Él es el Señor del día de reposo y el significado superior de las fiestas de Israel. El tabernáculo y el sacerdocio fueron diseñados para tipificar el sacrificio perfecto que sería, simultáneamente, el sacerdote que necesitábamos en el lugar santo celestial. Él es Emmanuel, Dios con nosotros: prefigurado por el arca del pacto. Él es el pan del cielo y la peña que fue golpeada. Él ha guiado el gran éxodo a través de las aguas del juicio, y en Él hemos pasado de las tinieblas a la luz.

Preguntas para la reflexión

1. ¿Qué correspondencias existen entre Jesús y el pueblo de Israel en el Antiguo Testamento?
2. ¿Cómo se relaciona la Pascua con la obra de Jesús en la cruz?
3. ¿Cómo cumple Jesús las festividades de Israel?
4. ¿De qué manera el tabernáculo señala a Jesús?
5. ¿Cómo cumple Jesús el sacerdocio de Israel?

---

15. Ver David Schrock, «From Beelines to Plotlines: Typology That Follows the Covenantal Typography of Scripture», *Southern Baptist Journal of Theology* 21, n.º 1 (primavera 2017): 44.
16. Ver Keach, *Types and Metaphors of the Bible*, 980-82.

PREGUNTA 19

¿Qué tipos aparecen desde Levítico hasta Deuteronomio?

En los libros de Levítico a Deuteronomio, Israel recibe más instrucciones que regulan la vida de los sacerdotes y el pueblo. Los israelitas partieron del monte Sinaí hacia la tierra prometida; vagaron por el desierto durante cuarenta años y, finalmente, la nueva generación se detuvo en Moab mientras Moisés los preparaba para entrar en la tierra prometida. Durante estos cuarenta años, el lector contempla liberaciones y juicios, ocasiones especiales y personajes clave, promesas y prácticas, todo lo cual alcanza su cumplimiento en la persona de Cristo y su obra pasada y futura.

Levítico

El sistema sacrificial

Los primeros capítulos de Levítico explican diversos sacrificios que los israelitas debían ofrecer.[1] Dios dice: «Si su ofrenda fuere holocausto vacuno, macho sin defecto lo ofrecerá; de su voluntad lo ofrecerá a la puerta del tabernáculo de reunión delante de Jehová» (Lv. 1:3). El sistema de sacrificios indicaba nuestra necesidad de ser aceptados por el Señor, pero dejaba claro que había que ofrecer algo en nuestro lugar.

Jesús cumplió el sistema de sacrificios. Todos los animales que alguna vez se ofrecieron no pudieron expiar el pecado. ¿Por qué? Porque «la sangre de los toros y de los machos cabríos no puede quitar los pecados» (He. 10:4). Si los sacrificios hubieran sido suficientes para expiar el pecado, no habría sido necesario ofrecerlos continuamente. La obra de Jesús en la cruz cambió el sistema de sacrificios al ponerle fin.[2] Jesús se ofreció a sí mismo una vez para siempre (He. 10:10). Fue el Cordero de Dios que puso fin a todos los sacrificios de corderos (Jn. 1:29). Y luego, cuando hubo ofrecido «un solo sacrificio por los

1. Roy Gane escribe: «Ningún tipo de sacrificio podría prefigurar adecuadamente la riqueza del sacrificio de Cristo, del mismo modo que ninguna imagen de un libro de anatomía y fisiología puede captar toda la complejidad de un organismo vivo» (*Leviticus, Numbers*, NIV Application Commentary [Grand Rapids: Zondervan, 2004], 24-25).
2. Ver la *Epístola de Bernabé* 7-8; Benjamin Keach, *Preaching from the Types and Metaphors of the Bible* (1855; reimpr., Grand Rapids: Kregel, 1972), 987-93.

pecados, se ha sentado a la diestra de Dios» (He. 10:12). El sistema de sacrificios estaba lleno de sombras y, después de la cruz, las sombras dejaron de existir.

Aarón

Aarón, el hermano mayor de Moisés, desempeña un papel crucial en los acontecimientos de Egipto y en la vida de los sacerdotes de Israel. En las tres primeras plagas, Aarón sostuvo el bastón por medio del cual Dios obró prodigios de sangre, ranas y mosquitos (Éx. 7:14–8:19) y sirvió en varias ocasiones como portavoz de Moisés (Éx. 3:14-16; 4:30; 16:9-10). Dios apartó a Aarón y a sus hijos para que sirvieran como sacerdotes (Éx. 28:1). Fueron consagrados para su labor sacerdotal (Lv. 8). Aarón representaría a Israel en su papel de mediador.[3] Cuando presentó ofrendas ante el Señor tras su consagración, el Señor aceptó sus sacrificios (Lv. 9). A medida que Aarón servía al pueblo de Israel, experimentaba la oposición y las murmuraciones de este, al igual que Moisés (Nm. 14:2). Así como Moisés, Aarón nunca entró en la tierra prometida. Aarón y su hijo Eleazar subieron a un monte, y Moisés le quitó las vestiduras sacerdotales a Aarón y se las puso a Eleazar (Nm. 20:24-28). El papel de Aarón como sumo sacerdote había llegado a su fin.

Jesús es un Aarón verdadero y superior.[4] Él es nuestro hermano mayor, que obra maravillas para liberar al pueblo de Dios. Y cuando habla, habla las palabras de Dios (Jn. 17:8). No es solo su portavoz; es Dios mismo quien habla. Jesús fue apartado por su obra como nuestro verdadero mediador, el que realizaría lo que Aarón nunca pudo (He. 5:1-6). La obra de Aarón como sumo sacerdote no estaba libre de corrupción (He. 7:27; 9:7). Aarón mismo era un pecador y necesitaba un mediador superior. Solo Jesús es nuestro sumo sacerdote, que estuvo libre de pecado (He. 7:26-27). Todo lo que hizo agradó a Dios, incluido su sacrificio en la cruz como propiciación por nuestros pecados. Aunque Jesús murió, su ministerio como sumo sacerdote continúa porque resucitó (He. 7:23-25). La obra mediadora de Jesús nunca pasará a manos de un sucesor. Siendo superior a Aarón, Jesús es nuestro sumo sacerdote para siempre.

El día de la expiación

Una vez al año, en el día de la expiación, el sumo sacerdote entraba en el tabernáculo (y más tarde en el templo) para pasar detrás del velo al Lugar Santísimo (Lv. 16). El sumo sacerdote rociaba la sangre que había sido derramada, por sus propios pecados y los del pueblo (Lv. 16:11-17). Después de expiar el Lugar Santo, el tabernáculo y el altar, el sumo sacerdote ponía sus

3. Ver Richard Ounsworth, *Joshua Typology in the New Testament* (Tubinga: Mohr Siebeck, 2012), 175.
4. Ver Keach, *Types and Metaphors of the Bible*, 980.

manos sobre la cabeza de un macho cabrío vivo y confesaba los pecados de Israel (Lv. 16:21). Este acto simbolizaba la transferencia del pecado, y el macho cabrío se iba al desierto.

Jesús, nuestro poderoso mediador, cumplió el día de la expiación.[5] Al morir, declaró: «Consumado es» (Jn. 19:30). La muerte de Jesús fue el último día de expiación. «Cuando el sumo sacerdote aarónico pasaba a través del velo al Lugar Santísimo, llevando consigo la sangre de los animales sacrificados para su purificación, participaba en otra imagen sombría de lo que Cristo lograría».[6] Semanas después de su resurrección, Jesús ascendió a la diestra del Padre, entrando «no por sangre de machos cabríos ni de becerros, sino por su propia sangre, entró una vez para siempre en el Lugar Santísimo, habiendo obtenido eterna redención» (He. 9:12). El Lugar Santísimo del tabernáculo había representado la contraparte mayor y celestial, en la que Jesús entró con la victoria a cuestas.

El velo del templo

El velo del templo, que era la última barrera de entrada al Lugar Santísimo, ocultaba el arca del pacto (Éx. 26:31-34). Solo el sumo sacerdote podía atravesar este velo, y solo podía hacerlo una vez al año, en el día de la expiación (Lv. 16:14-15). El velo era un símbolo de la interrupción que el pecado había traído a la comunión con un Dios santo. El velo nos recuerda que somos transgresores, y los transgresores no pueden morar en la gloria divina y vivir.

Cuando el sufrimiento y la crucifixión desgarraron el cuerpo de Cristo, el velo del templo se rasgó con su muerte (Mt. 27:51). La expiación se había llevado a cabo, pero no mediante nada realizado en el templo físico. El velo del templo era un tipo de Cristo, rasgado por nosotros para que pudiéramos tener comunión con el Dios que se ha acercado a nosotros.[7] Entramos en el Lugar Santísimo mediante la sangre de Cristo, «por el camino nuevo y vivo que él nos abrió a través del velo, esto es, de su carne» (He. 10:20). A través del velo de su carne, Cristo ha abierto el camino para llegar a Dios.

El año del jubileo

Israel tenía muchas fiestas y acontecimientos que contar y recordar a lo largo del año. Después de cuarenta y nueve años, Israel se prepararía para el

---

5. Ver la discusión en Ounsworth, *Joshua Typology in the New Testament*, 168-172; Dennis E. Johnson, *Walking with Jesus through His Word: Discovering Christ in All the Scriptures* (Phillipsburg, NJ: P&R, 2015), 213-14.
6. Ounsworth, *Joshua Typology in the New Testament*, 175.
7. Ver la discusión en Ounsworth, *Joshua Typology in the New Testament*, 157-65; Keach, *Types and Metaphors of the Bible*, 984.

año del jubileo: «Y santificaréis el año cincuenta, y pregonaréis libertad en la tierra a todos sus moradores; ese año os será de jubileo, y volveréis cada uno a vuestra posesión, y cada cual volverá a su familia» (Lv. 25:10). Este quincuagésimo año fue, con razón, un tiempo de celebración. Pero un día llegaría un jubileo superior. En el libro de Daniel, la práctica de contar los siete está detrás de las palabras de Gabriel sobre los setenta sietes (Dn. 9:20-27).[8] Daniel supo de un tiempo en el que Dios expiaría el pecado y traería la justicia (Dn. 9:24).

Jesús vino para traer el año del jubileo definitivo.[9] En la cruz, Jesús hizo expiación por el pecado y trajo la justicia, tal como Daniel había aprendido que Dios haría. El año del jubileo de Levítico 25 apuntaba a la obra redentora de Cristo y se cumplió mediante ella. Su redención logró la mayor libertad y justifica la mayor celebración. Daniel oyó que un ungido sería cortado y establecería un pacto sólido (Dn. 9:26-27), y nosotros sabemos por el Nuevo Testamento que Jesús fue el Ungido de Dios que abrazó la cruz para establecer un nuevo pacto. La obediencia del último Adán trajo vida y alegría, justificación y jubileo.

Números

La muerte de la generación del desierto

Cuando los espías regresaron con un informe contradictorio sobre la tierra prometida, la mayoría de ellos expresaron temor e incredulidad (Nm. 13:31-32). Su mal informe provocó una rebelión entre los israelitas, que refunfuñaron contra Moisés, Aarón y el Señor. Debido a la maldad del pueblo, Dios determinó que los israelitas vagaran por el desierto hasta que muriera la generación mayor (Nm. 14:32-34). Esa generación rebelde no heredó las promesas hechas a Abraham.

A los que viven en rebeldía contra el Señor les espera un juicio mucho peor. «Mirad, hermanos» —advierte el escritor de Hebreos— «que no haya en ninguno de vosotros corazón malo de incredulidad para apartarse del Dios vivo» (He. 3:12). El autor acaba de citar el Salmo 95, que pone como ejemplo de incredulidad a la generación del desierto (He. 3:7-11; Sal. 95:7-11). Hay un descanso eterno para el pueblo de Dios, pero un corazón incrédulo no entrará en la nueva creación. Si Dios juzgó a la generación del desierto por su maldad,

---

8. En Levítico 25, los israelitas debían dar descanso a la tierra cada siete años (25:1-7). De este modo, el Señor concedía a la tierra un día de reposo. Y después de siete ciclos de siete años, los israelitas debían celebrar el año del jubileo, el quincuagésimo año. Cuando Gabriel habla de setenta sietes (Dn. 9:24), las palabras del ángel se basan en el número siete que estructura la vida agrícola de Israel en Levítico 25.
9. Ver Sidney Greidanus, *Preaching Christ from the Old Testament: A Contemporary Hermeneutical Method* (Grand Rapids: Eerdmans, 1999), 261; Johnson, *Walking with Jesus,* 207-10.

cuanto más los que rechazan el Evangelio se enfrentarán a la ira del Dios vivo y no entrarán en el descanso prometido.

La apertura de la tierra

A pesar de la desaprobación del Señor por sus murmuraciones, los israelitas siguieron comportándose de forma rebelde. Coré, Datán y Abiram se levantaron contra Moisés y Aarón (Nm. 16:1-3). Moisés advirtió al grupo que, en realidad, se estaban reuniendo contra el Señor. El juicio de Dios cayó sobre Coré y compañía cuando la tierra abrió la boca y los consumió (Nm. 16:30-33).

El juicio final de Cristo consumirá a los malvados. Nadie resistirá la ira del Cordero. Sin embargo, los justos no perecerán con los impíos, porque el Señor sabe cómo preservar a los suyos (2 P. 2:4-10). El juicio final es una intensificación de todo juicio terrenal. Los que se reúnen contra el pueblo de Dios se están reuniendo contra Dios mismo y su Ungido (ver Hch. 9:4-5). Pero ¿quién podría triunfar contra el Señor? «El que mora en los cielos se reirá; el Señor se burlará de ellos» (Sal. 2:4). Como Coré y sus compañeros, los que se oponen al Señor aprenderán que «¡Horrenda cosa es caer en manos del Dios vivo!» (He. 10:31).

La serpiente de bronce

En otra ocasión en que los israelitas hablaron contra Dios y Moisés, el pueblo preguntó: «¿Por qué nos hiciste subir de Egipto para que muramos en este desierto? Pues no hay pan ni agua, y nuestra alma tiene fastidio de este pan tan liviano» (Nm. 21:5). Los rebeldes se enfrentaron a un juicio inmediato: serpientes ardientes comenzaron a morder al pueblo (Nm. 21:6). Moisés intercedió por el pueblo, y el Señor puso remedio: «Hazte una serpiente ardiente, y ponla sobre un asta; y cualquiera que fuere mordido y mirare a ella, vivirá» (Nm. 21:8). Moisés obedeció, levantó una serpiente de bronce en un asta, y los israelitas mordidos vivían si la miraban.

La provisión de la serpiente de bronce era un tipo de Cristo en la cruz.[10] Las propias palabras de Jesús sobre la historia la relacionan con su muerte venidera: «Y como Moisés levantó la serpiente en el desierto, así es necesario que el Hijo del Hombre sea levantado, para que todo aquel que en él cree, no se pierda, mas tenga vida eterna» (Jn. 3:14-15). El pecado es una serpiente que nos ha mordido a todos, y vamos a perecer bajo el juicio de Dios, a menos que miremos con fe a la provisión de la cruz. Jesús ha sido levantado por nosotros, para que todos los que lo miren tengan vida eterna.

---

10. Ver la *Epístola de Bernabé* 12; Johnson, *Walking with Jesus*, 76-77.

El celo de Finees

Si por algo es conocido Finees, es por tomarse en serio la ley de Dios. Mientras Israel vivía en Sitim, cometieron inmoralidad sexual con mujeres moabitas (Nm. 25:1), y la idolatría resultante enfureció al Señor (Nm. 25:2-3). El Señor ordenó castigos por estos pecados (Nm. 25:4-5). Finees siguió a un israelita transgresor a un lugar de intimidad, donde el israelita cometió inmoralidad con una mujer madianita. Finees fue el instrumento del juicio, alanceando a la pareja cuyo pecado los descubrió (Nm. 25:7-8). El Señor elogió la obra de Finees, que sentía celo divino por la gloria del Señor (Nm. 25:11-13).

Sin embargo, nadie valoró la gloria de Dios como Jesús. Jesús fue un verdadero y gran Finees, que mostró un compromiso en su corazón y en su vida con la ley de Dios. Aunque Finees apartó por un tiempo la ira de Dios de Israel (Nm. 25:11), solo Jesús podía propiciar el pecado, satisfaciendo la justicia de Dios. Los pecadores merecían la ira divina, y Jesús soportó esta ira en su lugar. En su celo por la gloria del Padre, Cristo se convirtió en la ofrenda aceptable a Dios para que los pecadores pudieran vivir en Él. En lugar de perseguir a los pecadores con una lanza, Jesús recibió la lanza en su propio cuerpo.

Deuteronomio

El profeta como Moisés

Antes que Moisés muriera y los israelitas entraran en la tierra prometida, les dijo: «Profeta de en medio de ti, de tus hermanos, como yo, te levantará Jehová tu Dios; a él oiréis» (Dt. 18:15). Un profeta como Moisés era un modelo que Dios había establecido y que los futuros israelitas debían buscar. ¿Quién sería el profeta como Moisés? De ese profeta, Dios dijo: «pondré mis palabras en su boca, y él les hablará todo lo que yo le mandare» (Dt. 18:18). Josué lideró después de Moisés, pero no era el profeta esperado. Jeremías había sido nombrado profeta e incluso se opuso a este encargo por su discurso inadecuado (Jer. 1:6), pero tampoco era el profeta esperado.

El libro de Hebreos comienza así: «Dios, habiendo hablado muchas veces y de muchas maneras en otro tiempo a los padres por los profetas, en estos postreros días nos ha hablado por el Hijo, a quien constituyó heredero de todo, y por quien asimismo hizo el universo» (He. 1:1-2). Jesús es el profeta como Moisés, el Verbo de Dios que se hizo carne y reveló al Padre. Los apóstoles creían que Jesús cumplía esta expectativa tipológica. Pedro predicó que «Porque Moisés dijo a los padres: El Señor vuestro Dios os levantará profeta de entre vuestros hermanos, como a mí; a él oiréis en todas las cosas que os hable... Dios, habiendo levantado a su Hijo, lo envió para que os bendijese, a fin de que cada uno se convierta de su maldad» (Hch. 3:22, 26; cf. Mt. 17:5).

Un profeta del Antiguo Testamento podía decir: «Así dice el Señor», pero Jesús podía simplemente hablar, pues cada palabra que salía de su boca era palabra de Dios. Jesús era el profeta como Moisés, y era el profeta superior a Moisés.[11]

Bendiciones y maldiciones del pacto

Cuando Dios dio la ley a los israelitas, esta venía con bendiciones si se obedecía y maldiciones si se desobedecía. La obediencia conduciría al florecimiento en la tierra prometida, pero la desobediencia podría dar como resultado la expulsión. La maldición del exilio sería por la mano de un enemigo extranjero que Dios levantaría para juzgar a su pueblo rebelde. «Y Jehová te esparcirá por todos los pueblos, desde un extremo de la tierra hasta el otro extremo; y allí servirás a dioses ajenos que no conociste tú ni tus padres, al leño y a la piedra» (Dt. 28:64; ver Lv. 26:33).

Las bendiciones y maldiciones terrenales de la ley mosaica son tipológicas. Prefiguran la plenitud de vida y la plenitud de destrucción que esperan a creyentes e incrédulos. La bendición de Dios se indica en la invitación de Cristo: «Venid, benditos de mi Padre, heredad el reino preparado para vosotros desde la fundación del mundo» (Mt. 25:34). Y la maldición de Dios es evidente en el mandato de Jesús: «Apartaos de mí, malditos, al fuego eterno preparado para el diablo y sus ángeles» (Mt. 25:41). En las maldiciones del Antiguo Testamento, el exilio de la tierra era una consecuencia terrible que presagiaba un futuro espantoso. Pero se avecina un exilio aún peor para los enemigos de Dios. Los juicios históricos del Antiguo Testamento son pequeños atisbos de ello.

En resumen

Jesús unió cosas del Antiguo Testamento que se habían mantenido separadas a lo largo de la historia de Israel. Un sacerdote era distinto del tabernáculo, que estaba separado de los sacrificios que allí se ofrecían. Pero Jesús es el sacrificio perfecto, al igual que el tabernáculo, y es el sumo sacerdote que se ofrece a sí mismo. Su carne desgarrada es el velo que se rasga para que podamos conocer la gloria de Dios. El velo mantenía fuera a los pecadores, pero Jesús los hace entrar. Él es la serpiente de bronce levantada para que vivamos y no perezcamos. Él llevó las maldiciones del pacto para que nosotros pudiéramos tener las bendiciones. Él inauguró la era de la expiación y el jubileo, una era que no tendrá fin.

---

11. Ver Johnson, *Walking with Jesus through His Word*, 64; Friedbert Ninow, *Indicators of Typology within the Old Testament: The Exodus Motif* (Frankfurt: Peter Lang, 2001), 146-48.

Preguntas para la reflexión

1. ¿De qué manera el sistema de sacrificios y el día de la expiación apuntaban a Cristo?
2. ¿Cómo debemos entender el velo del tabernáculo/templo del Antiguo Testamento a la luz de la cruz?
3. ¿Cómo utiliza Jesús la historia de la serpiente de bronce en Juan 3:14-15?
4. ¿Hay otros juicios históricos a lo largo de Levítico hasta Deuteronomio que prefiguran el juicio final de los impíos?
5. ¿En qué aspectos es Jesús un profeta como Moisés?

PREGUNTA **20**

¿Qué tipos aparecen desde Josué hasta Rut?

Los libros desde Josué hasta Rut narran la entrada de Israel en la tierra prometida y los oscuros años de rebelión que siguieron. Sin embargo, durante todo ese tiempo, Dios estaba preparando a un rey que gobernaría al pueblo. Los años que abarcan estos libros estuvieron llenos de conquistas y compromisos, rescates y ruinas.

Josué

Josué, el sucesor de Moisés

Josué era el ayudante y sucesor de Moisés (Nm. 27:15-18). Dios le dijo que se atuviera a la ley y no se apartara de ella ni a derecha ni a izquierda (Jos. 1:7). Josué conduciría al pueblo a la tierra de conquista y herencia. Sería testigo de cómo el poder de Dios vencía ciudades y ejércitos. Su nombre significaba «Yahvé es la salvación», y vio cómo la mano del Señor cumplía las promesas hechas a los patriarcas. Antes de morir, llamó a los israelitas a renovar su compromiso con el Señor (Jos. 24).

Josué y Jesús comparten el mismo nombre. El nombre hebreo Josué equivale al nombre griego Jesús. Según Ounsworth, «El futuro da forma al pasado, y esa forma se señala al lector cristiano de las Escrituras de Israel por medio de la identidad de los nombres».[1] El ángel dijo a José: «[María] dará a luz un hijo, y llamarás su nombre JESÚS, porque él salvará a su pueblo de sus pecados» (Mt. 1:21). Y Jesús hará honor a su nombre. Él es un Josué verdadero y mejor.[2] De corazón, se deleitó en la ley de Dios, sin apartarse de ella ni a derecha ni a izquierda. Jesús conducirá a los santos al cumplimiento de todas las promesas de Dios.

---

1. Richard Ounsworth, *Joshua Typology in the New Testament* (Tubinga: Mohr Siebeck, 2012), 15.
2. Ver la *Epístola de Bernabé* 12; Justino Mártir, *Diálogo* 113; Rich Lusk, «Holy War Fulfilled and Transformed: A Look at Some Important New Testament Texts», en *The Glory of Kings: A Festschrift in Honor of James B. Jordan*, eds. Peter J. Leithart y John Barach (Eugene, OR: Pickwick, 2011), 75, 90; Edmund P. Clowney, *The Unfolding Mystery: Discovering Christ in the Old Testament* (Phillipsburg, NJ: P&R, 1988), 134-35.

El cordón de grana

En Jericó, una mujer llamada Rahab escondió a los espías israelitas porque creía en los rumores que había oído: que el Dios de los hebreos estaba con su pueblo y les daría la tierra de Canaán (Jos. 2:9-11). Su súplica a los espías fue que el juicio que se avecinaba sobre la tierra pasara por alto a ella y a su familia: «salvaréis la vida a mi padre y a mi madre, a mis hermanos y hermanas, y a todo lo que es suyo; y... libraréis nuestras vidas de la muerte» (Jos. 2:13). Los espías le dijeron: «atarás este cordón de grana a la ventana por la cual nos descolgaste» (Jos. 2:18), y así los israelitas pasarían por encima de su casa cuando vieran el cordón de grana.

El símbolo del cordón de grana era una reminiscencia de la Pascua judía y de la cruz. En Éxodo, los israelitas debían poner sangre en los postes de las puertas para que pasara el juicio (Éx. 12:23), y en Josué, la familia de Rahab se libraría del juicio porque se puso un cordón de grana en una ventana (Jos. 2:18). Al igual que en la Pascua, la colocación del cordón de grana prefigura la cruz, donde la sangre de Cristo expiaba a los pecadores y libraba del juicio a todos los que venían a Cristo con fe.

Entrada en la tierra prometida

Bajo el liderazgo de Josué, los israelitas entraron por fin en la tierra prometida. Cruzaron el río Jordán en seco y entraron en Canaán (Jos. 3:14-17). La entrada en la tierra fue la culminación de un largo viaje. Los israelitas —ahora formados por la segunda generación que creció en el desierto durante cuatro décadas— estaban listos para recibir su herencia.

Por muy importante que fuera entrar en la tierra prometida, la entrada podía revertirse con el exilio. Ocupar la tierra no era una situación permanente. Esta entrada prefiguraba la nueva creación a la que Jesús, el nuevo y superior Josué, conduciría a su pueblo. «En efecto, el paso del Jordán y la posterior renovación del pacto mosaico y conquista de la tierra de Canaán no fueron más que una imagen sombría del verdadero cumplimiento de las promesas de Dios a Abraham y a su descendencia».[3] De la tierra prometida, manaba leche y miel, pero al pueblo de Dios le espera «una [tierra] mejor, esto es, celestial» (He. 11:16). Josué fue incapaz de proporcionar a los israelitas el «descanso» que necesitaban (He. 4:8). Nuestra esperanza es un mejor descanso en una tierra mejor.

La conquista de la tierra prometida

La tierra prometida no estaba vacía cuando llegaron los israelitas. Y los pueblos hostiles de Canaán se prepararon para enfrentarse al pueblo de Dios

---

3. Ounsworth, *Joshua Typology in the New Testament*, 175.

en la batalla. Los israelitas heredarían la tierra mediante la conquista, debían ejercer dominio sobre los enemigos de Dios y someterlos (Jos. 1:14-15). Conquistaron gobernantes, derrotaron ejércitos y derribaron fortalezas. En las partes sur y norte de Canaán, Israel desarrolló la conquista (ver Jos. 10–12).

Cuando Jesús comenzó su ministerio terrenal, también había venido a la conquista, aunque esta no fue de ejércitos y ciudades terrenales.[4] Realizó señales y prodigios contra los poderes de las tinieblas y los efectos de la maldición. Vino a vencer a los demonios, al diablo, a la enfermedad y a la muerte (Mr. 1–3; 5). Obró milagros en la parte sur de la tierra prometida y en el norte, moviéndose como un Josué superior y como el verdadero Israel. Vino a ejercer dominio, y nada pudo resistirse a su palabra. Cesaron los vientos, huyeron los demonios, la vista volvió y la muerte se abatió. Greidanus señala que «Cristo conquista la fortaleza de Satanás (cf. Mt. 12:28-29; Ap. 20:2-3) y abre el camino a su pueblo hacia la nueva creación».[5] La conquista de Cristo continúa ahora mediante la proclamación del Evangelio y la construcción de su iglesia.[6] A la diestra de Dios, es Rey de reyes y Señor de señores. Todos los enemigos serán sometidos a sus pies (1 Co. 15:25).

Jueces–Rut

Los jueces

En los últimos capítulos de Jueces, el autor señala que en Israel no había rey, por lo que cada uno hacía lo que le parecía bien (ver Jue. 17:6; 18:1; 19:1; 21:25). Los israelitas estaban en la tierra prometida, pero no tenían un líder. Este período de la historia de Israel se caracterizó por la rebelión, la subyugación, el arrepentimiento y el rescate: el pueblo se rebeló; Dios levantó a un enemigo para vencerlo; los israelitas se arrepintieron y Dios levantó a un juez para liberarlos. Los jueces eran líderes militares, predecesores de los reyes de Israel.

El papel de juez es un tipo de Cristo.[7] Jesús es el rey al que los jueces señalan en última instancia, y es el salvador que necesitan los pecadores. Los jueces llegaron a la escena cuando el pecado de Israel había cosechado el sometimiento, y el juez vino a salvarlos. Los jueces eran salvadores y guerreros. Y, en la plenitud de los tiempos, Cristo, nuestro guerrero-juez, vino a liberarnos, cosechando lo que habíamos sembrado: la ira de Dios.

---

4. Ver Lusk, «Holy War Fulfilled and Transformed», 80. Clowney, *Unfolding Mystery*, 133.
5. Sidney Greidanus, *Preaching Christ from the Old Testament: A Contemporary Hermeneutical Method* (Grand Rapids: Eerdmans, 1999), 341.
6. Ver el análisis en Ounsworth, *Joshua Typology in the New Testament*, 167.
7. Ver Greidanus, *Preaching Christ from the Old Testament*, 260.

Gedeón

Gedeón procedía del clan «más débil» de Manasés, y era «el más pequeño» en la casa de su padre (Jue. 6:15). Sin embargo, el ángel de Yahvé declaró que él golpearía a los madianitas (Jue. 6:16). Después de romper un altar a Baal, los hombres de la ciudad salieron contra Gedeón, diciendo a su padre: «Saca a tu hijo para que muera» (Jue. 6:30). Pero Dios estaba con el muchacho, y «el Espíritu de Jehová vino sobre Gedeón» (Jue. 6:34). El Señor salvaría a Israel por la mano de Gedeón (Jue. 6:36). Cuando se enfrentó a los madianitas, contaba con un ejército de apenas trescientos hombres (Jue. 7:6-8). Gedeón tuvo setenta hijos, uno de los cuales se llamaba Abimelec (Jue. 8:30-31). El nombre Abimelec significa «mi padre es rey».

A pesar del significado del nombre de Abimelec, Gedeón no era rey, pero prefiguraba al futuro rey del pueblo de Dios. Cristo estaba revestido del Espíritu para todo lo que Dios le había encomendado. Nació en la pequeña ciudad de Belén y creció en Nazaret. Al igual que Gedeón, Jesús procedía de lo que parecía ser el más pequeño y débil de los lugares. ¿De Nazaret puede salir algo de bueno (Jn. 1:46)? La misión de Cristo provocó la oposición de los demás, pero perseveró en lo que Dios le encomendó decir y hacer. Su viaje a la cruz se caracterizó por una debilidad que parecía superada en todos los sentidos por la determinación de los líderes judíos y el celo de los soldados romanos, de forma similar a como el ejército de trescientos hombres de Gedeón parecía superado por los madianitas. Sin embargo, la aparente desigualdad solo sirvió para resaltar el poder y la sabiduría de Dios. Aunque su número no era impresionante, el ejército de Gedeón salió victorioso (Jue. 7:19-25). Y Cristo, aunque aparentemente fue la última víctima de la crucifixión romana, triunfó sobre todos.

Sansón

No es frecuente encontrar en las Escrituras el relato del nacimiento de un personaje. De todos los jueces del libro de Jueces, solo la historia de Sansón comienza con el relato de su nacimiento. Su madre había sido estéril, hasta que un ángel del Señor se le apareció y le dijo: «He aquí que tú eres estéril, y nunca has tenido hijos; pero concebirás y darás a luz un hijo» (Jue. 13:3). El ángel le dijo: «navaja no pasará sobre su cabeza, porque el niño será nazareo a Dios desde su nacimiento, y él comenzará a salvar a Israel de mano de los filisteos» (Jue. 13:5). La mujer tuvo un hijo y lo llamó Sansón (Jue. 13:24). Fue un poderoso juez, que venció a sus enemigos con una fuerza sin igual. Sansón confió la importancia de su cabellera a Dalila, que facilitó su derrota (Jue. 16:19-21). Pero la derrota fue solo temporal. Su cabello volvió a crecer y aprovechó la oportunidad para vencer a los enemigos de Dios. Agarrándose de las columnas cercanas, derribó la casa sobre todos los que estaban dentro, incluido él mismo (Jue. 16:22, 29-30). Increíblemente, «los que mató al morir fueron muchos más que los que había matado durante su vida» (Jue. 16:30).

Los Evangelios de Mateo y Lucas del Nuevo Testamento nos narran el nacimiento de Jesús (Mt. 1–2; Lc. 1–2). Aprendemos que su concepción fue milagrosa y que fue apartado para llevar a cabo la salvación. Aunque sus enemigos creían haberlo vencido, su «derrota» solo fue temporal. Con su muerte y resurrección, fue vindicado y victorioso. Jesús, que desempeñó el papel de un guerrero-juez, fue un verdadero y superior Sansón.[8] Tomó las columnas del pecado y de Satanás, y las derribó. Mientras que la muerte de Sansón trajo la muerte a muchos, la muerte de Jesús trajo la vida a muchos.

El pariente redentor

Las pérdidas y el endeudamiento podían dejar a los israelitas en terribles apuros. Según Levítico 25, un pariente conocido como «pariente-redentor» podía aliviar la situación de un familiar a costa de sí mismo. Actuaría con un objetivo redentor. Antes de Levítico 25, solo Dios había sido llamado redentor (ver Éx. 6:6). Él redimió a los israelitas cautivos de los opresores egipcios. Y en Levítico 25, aprendemos que los israelitas podían imitar al Señor y redimir la situación de un familiar. El libro de Rut cuenta la historia de cómo un pariente redentor alivió y restauró a las mujeres que se enfrentaban a la indigencia.

Jesús es el cumplimiento último de la función de pariente-redentor.[9] Ha contemplado la desesperada situación de los pecadores y ha actuado con redención. Pablo dice: «Cristo nos redimió de la maldición de la ley, hecho por nosotros maldición» (Gá. 3:13). Puesto que un pariente redentor sacrificó su propio tiempo y recursos, podemos afirmar que Cristo actuó de la forma más sacrificada posible, para redimirnos. Él entregó su propia vida, bebiendo la copa de la justicia de Dios. El que no tenía pecado se hizo pecado por nosotros. En palabras de Jesús a sus discípulos: «Porque el Hijo del Hombre no vino para ser servido, sino para servir, y para dar su vida en rescate por muchos» (Mr. 10:45). En la cruz, Cristo fue nuestro rescate, nuestro pariente redentor.

Booz

Booz era un redentor de Belén. Es el héroe del libro de Rut, que asume el papel de pariente-redentor para ayudar a Rut y Noemí (Rt. 3:13; 4:9-10). Antes de casarse con Rut la moabita, Booz ya había actuado con bondad y genero-

---

8. Ver Benjamin Keach, *Preaching from the Types and Metaphors of the Bible* (1855; reimpr., Grand Rapids: Kregel, 1972), 977; Clowney, *Unfolding Mystery,* 13-15, 136-42.
9. Ver A. M. Hodgkin, *Christ in All the Scriptures* (Londres: Pickering & Inglis, 1909), 61.

sidad hacia ella (Rt. 2:15-16; 3:15). Sus acciones demostraban que cumplía la ley de Moisés, pero su comportamiento hacia Rut superaba incluso lo que la ley exigía. Tenía una reputación honorable a los ojos de los demás, y afirmó también la integridad y dignidad de Rut (Rt. 3:10-11, 14).

Jesús es un verdadero y superior Booz.[10] Él es nuestro redentor de Belén, que guardó la ley de Moisés y la cumplió (Mt. 5:17). Su ministerio terrenal se caracterizó por la bondad y la generosidad, actuando en beneficio de los demás al ver sus necesidades y penurias (Mr. 7:24–8:10). Su integridad era inigualable. Él, como Booz, tomó una esposa de entre las naciones, pues la iglesia (su esposa) está formada por toda nación, tribu y lengua (Ap. 7:9-14).

El nacimiento de Obed

El libro de Rut comienza con Noemí destrozada por la pérdida y el dolor, y termina con Noemí restaurada (Rt. 1:3-5; 4:14-15). El nacimiento del hijo de Booz y Rut fue la restauración de la línea familiar que había cesado cuando murieron el esposo y los hijos de Noemí. El nuevo niño, llamado Obed, era hijo y signo de esperanza. Las mujeres le dijeron a Noemí: «el cual será restaurador de tu alma, y sustentará tu vejez; pues tu nuera, que te ama, lo ha dado a luz; y ella es de más valor para ti que siete hijos» (Rt. 4:15). El final del libro es una genealogía. Aprendemos que Obed engendró a Isaí, y que Isaí engendró a David (Rt. 4:22).

En tiempos de los jueces, Dios estaba preparando un rey, y la historia de Rut contribuye a esa preparación (Rt. 1:1; 4:22). Jesús sería un redentor de Belén de Judá, pues descendía de una línea que, siglos antes, pasaba por Belén y la familia de Booz (Mt. 1:5; Lc. 2:4-7). El nacimiento de Obed trajo restauración y alegría, y el nacimiento de Jesús traería eso y mucho más.

En resumen

Israel entró en la tierra prometida, pero carecía de rey. Los años transcurridos fueron oscuros, pero Dios seguía actuando. La conquista había sido crucial, pero no remediaba los corazones de la gente. Cuando el pueblo se descarrió y se arrepintió, los jueces se levantaron para liberarlo; sin embargo, estos guerreros temporales no pudieron establecer una esperanza duradera para el pueblo de Dios. Los tipos en los libros de Josué, Jueces y Rut seguían iluminando el camino que conducía a Jesús. El pueblo de Dios necesitaba un Josué que lo guiara, un Sansón que lo defendiera y un Booz que lo redimiera. Y cuando vino Jesús, obtuvimos todo lo que necesitábamos.

---

10. Ver Mitchell L. Chase, «A True and Greater Boaz: Typology and Jesus in the Book of Ruth», *Southern Baptist Journal of Theology* 21, n.º 1 (primavera 2017): 85-96.

Preguntas para la reflexión

1. ¿Cuáles son las correspondencias entre Josué y Jesús?
2. ¿Cómo puede el cordón de grana de la ventana de Rahab señalar a Cristo?
3. ¿De qué manera los jueces guerreros prefiguran al Salvador?
4. ¿Puede usted pensar en jueces particulares cuyas historias tipifiquen a Cristo?
5. ¿Por qué debemos considerar a Booz un tipo de Cristo?

PREGUNTA **21**

¿Qué tipos aparecen desde 1 Samuel hasta 2 Crónicas?

Los libros desde 1 Samuel hasta 2 Crónicas narran el ascenso de la monarquía de Israel, la división del reino y la caída de la nación bajo una potencia extranjera. Las promesas y los pactos de Dios parecen venirse abajo, pero la abundancia de tipos nos muestra que Dios estuvo trabajando todo el tiempo, abierta y encubiertamente, haciendo avanzar su plan por el bien del mundo.

1–2 Samuel

Samuel

La historia de Samuel comienza con sus padres, concretamente con su estéril madre Ana. Por el poder de Dios, ella y su marido concibieron y dieron a luz a Samuel (1 S. 1:20). Ministrando al Señor bajo la supervisión de Elí, Samuel aprendió a ser sacerdote. Una palabra del Señor llegó por medio de un hombre a Elí: «Y yo me suscitaré un sacerdote fiel, que haga conforme a mi corazón y a mi alma; y yo le edificaré casa firme, y andará delante de mi ungido todos los días» (1 S. 2:35). Además de esto, el Señor estableció a Samuel como profeta (1 S. 3:20). Y aún más, después que el arca regresó a Israel, Samuel fue juez en Israel el resto de su vida (1 S. 7:15). En resumen, Samuel fue un hombre que desempeñó muchas funciones: profeta, sacerdote y juez.[1]

Jesús nació gracias a una concepción milagrosa (Lc. 1:35). Al igual que Samuel, desempeñó varias funciones. Jesús fue el profeta consumado, el sacerdote perfecto y el rey prometido (que el papel de juez prefiguraba). Aunque el lector de 1 Samuel está preparado para ver al niño Samuel como el cumplimiento de la profecía sobre un sacerdote fiel (ver 1 S. 2:35; 3:1-18), en última instancia, Samuel es un tipo de Cristo. Solo Cristo sería capaz de hacer todo conforme al corazón y alma del Padre (1 S. 2:35). Dios estuvo con Samuel mientras crecía, y también mostró su favor a Jesús (1 S. 3:19; Lc. 2:40, 52). Sorprendentemente, el Señor no dejó «caer a tierra» (1 S. 3:19) ninguna de las palabras de Samuel. Y si las palabras de Samuel eran tan seguras y confiables, ¡cuánto más confiables y seguras eran las palabras de Cristo! No importa lo que Jesús hablara, sus palabras nunca cayeron a tierra.

---

1. Ver A. M. Hodgkin, *Christ in All the Scriptures* (Londres: Pickering & Inglis, 1909), 65. [Para una edición en español, ver A. M. Hodgkin, *Cristo en todas las Escrituras* (Buenos Aires: LEC, 1953)].

La captura y el regreso del arca

Los filisteos, enemigos de Israel, capturaron el arca de Dios y la enviaron a distintos lugares de Filistea. Sin embargo, fuera donde fuera, el arca capturada causó estragos a los filisteos. En Asdod, los filisteos descubrieron a su dios Dagón boca abajo y con partes rotas (1 S. 5:4). En Gat, los hombres de la ciudad desarrollaron tumores (1 S. 5:9). En Ecrón, también les salieron tumores a los hombres (1 S. 5:12). El exilio del arca fue un viaje que trajo gran pánico y daño a los enemigos de Dios. Finalmente, los filisteos devolvieron el arca a los israelitas (1 S. 6:11-15).

La captura y el regreso del arca fue un tipo de la muerte y resurrección de Cristo. El arca representa la presencia de Dios, y Cristo era la plenitud de la deidad en forma corporal (Col. 2:9). Aunque los adversarios de Cristo creían que su arresto, sufrimiento y muerte eran deseables y ventajosos, en realidad estaban agrediendo al Hijo de Dios y sembrando el juicio para sí mismos. Aunque Cristo parecía haber sido vencido en la cruz, en realidad estaba venciendo *por medio* de la cruz. Al igual que el arca, Jesús regresó vindicado, un regreso por medio de la resurrección (Jn. 20:1-10). Además, su ascensión fue burla a los poderes oscuros (1 P. 3:19). Jesús, «quien habiendo subido al cielo está a la diestra de Dios; y a él están sujetos ángeles, autoridades y potestades» (1 P. 3:22).

David

David era un niño de Belén que llegó a ser rey. El menor de los hijos de Isaí, parecía el menos indicado para ser candidato a la monarquía. Estaba pastoreando ovejas cuando Samuel se presentó en la casa (1 S. 16:11). Pero cuando el profeta vio al joven David, lo ungió, y de repente el Espíritu del Señor estuvo sobre él desde aquel día en adelante (1 S. 16:13). David era un hombre conforme al corazón de Dios (ver Hch. 13:22). Pero, al igual que la pareja en el jardín del Edén, David vio algo que deseaba, pero que no debía tomar (2 S. 11:1-5). Fue tentado y cayó en pecado.

Jesús era un verdadero y superior David.[2] Nacido en Belén, era el Ungido de Dios, el Mesías, que sería rey (Lc. 2:1-7). David era su antepasado (Mt. 1:1-17). El Espíritu estaba sobre Jesús para su ministerio (Mt. 3:16-17). Habló e hizo todo lo que el Padre le dijo que dijera e hiciera (Jn. 5:19; 17:8). A diferencia de David, Jesús venció todas las tentaciones y nunca pecó. Con su vida de devoción, fue verdaderamente un hombre conforme al corazón de Dios.

---

2. Ver Sidney Greidanus, *Preaching Christ from the Old Testament: A Contemporary Hermeneutical Method* (Grand Rapids: Eerdmans, 1999), 251-52; Benjamin Keach, *Preaching from the Types and Metaphors of the Bible* (1855; reimpr., Grand Rapids: Kregel, 1972), 977-78; James M. Hamilton Jr., «The Typology of David's Rise to Power: Messianic Patterns in the Book of Samuel», *Southern Baptist Journal of Theology* 16, n.º 2 (verano 2012): 4-25.

La derrota de Goliat

Goliat era un filisteo que se burlaba de los israelitas y desafiaba a cualquiera a luchar contra él. David, el joven al que Samuel había ungido, aceptó el reto. Aunque Goliat se burló de la estatura de David y de su falta de armas (1 S. 17:42-43), este no vaciló. Se indignó ante la blasfemia de Goliat y decidió defender el honor de Dios (1 S. 17:45-47). David corrió hacia el guerrero gigante, sacó una piedra y se la clavó en la frente (1 S. 17:49). La semilla de la mujer había triunfado sobre la semilla de la serpiente, con una herida en la cabeza (ver Gn. 3:15).[3]

La derrota de Goliat por manos de David presagiaba la victoria de Cristo sobre sus enemigos.[4] Jesús, la semilla de la mujer, había venido para combatir a la serpiente y conquistar los poderes de las tinieblas (Mr. 3:27; Jn. 12:31). Aunque parecía incompetente y sin preparación, Jesús sabía que la hora de su muerte sería al mismo tiempo el cumplimiento de su misión terrenal (Jn. 17:1). La victoria en la cruz superó la derrota de Goliat. Honramos a Cristo, nuestro poderoso guerrero, que hirió y aplastó la cabeza de sus enemigos.

Jerusalén

David dotó a la ciudad de Jerusalén de un gran significado. En primer lugar, derrotó a los habitantes jebuseos y, en segundo lugar, ordenó que el arca fuera llevada allí (2 S. 5:6-7; 6:2-4, 16-17). Jerusalén sería conocida como la ciudad de David (2 S. 5:9). Era donde reinarían los reyes del linaje de David, y sería el lugar donde Salomón construiría el templo (1 R. 6–8). Jerusalén era conocida como el monte Sión y la ciudad sobre una colina.

Pero la gloria de Jerusalén no duraría. Finalmente, los babilonios incendiaron la ciudad y destruyeron el templo, el palacio y las casas (2 R. 25). Por grande que fuera Jerusalén, era también un signo de la ciudad venidera, la nueva Jerusalén.[5] Aunque David y Salomón la hicieron grande, mejor es «la ciudad que tiene fundamentos, cuyo arquitecto y constructor es Dios» (He. 11:10). La Jerusalén terrenal tenía fama por todas partes, pero mejor es «la ciudad del Dios vivo, Jerusalén la celestial» (He. 12:22). Aunque aquella era la

---

3. Ver Peter J. Leithart, *A House for My Name: A Survey of the Old Testament* (Moscow, ID: Canon, 2000), 142; Hamilton, «Typology of David's Rise to Power», 4-25.
4. Edmund P. Clowney, *The Unfolding Mystery: Discovering Christ in the Old Testament* (Phillipsburg, NJ: P&R, 1988), 13-14. Ver Peter J. Leithart, «The Quadriga or Something Like It: A Biblical and Pastoral Defense», en *Ancient Faith for the Church's Future,* eds. Mark Husbands y Jeffrey P. Greenman (Downers Grove, IL: IVP Academic, 2008), 122-24.
5. Ver T. Desmond Alexander, *The City of God and the Goal of Creation, Short Studies in Biblical Theology* (Wheaton, IL: Crossway, 2018), 38-42, 163-67. [Para una edición en español, ver T. Desmond Alexander, *La ciudad de Dios y la meta de la creación,* Estudios Breves de Teología Bíblica (Ipswich, MA: Proyecto Nehemías, 2022).

ciudad de David, que era un hombre conforme al corazón de Dios, el pecado estaba dentro de sus muros y dentro de los corazones de su pueblo. Mejor será «la santa ciudad, la nueva Jerusalén, descender del cielo, de Dios» (Ap. 21:2), donde «ya no habrá muerte, ni habrá más llanto, ni clamor, ni dolor» (Ap. 21:4).

El oficio de rey

Israel tuvo una serie de reyes de la tribu de Judá, descendientes de David. Dios prometió una realeza perpetua. Por medio del profeta Natán, Dios dijo a David: «Y cuando tus días sean cumplidos, y duermas con tus padres, yo levantaré después de ti a uno de tu linaje, el cual procederá de tus entrañas, y afirmaré su reino. Él edificará casa a mi nombre, y yo afirmaré para siempre el trono de su reino» (2 S. 7:12-13). La promesa de Dios era que un futuro hijo de David disfrutaría de un reinado sin fin.

Jesús cumplió la realeza. Pablo dijo a los romanos que Jesús «era del linaje de David según la carne» (Ro. 1:3). El Evangelio de Mateo comienza con el anuncio de que Jesús era «hijo de David» (Mt. 1:1). Cuando Jesús se dirigía a Jerusalén el primer día de su semana de pasión, la gente gritaba «¡Hosanna al Hijo de David!» (Mt. 21:9). Un anciano celestial dijo a Juan que Jesús es «el León de la tribu de Judá, la raíz de David» (Ap. 5:5). Una de las visiones que el apóstol tuvo de Cristo fue la de un vencedor cuyo nombre es «REY DE REYES Y SEÑOR DE SEÑORES» impreso en su muslo (Ap. 19:16). Basándose en la promesa del Antiguo Testamento a David, los hijos de David prefiguraban al Hijo de David que reinaría para siempre. El Antiguo Testamento no nombra a este Hijo, pero el Nuevo Testamento lo llama Jesús.

1 Reyes–2 Crónicas

Salomón

Como hijo de David, que llegó a ser rey, Salomón dio esperanza al futuro de Israel. Salomón era más sabio que ningún otro rey (1 R. 3:12; 4:29-30), ejercía el dominio en paz (1 R. 4:24), mostraba conocimiento de las plantas y los animales (1 R. 4:33), y su reputación hacía que otras naciones acudieran a escuchar su sabiduría (1 R. 4:34). «Como David, Salomón es un Adán nuevo y mejorado».[6] Construyó un templo para Dios, cumpliendo lo que su padre David había querido hacer (1 R. 5–8).

Salomón era un tipo de Cristo. Una vez que vino Jesús, Salomón dejó de ser la persona más sabia que había existido. Jesús, el Hijo de David, era «más que Salomón» (Mt. 12:42). La gente de toda la tierra prometida escuchó sus

---

6. Leithart, *House for My Name*, 153.

enseñanzas, y muchos se asombraron de su autoridad (Mr. 1:27-28; 12:37). Al igual que Salomón, Jesús construiría un templo, en el que los miembros de la iglesia serían «piedras vivas… edificados como casa espiritual» (1 P. 2:5). «Tanto en su gloria como en sus fracasos, Salomón nos señala al más grande Hijo de David, Jesucristo».[7]

El templo

El templo era mejor que el tabernáculo, porque estaba fijo en un sitio, en lugar de ser portátil; y estaba situado en Jerusalén, la ciudad elegida (ver 1 R. 5–8). El templo comunicaba que Dios quería morar con su pueblo, y también simbolizaba que el pecado era una barrera entre los pecadores y un Dios justo. La presencia del templo era lo que hacía de Jerusalén una ciudad apartada para Dios. Ninguna otra ciudad de la tierra tenía un santuario donde Dios revelara su gloria tras el velo que ocultaba el Lugar Santísimo.

Jesús habló una vez del templo de una manera que escandalizó a sus contemporáneos judíos: «Destruid este templo, y en tres días lo levantaré» (Jn. 2:19). Los judíos objetaron que pudiera realizar esa hazaña en tan poco tiempo. Pero el templo existía con una finalidad tipológica. Jesús «hablaba del templo de su cuerpo» (Jn. 2:21). Él dijo que «uno mayor que el templo [estaba] aquí» (Mt. 12:6). Derribar el templo y levantarlo de nuevo era una imagen de la muerte y resurrección de Jesús.[8] Y el templo no solo anticipa al Señor, sino también a su iglesia. Debido a nuestra unión con Cristo por la fe, el lenguaje del templo puede aplicarse a nosotros: la iglesia es un templo (1 Co. 6:19).

Elías

Elías fue un profeta que habló con valentía y obró milagros. Resucitó a un niño (1 R. 17), pidió al Señor que hiciera llover fuego del cielo (1 R. 18), dividió las aguas del Jordán (2 R. 2) y ascendió al cielo (2 R. 2). No todos los profetas del Antiguo Testamento estaban asociados con prodigios, por lo que la gran cantidad de prodigios en el ministerio de Elías es significativa. Las palabras audaces y autoritativas de Elías provocaron la resistencia de otros, y Jezabel quería su vida.

Jesús era un verdadero y superior Elías.[9] Para sus contemporáneos, las resurrecciones que realizaba evocaban naturalmente las historias de Elías. Cuando Jesús se sumergió en las aguas del Jordán, su Padre habló con deleite, y el Espíritu descendió con poder. Los numerosos milagros del ministerio

---

7. Leithart, *House for My Name*, 157.
8. Ver Leithart, *House for My Name*, 253-54.
9. Ver Leonhard Goppelt, *TYPOS: The Typological Interpretation of the Old Testament in the New* (Grand Rapids: Eerdmans, 1982), 71.

de Jesús superaron con creces los del ministerio de Elías. Al igual que este, Jesús habló con osadía y autoridad, provocando la resistencia y la oposición de quienes no apoyaban lo que decía o hacía. Aunque Elías es un tipo de Cristo, también se corresponde con Juan el Bautista, que fue el precursor del Mesías (ver Mal. 4:5; Mt. 11:14). Tanto Elías como Juan llevaban un vestido de pelo y un cinturón de cuero (2 R. 1:8; Mr. 1:6), y a ambos se les opuso una figura real (1 R. 19; Mr. 6:19-25). Pero el final de las vidas de Elías y Juan no son paralelas. Elías ascendió a Dios y, en este sentido, Elías es un tipo de Cristo, pues Jesús ascendió a la diestra de Dios (He. 1:3).[10]

Eliseo

Eliseo tuvo un ministerio aún mayor que su predecesor Elías. El joven profeta le pidió a su maestro: «Te ruego que una doble porción de tu espíritu sea sobre mí» (2 R. 2:9). Después que Elías ascendió, Eliseo partió el río Jordán y lo cruzó (2 R. 2:12-14). Mientras que Elías resucitó sólo a una persona, Eliseo tuvo dos resurrecciones asociadas a él (2 R. 4:18-37; 13:21). También puso remedio a una olla envenenada (2 R. 4:40-41) y multiplicó veinte panes para cien personas (2 R. 4:42-44). Siguiendo sus instrucciones, un gentil llamado Naamán se curó de la lepra.

Jesús fue un verdadero y superior Eliseo.[11] Así como este fue superior a su predecesor, Jesús fue superior a su precursor. Juan el Bautista tuvo que disminuir a medida que Jesús aumentaba (Jn. 3:30). Jesús resucitó a más personas que Eliseo (Mr. 5:38-43; Lc. 7:11-17; Jn. 11:38-44), multiplicó menos panes para un mayor número de personas (Jn. 6:1-15) y sanó a muchos de la lepra (Mr. 1:40-45). Sus milagros se produjeron tanto sobre judíos como sobre gentiles, y sus prodigios superaron a los de cualquier profeta hacedor de milagros del Antiguo Testamento.

Ezequías

Ezequías era hijo de David y gobernaba en Jerusalén, pero enfermó y estuvo a punto de morir (2 R. 20:1). Cuando oró al Señor, Él respondió a su oración y lo libró de la muerte: «he aquí que yo te sano; al tercer día subirás a la casa de Jehová. Y añadiré a tus días quince años» (2 R. 20:5-6). Esta liberación al tercer día significó un reinado más largo como rey de Judá.

Jesús, el prometido Hijo de David, no solo estuvo a punto de morir, sino que entró en la muerte misma. Y experimentó una liberación al tercer día

---

10. Ver Keach, *Types and Metaphors of the Bible*, 979; Matthew Barrett, *Canon, Covenant and Christology: Rethinking Jesus and the Scriptures of Israel*, New Studies in Biblical Theology, vol. 51 (Downers Grove, IL: IVP Academic, 2020), 131-34.
11. Ver Keach, *Types and Metaphors of the Bible*, 979; Hodgkin, *Christ in All the Scriptures*, 76-77.

(1 Co. 15:4). Jesús es un verdadero y superior Ezequías. La sanación de Jesús fue la resurrección en un cuerpo glorificado, las primicias de la resurrección venidera para todos nosotros (1 Co. 15:20). La liberación de Jesús al tercer día no solo prolongó su reinado, sino que lo consolidó eternamente. Al vencer a la muerte, Jesús posee una vida indestructible.

Josías

Josías, rey de Judá en Jerusalén, hizo lo recto ante los ojos del Señor, siguiendo los buenos caminos de David (2 Cr. 34:1-2). De joven, buscó al Dios de David, y se propuso purgar los ídolos de Judá, pues era celoso de la gloria de Dios. Su objetivo de limpiar la tierra también incluía la reparación del templo (2 Cr. 34:8). Cuando se descubrió el libro de la ley en el templo, Josías lo leyó y se dio cuenta de la ira de Dios que se avecinaba a causa de la desobediencia a la ley (2 Cr. 34:15, 19, 21). Josías se comprometió a guardar los mandamientos de Dios con todo su corazón y toda su alma (2 Cr. 34:31). Esta obediencia incluía la celebración de la Pascua (2 Cr. 35:1, 16-17).

De joven, Jesús honraba a Dios y tenía celo por su gloria. Vivía de una manera agradable a Dios y hacía lo que era justo (Mr. 1:11). Conquistó la tierra y los efectos del pecado. Amó la ley de Dios y se deleitó en ella al cumplirla (Mt. 5:17). Amó a Dios con todo su corazón y toda su alma. Jesús es un verdadero y superior Josías. Viajaba a Jerusalén para las fiestas de Israel, incluida la Pascua. De hecho, llegó el día en que no se limitó a celebrar la Pascua, sino que la cumplió (1 Co. 5:7). A pesar de todo el bien que Josías hizo al pueblo, fue un rey que murió. Jesús es nuestro rey que vive.

Joaquín

Los horrores de la oposición extranjera alcanzaron un umbral en el reinado del rey Joaquín de Judá. Joaquín se entregó al rey Nabucodonosor y se convirtió en su prisionero (2 R. 24:11-12). Durante este tiempo, Nabucodonosor asaltó y se llevó los tesoros del templo de Dios y del palacio del rey (2 R. 24:13). Joaquín fue al cautiverio y al exilio, de Jerusalén a Babilonia (2 R. 24:15). Pero la vida de Joaquín dio un giro inesperado cuando Evil-merodac se convirtió en rey de Babilonia. El nuevo rey liberó a Joaquín de la prisión y le dio un asiento por encima de los demás asientos de los reyes que también estaban en Babilonia (2 R. 25:27-28). Joaquín se quitó la ropa de la cárcel y cenó el resto de su vida a la mesa del rey (2 R. 25:29-30).

Jesús es un verdadero y superior Joaquín. Mientras que las glorias y los tesoros se perdieron bajo Joaquín, las glorias y los tesoros se recuperaron bajo Cristo, solo que de una forma mucho mejor y mayor. Él compró un pueblo de cada nación, tribu y lengua, asegurando su eterna expiación y perdón

(Ap. 7:9-14). Jesús había sido llevado cautivo y conducido fuera de la ciudad de Jerusalén para morir en una escabrosa cruz. Pero, al tercer día, las cosas dieron un giro inesperado: el cuerpo de Cristo fue liberado de las garras de la muerte, y Cristo se quitó sus vestiduras sepulcrales. Como sus coherederos por la fe, comeremos con Él, de su mesa (Mt. 8:11; Mr. 14:25).

Ciro

Cuando los israelitas vivieron en el cautiverio babilónico durante décadas, por fin se acercaba el fin del exilio. Dios «despertó el espíritu de Ciro rey de los persas» (2 Cr. 36:22), que sería el libertador designado por Dios. Ciro conquistó Babilonia (ver Dn. 5) y permitió que los exiliados israelitas regresaran a la tierra prometida (2 Cr. 36:23).

Ciro no sería el último hombre de liberación para el pueblo de Dios. Él era un tipo de Cristo. En el siglo I d.C. y desde la aldea de Nazaret, surgió un hombre que dijo que había venido a traer la libertad para los cautivos (Lc. 4:16-24). Jesús fue el gran emancipador, que liberó a los esclavos del pecado y los sacó de las tinieblas a su luz admirable (1 P. 2:9). Mientras que Ciro era el libertador político que el pueblo necesitaba, Jesús era el verdadero Salvador que el pueblo necesitaba.

En resumen

Los libros desde 1 Samuel hasta 2 Crónicas narran el ascenso de reyes y profetas, y vemos la importancia de Jerusalén y del templo que allí se construyó. La espiral del pueblo de Dios hacia la destrucción es una historia desalentadora, pero 2 Crónicas termina con Ciro, una figura de esperanza. Durante muchos años, las promesas y las esperanzas parecían sombrías. Pero ni siquiera el exilio significó la pérdida de toda esperanza. Estos tipos nos recuerdan que Dios realiza algunas de sus mejores obras entre bambalinas.

Preguntas para la reflexión

1. ¿Cómo puede funcionar la captura y el regreso del arca del pacto como un tipo?
2. ¿Cómo se relaciona la derrota de Goliat a manos de David con la persona y la obra de Cristo?
3. Dada la importancia de la ciudad de Jerusalén, ¿qué presagia esto?
4. ¿En qué sentido son tipológicos los ministerios de Elías y Eliseo?
5. ¿Cómo sirve Ciro el persa como tipo de Cristo?

PREGUNTA 22

¿Qué tipos aparecen desde Esdras hasta Ester?

Los libros de Esdras, Nehemías y Ester cierran la narrativa del Antiguo Testamento. Israel ha regresado del exilio y ha reconstruido el templo, pero los corazones del pueblo necesitan ser edificados y fortalecidos. De hecho, no todos los exiliados regresaron a la tierra prometida. Aunque Ciro había concedido permiso para regresar, algunos israelitas optaron por permanecer fuera de la tierra. Durante los años que abarcan estos libros, personajes y acontecimientos clave anticiparon la persona y la obra del Mesías de Dios.

Esdras–Nehemías

El regreso del exilio

Cuando Ciro decretó que los israelitas quedaban libres del cautiverio, les permitió regresar a la tierra prometida y reconstruir Jerusalén y el templo (Esd. 1:2-3). La liberación del cautiverio babilónico fue un nuevo éxodo, como el que los sacó del cautiverio egipcio (Éx. 12). En Ezequiel 37, el regreso del exilio fue como una resurrección, porque el exilio de la tierra había sido la muerte de la nación.

El mayor retorno del exilio fue la obra redentora de Jesús en la cruz y su victoria de resurrección. Su muerte traería la liberación a los cautivos del pecado.[1] Su resurrección traería la esperanza a los encadenados en las tinieblas de la desesperación. Así como el regreso del exilio de Israel fue un éxodo, la obra de Jesús fue el lanzamiento del mayor éxodo desde el exilio más profundo (Lc. 9:31).[2] El exilio comenzó en los primeros capítulos de Génesis, cuando Adán y Eva fueron expulsados del santuario del jardín (Gn. 3:24). Pero la muerte y la resurrección de Jesús fueron una buena noticia para los exiliados espirituales: Dios había encontrado un camino para reconciliar a los pecadores consigo mismo de forma plena, definitiva y para siempre.

---

1. Ver A. M. Hodgkin, *Christ in All the Scriptures* (Londres: Pickering & Inglis, 1909), 90-91.
2. En Lucas 9:31, Moisés y Elías se aparecieron con Jesús y «hablaban de su partida, que iba Jesús a cumplir en Jerusalén». La palabra «partida» es *éxodo*.

Zorobabel

El hombre que dirigió la primera oleada de exiliados que regresaron a Jerusalén fue Zorobabel (Esd. 2:1-2). Guiar a los exiliados fuera del cautiverio babilónico recuerda la labor de Moisés en Éxodo, cuando condujo a los israelitas fuera del cautiverio egipcio. Zorobabel era otro Moisés, que dirigía otro éxodo hacia la tierra prometida de Dios. Era el momento de reconstruir el templo. Zorobabel participó en la construcción del altar, donde se ofrecerían los holocaustos (Esd. 3:2), y luego los constructores pusieron los cimientos del templo (Esd. 3:10-11). Zorobabel no es solo un líder en la reconstrucción del templo; también es de la línea de David, es hijo de David. Dios dijo: «te tomaré, oh Zorobabel hijo de Salatiel, siervo mío, dice Jehová, y te pondré como anillo de sellar; porque yo te escogí, dice Jehová de los ejércitos» (Hag. 2:23).

Zorobabel es un tipo de Cristo.[3] Jesús es el Hijo de David que descendió de Zorobabel y cumplió la promesa de 2 Samuel 7:12-13. Jesús es también un Hijo de David que construye un templo. No solo su cuerpo es un templo que se destruirá con la muerte y se reconstruirá con la resurrección, sino que Jesús construirá su templo, la iglesia, y las puertas del Hades no prevalecerán contra Él (Mt. 16:18; 1 P. 2:5). Jesús es el anillo de sello del Señor, elegido piedra angular del templo de Dios de los últimos tiempos. Al igual que Zorobabel, Jesús lidera un éxodo cuando comienza el gran retorno con la proclamación del Evangelio hasta los confines de la tierra.

Esdras

Esdras era sacerdote de la tribu de Leví, aunque primero vivió en Babilonia. Decidió ir a la tierra prometida, a Jerusalén (Esd. 7:8-9). Su deseo era triple: estudiar la ley del Señor, cumplir la ley del Señor y enseñar la ley del Señor (Esd. 7:10). Cuando viajó a la tierra de Israel, miles de exiliados se le unieron en el viaje. Esdras se entristeció por los matrimonios idólatras que vio (Esd. 9:2-3), e intercedió por el pueblo (Esd. 9:6-15). El libro «presenta a Esdras como un nuevo Moisés y el regreso del exilio como un nuevo éxodo. Por supuesto, al igual que el resto de la historia de Israel, estos relatos no pretenden decir que la salvación ha llegado final y plenamente, sino que estos líderes y acontecimientos de la historia de Israel apuntan hacia el acontecimiento culminante de la salvación que llega en la persona y la obra de Jesucristo».[4]

---

3. Ver Aubrey Sequeria y Samuel C. Emadi, «Biblical-Theological Exegesis and the Nature of Typology», *Southern Baptist Journal of Theology* 21, n.º 1 (primavera 2017): 25; Benjamin Keach, *Preaching from the Types and Metaphors of the Bible* (1855; reimpr., Grand Rapids: Kregel, 1972), 979.
4. Ver Peter J. Link Jr. y Matthew Y. Emerson, «Searching for the Second Adam: Typological Connections between Adam, Joseph, Mordecai, and Daniel», *Southern Baptist Journal of Theology* 21, n.º 1 (primavera 2017): 138.

Jesús es nuestro verdadero y superior Esdras.[5] Él viajó del cielo a la tierra, para proclamar la palabra de Dios y el reino a todos los que quisieran escucharlo. El corazón de Cristo amaba la ley de Dios y no vino a abolirla, sino a cumplirla (Mt. 5:17). Jesús vino para llevar a los exiliados a casa, y lo hizo con la cruz y la tumba vacía. Durante su ministerio terrenal, Él vio la maldad y la incredulidad de los pecadores. Esdras se entristeció por lo que vio en Jerusalén, y Jesús también expresó su dolor por esa amada ciudad: «¡Jerusalén, Jerusalén, que matas a los profetas, y apedreas a los que te son enviados! ¡Cuántas veces quise juntar a tus hijos, como la gallina junta sus polluelos debajo de las alas, y no quisiste!» (Mt. 23:37). Sin embargo, Jesús fue y es nuestro poderoso intercesor y sacerdote eficaz. Jesús ora por nosotros y es nuestro mediador, y el Padre no abandonará a su Hijo.

Nehemías

Contemporáneo de Esdras, Nehemías deseaba viajar a la tierra prometida. Nehemías era copero del rey persa, y un día pidió permiso para ir a restaurar la ciudad de Jerusalén (Neh. 1:3-5; 2:1-8). En concreto, Nehemías quería reconstruir los muros rotos que rodeaban la ciudad. Casi cien años antes, la primera oleada de israelitas había regresado del exilio. Pero los muros seguían en ruinas. Nehemías enfrentó conspiraciones y la oposición a su obra (Neh. 4–6), pero él y sus compañeros perseveraron. Por amor a los israelitas, Nehemías se resistió a sus pecados, especialmente a sus matrimonios idólatras y a sus sacerdotes corruptos (Neh. 13).

Jesús, a pesar de la conspiración y la oposición que se levantaron contra él, perseveró en la obra de redención que había venido a realizar (Mr. 3:6). Jerusalén sería el centro de su obra en el momento culminante de su ministerio terrenal (Mr. 11:1). Como Nehemías, Jesús no vino para ser servido, sino para servir (Mr. 10:45). Vino por un mundo oprimido por los estragos del pecado y la maldición. Se acercó a los que perecían para que se salvaran, porque vio su pecado y su desvalida situación.

Reconstrucción de los muros

Una de las finalidades de los muros de una ciudad era la protección. Cuando el ejército babilónico derribó los muros que rodeaban Jerusalén, se vio la vulnerabilidad de la ciudad y fue saqueada. Más de un siglo después que Ciro el Persa permitió a los exiliados israelitas regresar a su tierra, los muros en ruinas aún necesitaban ser reconstruidos. El estado de los muros simbolizaba el estado del pueblo en la tierra: el pueblo necesitaba ser recons-

---

5. Ver Hodgkin, *Christ in All the Scriptures*, 93-94.

truido también, desde dentro hacia fuera. La tarea de Nehemías no fue fácil, pero él y su equipo terminaron los muros en cincuenta y dos días (Neh. 6:15).

La reconstrucción de los muros de Jerusalén es un acto de restauración y renovación, y en última instancia, es un tipo de la hazaña de Cristo en la cruz y de la esperanza de una nueva creación cuando regrese. Estamos quebrantados por el pecado, y la creación gime por su redención (Ro. 8:20-22). Hemos visto cómo Jesús habló de su propio cuerpo, que fue derribado y reconstruido como un templo (Jn. 2:19-21), y la misma verdad, por analogía, está a la vista con las paredes. Cristo ha venido a traer la restauración y la resurrección, y relatos como la obra de restauración de Nehemías nos hacen esperar que todas las cosas sean hechas nuevas.

Ester

Ester

Ester era una judía que se encontraba en una posición providencial para intervenir en favor de sus compatriotas judíos. Su primo mayor Mardoqueo le dijo: «Porque si callas absolutamente en este tiempo, respiro y liberación vendrá de alguna otra parte para los judíos; mas tú y la casa de tu padre pereceréis. ¿Y quién sabe si para esta hora has llegado al reino?» (Est. 4:14). Ester aceptó considerar cómo su posición podría dar como resultado la liberación de su pueblo. Ella dijo: «y si perezco, que perezca» (Est. 4:16). Al tercer día, se acercó a su marido (el rey) y se libró de la muerte (Est. 5:1). Invitó al rey y a Amán a dos banquetes, en los que por fin desenmascaró el complot de Amán (Est. 5:1-8; 7:1-6). Gracias al valor y las acciones de Ester, los planes contra los judíos se vieron frustrados.

Jesús es una verdadera y superior Ester.[6] No permaneció callado ni disipado cuando el mundo estaba bajo la justa condena de Dios (Jn. 3:16-17). Vino a salvar a los pecadores. En la providencia de Dios, entregó su vida y pereció según el plan, pero experimentó una liberación al tercer día. Gracias a su valor y a sus acciones, hizo expiación de una vez por todas, frustrando las conspiraciones de sus enemigos y vindicando su nombre mediante la resurrección.

Mardoqueo

El complot contra los judíos comenzó con la animadversión de Amán hacia Mardoqueo (Est. 3:2-6). Amán planeó colgar a Mardoqueo en una horca que se estaba construyendo rápidamente (Est. 5:14). Pero en un giro inesperado de

6. Ver Hodgkin, *Christ in All the Scriptures,* 93-94, 101.

los acontecimientos, el rey ordenó a Amán que recompensara a Mardoqueo con un trato real: «Date prisa, toma el vestido y el caballo, como tú has dicho, y hazlo así con el judío Mardoqueo, que se sienta a la puerta real; no omitas nada de todo lo que has dicho» (Est. 6:10). Amán vistió a Mardoqueo con ropas reales, lo subió a un caballo que el rey había montado y lo condujo por la ciudad, proclamando: «Así se hará al varón cuya honra desea el rey» (Est. 6:11).

Mardoqueo es un tipo de Cristo.[7] Aunque los enemigos de Jesús buscaban su destrucción, sus planes contra Él lo llevaron a la más alta categoría de honor, pues Dios le ha dado a Jesús el nombre que está sobre todo nombre (Fil. 2:9-11). Mientras que Mardoqueo fue revestido con vestiduras reales, Jesús es el verdadero Rey de reyes que tiene toda autoridad en el cielo y en la tierra (Mt. 28:18). Cuando los soldados romanos se burlaron de Jesús con vestiduras púrpuras y una corona de espinas, estas acciones estaban comunicando la verdad más profunda de su identidad (Mr. 15:16-20). Al igual que el libro de Ester termina con la grandeza de Mardoqueo, que «procuró el bienestar de su pueblo y habló paz para todo su linaje» (Est. 10:3), el ministerio terrenal de Cristo termina con su reivindicación y grandeza. Él, por encima de todos los demás que conocemos, busca nuestro bienestar y nos habla de paz.

La derrota de Amán

El complot de Amán no solo consistía en matar a Mardoqueo, sino en erradicar al pueblo judío (Est. 3:6). Pero el Señor utilizó a Mardoqueo y a Ester para desenmascarar la traición de Amán, y este fue ahorcado en la horca que había preparado para Mardoqueo (Est. 7:10). Amán, el villano de la historia, fue derrotado. Se lo llama «agagueo» (Est. 3:1), que es una referencia al rey Agag de los amalecitas. Los amalecitas eran enemigos del pueblo de Dios (ver Éx. 17; 1 S. 15) y, por tanto, la semilla de la serpiente.[8] La derrota de Amán demostró, una vez más, la victoria de Dios sobre la semilla de la serpiente.

La derrota de Amán también prefigura el día en que Dios habrá sometido a todos los enemigos bajo los pies de Cristo (ver 1 Co. 15:25). Todos los que se unan contra el ungido de Dios fracasarán en sus esfuerzos por vencerlo (Sal. 2:1-6). Cuando leemos que los planes de Amán se derrumban y vuelven sobre su propia cabeza, podemos esperar el día en que reinará la justicia, y la semilla de la serpiente será finalmente aplastada (Ro. 16:20; 2 P. 3:13).

La liberación de los judíos

En el libro de Ester, el pueblo de Dios estaba amenazado de muerte (Est. 3:13). La resolución del libro no fue solo la derrota de Amán, sino la liberación

7. Ver Link y Emerson, «Searching for the Second Adam», 132-39.
8. Ver Hodgkin, *Christ in All the Scriptures,* 100.

del pueblo judío (Est. 8–9). Ellos celebraron su liberación, estableciendo una nueva fiesta, la fiesta de Purim, que celebrarían durante el último mes de su calendario (Est. 9). Ahora los israelitas empezaban y terminaban el año con fiestas que recordaban la liberación de Dios: la Pascua en el primer mes y Purim en el último.

La liberación del pueblo de Dios prefigura la reivindicación final de los santos sobre sus enemigos. Toda liberación terrenal es un signo de esperanza de que los malvados se enfrentarán a la justicia de Dios. La cena del Señor es la fiesta de los santos por la que recordamos corporativamente la redención que compró nuestra liberación (1 Co. 11:25-26). Y esperamos la segunda venida de Cristo, cuando liberará a los creyentes muertos mediante su resurrección y luego confirmará, en el juicio final, su justificación (Ro. 8:31-34; 1 Co. 15:20). La liberación es nuestro presente y nuestro futuro.

En resumen

Esdras, Nehemías, Ester y Mardoqueo son algunos de los tipos que aparecen tras el regreso de Israel a la tierra. Estos personajes participan en acontecimientos como la reconstrucción de los muros de Jerusalén, la derrota de Amán y la liberación de los judíos de la aniquilación. En estos libros, al final de la historia narrativa del Antiguo Testamento, estos tipos representan, de un modo u otro, a la persona de Cristo y su obra pasada o futura.

Preguntas para la reflexión

1. ¿Cómo es Esdras un tipo de Cristo?
2. ¿Cómo se relacionan Nehemías y su obra, con la cruz de Cristo y la nueva creación?
3. ¿Cómo es Ester un tipo de Cristo?
4. ¿De qué manera es Mardoqueo un tipo de Cristo?
5. ¿Puede pensar en otros personajes o acontecimientos de Esdras, Nehemías o Ester que apunten a la persona y la obra de Cristo?

PREGUNTA 23

¿Qué tipos aparecen desde Job hasta Cantar de los Cantares?

Con los libros desde Job hasta el Cantar de los Cantares, el lector ya no se encuentra principalmente en narrativas bíblicas.[1] Más bien estamos inmersos en poesía y literatura sapiencial. Sin embargo, estos libros contribuyen a la esperanza cristológica del Antiguo Testamento. Hay imágenes y modelos que apuntan a Cristo.

Job

El justo sufriente

El versículo inicial del libro de Job llama a este varón «hombre perfecto y recto, temeroso de Dios y apartado del mal» (Job 1:1). Cuando Job se enfrentó a la pérdida de su ganado y de sus hijos, se mantuvo firme en su alabanza a Dios (Job 1:21). Incluso después que su propia salud se vio afectada, se negó a maldecir al Señor (Job 2:7-10). Su sufrimiento fue severo y prolongado. Sus amigos, que al principio parecían comprensivos y consoladores (Job 2:11-13), se volvieron contra él y lo acusaron de maldad (Job 3–31). Tentado y puesto a prueba, Job esperaba su reivindicación, confiado en que vería al Señor por sí mismo en la victoria (Job 19:25-27).

Jesús es el verdadero y superior Job, porque también fue un justo sufriente,[2] y fue el único sufriente que no tuvo pecado (1 P. 1:19; 2:21).[3] Jesús fue irreprochable y recto, temeroso de Dios y apartado del mal. No importa lo que tuviera que afrontar, no importa quién se le opusiera, Jesús nunca se apartó del Padre y así permaneció firme en la fe y el valor. Aunque Pedro lo negó, Judas lo traicionó, los discípulos se dispersaron y los líderes religiosos conspiraron

1. Los lectores observarán que Job contiene narraciones al principio y al final. Sin embargo, el libro es casi totalmente poético.
2. Ver Sidney Greidanus, *Preaching Christ from the Old Testament: A Contemporary Hermeneutical Method* (Grand Rapids: Eerdmans, 1999), 261; Leonhard Goppelt, *TYPOS: The Typological Interpretation of the Old Testament in the New* (Grand Rapids: Eerdmans, 1982), 100-106.
3. Ver Toby J. Sumpter, «Father Storm: A Theology of Sons in the Book of Job», en *The Glory of Kings: A Festschrift in Honor of James B. Jordan*, eds. Peter J. Leithart y John Barach (Eugene, OR: Pickwick, 2011), 128.

contra Él, nunca maldijo a Dios. Tentado y probado, Jesús entró en su sufrimiento y muerte con la esperanza de la resurrección (Mr. 8:31).

La reivindicación de Job

Las penas terrenales de Job desembocaron finalmente en bendición. Lo que había perdido le fue devuelto, y las falsas acusaciones contra él fueron desechadas. La reivindicación, que Job había deseado, finalmente llegó. La restauración de su fortuna fue el doble de lo que tenía antes de la gran pérdida (Job 42:10). Sus últimos días fueron más dichosos que los primeros (Job 42:12). Los amigos de Job se enteraron por el propio Señor de sus falsas palabras contra su amigo. De hecho, necesitaron el perdón y la intercesión de Job, que él les proporcionó amablemente (Job 42:10). El libro termina de esta manera: «Y murió Job viejo y lleno de días» (Job 42:17).

La reivindicación de Job es una imagen de nuestra esperanza en Cristo. Dios restaurará lo que el pecado ha arruinado gracias a nuestra unión con Cristo, que fue rechazado por su propio pueblo, pero resucitado por su Padre. Lo que Él perdió, la glorificación se lo devolvió en mayor medida, y lo mismo ocurrirá con nosotros. En este mundo tendremos problemas, pero Cristo ha vencido al mundo (Jn. 16:33). Vivir es Cristo, y morir es ganancia (Fil. 1:21). Así pues, nuestros últimos días serán más bendecidos que los primeros. En este momento, nuestra luz y nuestros problemas momentáneos están produciendo una gloria que experimentaremos al regreso de Cristo (2 Co. 4:17). Moriremos, pero en Él y por Él viviremos para siempre.

Salmos

El rey sufriente

El tipo de salmo más común es el lamento, y muchos de estos lamentos son de David. En el Salmo 3, por ejemplo, David hablaba de la oposición y la persecución a las que se enfrentaba: «¡Oh Jehová, cuánto se han multiplicado mis adversarios! Muchos son los que se levantan contra mí. Muchos son los que dicen de mí: No hay para él salvación en Dios» (Sal. 3:1-2). David oró: «Ten misericordia de mí, oh Jehová, porque estoy enfermo; Sáname, oh Jehová, porque mis huesos se estremecen. Mi alma también está muy turbada; Y tú, Jehová, ¿hasta cuándo?» (Sal. 6:2-3). Y: «Dios mío, Dios mío, ¿por qué me has desamparado? ¿Por qué estás tan lejos de mi salvación, y de las palabras de mi clamor?» (Sal. 22:1). David fue un rey que sufrió, y esto marcó una pauta que el Hijo de David reanudaría y cumpliría.

Jesús era un rey sufriente, y citaba salmos sufrientes.[4] En la cruz, dijo, citando a David: «Dios mío, Dios mío, ¿por qué me has desamparado?» (Mt. 27:46; ver Sal. 22:1). Greidanus señala: «Al dar expresión a su dolor, a su angustia, a su confianza en Dios, el rey puede ser un tipo de Cristo, como reconocemos retrospectivamente cuando Jesús pronuncia estas mismas palabras al revivir estas experiencias a un nivel aún más intenso».[5] Las palabras de David encajan perfectamente en los labios de Jesús, el verdadero y superior David y rey sufriente por excelencia. Al pie de la cruz, los soldados echaron suertes por sus vestiduras, una acción que, según Juan 19:24, cumplía el Salmo 22:18: «Repartieron entre sí mis vestidos, y sobre mi ropa echaron suertes». Mientras colgaba de la cruz, Jesús dijo: «Tengo sed» (Jn. 19:28), que procedía del Salmo 69:21 (otro salmo de David). Coronado de espinas, el Rey de reyes sufrió la oposición, el rechazo, la violencia y la muerte.

El rey victorioso

El libro de los Salmos no solo conserva las oraciones de un rey sufriente, sino que también nos ofrece las palabras de un rey victorioso. David escribe: «Se avergonzarán y se turbarán mucho todos mis enemigos; se volverán y serán avergonzados de repente» (Sal. 6:10), y: «Porque Jehová es justo, y ama la justicia; el hombre recto mirará su rostro» (Sal. 11:7). La hostilidad de los enemigos del salmista no era la última palabra. La última palabra fue la reivindicación y la victoria. Hablando del rey, el Salmo 72 dice: «Dominará de mar a mar, y desde el río hasta los confines de la tierra… Todos los reyes se postrarán delante de él; todas las naciones le servirán» (Sal. 72:8, 11).

El rey victorioso de los Salmos es un tipo de Cristo.[6] Los enemigos del Rey resucitado temblarán ante Él. Toda rodilla se doblará, y toda lengua confesará que Jesucristo es el Señor (Fil. 2:10-11). David dijo con esperanza: «Ciertamente el bien y la misericordia me seguirán todos los días de mi vida, y en la casa de Jehová moraré por largos días» (Sal. 23:6). Esas palabras son verdaderas en Jesús de una manera sobrecogedora. La bondad y la misericordia proceden del corazón de nuestro Salvador. Está sentado a la diestra de Dios en el santuario celestial (He. 1:3; 9:24). David cantaba: «Alzad, oh puertas, vuestras cabezas, y alzaos vosotras, puertas eternas, y entrará el Rey de gloria» (Sal. 24:7). En la plenitud de la revelación de Dios, el Rey de la gloria es Jesús.

---

4. Ver Richard P. Belcher Jr., *The Messiah and the Psalms: Preaching Christ from All the Psalms* (Scotland: Mentor, 2006), 31-41, 67-97.
5. Greidanus, *Preaching Christ from the Old Testament*, 261.
6. Ver Belcher, *Messiah and the Psalms*, 31-41, 58-61.

Proverbios–Eclesiastés

El hijo sabio

Salomón esperaba que su hijo fuera sabio: «Oye, hijo mío, la instrucción de tu padre, y no desprecies la dirección de tu madre; porque adorno de gracia serán a tu cabeza, y collares a tu cuello» (Pr. 1:8-9). El padre quería un hijo sabio, que atesorara lo que se le había enseñado y que viviera el temor del Señor. ¿Reconocería el hijo que la sabiduría era mejor que la plata y más preciosa que los tesoros escondidos? (Pr. 2:4)?

Jesús se aferró a las enseñanzas de su madre y de su padre. Atesoraba sabiduría y caminaba en el temor de Dios. Creció y se «[llenó] de sabiduría» (Lc. 2:40). Cuando tenía doce años, asombró a la gente en el templo con su entendimiento y sus respuestas (Lc. 2:47). «Y Jesús crecía en sabiduría y en estatura, y en gracia para con Dios y los hombres» (Lc. 2:52). Si queremos conocer la vida moral de Cristo a partir de textos del Antiguo Testamento, el libro de Proverbios despliega la vida del hijo sabio, que Él vivió.[7] La sabiduría caracterizó las relaciones, el habla, los planes, las conversaciones y el trabajo de Cristo. No siguió el camino de la insensatez. El Hijo honró a su Padre, que lo había enviado. Jesús dijo: «todo lo que el Padre hace, también lo hace el Hijo igualmente» (Jn. 5:19), y: «yo hago siempre lo que le agrada» (Jn. 8:29).

Sabiduría

Cuando Dios creó el mundo, utilizó la sabiduría para hacerlo. Con el recurso retórico de la personificación, Salomón pone palabras en boca de la sabiduría. Esta dice: «Eternamente tuve el principado, desde el principio, antes de la tierra. Antes de los abismos fui engendrada; antes que fuesen las fuentes de las muchas aguas» (Pr. 8:23-24). La creación fue posterior a la sabiduría. Antes de los montes y de la tierra (Pr. 8:25-26), antes de los cielos y de los abismos (Pr. 8:27-29), la Sabiduría fue siempre el deleite del Señor (Pr. 8:30-31). Sin la Sabiduría, nada hubiese sido hecho de lo que se ha hecho. En el principio, ya existía la Sabiduría, y la Sabiduría estaba con Dios.

Mientras que la sabiduría fue personificada en Proverbios 8, algo más profundo y verdadero puede decirse del Señor Jesús, el Hijo eterno de Dios.[8] Todas las cosas fueron creadas por Él y para Él, y en Él todas las cosas subsisten (Col. 1:16-17). Él, el Verbo eterno, estaba en el principio con Dios, y sin el Verbo nada hubiese sido hecho de lo que se ha hecho (Jn 1:1-3). La Sabiduría dijo: «Porque el que me halle, hallará la vida, y alcanzará el favor de Jehová»

---

7. Ver Jonathan Akin, *Preaching Christ from Proverbs* (Bradenton, FL: Rainer, 2014), 39-49.
8. Ver Akin, *Preaching Christ from Proverbs,* 19, 65-93.

(Pr. 8:35), y de Cristo se dice: «En él estaba la vida, y la vida era la luz de los hombres» (Jn. 1:4). La Sabiduría de Proverbios 8 era un tipo de Cristo,[9] «en quien están escondidos todos los tesoros de la sabiduría y del conocimiento» (Col. 2:3). Cristo Jesús «nos ha sido hecho por Dios sabiduría, justificación, santificación y redención» (1 Co. 1:30).

El maestro sabio

En el libro de Proverbios, Salomón es el maestro sabio. Observa la vida e instruye a su hijo y a todos los que escuchan el llamado de la Sabiduría. Mediante símiles y metáforas, paralelismos concisos y cadenas de imperativos, Salomón enseña al lector de Proverbios. Los pecadores necesitan instrucción, pues muchos caminan por la senda de la insensatez. También el autor de Eclesiastés sale a la palestra y pide a la multitud que preste atención a lo que ve bajo el sol. El sabio maestro dirige sus palabras, especialmente a los jóvenes (Ec. 11:9; 12:1, 12). Este sabio maestro lo ha visto todo y lo ha hecho todo, por lo que sus palabras tienen el peso de la edad y la experiencia. Al final, todo puede resumirse así: teme a Dios y guarda sus mandamientos (Ec. 12:13).

Cuando Jesús afirmó: «he aquí más que Salomón en este lugar» (Mt. 12:42), se estaba presentando como el Hijo de David con mayor sabiduría que el rey más sabio de Israel.[10] Jesús era el Maestro Sabio por excelencia. Vivió antes del Sol y se hizo carne bajo el Sol. Proclamó el reino de Dios y llamó a la gente al arrepentimiento (Mr. 1:15). Enseñó a multitudes de judíos y gentiles, y enseñó los secretos del reino en parábolas (Mr. 4). Durante su semana de pasión, Jesús respondió con sabiduría a grupos hostiles (Mr. 11–12). Un hombre, un escriba, quedó impresionado con Él y afirmó la veracidad de lo que enseñaba (Mr. 12:32). Jesús mismo planteó preguntas para que la gente reflexionara, y la «gran multitud del pueblo le oía de buena gana» (Mr. 12:37). Las afirmaciones de Jesús sobre su propia enseñanza indicaban al Maestro Sabio que de hecho era: «Cualquiera, pues, que me oye estas palabras, y las hace, le compararé a un hombre prudente, que edificó su casa sobre la roca» (Mt. 7:24). Jesús no dirigió a sus discípulos para que edificaran su vida sobre otros cimientos; los dirigió a sí mismo. Quien rechazaba sus palabras era un necio, y la casa de su vida caería cuando llegara el diluvio del juicio. Jesús era el Maestro Sabio consumado, y reconocer esa verdad era cuestión de vida o muerte.

---

9. Ver Bruce K. Waltke, *The Book of Proverbs*, vol. 1, *Chapters 1–15*, New International Commentary on the Old Testament (Grand Rapids: Eerdmans, 2004), 130-31.
10. Ver Waltke, *Book of Proverbs*, 1:131-32.

Cantar de los Cantares

El esposo

Salomón escribió una canción sobre un hombre y una mujer que se casan y disfrutan juntos de las delicias de la intimidad en alianza. El hombre la cortejó en la primavera del amor y el florecimiento (Cnt. 2:10-14); él la persiguió, aunque ella pensaba que era poco agraciada y nada especial (Cnt. 1:6; 2:1). Su relación se caracteriza por la fidelidad y la ternura. Él es su amado, el pastor de su corazón (Cnt. 1:7; 2:8).

El pacto matrimonial se utiliza fuera de este Cantar para representar la relación entre Dios y su pueblo, por lo que no nos sorprende que la belleza y la poesía de este Cantar tengan una finalidad trascendente y tipológica (ver Ef. 5:32).[11] El esposo (un personaje escrito por el hijo de David, Salomón) es un tipo de Cristo, y Cristo es el amado de su iglesia y el pastor de su pueblo (Jn. 3:29; 10:14). Por su sacrificio misericordioso al entregar su vida, el Señor Jesús ha formado un nuevo pacto en el que quedamos sellados para siempre bajo su obra expiatoria. El esposo en Cantar de los Cantares describe la belleza de su esposa, que es impecable y cautivadora (Cnt. 4:1-15). Y de un modo aún superior, el amor de Cristo por la iglesia es purificador y santificador. Él «se entregó a sí mismo por ella, para santificarla, habiéndola purificado en el lavamiento del agua por la palabra, a fin de presentársela a sí mismo, una iglesia gloriosa, que no tuviese mancha ni arruga ni cosa semejante, sino que fuese santa y sin mancha» (Ef. 5:25-27).

La esposa

La esposa en Cantar de los Cantares es perseguida por el hijo de David (Cnt. 1:1; 3:9-11). Unida a él en pacto, se abre su jardín y se abre su fuente (Cnt. 4:12-15). Es una esposa cuya boca mana leche y miel (Cnt. 4:11; 5:1). En la noche de bodas, ella y su esposo están desnudos y sin vergüenza (4:1–5:1). Su reclamo sobre él es claro y es mutuo: «Mi amado es mío, y yo suya» (Cnt. 2:16). El fuego de su amor no puede apagarse, porque su llama es la llama del Señor (Cnt. 8:6-7). La mujer está segura en su unión con el hijo de David.

El ministerio terrenal de Jesús es, en un sentido verdadero, la búsqueda que hace el Hijo de David de su esposa: la iglesia. La esposa de Cantar de los Cantares es un tipo de la unión de la iglesia con Cristo.[12] En el nuevo pacto, estamos unidos a nuestro pastor (Jn. 10:16). Podemos decir con plena seguridad: «Mi amado es mío, y yo suya». Y una vez unidos a Cristo por la fe, nada

---

11. Ver James M. Hamilton Jr., *Song of Songs: A Biblical-Theological, Allegorical, Christological Interpretation,* Focus on the Bible (Fearn, Ross-shire, Escocia: Christian Focus, 2015).
12. Ver A. M. Hodgkin, *Christ in All the Scriptures* (Londres: Pickering & Inglis, 1909), 131.

nos separará jamás de su amor (ver Ro. 8:31-39). El fuego del amor eterno de Dios por la iglesia no puede ser apagado, ni por nuestros muchos pecados, ni por nuestra débil fe ni por ninguna fuerza maligna. ¿Por qué? Porque «fuerte es como la muerte el amor» (Cnt. 8:6). O, dado todo lo que ocurrió siglos después de que se escribió este Cantar, el amor es fuerte como la resurrección.

En resumen

El Antiguo Testamento representa el sufrimiento y la reivindicación de Cristo, y vemos esas representaciones en los motivos del justo sufriente y del rey sufriente, así como en los motivos de restauración y victoria que siguen al sufrimiento. Mucho antes que Jesús abrazara la cruz en su camino hacia la corona, el camino había sido preparado en un sentido sombrío por personajes como Job, David y otros. Jesús no solo es el pastor que entregó su vida, sino que es el pastor que guía y custodia a su pueblo con sabiduría. Es el Hijo sabio de su Padre, y es también el maestro sabio que es superior a Salomón. Jesús es la roca sólida sobre la que el pueblo construye su vida, para que el choque del juicio no lo quiebre. El pueblo de Cristo está seguro porque su relación con Él es de pacto, representada por el pacto del matrimonio y, por tanto, por Cantar de los Cantares. Jesús es el amado de la esposa, la iglesia, y nunca nos dejará ni nos abandonará.

Preguntas para la reflexión

1. ¿Cómo representa Job el sufrimiento y la reivindicación de Cristo?
2. ¿De qué manera el libro de los Salmos muestra tipos de Cristo?
3. ¿Cómo señalan a Cristo los libros de Proverbios y Eclesiastés?
4. En el Cantar de los Cantares, ¿de qué forma es el esposo un tipo de Cristo?
5. En el Cantar de los Cantares, ¿de qué forma señala la esposa la unión de la iglesia con Cristo?

PREGUNTA **24**

¿Qué tipos aparecen desde Isaías hasta Malaquías?

Desde Isaías hasta Malaquías, examinaremos nuestro último grupo de tipos. Los libros desde Isaías hasta Ezequiel, cada uno de los cuales forma parte de los profetas mayores, se tratarán juntos, ya que la mayoría de los tipos de su sección pueden encontrarse de una forma u otra en cada uno de estos profetas. Daniel se tratará por separado, seguido de una sección sobre los doce profetas menores.

Isaías–Ezequiel

El oficio de profeta

Dios levantó profetas para confrontar con su palabra a su pueblo rebelde, una palabra que prometía bendición si el pueblo obedecía, y juicio, si el pueblo desobedecía (Lv. 26; Dt. 28). Los profetas tenían similitudes con el profeta más importante de su historia, Moisés. Como Moisés, había profetas que hacían señales. Al igual que Moisés, las palabras de los profetas debían guiar y proteger al pueblo hacia el culto correcto y la obediencia. Moisés fue el dador de la ley (Éx. 19–24), y los profetas que lo sucedieron fueron ejecutores de la ley en virtud de sus llamados a seguir los mandamientos de Dios y apartarse de la injusticia (2 R. 17:14). Pero también, como Moisés, los profetas se enfrentarían al rechazo (Hch. 7:52-53). El oficio de profeta apuntaba hacia Aquel que desempeñaría a la perfección esta función.[1]

Jesús cumplió el oficio de profeta al encarnar la palabra misma de Dios. Juan dice que el Verbo se hizo carne en la encarnación (Jn. 1:14). Cuando Jesús hablaba, Dios estaba hablando (Jn. 17:8). Rechazar a Jesús no era simplemente rechazar al mensajero de Dios, sino rechazar a Dios mismo. Antes de ser martirizado, Esteban repasó el rechazo de Israel a los mensajeros de Dios y dijo: «¿A cuál de los profetas no persiguieron vuestros padres? Y mataron a los que anunciaron de antemano la venida del Justo, de quien vosotros ahora habéis sido entregadores y matadores» (Hch. 7:52). Jesús es la revelación culminante

1. G. K. Beale, *Handbook of the New Testament Use of the Old Testament: Exegesis and Interpretation* (Grand Rapids: Baker Academic, 2012), 16.

de Dios, aquel por quien Dios ha hablado en estos últimos días (He. 1:1-2). Jesús fue más que un profeta, sí, y no menos.

El nacimiento de un hijo

En tiempos del rey Acaz, el rey tembló al oír que Siria se aliaba con el reino del norte y suponía una amenaza para él (Is. 7:1-2). Pero el Señor envió a Isaías para calmar el temor del rey (Is. 7:3-4). Parte del mensaje de Isaías era que los planes de los enemigos del rey no se cumplirían (Is. 7:7). Dios desbarataría sus planes. Le dijo a Acaz: «Pide para ti señal de Jehová tu Dios», pero Acaz se negó (Is. 7:11-12). De todos modos, el Señor le dio al rey una señal: «He aquí que la virgen concebirá, y dará a luz un hijo, y llamará su nombre Emanuel. Comerá mantequilla y miel, hasta que sepa desechar lo malo y escoger lo bueno. Porque antes que el niño sepa desechar lo malo y escoger lo bueno, la tierra de los dos reyes que tú temes será abandonada» (Is. 7:14-16). La señal era el nacimiento de un hijo. Además, el hijo nacería en los días de Acaz. La palabra «virgen» (Is. 7:14) también puede traducirse como «mujer joven», por lo que, en el contexto de Isaías 7, la señal del nacimiento de un niño era una expectativa cumplida en los días de Isaías.[2] Aunque el hijo no se nombra en Isaías 7, su nacimiento sería una señal de la presencia de Dios en medio del pueblo de Dios.

La esperanza de un hijo prometido recuerda a Génesis 3:15, el nacimiento de Isaac y también a otros pasajes del Antiguo Testamento. En Isaías 7, el motivo del hijo prometido es un tipo de Cristo, pues el nacimiento del Cristo es el cumplimiento último de una señal de la presencia de Dios. Cuando Mateo relata las palabras del ángel, este indicó a José que llamara «Jesús» al hijo prometido (Mt. 1:21). La joven, María, dio a luz tal como había dicho el ángel. Mateo nos dice, sin embargo, que el nacimiento del hijo prometido cumplió algo más que las palabras del ángel: «Todo esto aconteció para que se cumpliese lo dicho por el Señor por medio del profeta, cuando dijo: He aquí, una virgen concebirá y dará a luz un hijo, y llamarás su nombre Emanuel» (Mt. 1:22-23). Mateo estaba viendo un cumplimiento tipológico en Isaías 7 con el nacimiento de nuestro Señor.[3] ¿Podría haber una señal más grande de Emmanuel que Dios, en Cristo, habitara con nosotros?

Jeremías

Apartado por Dios cuando era joven, Jeremías sería portavoz del Señor ante el reino meridional de Judá (Jer. 1:6). Llamó a la tierra circundante a

---

2. Beale, *New Testament Use of the Old Testament,* 16n44.
3. Beale, *New Testament Use of the Old Testament,* 16n44. Ver también James M. Hamilton, «The Virgin Will Conceive: Typological Fulfillment in Matthew 1:18–23», en *Built upon the Rock: Studies in the Gospel of Matthew,* eds. John Nolland y Dan Gurtner (Grand Rapids: Eerdmans, 2008), 228-47.

arrepentirse, usando las palabras del Señor: «Vuélvete, oh rebelde Israel» (Jer. 3:12). Advirtió que el juicio de Dios caería y que el templo sería destruido (Jer. 22:5). Sin embargo, a pesar de todas sus palabras y súplicas, Jeremías se enfrentó a una Jerusalén impenitente (Jer. 5). Soportó el rechazo y la persecución (Jer. 20). Fue arrojado a una cisterna, aunque más tarde fue sacado de ella (Jer. 38:1-13). Fue llevado fuera de Jerusalén, a Egipto, contra su voluntad (Jer. 43).

Jesús es un verdadero y superior Jeremías.[4] Él fue apartado para la obra de Dios, para proclamar el reino y llamar al arrepentimiento (Mr. 1:15). Al igual que Jeremías, advirtió de la próxima destrucción del templo (Mr. 13). Y, como aquel, también se enfrentó a la falta de arrepentimiento en la tierra, concretamente a una Jerusalén endurecida (Mt. 23:37-38). La ciudad de David, que debería haber estado preparada y dispuesta a recibir a su rey, rechazó al Hijo de David. Se enfrentó al sufrimiento y la persecución y, en última instancia, a la muerte (Mr. 14–15). Mientras Jeremías proclamaba un día futuro en el que se establecería un nuevo pacto (Jer. 31), Jesús no se limitó a reiterar esta esperanza, sino que la hizo realidad (Jn. 19:30).

La ciudad sufriente

En Lamentaciones, la ciudad de Jerusalén está en ruinas. Se levanta humo, la gente se lamenta, y los enemigos se regocijan. Jerusalén sufre a causa de la fidelidad de Dios, que prometió la maldición del juicio y el exilio si el pueblo violaba el pacto mosaico y se negaba a arrepentirse. Entre todos los amantes de Israel, «No tiene quién la consuele» (Lm. 1:2). Los ídolos de Israel no solo no podían satisfacer, sino que tampoco podían salvar. La vergüenza y la inmundicia de Jerusalén habían quedado al descubierto (Lm. 1:8). Dios derramó su juicio «sin misericordia», y «en su ira» derribó las fortalezas de su pueblo (Lm. 2:2). El pueblo se había alineado contra el Señor, y eso significaba juicio.

La ciudad sufriente era un tipo del futuro juicio de Dios sobre los impíos al regreso de Cristo. ¿Quién podrá resistirlo en ese día? Su ira se derramará y, sin piedad, acabará las falsas seguridades y los ídolos de las naciones. La vergüenza y el horror del pecado serán más reales en ese día que en ningún otro. Todo lo que habita en la oscuridad será llevado a la luz penetrante de la justicia de Dios. Sus enemigos buscarán en vano a cualquier consolador. En cuanto a los infieles, los impíos y los idólatras, «tendrán su parte en el lago que arde con fuego y azufre, que es la muerte segunda» (Ap. 21:8). La destrucción de Jerusalén no solo anticipa el juicio final, sino que mira hacia la llegada de la

---

4. Ver Peter J. Leithart, *A House for My Name: A Survey of the Old Testament* (Moscow, ID: Canon, 2000), 198-99, 242; A. M. Hodgkin, *Christ in All the Scriptures* (Londres: Pickering & Inglis, 1909), 167.

ciudad de Dios, cuando la nueva Jerusalén salga del cielo de manos de Dios, «esposa ataviada para su marido» (Ap. 21:2).

La vid

Dios sacó a Israel de Egipto, lo guio por el desierto y lo introdujo en la tierra prometida (Éx. 12–17; Jos. 1–3). Una forma en que los profetas describen la gracia de Dios hacia Israel es que cavó una viña, la plantó con vides selectas y esperó buenos frutos (Is. 5:1-2). ¡Pero el fruto no era bueno! La vid no produjo lo que era agradable, y la viña se corrompió. El mensaje se refería a la condición espiritual de Israel. Dios los había plantado en la tierra prometida, pero se volvieron contra Él, se opusieron a su ley y rechazaron a sus profetas.

Según las propias afirmaciones de Jesús, Él es «la vid verdadera» (Jn. 15:1). Su afirmación conecta inequívocamente con el Antiguo Testamento. Jesús es el verdadero Israel, que muestra en su corazón y en su vida el fruto que el Israel del Antiguo Testamento no produjo. Jesús es la viña verdadera y mejor, cuya vida se caracterizó por deleitarse en la ley de Dios y obedecer al Padre (Mt. 5:17). En sí mismo, Jesús estaba suscitando un nuevo Israel que heredaría una nueva Jerusalén en virtud de las promesas selladas por un nuevo pacto.

Destrucción del templo

En el Antiguo Testamento, la tierra de Israel era el lugar más importante del mundo, Jerusalén era la ciudad más importante de esa tierra, y el templo era el lugar más relevante de esa ciudad. Dada la prominencia del templo, no es de extrañar que su destrucción por parte de los babilonios fuera un momento tan trágico y doloroso para el pueblo de Israel. Dios le había dicho a Salomón que construyera el templo (1 R. 6–8), pero el juicio divino finalmente lo hizo desaparecer (2 R. 25).

Jesús aplicó la imaginería del templo a su cuerpo. Les dijo a los judíos: «Destruid este templo, y en tres días lo levantaré» (Jn. 2:19). Destruir un templo, al menos en su memoria, era un juicio divino. ¿A qué podía referirse Jesús? Protestaron contra su afirmación: «En cuarenta y seis años fue edificado este templo, ¿y tú en tres días lo levantarás?» (Jn. 2:20). El templo era el lugar donde Dios manifestaba su presencia, pero Jesús era Emmanuel: Dios con nosotros. Jesús era superior al templo (Mt. 12:6). Su crucifixión fue como la destrucción de un templo, pero el templo de su cuerpo no quedaría en ruinas.

Daniel

Daniel

Durante el comienzo del cautiverio de Judá, Daniel se encontraba entre los jóvenes que fueron llevados al exilio (Dn. 1:1-4). Pero, a pesar de la tentación y la presión, se negó a contaminarse (Dn. 1:8). Fue fiel al Señor en tierra extranjera, como José. Superó a sus contemporáneos en sabiduría y entendimiento (Dn. 1:20). Y en ocasiones en que su vida parecía estar en manos de otros, Dios le mostró su favor mediante ascensos y reivindicaciones (Dn. 1:20-21; 2:48-49; 5:29; 6:28).

Daniel era un tipo de Cristo.[5] Aunque fue tentado a pecar, Jesús se mantuvo firme en la obediencia y confió de corazón en la palabra de Dios (Mt. 4:1-11). Mientras la tierra de Israel —bajo la ocupación romana— estaba sumida en el exilio y el cautiverio espirituales, Jesús se negó a contaminarse. Su vida estuvo marcada por la fidelidad, mayor incluso que la del noble Daniel. Jesús fue más sabio que sus contemporáneos, más que el propio rey Salomón (Mt. 12:42). Los líderes judíos, y finalmente los romanos, conspiraron contra el ungido del Señor, pero sus planes no tuvieron éxito en última instancia, ya que planeaban destruir a Jesús para siempre (Mr. 14:1-2). En lugar de eso, solo lo mataron. Jesús había abrazado la cruz por el gozo que tenía ante sí, pasando de la muerte temporal a la vida indestructible mediante la resurrección.

Amigos en el fuego

Dios sabe cómo salvar a su pueblo. Cuando Sadrac, Mesac y Abednego se negaron a inclinarse ante la estatua de oro al son de la música, lo hicieron sabiendo la consecuencia de la muerte en un horno de fuego (Dn. 3:4-7, 13-18). El rey Nabucodonosor ordenó que fueran arrojados dentro, atados y completamente vestidos (Dn. 3:19-21). Sin embargo, cuando el rey miró dentro del horno para ver el destino de los rebeldes, los vio desatados y caminando, junto con una cuarta figura en el fuego (Dn. 3:25). Los tres amigos hebreos salieron del horno sin la ropa quemada, ni el pelo chamuscado ni olor a humo (Dn. 3:27).

El rescate de los tres amigos fieles fue un tipo del rescate de Cristo de los pecadores por medio de la cruz y el juicio final.[6] En unión con Él, estamos seguros para siempre y no somos condenados (Ro. 8:1). Dios sabe cómo salvar a su pueblo. Jesús ya ha entrado en el horno del juicio por nosotros en la cruz, de una vez por todas. Allí, en la cruz, Jesús hizo plena expiación, y todo el que invoque al Señor será salvo. Y los que se salven ahora, también se salvarán después, pues el veredicto de justificación de Dios no será revocado en el día del juicio, cuando las naciones se reúnan ante el trono (Mt. 25:31-34). En Cristo y solo por su justicia, pasamos por el horno del juicio de Dios y salimos ilesos, sin el olor de la ira sobre nosotros.

---

5. Ver Peter J. Link Jr. y Matthew Y. Emerson, «Searching for the Second Adam: Typological Connections between Adam, Joseph, Mordecai, and Daniel», *Southern Baptist Journal of Theology* 21, n.º 1 (primavera 2017): 137-38.
6. Ver Hodgkin, *Christ in All the Scriptures*, 184.

El foso de los leones

La devoción de Daniel lo convirtió en un blanco fácil. En el recién establecido Imperio persa, algunos líderes querían manchar su reputación porque estaban celosos de la estima que el rey le tenía (Dn. 6:1-5). Después de persuadir al rey para que aceptara firmar un documento que, implícitamente, presionaría a Daniel para que comprometiera su lealtad a Dios (Dn. 6:6-9), él mantuvo su devoción al Señor, tal como esperaban que hiciera (Dn. 6:10-11). El castigo por violar el decreto real era ser arrojado al foso de los leones. A pesar de la renuencia del rey a que Daniel sufriera este destino, ordenó que Daniel rindiera cuentas (Dn. 6:14-16). Daniel fue arrojado al foso, se colocó una piedra sobre la entrada y se aseguró con el sello del rey. Su muerte era segura (Dn. 6:17). Pero, a la mañana siguiente, el rey corrió al foso, la piedra fue removida, y Daniel salió victorioso y libre de la muerte (Dn. 6:19-23). Los que planearon esa muerte fueron arrojados al foso y devorados al instante por los leones (Dn. 6:24).

Del mismo modo, el Señor Jesús no quiso comprometer su misión ni su obediencia. Esta devoción lo enfrentó a los líderes judíos, que convencieron a los romanos de que Jesús era una amenaza política (Mr. 15:1-15). Y a las amenazas políticas se las crucifica. A pesar de sus reticencias, Pilato ordenó que mataran a Jesús (Mr. 15:15). Tras su crucifixión, fue depositado en una tumba prestada, se hizo rodar una piedra sobre su abertura, y los soldados romanos aseguraron la escena con su presencia y un sello real (Mt. 27:59-66). El rescate de Daniel prefiguró la resurrección de Jesús.[7] Mientras Daniel se libró de la muerte, Jesús fue liberado después de la muerte. La piedra rodó, pues Jesús salió victorioso. Los que se opusieron a Cristo, y los que se oponen a Él ahora, se enfrentarán al juicio de Dios si no se arrepienten y confían en Cristo como su Salvador y Redentor. Las fauces de la ira de Dios los consumirán en justicia.

Los profetas menores

El matrimonio y la redención de Gomer

La esposa de Oseas, Gomer, era una mujer infiel (Os. 1:2) y sus acciones la llevaron a una situación en la que necesitaba ser redimida. Oseas compró a su mujer, es decir, pagó el precio de su redención, y la llevó a su casa para que viviera con él (Os. 3:2-3). Dentro del propio libro de Oseas, el matrimonio y la redención de Gomer apuntaban más allá de ella y su marido. Las acciones de Oseas representaban el corazón de Dios hacia el pueblo (Os. 2:14-23; 3:1).

---

7. Mitchell L. Chase, «Daniel», en *ESV Expository Commentary*, vol. 7, *Daniel–Malachi* (Wheaton, IL: Crossway, 2018), 84-85.

Dios tenía un pacto con Israel y lo buscaría aunque le fuera infiel. Aunque Israel fuera tras otros amantes, Dios lo redimiría.

El matrimonio y la redención de Gomer prefiguran la misericordia hacia los pecadores, mostrada en la cruz de Cristo. Jesús fue nuestro Redentor, quien estableció un nuevo pacto para los rebeldes e infractores de la ley (Mr. 10:45; Lc. 22:20). Su bondad nos lleva al arrepentimiento, y los infieles somos introducidos en su familia y en una posición correcta ante Dios, que no merecemos. La hermosa imagen del amor de Oseas se amplía hasta la buena nueva del Evangelio. Nosotros somos Gomer, Cristo es Oseas, y Él nos redime de nuestras deudas y esclavitud espirituales.

Destrucción de las naciones

A lo largo de los escritos de los profetas, más lugares además de Jerusalén reciben advertencias sobre el juicio futuro. Los vecinos de Israel no deben presumir de seguridad. Tiro y Sidón, así como todas las regiones de Filistea, son puestas sobre aviso (Jl. 3:4, 7-8). Egipto y Edom quedarán desolados (Jl. 3:19). Damasco, Gaza, Amón y Moab tendrán que rendir cuentas al Dios justo que gobierna el mundo (Am. 1:2–2:3). Cada vez que uno de los vecinos de Israel se enfrentaba al juicio de Dios, era un «día del Señor» para ellos.

Los juicios históricos sobre las naciones prefiguran el día definitivo del Señor, que llegará con el regreso de Cristo. El «día de Jesucristo» (Fil. 1:6) será reivindicación para el pueblo de Dios, pero significará ira para los enemigos de la cruz (Fil. 3:18-19). El juicio de Dios caerá sobre los impíos cuando Jesús «venga en aquel día para ser glorificado en sus santos y ser admirado en todos los que creyeron» (2 Ts. 1:10). Cristo se sentará «en su trono de gloria, y serán reunidas delante de él todas las naciones; y apartará los unos de los otros, como aparta el pastor las ovejas de los cabritos» (Mt. 25:31-32).

La liberación de Jonás

La palabra de Dios llegó al profeta Jonás, pero este no quiso obedecerla. Huyó y subió a un barco, y Dios envió una tormenta (Jon. 1:1-4). La terquedad y la desobediencia de Jonás pusieron en peligro la vida de todos los marineros paganos (Jon. 1:4-6). Tras señalar a Jonás por sorteo, los marineros lo arrojaron por la borda a petición suya (Jon. 1:15). Dios preparó un pez que se tragó a Jonás. Este estuvo tres días y tres noches en su vientre, hasta que lo escupió en tierra firme (Jon. 1:17; 2:10).

Cuando algunos escribas y fariseos pidieron una señal a Jesús, este les dijo: «La generación mala y adúltera demanda señal; pero señal no le será dada, sino la señal del profeta Jonás. Porque como estuvo Jonás en el vientre del gran pez tres días y tres noches, así estará el Hijo del Hombre en el corazón de la tierra tres días y tres noches» (Mt. 12:39-40). El descenso de Jonás se debió a su propio pecado, pero el descenso de Jesús se debió a su obra sustitutoria, en la cual cargaba con el pecado del mundo. El descenso de Jonás fue seguido por una liberación al tercer día, y la muerte de Jesús también sería seguida por una liberación al tercer día.[8] Jesús dijo: «he aquí más que Jonás en este lugar» (Mt. 12:41). Jesús, el verdadero y superior Jonás, entró en las profundidades del juicio en la cruz.[9] Y luego, tal como profetizó, el Hijo del Hombre resucitó.

La reconstrucción del templo

Cuando los exiliados israelitas regresaron a la tierra prometida, comenzaron a reconstruir el templo, pero el trabajo pronto cesó. Los ministerios de Hageo y Zacarías revigorizaron al pueblo para que volviera a ocuparse de la casa del Señor (Hag. 1:4-8). El templo de Salomón había sido asaltado y destruido por los babilonios décadas antes, y finalmente sería reconstruido y se reanudarían sus actividades. Sin embargo, el templo reconstruido no era tan magnífico como el primero. Hageo dijo la palabra del Señor: «La gloria postrera de esta casa será mayor que la primera, ha dicho Jehová de los ejércitos» (Hag. 2:9). ¿Qué colmaría esa esperanza de mayor gloria?

El templo reconstruido era un tipo de la persona y la obra de Cristo, pues su cuerpo era el templo que sería destruido y, en tres días, resucitaría (Jn. 2:19-22). La resurrección fue la «reconstrucción» del cuerpo de Jesús, y su estado glorificado aseguró que nunca más podría morir. La existencia glorificada de Jesús resucitado es la forma en que «la gloria postrera de esta casa será mayor» que la del antiguo templo bajo Salomón. Él *es* el templo de mayor gloria. Y en Él, nosotros —la iglesia— somos piedras que se edifican juntas como morada de la presencia de Dios (1 Co. 6:19; 1 P. 2:4-5). El templo que Dios construyó es mayor en gloria y duración que cualquier cosa construida por Salomón o reconstruida por los exiliados que regresaron.

En resumen

Cuando leemos los escritos de los profetas, vemos que contienen profecías, relatos y personajes que ilustran la persona y la obra de Cristo. Jesús es el profeta perfecto y el Hijo prometido de Dios, que *revela* a Dios y *es* Dios en medio de su pueblo. Él es la Vid verdadera y el Redentor fiel. Fue liberado

---

8. Ver Nicholas P. Lunn, «"Raised on the Third Day according to the Scriptures": Resurrection Typology in the Genesis Creation Narrative», *Journal of the Evangelical Theological Society* 57, n.º 3 (2014): 524-25.
9. Ver Benjamin Keach, *Preaching from the Types and Metaphors of the Bible* (1855; reimpr., Grand Rapids: Kregel, 1972), 979; Matthew Barrett, *Canon, Covenant and Christology: Rethinking Jesus and the Scriptures of Israel,* New Studies in Biblical Theology, vol. 51 (Downers Grove, IL: IVP Academic, 2020), 131.

del foso de la muerte, y llevará a todo su pueblo a través del horno de la ira de Dios por su unión con Él. Jesús, el Hijo del Hombre, es más grande que Jonás, pues no fue liberado de la muerte, sino que *a través* de ella salió reivindicado y victorioso. La cruz y la resurrección fueron la destrucción y la reconstrucción del templo de su cuerpo, que vive en una gloria incomparable ahora y siempre.

Preguntas para la reflexión

1. ¿Cómo funciona la señal de la profecía en Isaías 7 como un tipo?
2. ¿De qué manera la destrucción del templo apunta a la muerte de Cristo?
3. ¿Cómo la liberación de Sadrac, Mesac y Abednego prepara para la mayor liberación que los santos disfrutan en Cristo?
4. ¿De qué manera la liberación del foso de los leones señala la obra de Cristo?
5. ¿Por qué vio Jesús la historia de Jonás como un tipo?

TERCERA PARTE

Preguntas sobre la alegoría

SECCIÓN A
Cómo entender la alegoría

PREGUNTA **25**

¿Qué es la alegoría y la interpretación alegórica?

En la historia de la exégesis, quizá no haya término más controvertido que «*alegoría*».[1] Esa frase es el lugar adecuado para comenzar este capítulo, porque es posible que los lectores ya den por supuesta una determinada definición de alegoría, y que también hayan determinado la utilidad o ilegitimidad de la interpretación alegórica. Pero esos puntos precisos —qué es la alegoría y si debe practicarse— son objeto de controversia. ¿Es la interpretación alegórica una mera técnica caprichosa mediante la cual el intérprete resta importancia a la historicidad de las Escrituras para leer en un pasaje el significado subjetivo y (supuestamente) más profundo que prefiere ver en él?

Una cosa y algo más

Una alegoría es un pasaje que dice una cosa para decir otra.[2] Un ejemplo sería Isaías 5, donde el lenguaje sobre la destrucción de una viña se refiere en realidad al próximo juicio de Dios sobre Israel. La profecía fue contada como una alegoría. El propio término «alegoría» significa «hablar de otra manera». Cicerón dice que la alegoría es «una manera de hablar que denota una cosa por la letra de las palabras, pero otra por su significado».[3]

Si un pasaje es una alegoría, a veces el significado no es inmediatamente aparente o explícito (aunque puede serlo; ver Is. 5:7). Más bien, una alegoría invita al lector a discernir, bajo la superficie, un significado más profundo en las palabras utilizadas en el pasaje. Y la clave interpretativa de la alegoría, que llevará al lector de una cosa a otra, no será imposible de discernir para los lectores. De hecho, una alegoría incorpora el significado de tal manera que este puede desenterrarse, prestando atención al contexto inmediato, a un corpus más amplio de material o a símbolos compartidos que se han identificado en otro lugar.

---

1. John J. O'Keefe y R. R. Reno, *Sanctified Vision: An Introduction to Early Christian Interpretation of the Bible* (Baltimore: Johns Hopkins University Press, 2005), 89 (énfasis en el original).
2. Ver Benjamin Keach, *Preaching from the Types and Metaphors of the Bible* (1855; reimpr., Grand Rapids: Kregel, 1972), 192.
3. Cicerón, *Rhetorica ad Herennium*, trad. Harry Caplin, Loeb Classical Library (Cambridge, MA: Harvard University Press, 1954), 4.34.46.

Hay que distinguir una alegoría de una interpretación alegórica. La primera es el pasaje en sí, y la segunda es una forma de leer ese pasaje. Una alegoría debe leerse alegóricamente para respetar la intención del recurso literario. La interpretación alegórica trata un pasaje como si contuviera significados más profundos que los que aparecen en la superficie de las propias palabras. La alegoría es una forma de *escribir,* y la interpretación alegórica es una forma de *leer.* Más controvertida es la noción de leer alegóricamente un pasaje que puede no haber sido escrito como alegoría por el autor humano. Aunque aquí se impone la cautela, podemos reconocer que el autor divino entreteje los relatos de las Escrituras de tal manera que el sentido y el significado canónicos de un pasaje pueden sobrepasar (aunque no contravenir ni anular) la conciencia y la intención del autor humano.

De vuelta a los griegos

Cuando los eruditos escriben sobre la historia de la interpretación alegórica, señalan sistemáticamente al mundo helenístico. Según Bray, «la alegoría comenzó en el mundo helenístico como medio para interpretar los poemas homéricos».[4] La mitología de los dioses no era moralmente ambigua. Las historias estaban llenas de violencia y aventuras sexuales. Para restar importancia al escandaloso comportamiento de los dioses, los intérpretes insistieron en dotar a estos mitos de significados más profundos. «Ya en el siglo VI a.C., los autores griegos alegorizaron a Homero y Hesíodo y las historias sobre los dioses, en gran parte con el propósito de eliminar la inmoralidad desenfrenada presente en el panteón y asegurarse de que no se creía en nada indigno de los dioses».[5] En los mitos alegorizados, las deidades u otras figuras se interpretaban como representantes de fuerzas cosmológicas o valores abstractos.[6]

La interpretación alegórica hacía que las historias sobre los dioses sonaran más agradables y encomiables. La alegorización hizo que los mitos fueran «filosóficamente respetables y moralmente justificables».[7] Uno de los primeros escritores griegos, Ferécides de Siros (c. 550 a.C.), empezó a considerar las palabras de Zeus a Hera en un sentido no literal, y a finales del siglo IV a.C., «la interpretación alegórica y etimológica de Homero estaba en pleno apogeo».[8]

---

4. Gerald Bray, «Allegory», en *Dictionary for Theological Interpretation of the Bible,* ed. Kevin J. Vanhoozer (Grand Rapids: Baker Academic, 2005), 35.
5. Keith D. Stanglin, *The Letter and Spirit of Biblical Interpretation: From the Early Church to Modern Practice* (Grand Rapids: Baker Academic, 2018), 22-23.
6. Rita Copeland y Peter T. Struck, introducción a *The Cambridge Companion to Allegory,* eds. Rita Copeland y Peter T. Struck (Nueva York: Cambridge University Press, 2010), 6.
7. K. J. Woollcombe, «The Biblical Origins and Patristic Development of Typology», en *Essays on Typology,* Studies in Biblical Theology 22 (Naperville, IL: A. R. Allenson, 1957), 50.
8. Woollcombe, «Patristic Development of Typology», 50-51.

A partir del siglo IV a.C., la alegorización se asoció con los estoicos, y Crisipo de Solos (280-207 a.C.) fue uno de sus principales defensores.[9] En el siglo III a.C., Alejandría se convirtió en el centro de la erudición homérica. A finales del siglo II a.C., un judío llamado Aristóbulo comenzó a alegorizar partes del Antiguo Testamento. Esta práctica preparó el camino a Filón, que nació a finales del siglo I a.C. y cuya vida coincidió con la de Jesús y los apóstoles. Murió a los setenta años, hacia el año 50 d.C.; y se convirtió en uno de los alegoristas judíos más importantes que han existido. Según Woollcombe, «Filón ofreció su Pentateuco alegorizado al mundo helenístico, y preparó así el camino para la aplicación de una exégesis estoica transformada a toda la Biblia».[10] Al igual que los filósofos griegos que le precedieron, alegorizó los textos sagrados para «no decir nada indigno de Dios».[11]

Además de sus defensores, la alegorización también tuvo sus críticos. En los siglos I a.C. y I d.C., autores como Cicerón y Plutarco criticaron la alegorización por inverosímil e incluso blasfema.[12] Y, sin embargo, esta crítica podía ir acompañada de una celebración de la alegoría cuando se utilizaba «para descubrir la estructura simbólica de los textos y las prácticas religiosas».[13] Dado el carácter sagrado de las Sagradas Escrituras, podemos entender por qué la interpretación alegórica no solo se practicó, sino que se fomentó. «Las formas de lectura que podían ver a Cristo en el Antiguo Testamento formaban parte de la cultura cristiana primitiva; en la época del siglo I, había muchos antecedentes helenísticos y judíos propicios a este tipo de interpretación».[14]

Escuchar las inquietudes

La interpretación alegórica, pues, se remonta a más de dos mil quinientos años. Y durante estos años, varias preocupaciones han dominado a los críticos. En primer lugar, la alegorización es un abuso del sentido literal. Si un autor escribe algo que no es una alegoría, y luego un intérprete alegoriza el escrito, la intención del autor ha sido ignorada y distorsionada. En segundo lugar, la alegorización trata un significado más profundo y, por lo tanto, más importante que el sentido literal. ¿Por qué no habría de ser más significativo el simple sentido literal del autor que la alegorización del intérprete? En tercer lugar, la alegorización abre de par en par la puerta a una subjetividad que no se

9. Woollcombe, «Patristic Development of Typology», 51.
10. Woollcombe, «Patristic Development of Typology», 51.
11. Stanglin, *Letter and Spirit of Biblical Interpretation,* 23.
12. Lewis Ayres, «"There's Fire in That Rain": On Reading the Letter and Reading Allegorically», en *Heaven on Earth? Theological Interpretation in Ecumenical Dialogue,* eds. Hans Boersma y Matthew Levering (Hoboken, NJ: Wiley-Blackwell, 2013), 36.
13. Ayres, «"There's Fire in That Rain"», 36.
14. Stanglin, *Letter and Spirit of Biblical Interpretation,* 22.

puede contener. Si un intérprete sugiere un significado más profundo para un pasaje, ¿quién puede decir, objetivamente, que el significado es ese y no otro?

Estas tres preocupaciones son comprensibles y existen por buenas razones. No queremos que los intérpretes traten las Escrituras de un modo, motivados por evitar avergonzarse del texto, como quienes alegorizaban los mitos griegos porque se avergonzaban del sentido superficial de la poesía y de las actividades de los dioses. La dilución de las Escrituras en aras de la aceptabilidad cultural es un camino hacia el desastre y las reinterpretaciones interminables.

También sabemos por la historia de la interpretación bíblica que las lecturas alegóricas han llegado a conclusiones que parecen exegéticamente indefendibles. Por ejemplo, en su libro *Ciudad de Dios,* Agustín decía que las dimensiones del arca de Noé representan las dimensiones proporcionales del cuerpo humano y, en concreto, del cuerpo de Cristo, de modo que la puerta del costado del arca representa la herida de lanza en el costado de Jesús.[15] O consideremos la interpretación de Agustín de la parábola del buen samaritano. En Lucas 10:30-35, Jesús relata la historia de un hombre que iba de Jerusalén a Jericó y que fue asaltado por unos ladrones, y luego fue pasado por alto por un sacerdote y un levita, pero fue socorrido por un samaritano que se compadeció de él, curó sus heridas y le proporcionó alojamiento y comida. La interpretación de Agustín de esta parábola es un ejemplo famoso de por qué los intérpretes dudan de las lecturas alegóricas. Agustín dice que la víctima era Adán, Jerusalén era la Jerusalén celestial, Jericó es la luna, los ladrones son el diablo y sus ángeles, el despojo del hombre es su pérdida de la inmortalidad, el vendaje de sus heridas es la restricción del pecado, y el lugar de alojamiento es la iglesia.[16] Así pues, si surge en el intérprete la vacilación de recorrer este mismo camino, deberíamos querer afirmar ese instinto.

Existe el peligro de que la interpretación alegórica malinterprete el pasaje u ofrezca conclusiones que desvíen la atención del sentido del pasaje. Un intérprete podría confiar en su propia imaginación subjetiva para imputar conclusiones creativas, pero no justificadas, que no pueden defenderse exegética y canónicamente. Por lo tanto, sí, hay peligros que hay que reconocer en la aventura de las lecturas alegóricas. Pero también hay un peligro sobre esos peligros, y sería anular la estrategia de la lectura alegórica en todos los casos.

Debemos reconocer la prominencia de la interpretación alegórica a lo largo de la historia de la iglesia. La alegorización no fue una aberración. ¿Acaso pretendían estos intérpretes cristianos negar el valor histórico de las Escrituras cuando buscaban un sentido más profundo en el pasaje? Desde luego, Agustín

---

15. Agustín, *Ciudad de Dios* 15.26.
16. Agustín, *Questions on the Gospels* 2.19.

no negaba la historicidad del arca de Noé, aunque hablaba de un significado más profundo del arca y su puerta, como el cuerpo y el costado de Cristo. Un intérprete puede discrepar justificadamente de la lectura alegórica que hace Agustín de la parábola del buen samaritano. Pero ¿debe abandonarse la tarea de la interpretación alegórica solo por lecturas indeseables o abusos?

¿Qué pasaría si los intérpretes cristianos practicaran la interpretación alegórica cuando esta pudiera fundamentarse textualmente en la revelación canónica de Dios? Y si la interpretación alegórica necesita apoyarse en razones textuales, ¿en qué se diferencia de la tipología?

Alegoría y tipología

Tipología y alegoría no son sinónimos, pero están relacionadas. Ambas son ejemplos de ver en un texto un significado que va más allá del propio texto. A diferencia de un tipo, una alegoría no tiene por qué ser histórica. Por ejemplo, las alegorías pueden aparecer en visiones o parábolas que no deben tomarse al pie de la letra. A diferencia de una alegoría, un tipo legítimo depende de correspondencias y pautas de la historia redentora que enlazan con el antitipo y se intensifican hacia él. Según John J. O'Keefe y R. R. Reno, «la alegoría es más fluida y ambiciosa. Busca patrones y establece diversos vínculos entre las Escrituras y una serie de preocupaciones intelectuales, espirituales y morales».[17] La interpretación alegórica suele aportar verdades atemporales y exhortaciones morales.

Aunque la tipología y la alegoría son ejemplos de lectura figurativa, es valioso distinguir entre ambos términos. Es posible que los intérpretes patrísticos no hayan distinguido explícitamente entre las prácticas interpretativas de la tipología y la alegoría, pero no hay ninguna virtud en mantener una ambigüedad cuando es posible una mayor precisión. La exégesis tipológica discierne las conexiones orgánicas y el desarrollo a lo largo de la historia redentora y mediante la revelación progresiva. Los modelos del Antiguo Testamento —especialmente con personas, acontecimientos e instituciones, pero también con oficios, lugares y cosas— encuentran su cumplimiento cristológico en la persona y la obra pasada o futura de Jesús. La interpretación alegórica considera que el texto en cuestión tiene un significado más profundo, entendiendo que el texto «dice otra cosa» que lo que dicen las palabras.

En resumen

Alegoría es un término controvertido, y la interpretación alegórica es una práctica controvertida. Una alegoría es un pasaje con un significado más

17. O'Keefe y Reno, *Sanctified Vision*, 21.

profundo. Al alegorizar un texto, el lector debe buscar más allá del sentido inicial de las palabras, lo que hay detrás, «explicando una obra, o una figura en un mito, o cualquier entidad creada, como si hubiera otro sentido al que se refiriera, es decir, presumiendo que la obra o la figura están codificadas con un significado pretendido por el autor o una autoridad espiritual superior».[18] Existen preocupaciones legítimas sobre la búsqueda de significados más profundos en los textos, pero quizá su uso podría justificarse si la interpretación alegórica propuesta —como la tipología— pudiera establecerse con garantía bíblica.

Preguntas para la reflexión

1. ¿Qué es la interpretación alegórica?
2. ¿Por qué algunos filósofos griegos trataban las historias de sus dioses de forma alegórica?
3. ¿Qué preocupaciones suscita la alegorización de los textos?
4. ¿Por qué fue importante Filón?
5. ¿Existe alguna diferencia entre alegoría y tipología?

18. Copeland y Struck, introducción a *Cambridge Companion to Allegory*, 2.

PREGUNTA 26

¿Cuáles son los presupuestos teológicos de la alegoría?

Cuando la iglesia primitiva interpretaba el Antiguo Testamento de forma alegórica, lo hacía partiendo de un conjunto de supuestos comunes. Aunque no todos los alegoristas llegaban a las mismas conclusiones sobre una imagen o los detalles de una narrativa, los ocho supuestos de este capítulo eran los que daban forma a sus instintos alegóricos.

Una historia en dos testamentos

Sin negar la realidad de la autoría humana, la gran tradición ha insistido siempre en la autoría divina de las Sagradas Escrituras. Y los dos testamentos están unidos en su objetivo: preparar y anunciar al Señor Jesucristo. La unidad de los Testamentos «fue un supuesto clave para todos los exégetas patrísticos».[1] La revelación progresiva de Dios despliega el drama divino de la redención. «Dado que las Escrituras cuentan esta historia, y dado que apuntan siempre hacia delante para incluirnos dentro de esa historia, parece natural que los cristianos deban leer las Escrituras tanto como un relato fidedigno de los tratos de Dios con el cosmos, como un mundo de signos».[2]

Aparte de la unidad de las Escrituras, un sentido más profundo incrustado no es en absoluto de designio divino, sino mera coincidencia e imaginación fantasiosa. Con un autor divino que supervisa la revelación progresiva en el Antiguo y el Nuevo Testamento, las conexiones orgánicas no solo son razonables, sino esperables. Mediante interpretaciones alegóricas, los primeros padres de la iglesia mostraban la interconexión de la Palabra de Dios. Mediante asociaciones verbales y otras vías, los alegoristas podían tomar un pasaje bíblico y hablar de significados más profundos relativos a Cristo y a la doctrina cristiana.

Llaves hermenéuticas

Las realidades de Cristo y su iglesia abren el Antiguo Testamento, como las llaves abren el cofre de un tesoro. El Antiguo y el Nuevo Testamento van

1. Hans Boersma, *Scripture as Real Presence: Sacramental Exegesis in the Early Church* (Grand Rapids: Baker Academic, 2017), 39.
2. Lewis Ayres, «"There's Fire in That Rain": On Reading the Letter and Reading Allegorically», en *Heaven on Earth? Theological Interpretation in Ecumenical Dialogue*, eds. Hans Boersma y Matthew Levering (Hoboken, NJ: Wiley-Blackwell, 2013), 33-34.

unidos y se interpretan mutuamente. Las realidades cristológicas, proclamadas en el Nuevo Testamento, sirven como luces brillantes que iluminan las sombras del Antiguo. Aparte de las percepciones hermenéuticas enseñadas por Cristo y practicadas por sus apóstoles, el Antiguo Testamento no alcanza su culminación o cumplimiento. Por tanto, «la razón por la que los padres de la iglesia practicaron la tipología, la alegoría, etc. es que estaban convencidos de que la realidad del acontecimiento de Cristo ya estaba presente (sacramentalmente) dentro de la historia descrita en la narrativa del Antiguo Testamento».[3]

Leer el Antiguo Testamento con una lente cristológica no era una tarea totalmente subjetiva. Aunque los detractores de la alegoría teman que esta práctica carezca de limitaciones e inevitablemente caiga en el absurdo si no se responsabiliza al intérprete, las interpretaciones alegóricas de los padres de la iglesia coinciden en gran medida. Su lectura de las Escrituras estaba moldeada por su convicción de que Cristo es el objetivo del Antiguo Testamento y de que la regla de fe proporciona importantes límites doctrinales dentro de los cuales los cristianos pueden manejar el texto sagrado. No es cierto que los primeros padres leyeran en el texto lo que querían ver. Carter señala: «El enfoque alegórico considera que el texto tiene más de un significado, pero no un número ilimitado de significados y, desde luego, no contradictorios entre sí».[4]

La imitación de Pablo

En lo que respecta a la interpretación alegórica en la iglesia primitiva, los escritores no temían decir que el apóstol Pablo era un ejemplo a seguir cuando interpretaba figuras e imágenes del Antiguo Testamento.[5] El texto más famoso que utilizaron para demostrar su punto de vista fue Gálatas 4:24: «Lo cual es una alegoría».[6] Pablo procedió a interpretar los dos hijos y las dos esposas de Abraham, enseñando que existe un significado más profundo en los acontecimientos históricos y las personas de la vida de Abraham.

También influyeron en los padres de la iglesia las palabras de Pablo en 1 Corintios 10:1-4: «Porque no quiero, hermanos, que ignoréis que nuestros padres todos estuvieron bajo la nube, y todos pasaron el mar; y todos en Moisés fueron bautizados en la nube y en el mar, y todos comieron el mismo alimento espiritual, y todos bebieron la misma bebida espiritual; porque bebían de la roca espiritual que los seguía, y la roca era Cristo». Un hilo de participación

---

3. Boersma, *Scripture as Real Presence,* 12.
4. Craig A. Carter, *Interpreting Scripture with the Great Tradition: Recovering the Genius of Premodern Exegesis* (Grand Rapids: Baker Academic, 2018), 6.
5. Boersma, *Scripture as Real Presence,* 79.
6. John J. O'Keefe y R. R. Reno, *Sanctified Vision: An Introduction to Early Christian Interpretation of the Bible* (Baltimore: Johns Hopkins University Press, 2005), 90.

«espiritual» recorre sus referencias al Antiguo Testamento. Las palabras de Pablo se convirtieron en una invitación a la imitación.

El sentido literal como fundamento

Es posible que muchos de los primeros padres de la iglesia tuvieran instintos alegóricos, pero no abandonaron la consideración del sentido literal. Este punto es especialmente importante, ya que muchos lectores sospechan que los alegoristas apenas tenían en cuenta el sentido literal del texto bíblico. De hecho, como señala Hans Boersma, «una de las acusaciones más comunes contra la interpretación bíblica de los padres de la iglesia es que, al alegorizar el texto bíblico, no tomaron en serio el sentido literal y, junto con él, la historia que narra».[7] Por el contrario, la práctica constante de los padres de la iglesia era afirmar el sentido literal. Prestaron atención a las cuestiones de la intención del autor, el significado literal del texto y la historicidad de las narrativas bíblicas.[8] Por ejemplo, Agustín, que no era ajeno a la alegoría, escribió que «cuando leemos en los libros divinos un abanico tan vasto de significados verdaderos, que pueden extraerse de unas pocas palabras, y que están respaldados por la sana fe católica, debemos elegir por encima de todo el que pueda demostrarse con certeza que fue sostenido por el autor que estamos leyendo».[9]

El sentido literal era el fundamento de cualquier sentido superior que discernieran. El sentido literal era importante, pero no agotaba el significado de un pasaje. La interpretación alegórica reconocía que las Escrituras constaban de múltiples partes, como las personas. Al igual que las personas tienen un cuerpo y aspectos inmateriales, las Escrituras tienen un sentido literal y sentidos no literales. Y para buscar cualquier significado más profundo a un pasaje bíblico, un intérprete necesita atender primero a su sentido literal.

Evitar lo absurdo

El sentido literal era fundamental para los intérpretes de la gran tradición, pero había ocasiones en las que un lector se sentía impulsado a la interpretación alegórica debido a la aparente naturaleza no histórica de un pasaje. Si afirmar que el sentido literal de un texto parecía absurdo y que transgredía los límites de la razón, una interpretación alegórica se hacía no solo preferible,

7. Boersma, *Scripture as Real Presence*, 27.
8. Boersma, *Scripture as Real Presence*, 29.
9. Agustín, *The Literal Meaning of Genesis*, trad. Edmund Hill, The Works of Saint Augustine: A Translation for the 21st Century I/13, ed. John E. Rotelle (Hyde Park, NY: New City, 2002), 1.21.41 (pp. 188-89). [Para una edición en español, ver San Agustín de Hipona, *Interpretación literal del Génesis*, trad. Claudio Calabrese, Colección de pensamiento medieval y renacentista (Pamplona: EUNSA, 2006).]

sino necesaria.[10] Esto podría recordar a los intérpretes griegos de los mitos homéricos, que ofrecían interpretaciones alegóricas para sanear el comportamiento inmoral de los dioses. Entonces, si los padres de la iglesia consideraban insostenible el sentido literal de un texto bíblico y lo alegorizaban, ¿trataban la Biblia como los paganos trataban los mitos griegos?

La alegación no resiste el escrutinio. En primer lugar, a diferencia de los alegoristas de los mitos homéricos, los padres de la iglesia afirmaban generalmente el sentido literal; no se limitaban a alegorizar los mitos paganos. «En contraste con los intérpretes helenísticos de Homero, los padres de la iglesia trataron la historia de la salvación como indispensable».[11] En segundo lugar, apelaron al ejemplo de Pablo para mostrar el precedente bíblico de la lectura de las Escrituras con capas de significado. Sin embargo, como señalan John O'Keefe y R. R. Reno, «un movimiento interpretativo que desvía la atención del sentido literal es, por supuesto, un juego peligroso. Las lecturas alegóricas, especialmente de textos oscuros u ofensivos, tienden a descontrolarse… No es sorpresa que la historia de la exégesis cristiana haya estado marcada por las advertencias y la resistencia a la alegoría».[12]

El deseo de edificación

La interpretación alegórica puede ser deseable cuando el sentido literal de un texto no parece edificante para el lector. Con ello no se pretende minimizar la historicidad de un pasaje, sino maximizar su utilidad. Por ejemplo, en la obra de Gregorio de Nisa, *Sobre la vida de Moisés,* aborda las vestiduras sacerdotales en Éxodo 28. Gregorio dice que el Urim y el Tumim son la doctrina y la verdad, e interpreta otros rasgos de las vestiduras como cosas que el alma debe perseguir en aras de una vida pura.[13] La interpretación alegórica de las vestiduras sacerdotales está impulsada por la suposición de Gregorio de que «todas las Escrituras ayudan de algún modo al desarrollo de la vida cristiana», por lo que esta estrategia de lectura «le permitió situar más profundamente su vida como cristiano en pasajes aparentemente inútiles de la Biblia».[14]

Al leer *Sobre la vida de Moisés* de Gregorio, queda clara su afirmación del sentido literal. Cuando propone significados más profundos del texto, no intenta oponer el sentido espiritual al sentido literal. Como dejan claro O'Keefe y Reno, «Gregorio se conforma con el relato bíblico de la vida de Moisés —hasta el punto de que los lectores modernos lo encuentran deses-

---

10. Ver la explicación en O'Keefe y Reno, *Sanctified Vision,* 91-92.
11. Boersma, *Scripture as Real Presence,* 23.
12. O'Keefe y Reno, *Sanctified Vision,* 93.
13. Gregorio de Nisa, *Sobre la vida de Moisés* 2.189.
14. O'Keefe y Reno, *Sanctified Vision,* 22.

peradamente ingenuo en su confianza en la exactitud histórica del material bíblico—, pero también está deseoso de extraer el nivel espiritual del significado. Su interpretación alegórica de la vida de Moisés complementa y amplía el sentido literal al establecer su correspondencia con la vida de fe. El propósito de la lectura alegórica es transformar una historia canónica en una narrativa aplicable a la práctica cristiana».[15]

Un oído virtuoso

Encontrarse con las Escrituras es escuchar la voz del Dios vivo. Y cuanto más preparado esté el oído para oír, más significativo será el encuentro con la Palabra de Dios. Un oído sensible procede de una vida santa, por lo que la virtud del intérprete era crucial para la tarea de interpretación. Puesto que la Biblia no era como cualquier otro libro, no debía ser abordada como cualquier otro libro. La interpretación alegórica no era para quienes no se tomaban en serio el texto o al Señor. Más bien, la búsqueda de un significado más profundo en el texto debía ser un desbordamiento de la búsqueda de la sabiduría y la virtud del intérprete.

Una vida devota y lecturas más profundas van juntas como un binomio inextricable. Según Stanglin, «un incrédulo, casi por definición, no ve ni cree los supuestos básicos que fundamentan la interpretación bíblica: la Escritura es inspirada y Cristo es su ámbito. La interpretación bíblica exige humildad, deseo de formarse moralmente, disposición a escuchar y apertura a la iluminación y comprensión espirituales. Cuanto mayor sea el carácter, la virtud y la santidad del intérprete, más podrá progresar en la interpretación espiritual».[16]

Formación de virtudes

La virtud no solo era importante para el acto de interpretar, sino también para el objetivo de la interpretación. La lectura alegórica de un texto conducía a menudo a discernir verdades en las que creer y virtudes morales que perseguir. Leer la Palabra de Dios con fe era dejarse cambiar por el Dios vivo del texto. El objetivo de la interpretación alegórica no era el elitismo, sino la santidad y la humildad. La Palabra encarnada era disfrutada, honrada y abrazada en la Palabra escrita. Y puesto que Cristo encarnado es la encarnación de toda virtud, la lectura fiel se convertía en lectura formativa, ya que Dios renueva y transforma a su pueblo por medio de las Sagradas Escrituras.

Boersma escribe: «Este énfasis en la virtud nos impide tratar las Sagradas Escrituras como si fuera meramente un libro que nos presenta la fascinante

---

15. O'Keefe y Reno, *Sanctified Vision*, 100-101.
16. Keith D. Stanglin, *The Letter and Spirit of Biblical Interpretation: From the Early Church to Modern Practice* (Grand Rapids: Baker Academic, 2018), 75-76.

literatura de una época pasada o que nos proporciona información inestimable para estudiar la historia de la religión».[17] La Palabra viva de las Escrituras nos convoca a comulgar con la Palabra viva —Cristo— para compartir la vida bendita de Dios, bajo su gobierno y para su gloria. En las *Homilías sobre las Bienaventuranzas,* Gregorio de Nisa explica que puesto que Dios es el tema de las Escrituras, y puesto que Dios mismo es virtud, el asunto de las Escrituras es también virtud que conduce a compartir más profundamente la vida de Dios.[18]

En resumen

La práctica de la interpretación alegórica se basaba en muchos supuestos. Contrariamente a las caricaturas sobre la práctica de los padres de la iglesia, estos no insertaban significados puramente arbitrarios en los textos bíblicos. Se preocupaban profundamente por los detalles del texto y buscaban la edificación y la formación de virtudes del lector. «Las Escrituras eran el medio divinamente ordenado para entrar en los misterios de la salvación y, por esta razón, los padres asumieron que las palabras, los episodios y las imágenes de las Escrituras debían tener "otro" poder "de palabra", un sentido alegórico que pudiera dirigir al lector desde las realidades mundanas a la realidad celestial».[19] Su postura por defecto ante el sentido literal era afirmarlo, aunque lo consideraban el fundamento de la interpretación alegórica.

Preguntas para la reflexión

1. ¿Por qué la unidad del Antiguo y el Nuevo Testamento es un supuesto necesario para la interpretación alegórica en la gran tradición?
2. ¿Cómo parecen justificar los escritos de Pablo la interpretación alegórica?
3. ¿Tenían los alegoristas por costumbre negar e ignorar el sentido literal de un pasaje?
4. ¿En qué ocasiones podría un alegorista rechazar el sentido literal de un pasaje?
5. ¿Qué relación guarda la interpretación alegórica con el concepto de virtud?

---

17. Boersma, *Scripture as Real Presence,* 20.
18. Boersma, *Scripture as Real Presence,* 19-20.
19. O'Keefe y Reno, *Sanctified Vision,* 93.

SECCIÓN B
La alegoría en la historia de la iglesia

PREGUNTA 27

¿Cómo se practicaba la alegoría en la iglesia primitiva?

Durante el período de la iglesia primitiva (100-450 d.C.), la interpretación alegórica era un rasgo común en los escritos de los padres de la iglesia. No todos los escritores alegorizaban en la misma medida ni llegaban a las mismas conclusiones, pero esta forma particular de leer las Escrituras ocupó un lugar destacado en los primeros siglos del cristianismo.

La lectura correcta de las Escrituras de Israel

El Antiguo Testamento es Escritura cristiana. Tal convicción impulsó a los padres de la iglesia a adentrarse en el texto para mostrar la presencia de Cristo en él. Su preocupación cristológica fue el rasgo definitorio de la interpretación patrística: «El conocimiento de la identidad de Jesucristo es la base de la lectura correcta de los escritos sagrados del pueblo de Israel».[1] Alegorizar pasajes del Antiguo Testamento era una forma de mostrar que el significado desde Génesis hasta Malaquías no podía entenderse correctamente sin la revelación de Dios en Cristo.

En una de sus cartas, Ignacio de Antioquía (35-108 d.C.) escribió: «Pero, para mí, mi escritura fundacional es Jesucristo, la carta inviolable de su cruz, y su muerte, y su resurrección, y la fe por medio de Él».[2] Según Ireneo (140-202 d.C.), Cristo es el «tesoro que estaba escondido en el campo» de las Escrituras.[3] Y como dijo Agustín (354-430 d.C.), «el Nuevo está oculto en el Antiguo, y el Antiguo está revelado en el Nuevo».[4]

Añadir al sentido literal

La mayoría de las veces, los padres de la iglesia no negaban el sentido literal cuando buscaban uno más profundo. Este punto es muy importante

1. John J. O'Keefe y R. R. Reno, *Sanctified Vision: An Introduction to Early Christian Interpretation of the Bible* (Baltimore: Johns Hopkins University Press, 2005), 28.
2. Ignacio, *A los filadelfianos* 8.2, en Justin S. Holcomb, *Know the Heretics* (Grand Rapids: Zondervan Academic, 2014), 19.
3. Ireneo, *Contra las herejías* 4.26.1, en Karlfried Froehlich, *Biblical Interpretation in the Early Church,* Sources of Early Christian Thought (Filadelfia: Fortress, 1984), 44.
4. Agustín, *Cuestiones sobre el Heptateuco* 2.73, citado en Pamela Bright, ed. y trad., *Augustine and the Bible: The Bible through the Ages* (Notre Dame, IN: University of Notre Dame Press, 1999).

si tenemos en cuenta que su hermenéutica se compara a menudo con la de los paganos que alegorizaban los mitos homéricos. Una distinción clave entre los grupos es que los padres de la iglesia afirmaban la historicidad de las Escrituras. Como dice Henri de Lubac: «Las reflexiones de un Ireneo o un Orígenes —como de un Juan Crisóstomo, un Agustín o un Gregorio el Grande— sobre las Escrituras nos transportan a una región completamente distinta de aquella a la que nos conducen las reflexiones de un Plutarco sobre el mito de Osiris o de un Porfirio sobre la Caverna de las ninfas».[5] Así pues, para los padres de la iglesia, la alegorización no consistía en escapar de la historicidad. Por el contrario, alegorizar era añadir y construir sobre el sentido literal del texto. La autoría divina de las Escrituras era motivo para creer que las palabras del autor humano no agotaban el significado del pasaje.

Agustín, que no era ajeno a la interpretación alegórica, consideraba que el sentido espiritual se añadía al sentido literal, y no lo negaba. Por ejemplo, en sus comentarios sobre 1 Corintios 10:1-11, Agustín creía que Éxodo relataba la historia de Israel, pero también predecía (mediante alegorías) el futuro del pueblo de Dios.[6] Cuando Agustín escribió sobre la resurrección de Lázaro, dijo: «Vaya por delante que, según la historia evangélica, creo con fe absoluta que Lázaro fue resucitado. Sin embargo, yo no dudo que significa también algo con sentido alegórico. Ni que por ser alegorizados los hechos históricos van a perder por eso la certeza histórica. Por ejemplo, Pablo explica como una alegoría que los dos hijos de Abraham son los dos testamentos; ¿es que por eso ni existió Abraham ni tuvo esos dos hijos?».[7] Nótese la convicción de Agustín de que la interpretación alegórica no negaba automáticamente el sentido literal de un pasaje bíblico. Y obsérvese también que apeló al uso que Pablo hace de Génesis en Gálatas 4, observando que el apóstol afirmaba la historicidad del mismo relato que también tenía un significado mayor.

El origen de la alegoría

Pero ¿y Orígenes (184-253 d.C.)? Seguramente es el alegorizador fuera de control que no se toma en serio el texto de las Escrituras, ¿verdad? Para sorpresa de los lectores, Orígenes sí se tomaba en serio el texto de las Escrituras. De hecho, uno de sus grandes logros fue la Hexapla, una edición del Antiguo Testamento en seis columnas. Orígenes creía en el testimonio de lo milagroso en las Escrituras y afirmaba la historicidad de la mayoría de las

---

5. Henri de Lubac, *Medieval Exegesis: The Four Senses of Scripture*, vol. 2, trad. Mark Sebanc (Grand Rapids: Eerdmans, 2000), 2:17-18.
6. Agustín, *De utilitate credenda*, secc. 8.
7. Agustín, *Ochenta y tres cuestiones diversas* 65, citado en Henri de Lubac, *Medieval Exegesis: The Four Senses of Scripture*, vol. 2, trad. Mark Sebanc (Grand Rapids: Eerdmans, 2000), 2:7.

narraciones bíblicas, aunque las excepciones eran pasajes como Génesis 1–2 y Apocalipsis.[8] Pero «es importante tener en cuenta que, en la mayor parte de la exégesis bíblica de Orígenes, una lectura literal del texto acompañaba a su interpretación alegórica».[9] De hecho, Orígenes «a menudo encontraba que el texto bíblico era históricamente fiable, moralmente edificante y doctrinalmente sólido en el nivel literal. Era la base del significado espiritual».[10]

Con Orígenes, y su predecesor Clemente, se estaba desarrollando una escuela de exégesis en Alejandría. Pero Orígenes tenía sus detractores. Por ejemplo, Eusebio cita palabras de Porfirio, que consideraba la exégesis de Orígenes una especie de absurdo.[11] Orígenes era consciente de que sus contemporáneos estaban preocupados por sus métodos. Dijo: «No se debe sospechar que pensemos que las Escrituras no contienen historia real, o que los preceptos de la Ley no debían cumplirse al pie de la letra, o que lo que se ha escrito sobre el Salvador no ha tenido lugar sensiblemente… Los pasajes verdaderamente históricos son mucho más numerosos que los que deben tomarse en un sentido puramente espiritual».[12] Aunque Teodoro de Mopsuestia asoció la exégesis de Orígenes con la negación de la historia, personas como Pánfilo y Eusebio defendieron a Orígenes contra esa acusación, citando extensos pasajes en los que él afirmaba la historicidad de los personajes y acontecimientos bíblicos.[13] Orígenes creía que las Escrituras eran como el cuerpo humano, que contenía múltiples aspectos. El cuerpo del texto era su sentido literal, el alma su sentido moral, y el espíritu su sentido más elevado, que revela los misterios de Dios.

El enriquecimiento del santo

Una de las funciones de la interpretación alegórica era exhortar y enriquecer al santo hacia una vida virtuosa. La alegoría de los primeros padres «asumía sistemáticamente que los textos de las Escrituras habían sido ordenados por Dios como un mapa para navegar del pecado a la rectitud».[14] Los santos se centraban especialmente en cómo la Biblia fortalecía su fe, esperanza y amor. El «objetivo de la exégesis» no era el mero conocimiento mundano, sino la sabiduría divina que estimularía y daría forma a la virtud. Para Gregorio de

8. Hans Boersma, *Scripture as Real Presence: Sacramental Exegesis in the Early Church* (Grand Rapids: Baker Academic, 2017), 29.
9. Boersma, *Scripture as Real Presence,* 30.
10. Keith D. Stanglin, *The Letter and Spirit of Biblical Interpretation: From the Early Church to Modern Practice* (Grand Rapids: Baker Academic, 2018), 62.
11. Eusebio, *Historia eclesiástica* 6.19.4-5.
12. Orígenes, *Sobre los principios* 4.3.4, citado en de Lubac, *Medieval Exegesis,* 2:15.
13. Peter W. Martens, «Origen against History? Reconsidering the Critique of Allegory», en *Heaven on Earth? Theological Interpretation in Ecumenical Dialogue,* eds. Hans Boersma y Matthew Levering (Hoboken, NJ: Wiley-Blackwell, 2013), 57.
14. O'Keefe y Reno, *Sanctified Vision,* 106.

Nisa, «la vida de Moisés no es solo una biografía; sus sandalias no son solo coberturas para sus pies. Su vida puede leerse como un mapa para todo cristiano comprometido en la búsqueda ascética de la virtud».[15]

Si el sentido literal del texto parecía una piedra de tropiezo para el lector, entonces los intérpretes se sentían aún más motivados a alegorizar porque la edificación era inmensamente deseable y, a veces, solo una interpretación alegórica parecía edificar. Orígenes lo explica:

> La sabiduría divina ha dispuesto que haya ciertos tropiezos o interrupciones del sentido narrativo, insertando en medio de él ciertas imposibilidades y contradicciones, para que la misma interrupción de la narración ponga al lector, por así decirlo, ciertos obstáculos arrojados en el camino. Por ellos la sabiduría niega un camino y un acceso al entendimiento común; y cuando se nos cierra y se nos hace retroceder, nos llama de nuevo al principio de otro camino, para que, ganando un camino más alto y sublime, al entrar en una senda estrecha, nos abra la inmensa amplitud del conocimiento divino.[16]

Esta ganancia de la interpretación alegórica era el conocimiento divino. Para Gregorio de Nisa y para la gran tradición en su conjunto, «el objetivo de la exégesis… no es el conocimiento mundano, sino la sabiduría divina».[17]

La defensa de las Escrituras

Los primeros padres de la iglesia se enfrentaron a falsos maestros y herejes. El auge del gnosticismo tuvo defensores como los valentinianos, que hacían hincapié en lo espiritual y denigraban lo físico. En las décadas de 150 y 160 d.C., los valentinianos escribían y comentaban textos del Nuevo Testamento,[18] y estos esfuerzos hicieron que los primeros padres de la iglesia escribieran en un ambiente en el que la defensa de las Escrituras era necesaria. Muchos escritores se opusieron a la exégesis valentiniana que promovía interpretaciones gnósticas. Entre estos escritores antivalentinianos se encontraban Ireneo, Clemente de Alejandría, Orígenes y Tertuliano.

En *Contra las herejías,* Ireneo estaba preocupado por estos exégetas valentinianos. «Una y otra vez, Ireneo sugiere que sus oponentes no saben cómo puntuar una frase, cómo identificar de qué persona habla un texto en particu-

15. O'Keefe y Reno, *Sanctified Vision,* 103.
16. Orígenes, *Sobre los principios* 4.2.9.
17. O'Keefe y Reno, *Sanctified Vision,* 139.
18. Lewis Ayres, «"There's Fire in That Rain": On Reading the Letter and Reading Allegorically», en Boersma y Levering, 36.

lar, cómo interpretar un término por su uso en otras partes de las Escrituras, cómo reconocer una figura retórica o una peculiaridad del estilo personal, o cómo leer una declaración en su contexto inmediato».[19] Mientras Ireneo y otros padres de la iglesia practicaban la interpretación alegórica, defendían las Escrituras contra los gnósticos, cuya exégesis se consideraba herética. Tertuliano escribió incluso una obra titulada *Contra los valentinianos*. Según Ireneo, los gnósticos se equivocaban al poner en tela de juicio la enseñanza llana de las Escrituras basándose en su interpretación idiosincrásica de pasajes oscuros.[20] Si un intérprete pretendía dar un significado más profundo a las Escrituras, debía «complementar su significado llano en lugar de contradecirlo».[21]

Las escuelas de Alejandría y Antioquía

Fuera de Alejandría, un grupo de alegoristas había estado enseñando un sentido espiritual de las Escrituras. Famoso por su interpretación alegórica, este grupo es conocido como la Escuela de Alejandría. En respuesta al énfasis alejandrino en el sentido espiritual del texto bíblico, un grupo de intérpretes de Antioquía hizo hincapié en el sentido literal. Este último grupo, formado por la Escuela de Antioquía, criticó los excesos que observaban en los alegoristas alejandrinos. Por ejemplo, el intérprete antioqueno Teodoro de Mopsuestia (350-428 d.C.) creía que los alegoristas tergiversaban las Escrituras, disminuían su carácter histórico y justificaban erróneamente su práctica apelando al apóstol Pablo, que no comprometía la integridad de la historia de la salvación.[22] En su novena homilía sobre el Hexaemeron, Basilio de Cesarea (330-379) escribió lo que Jaroslav Pelikan describe como «una de las críticas más enérgicas a la exégesis alegórica por parte de un teólogo cristiano ortodoxo del siglo IV (o de cualquier otro siglo)».[23] Basilio criticó la falta de control interpretativo de los alegoristas, y vinculó el deseo de alegorizar a una insatisfacción con el sentido llano de la Biblia.[24]

Cuando las escuelas alejandrina y antioquena se contemplan en retrospectiva histórica, la diferencia entre ellas no es la alegoría frente al sentido

---

19. Ayres, «"There's Fire in That Rain"», 37.
20. Joseph Trigg, «The Apostolic Fathers and Apologists», en *A History of Biblical Interpretation*, vol. 1, *The Ancient Period*, eds. Duane F. Watson y Alan J. Hauser (Grand Rapids: Eerdmans, 2003), 330. Ver Ireneo, *Contra las herejías* 2.27.1.
21. Trigg, «Apostolic Fathers and Apologists», 330.
22. Ian Christopher Levy, *Introducing Medieval Biblical Interpretation: The Senses of Scripture in Premodern Exegesis* (Grand Rapids: Baker Academic, 2018), 19.
23. Jaroslav Pelikan, *Christianity and Classical Culture: The Metamorphosis of Natural Theology in the Christian Encounter with Hellenism* (New Haven, CT: Yale University Press, 1995), 226. Ver Homilía 9:101.
24. Christopher Hall, *Reading Scripture with the Church Fathers* (Downers Grove, IL: InterVarsity, 1998), 87.

literal. Esa dicotomía es una caricatura. Mientras que a la escuela antioquena le preocupaba que los alegoristas alejandrinos estuvieran eclipsando el sentido literal, los antioquenos seguían empleando un sentido espiritual. Y mientras la Escuela Alejandrina se enfrentaba a críticas por sus interpretaciones alegóricas, seguía afirmando el sentido literal. Boersma pide cautela: «No debemos exagerar las diferencias ni entre Orígenes y Crisóstomo, ni entre los enfoques interpretativos antioqueno y alejandrino».[25] Diodoro de Tarso, intérprete antioqueno, escribió en el prólogo a su *Comentario a los Salmos* que «no menospreciaremos la anagogía y la *theoria* superior. Pues la historia no se opone a la *theoria.* Al contrario, demuestra ser el fundamento y la base de los sentidos superiores».[26] Diodoro no quería que ningún sentido superior comprendiera el sentido subyacente del texto, pero su método interpretativo seguía dando cabida a un sentido superior del texto bíblico. A grandes rasgos, «la mayoría de los alejandrinos y antioquenos tienen mucho más en común entre sí, que cualquiera de los dos grupos con la Ilustración».[27]

Casiano y la cuadriga

Los primeros padres de la iglesia consideraban que el texto bíblico tenía un sentido histórico y otro espiritual. Un hombre llamado Juan Casiano (360-435) dividió aún más el sentido espiritual: «Hay tres clases de conocimiento espiritual, el tropológico, el alegórico y el anagógico».[28] Contando el sentido histórico, la triple división del sentido espiritual estableció una cuadrícula de cuatro sentidos para el texto bíblico. Este cuádruple sentido fue conocido como la cuadriga, y tuvo un impacto duradero en los años venideros. El sentido histórico era el significado superficial (o visible) del texto; el sentido alegórico era el significado cristológico y se centraba en lo que se debía creer; el sentido tropológico era la instrucción moral y se centraba en lo que el lector debía hacer; y el sentido anagógico estaba orientado al futuro y se centraba en la esperanza del lector.

Casiano recurrió al libro de Proverbios para los diversos sentidos que podían discernirse en el texto bíblico. Salomón escribió: «¿No te he escrito tres veces en consejos y en ciencia, para hacerte saber la certidumbre de las palabras de

---

25. Boersma, *Scripture as Real Presence,* 77.
26. Citado en Karlfried Froehlich, *Biblical Interpretation in the Early Church* (Filadelfia: Fortress, 1984), 85. La palabra *theoria* equivale a un sentido más elevado de perspicacia, basado en la *historia* del texto. Como señala Stanglin, «el término favorito de los antioquenos para ir más allá de la letra era *theoria* (perspicacia), que ya habían utilizado los alejandrinos Clemente y Orígenes para describir su propia práctica de la alegoría» (*Letter and Spirit of Biblical Interpretation,* 67).
27. Craig A. Carter, *Interpreting Scripture with the Great Tradition: Recovering the Genius of Premodern Exegesis* (Grand Rapids: Baker Academic, 2018), 95.
28. Juan Casiano, *Conferencias* 14.8, citado en Denys Turner, «Allegory in Christian Late Antiquity», *Cambridge Companion to Allegory,* eds. Rita Copeland y Peter T. Struck (Nueva York: Cambridge University Press, 2010), 72.

verdad a fin de que vuelvas a llevar palabras de verdad a los que te enviaron?» (Pr. 22:20-21). En la LXX, en lugar de que el versículo fuera una pregunta retórica, el versículo se tradujo como una orden de «escribir... tres veces», lo que parecía corroborar el discernimiento de tres sentidos espirituales del texto bíblico. Para ilustrar el uso de la cuadriga, Casiano escribió sobre los cuatro sentidos de Jerusalén: históricamente, Jerusalén es la ciudad de los judíos; alegóricamente, es la iglesia de Cristo; tropológicamente, es el alma humana; anagógicamente, es la ciudad de Dios que está en el cielo.[29] Casiano también apeló al apóstol Pablo por el precedente bíblico de interpretar las narraciones literales del Antiguo Testamento como alegorías de la revelación en el Nuevo Testamento.[30]

En resumen

El tema de la interpretación alegórica en la iglesia primitiva es rico en ejemplos y complejidad. Mientras que algunos intérpretes parecían alegorizar los textos de una manera que disminuía el sentido histórico, otros hacían hincapié en el sentido histórico, pero también permitían un significado más elevado o espiritual. Si se puede hacer una afirmación general sobre el enfoque de los padres de la iglesia, estos consideraban que cualquier sentido espiritual se añadía al sentido literal. La interpretación alegórica buscaba la edificación del lector. Se entendía que este tipo de lectura desentrañaba correctamente las Escrituras de Israel, pues la unidad y la autoría divina de la Biblia garantizaban una interconexión que la alegorización revelaba al intérprete. Al final de la era de la iglesia primitiva, los sentidos histórico y espiritual de las Escrituras se habían convertido en cuatro: el sentido histórico y tres sentidos espirituales, lo cual formaba la cuadriga. Y esta perduraría durante los siglos venideros.

Preguntas para la reflexión

1. ¿Por qué no es exacto decir que los padres de la iglesia negaron la historicidad del texto bíblico en aras de la interpretación alegórica?
2. ¿Cuál era la opinión de Orígenes sobre el sentido literal y la interpretación alegórica?
3. ¿Cómo pretendía enriquecer a los santos la interpretación alegórica?
4. ¿Cuáles eran las diferencias entre las escuelas de interpretación alejandrina y antioquena?
5. ¿Cómo aplicó Juan Casiano la cuadriga a la ciudad de Jerusalén?

---

29. Juan Casiano, *Conferencias* 14.8.
30. Denys Turner, «Allegory in Late Christian Antiquity», en *The Cambridge Companion to Allegory*, eds. Rita Copeland y Peter T. Struck (Nueva York: Cambridge University Press, 2010), 74.

PREGUNTA 28

¿Cómo se practicaba la alegoría en la Edad Media?

El período de la Edad Media abarca aproximadamente mil años (450-1450). Durante estos siglos, la práctica de la interpretación alegórica no solo continuó, sino que aumentó. Y de las escuelas alejandrina y antioquena, la alejandrina dominó el panorama con su (sobre)énfasis en el significado espiritual.

De nuevo los múltiples sentidos

En la gran tradición, los exégetas consideraban que el texto de las Escrituras contenía tanto la letra como el espíritu, tanto el sentido histórico como el espiritual. El sentido espiritual se había subdividido en alegórico, tropológico y anagógico. Junto con el sentido literal o histórico, estos tres sentidos espirituales formaban la cuadriga. Existía, pues, una continuidad entre el final de la era eclesiástica primitiva y el comienzo de la Edad Media.

El beneficio de los múltiples sentidos en las Escrituras era el reconocimiento de la plenitud de las Escrituras y la edificación del santo. Según Gregorio el Grande (quien falleció en 604), la interpretación alegórica daba al alma «una especie de mecanismo por el que se eleva a Dios».[1] Con este «mecanismo», el intérprete vería la relación entre el Antiguo y el Nuevo Testamento, que el primero contenía al segundo. Gregorio dijo: «El libro de la elocuencia sagrada ha sido escrito alegóricamente por dentro, históricamente por fuera; por dentro, en términos del entendimiento espiritual, y por fuera, a través del simple sentido de la letra».[2]

El sentido fundamental

La primera parte de la cuadriga es el sentido histórico, conocido como *littera* o *historia*. En la Edad Media, el objetivo de la interpretación alegórica no era ignorar o negar el sentido literal. Más bien, el sentido literal era la base de los sentidos superiores que lo seguían. Henri de Lubac explica que «en la Escritura misma se profesa que no hay disociación de los dos sentidos. El

---

1. Denys Turner, *Eros and Allegory: Medieval Exegesis of the Song of Songs* (Collegeville, MN: Cistercian, 1995), 217-18.
2. Citado en Henri de Lubac, *Medieval Exegesis: The Four Senses of Scripture*, vol. 2, trad. Mark Sebanc (Grand Rapids: Eerdmans, 2000), 8.

espíritu no existe sin la letra, ni la letra carece de espíritu. Cada uno de los dos sentidos está en el otro, como la "rueda dentro de la rueda". Cada uno necesita del otro. Ellos dos juntos constituyen "la ciencia perfecta"».[3]

Por amor y devoción a las Escrituras, los exégetas cristianos de la Edad Media buscaron el sentido más completo del texto bíblico, ayudados por la cuadriga. Estos intérpretes no tenían una correspondencia unívoca con los antiguos alegoristas paganos, que trataban de ocultar las acciones escandalosas de los dioses, alegorizando los mitos homéricos. En cambio, los intérpretes medievales creían que la inspiración divina de las Escrituras justificaba sentidos más profundos en el texto, pues la intención divina trasciende, envuelve y aclara la intención del autor humano. La «letra», o sentido fundamental del texto, es importante, pero no es el punto final de la exégesis. De la letra, el exégeta pasa al sentido espiritual: sus sentidos alegórico, tropológico y anagógico. Henri de Lubac escribe: «A decir verdad, desde el principio [estos tres sentidos] constituyen realmente uno solo. El sentido espiritual es también necesario para completar el sentido literal, el cual es indispensable para fundarlo; es, pues, el término natural de la inspiración divina y, como dirá Bossuet, "pertenece al plan original y principal del Espíritu Santo". *Christus in littera continetur. El espíritu no está fuera de la historia.* Se dan juntos, inseparablemente, por el hecho de una única inspiración».[4]

El impacto de Orígenes y Agustín

Los métodos interpretativos de Orígenes influyeron en los exégetas posteriores. Algunos lo imitaron, otros lo criticaron, pero su influencia fue tan profunda que los intérpretes posteriores tuvieron que tratar con él de un modo u otro. En la Edad Media latina, Orígenes era el más leído y citado de todos los autores griegos antiguos.[5] Como ejemplo, su comentario sobre el Cantar de los Cantares estableció la interpretación mística del libro, una interpretación que se incorporó a la tradición de la iglesia.[6] Las palabras de Henri de Lubac resumen la influencia del padre de la iglesia: «A lo largo de las transformaciones radicales o de las lentas evoluciones que tienen lugar del siglo V al XIII, la lectura y el uso constante de las traducciones de Orígenes constituyen uno de los elementos que aseguran una continuidad».[7]

3. De Lubac, *Medieval Exegesis,* 2:26.
4. De Lubac, *Medieval Exegesis,* 2:26.
5. Henri de Lubac, *Medieval Exegesis: The Four Senses of Scripture,* vol. 1, trad. Mark Sebanc (Grand Rapids: Eerdmans, 1998), 165.
6. De Lubac, *Medieval Exegesis,* 1:170-71.
7. De Lubac, *Medieval Exegesis,* 1:172.

La lectura que Agustín hizo de las Escrituras también tuvo una gran repercusión. Aunque perteneció a la época de los padres de la iglesia, su tratamiento del texto bíblico fue estudiado y seguido en la Edad Media. De hecho, Agustín es posiblemente el teólogo más influyente de la historia de la iglesia. En particular, «la influencia de *Sobre la doctrina cristiana,* de Agustín, en materia hermenéutica, es patente en todas partes».[8] Además de sus interpretaciones alegóricas, valoraba el sentido histórico de las Escrituras, y escribió un libro titulado *Interpretación literal del Génesis.* Sus obras fueron muy leídas e influyentes. Según Gerald Bonner, «la influencia de Agustín en la exégesis bíblica posterior de la Edad Media latina fue enorme».[9] Según Keith Stanglin, «el pensamiento de Agustín —doctrinal, moral, filosófico, psicológico, político y de otro tipo—, tal como fue destilado y dispersado por las generaciones posteriores de admiradores, marcó la pauta de la iglesia medieval occidental».[10]

Tomás de Aquino y el sentido literal

El teólogo más influyente de la iglesia occidental, después de Agustín, es Tomás de Aquino (1225-1274).[11] Su opinión sobre el sentido literal marcó gran diferencia con respecto a los intérpretes anteriores. Aunque los críticos de los intérpretes medievales suelen lamentar que no se haga suficiente hincapié en el sentido literal, no pueden acusar a Tomás de Aquino de tal cosa. No solo enfatizaba el sentido literal, sino que consideraba que el sentido alegórico (etiquetado como tal por intérpretes anteriores) estaba incrustado en el sentido literal.[12]

En su obra *Summa Theologiae,* Tomás aborda los múltiples sentidos que se habían seguido en la gran tradición. Para Tomás, el sentido literal es el sentido llano de las Escrituras, y puesto que el sentido llano del texto puede transmitirse mediante rasgos, como figuras, metáforas y parábolas, «el sentido literal es el sentido llano de las Escrituras en su contexto histórico y literario».[13] Aunque Tomás afirma que las Escrituras pueden tener múltiples sentidos, creía que ningún sentido superior está disociado del sentido literal o fuera de su ámbito. Reconoce que permitir múltiples sentidos puede producir

---

8. Iain Provan, *The Reformation and the Right Reading of Scripture* (Waco, TX: Baylor University Press, 2017), 200.
9. Gerald Bonner, «Augustine as Biblical Scholar», en *The Cambridge History of the Bible,* vol. 1, *From the Beginnings to Jerome,* eds. P. R. Ackroyd y C. F. Evans (Nueva York: Cambridge University Press, 1975), 561.
10. Keith D. Stanglin, *The Letter and Spirit of Biblical Interpretation: From the Early Church to Modern Practice* (Grand Rapids: Baker Academic, 2018), 81.
11. Stanglin, *Letter and Spirit of Biblical Interpretation,* 103.
12. Craig A. Carter, *Interpreting Scripture with the Great Tradition: Recovering the Genius of Premodern Exegesis* (Grand Rapids: Baker Academic, 2018), 99.
13. Stanglin, *Letter and Spirit of Biblical Interpretation,* 104.

confusión interpretativa, por lo que reitera que los sentidos espirituales válidos se desprenden del significado del sentido literal y, por tanto, son una extensión del sentido literal.[14] Con todo lo que escribe sobre la importancia del sentido literal, Tomás no rechaza la búsqueda legítima de sentidos espirituales.

Nicolás y el doble sentido literal

Nicolás de Lira (1270-1349) sostenía que el sentido espiritual de las Escrituras presuponía el sentido literal. Por tanto, aunque la interpretación alegórica estaba permitida, no debía alejarse del sentido literal, al igual que no debían removerse los cimientos de un edificio, no fuera a ser que se derrumbara.[15] La interpretación alegórica no debe ser la primera preocupación de un intérprete. Más bien, la prioridad en la lectura de las Escrituras es empezar por comprender el sentido literal.[16]

Cuando un intérprete consideraba un significado más allá de la intención del autor humano, esta consideración formaba parte de lo que Nicolás llamaba el «doble sentido literal». Como explica Stanglin: «El doble sentido literal parece ser la forma que tiene Nicolás de subrayar que los sentidos espirituales deben basarse en el sentido literal. Con el doble sentido literal, la letra de las Escrituras contiene muchos sentidos».[17] Nicolás compartió un poema que se había originado con Agustín de Dacia (*ca.* 1260):

> La letra enseña lo que ocurrió,
> La alegoría lo que debes creer,
> El sentido moral lo que debes hacer,
> La anagogía lo que debes esperar.[18]

El uso que hace de este poema confirma su aprobación de la cuadriga, pues incluso ilustra el cuádruple sentido con el ejemplo de Jerusalén de Juan Casiano, aunque Nicolás observa que no todos los pasajes bíblicos contienen los cuatro sentidos.[19]

En resumen

La exégesis alegórica floreció en la Edad Media. Apoyándose en métodos interpretativos como la cuadriga, los lectores buscaban múltiples sentidos

---

14. Stanglin, *Letter and Spirit of Biblical Interpretation*, 104-5.
15. Stanglin, *Letter and Spirit of Biblical Interpretation*, 106.
16. Nicolás de Lira, «Prologus secundus», en *Patrologia Latina* 113:29C.
17. Stanglin, *Letter and Spirit of Biblical Interpretation*, 107.
18. Nicolás de Lira, «Incipit prologus», en *Patrologia Latina* 113:28D.
19. Stanglin, *Letter and Spirit of Biblical Interpretation*, 107.

en el texto bíblico. Aunque había intérpretes que hacían hincapié en el sentido literal como fundamento de todos los demás sentidos, a los lectores les resultaba fácil adoptar lecturas místicas y alegóricas que obviaban el sentido literal o se desentendían de él. Por ello, teólogos como Tomás de Aquino y Nicolás de Lira resaltaron el sentido literal e insistieron en que cualquier sentido superior se basara en este sentido fundacional. Aunque no rechazaban las lecturas alegóricas, su énfasis en la *historia* del texto ayudaría a frenar los abusos de la interpretación espiritual. Se dio mayor importancia al sentido literal-gramatical. De hecho, «el sentido literal estaba disfrutando de una especie de renacimiento en vísperas de la Reforma».[20]

Preguntas para la reflexión

1. ¿Qué se entiende por *historia* o *littera* de un texto?
2. ¿Cómo influyó Orígenes en los intérpretes posteriores?
3. ¿Cómo influyó Agustín en los intérpretes posteriores?
4. ¿Cuál era la opinión de Tomás de Aquino sobre los sentidos múltiples en las Escrituras?
5. ¿En qué consistía el doble sentido literal de Nicolás de Lira?

---

20. Stanglin, *Letter and Spirit of Biblical Interpretation*, 111.

PREGUNTA 29

¿Cómo se practicaba la alegoría a principios de la Edad Moderna?

Durante los primeros años de la Edad Moderna (1450-1650), la interpretación alegórica recibió fuertes críticas. La insistencia en el sentido literal por parte de los intérpretes medievales —como Tomás de Aquino y Nicolás de Lira— fue transferida a la predicación y los escritos de los reformadores. La transición de la Edad Media a la Reforma «no fue, ciertamente, una transición de la exégesis precrítica a la exégesis "crítica" moderna... Fue una transición, sin embargo, de un enfoque precrítico, que podía reconocer sentidos espirituales del texto *más allá* del sentido literal, a un enfoque precrítico, que se esforzaba por localizar el significado espiritual enteramente *en* el sentido literal».[1]

Erasmo y la lectura fantasiosa

Cuando Erasmo (1466-1536) evaluó a los intérpretes anteriores, vio un uso excesivamente entusiasta de la interpretación alegórica. Insistió en el sentido literal como base de cualquier significado espiritual y criticó a quienes preferían la alegoría fantasiosa. Pero su crítica no consistía en rechazar la búsqueda de sentido espiritual en los textos bíblicos. En su quinta regla para la vida cristiana, el principio es buscar el espíritu y no la carne, y aplica este principio a la interpretación bíblica.[2] Buscar lo espiritual en las Escrituras presupone que las palabras del texto incluyen «cuerpo y alma», es decir, «un sentido literal y místico».[3]

En su *Manual del caballero cristiano,* escribe sobre la importancia de buscar el sentido espiritual en las Escrituras: «Si lees sin alegoría sobre los niños que luchan dentro del vientre materno, el derecho de primogenitura vendido por un plato de potaje, el apoderamiento fraudulento de la bendición de un padre antes de tiempo, el asesinato de Goliat hecho por David con una honda y

1. Richard A. Muller, «Biblical Interpretation in the Era of the Reformation: The View from the Middle Ages», en *Biblical Interpretation in the Era of the Reformation,* eds. Richard A. Muller y John L. Thompson (Grand Rapids: Eerdmans, 1996), 14 (cursivas añadidas).
2. Keith D. Stanglin, *The Letter and Spirit of Biblical Interpretation: From the Early Church to Modern Practice* (Grand Rapids: Baker Academic, 2018), 120.
3. Stanglin, *Letter and Spirit of Biblical Interpretation,* 120.

el corte de cabello de Sansón, entonces no tiene más importancia que si leyeras la ficción de los poetas».[4] Erasmo se quejaba de los teólogos de su tiempo, que prácticamente despreciaban la alegoría o la trataban con indiferencia.[5]

Fuertes palabras de Lutero

Martín Lutero (1483-1546), que nunca ocultó lo que pensaba sobre un asunto, habló con franqueza sobre las lecturas alegóricas de las Escrituras. En una conferencia sobre el libro de Génesis, Lutero dijo: «La alegoría es una especie de hermosa ramera, que se muestra especialmente seductora para los hombres ociosos».[6] Y, de forma algo menos sutil: «Las alegorías son especulaciones vacías, como si fueran la escoria de las Sagradas Escrituras».[7] Con tales denuncias, cabe imaginar que Lutero se mantuvo alejado de la interpretación alegórica. Felipe Melanchthon sonaba como Lutero al escribir que «cualquier discurso que no tenga un significado único y simple no enseña nada con certeza».[8]

Los primeros trabajos exegéticos de Lutero —cuando aún era monje de la iglesia católica romana y después de abrazar el verdadero evangelio con unción reformadora— evidencian el uso de la cuadriga. En una exposición del Salmo 4, dijo: «El presente salmo se entiende en primer lugar con respecto a Cristo, que llama y es escuchado; luego alegóricamente, con respecto a la iglesia, su cuerpo, y finalmente, en un sentido tropológico, con respecto a cualquier alma santa».[9] Aquí Lutero utiliza varios sentidos, excepto el anagógico. La lectura cristológica de Lutero equivale al sentido literal. «Si bien el compromiso de Lutero con una referencia cristológica se mantuvo constante, su inquietud por la cuadriga y la interpretación alegórica en general se intensificó en los años siguientes».[10]

A pesar de la reacción de Lutero contra la interpretación alegórica, su práctica en la predicación era menos estricta. De hecho, al leer sus palabras sobre la alegoría, el contexto lo es todo, ya que él todavía utilizaba la alegoría

---

4. Erasmo, *Handbook of the Christian Soldier,* en *Collected Works of Erasmus,* 66:68.
5. Stanglin, *Letter and the Spirit of Biblical Interpretation,* 121. Ver Erasmo, *Handbook of the Christian Soldier,* 66:34-35.
6. Martín Lutero, *Luther's Works,* ed. Jaroslav Pelikan (St. Louis: Concordia Publishing House, 1955-86), 5:347.
7. Martín Lutero, citado en Brian Cummings, «Protestant Allegory», en *The Cambridge Companion to Allegory,* eds. Rita Copeland y Peter T. Struck (Nueva York: Cambridge University Press, 2010), 177.
8. Felipe Melanchthon, *Elementa rhetorices* (Lyon: Sebastian Gryphius, 1539), 76.
9. Lutero, *Luther's Works,* 10:52.
10. Mark D. Thompson, «Biblical Interpretation in the Works of Martin Luther», en *A History of Biblical Interpretation,* vol. 2, The Medieval through the Reformation Periods, eds. Alan J. Hauser y Duane F. Watson (Grand Rapids: Eerdmans, 2009), 308.

a veces en su propia exégesis de las Escrituras.[11] En Génesis 2:7, Dios «formó al hombre del polvo de la tierra, y sopló en su nariz aliento de vida, y fue el hombre un ser viviente». Acerca de este versículo, Lutero dijo: «Y aquí, mediante una bellísima alegoría, o más bien mediante un anagoge, Moisés quiso insinuar tenuemente que Dios había de encarnarse».[12] Al preferir un término distinto de alegoría, Lutero hace una distinción para separarse de la carga que se relacionaba con «alegoría». Para él, una lectura espiritual —o alegórica— era legítima cuando podía demostrarse que funcionaba intrínsecamente, con la intención alegórica de las propias Escrituras.[13]

Para Lutero, el sentido llano de las Escrituras era el verdadero significado. Las lecturas alegóricas corrían el riesgo de oscurecer el sentido puro del lenguaje bíblico. Según el reformador: «El relato histórico se parece a la lógica en que enseña lo que es ciertamente verdadero; la alegoría, en cambio, se parece a la retórica en que debería ilustrar el relato histórico, pero no tiene valor alguno para dar pruebas».[14] Lutero se dedicó a alegorizar mucho cuando era monje de la iglesia católica romana, pero sus escritos como protestante abogaban por el sentido claro y sencillo del texto bíblico.[15] Los pasajes bíblicos «deben conservarse en su significado más sencillo posible, y entenderse en su sentido gramatical y literal, a menos que el contexto lo prohíba claramente».[16]

La interpretación alegórica, aunque posible para los intérpretes, no era algo que Lutero recomendara. Los exégetas experimentados podrían buscar el significado espiritual en el texto, pero «a menos que alguien tenga un conocimiento perfecto de la doctrina cristiana, no tendrá éxito en la presentación de alegorías».[17] La noción de que solo los intérpretes experimentados deberían intentar la interpretación alegórica se hace eco de Gregorio de Nisa y otros, que asumían que dicho método no era para todos.[18]

Juan Calvino y la alegoría caprichosa

En su *Institución de la religión cristiana,* Juan Calvino (1509-1564) escribió sobre la interpretación alegórica en seis pasajes diferentes. Carter resume el contenido de los pasajes:

---

11. Cummings, «Protestant Allegory», 179.
12. Lutero, *Luther's Works,* 1:87.
13. Cummings, «Protestant Allegory», 179.
14. Lutero, *Luther's Works,* 1:233.
15. Ver Martín Lutero, *Charlas de sobremesa,* #5285.
16. Lutero, *Luther's Works,* 6:509.
17. Lutero, *Luther's Works,* 26:433.
18. Stanglin, *Letter and Spirit of Biblical Interpretation,* 123-24.

> Los seis son refutaciones de errores doctrinales. Tres son argumentos contra doctrinas católicas romanas: uno se opone al semipelagianismo medieval, otro argumenta contra la transubstanciación, y otro se opone a la confesión oral obligatoria a los sacerdotes. Dos de los otros pasajes defienden el bautismo infantil, uno con respecto a los anabaptistas en general y otro con respecto a Miguel Servet en particular. El sexto pasaje es uno en el que Calvino condena a Miguel Servet por negar la realidad ontológica de las tres personas de la Trinidad. Lo sorprendente de estos pasajes es que Calvino no dice que sus oponentes estén equivocados por el uso que hacen del método alegórico de interpretación bíblica... Lo que dice es que sus oponentes han interpretado *mal* las Escrituras y han utilizado la alegoría de *forma equivocada*, razón por la cual obtuvieron un resultado erróneo.[19]

Para ser precisos en la relación entre Juan Calvino y la interpretación alegórica, el primero se oponía a la extravagancia de la segunda. Escribió: «Las alegorías no deben ir más allá de lo que permite el sentido señalado por la Escritura; pues lejos están de ser suficientes y aptas para probar una doctrina determinada».[20] Sus palabras no son un rechazo del método, sino más bien una preocupación por el hecho de que las alegorías trasciendan ciertos límites. La predicación y los escritos de Calvino muestran que no se opone al significado espiritual en el texto bíblico, sino que se opone al abuso de las Escrituras bajo la llamada rúbrica de «interpretación espiritual». Para él, lo que antes se consideraba un significado alegórico se incluiría dentro del sentido literal del texto.[21] Una interpretación cristológica estaba arraigada y abarcada por el «sentido llano» del texto.

Si Calvino sopesaba una interpretación «más profunda» para un texto, nunca era el resultado de rechazar el sentido llano. Por ejemplo, acerca de Moisés, cuando se quita las sandalias en la zarza ardiente, Calvino dijo: «Si alguien prefiere el significado más profundo (*anagoge*) de que Dios no puede ser escuchado hasta que nos hayamos despojado de nuestros pensamientos terrenales, no me opongo a ello; solo dejemos que prevalezca el sentido natural, de que a Moisés se le ordenó descalzarse, como preparación para escuchar con mayor reverencia a Dios».[22] Y cuando Calvino consideró las palabras de

---

19. Craig A. Carter, *Interpreting Scripture with the Great Tradition: Recovering the Genius of Premodern Exegesis* (Grand Rapids: Baker Academic, 2018), 185.
20. Juan Calvino, *Institución de la religión cristiana* (Barcelona: Fundación Editorial de Literatura Reformada, 1999), 2.5.19.
21. Carter, *Interpreting Scripture with the Great Tradition*, 99.
22. Juan Calvino, *Commentaries on the Four Last Books of Moses arranged in the Form of a Harmony*, vol. 1, trad. Charles William Bingham, Calvin's Commentaries (Grand Rapids: Baker, 2005), 64.

Pablo en Gálatas 4, escribió: «Como en la circuncisión, en los sacrificios, en todo el sacerdocio levítico, hubo una alegoría, como hay una alegoría en la casa de Abraham; pero esto no implica una desviación del sentido literal».[23] Para Calvino, el sentido llano de las Escrituras abarcaba lo que antes se había llamado el sentido literal y el espiritual.[24]

Aunque Calvino enfatizaba las características históricas y gramaticales de un pasaje, así como la intención del autor, Stanglin nos advierte que no debemos considerar a Calvino como uno de los primeros defensores de la exégesis histórico-crítica. Dice: «La práctica exegética de Calvino puede reflejar la larga transición entre la exégesis crítica medieval y la moderna, pero en casi todos los aspectos está más cerca de la exégesis medieval que de la moderna, y debe interpretarse en el primer contexto. Todos los principios hermenéuticos rectores de Calvino, incluido el énfasis en la intención del autor, son, como hemos visto, típicos de la interpretación bíblica patrística y medieval».[25] La exégesis de Calvino mostró una continuidad sustancial con la tradición medieval, más que una clara ruptura con el pasado, e interpretó las Escrituras consultando a grandes intérpretes de la historia de la iglesia, como Crisóstomo y Agustín.

William Perkins y el único sentido

El sentido literal se acentuó en las obras de William Perkins (1558-1602). En su libro *El arte de profetizar,* escribió sobre el método interpretativo cuádruple (la cuadriga). Afirmó que el método cuádruple debía ser «explotado» y rechazado.[26] Con palabras que captan el tenor de la hermenéutica protestante, dice: «Hay un único sentido, y es el literal»[27] —un único sentido, el *literal.*

Dada la forma en que Perkins hablaba del sentido literal, ¿había lugar para la interpretación alegórica? Según Perkins, y quizá sorprendentemente, sí. Una alegoría era un tipo especializado del sentido literal, del mismo modo que los significados anagógico y tropológico eran formas «aplicadas» del sentido literal único.[28] Así pues, al hablar de un único sentido literal, Perkins no niega por ello las lecturas alegóricas. Al igual que otros protestantes, el sentido literal se ha ampliado lo suficiente como para envolver al alegórico.

---

23. Juan Calvino, *Galatians,* trad. William Pringle, Calvin's Commentaries, reimpresión de la edición de Calvin Translation Society (Grand Rapids: Baker, 2005), 136.
24. Carter, *Interpreting Scripture with the Great Tradition,* 176.
25. Stanglin, *Letter and Spirit of Biblical Interpretation,* 139.
26. William Perkins, *The Arte of Prophecying, or, A Treatise concerning the Sacred and Onely True Manner and Methode of Preaching* (Londres: Felix Kyngston, 1607), C4v. [Para una edición en español, ver William Perkins, *El arte de profetizar* (Oklahoma City, OK: Credo Press, 2023)].
27. Perkins, *Arte of Prophecying,* C5r.
28. Cummings, «Protestant Allegory», 184.

Los tres sentidos espirituales de la cuadriga se entendían como «no sentidos», sino «aplicaciones» o usos de las Escrituras.[29]

La preocupación de Perkins es clara: hablar de varios sentidos provoca incertidumbre sobre el significado. Según Stanglin, «La afirmación de un solo sentido es la reacción protestante común al caos percibido de los sentidos espirituales no vinculados adecuadamente al sentido literal».[30] Pero Perkins estaba abierto a lecturas no literales del texto bíblico. Decía que, si una lectura literalista es «contraria a la razón común, o a la analogía de la fe, o a las buenas costumbres [morales], entonces no deben tomarse propiamente, sino por figura».[31]

Turretin y la alegoría no inspirada

Al igual que otros reformadores, Francis Turretin (1623-1687) consideraba que las Escrituras tenían un único sentido y que cualquier significado espiritual se basaba en este sentido literal. Como los sentidos no eran múltiples, la interpretación no sería tan caótica. «La importancia de la perspicuidad de las Escrituras es evidente en la afirmación de Turretin de que el sentido es único y directo».[32] Los sentidos espirituales —que anteriormente se habían considerado alegórico, tropológico y anagógico— se entendían como extensiones y aplicaciones del sentido literal.

Turretin no se entusiasma con las interpretaciones alegóricas ofrecidas por intérpretes no inspirados.[33] Creía que la certeza sobre las interpretaciones alegóricas es posible cuando un autor bíblico está haciendo la alegorización, pero de lo contrario nos quedamos con las inciertas interpretaciones alegóricas que acompañan al intérprete no inspirado. Pero si una interpretación alegórica se utiliza con fines ilustrativos, entonces es adecuada siempre que el intérprete no se base en ella como prueba de una doctrina.[34] A Turretin, y a Perkins antes que él, no le gustaba la cuadriga con sus sentidos. En su lugar, Turretin abrazó un sentido más completo del sentido literal, que permitía lecturas cristológicas del Antiguo Testamento.[35] Si el Nuevo Testamento confirmaba una determinada lectura alegórica de un texto anterior, esa lectura era válida. Pero, en general, para Turretin, los instintos alegóricos de Orígenes no eran un método que debiera seguirse.

---

29. William Perkins, *A Commentarie or Exposition, vpon the Fiue First Chapters of the Epistle to the Galatians* (Cambridge: John Legate, 1604), XXIr.
30. Stanglin, *Letter and Spirit of Biblical Interpretation,* 143.
31. Perkins, *Galatians,* 305.
32. Stanglin, *Letter and Spirit of Biblical Interpretation,* 145.
33. Stanglin, *Letter and Spirit of Biblical Interpretation,* 145.
34. Stanglin, *Letter and Spirit of Biblical Interpretation,* 145.
35. Stanglin, *Letter and Spirit of Biblical Interpretation,* 146.

En resumen

Los intérpretes cristianos de principios de la Edad Moderna se replantearon la cuadriga tan dominante durante la Edad Media. La creciente postura protestante consistía en subsumir los sentidos espirituales —alegórico, tropológico y anagógico— bajo el sentido literal, haciendo hincapié en el sentido único y llano de las Escrituras, que podía tener entonces ilustraciones o aplicaciones espirituales. Reformadores como Lutero y Calvino pronunciaron duras palabras contra las fantasías alegóricas, pero no rechazaron totalmente el uso de la alegoría. La interpretación cristiana durante los primeros tiempos de la Edad Moderna se mantuvo en continuidad con las convicciones de intérpretes anteriores dentro de la gran tradición. Mientras que en la Edad Media se produjo un cambio hacia la *littera* del texto, «Lutero, Calvino y sus contemporáneos no cambiaron simplemente la alegoría por la interpretación literal. Reforzaron el cambio hacia la letra con un mayor énfasis en el estudio textual y filológico, y luego procedieron a encontrar diversas figuras y niveles de significado».[36]

Preguntas para la reflexión

1. ¿Estaba Erasmo abierto a múltiples sentidos en las Escrituras?
2. ¿Por qué Lutero se oponía a la interpretación alegórica?
3. ¿Dónde creía Lutero que reside el verdadero sentido del texto?
4. ¿Qué entendía Calvino por el «sentido llano» de un texto?
5. ¿Qué tipo de interpretaciones alegóricas permitiría Turretin?

36. Muller, «Biblical Interpretation in the Era of the Reformation», 12.

PREGUNTA 30

¿Cómo se practicaba la alegoría en la Ilustración?

Durante la época de la Ilustración (1650-1800), se produjeron cambios significativos en la interpretación bíblica, que afectaron sobre todo a los eruditos bíblicos y a sus respectivas instituciones académicas. Mientras que la unidad de los Testamentos y la inspiración divina del texto eran dos de los valores atesorados en la exégesis premoderna, esos valores experimentaron una fractura en medio del dominio del humanismo.

El objetivo de la objetividad

La postura ilustrada pasó a ser la siguiente: asumir la autoría divina de las Escrituras era comprometer la objetividad del intérprete. Personas como Thomas Hobbes (1588-1679) rechazaron la noción de que las cosas visibles se relacionaran realmente con las invisibles. «Para Hobbes, por tanto, una lectura adecuada de las Escrituras es aquella que se libera de las restricciones eclesiales y la que abandona la noción metafísica de que las cosas terrenales están vinculadas a las celestiales. Habiendo rechazado el vínculo sacramental entre el cielo y la tierra, Hobbes convirtió la lectura de las Escrituras en un ejercicio puramente natural de erudición histórica».[1]

La supuesta búsqueda de la objetividad significaba lo siguiente: si se dejaba de lado la inspiración de las Escrituras, y si estas podían simplemente leerse y estudiarse como cualquier otro libro, entonces el intérprete tenía la mejor oportunidad de comprender el texto. Pero si se permite que prejuicios como la inspiración divina y la unidad teológica tiñan los ojos del intérprete, entonces el verdadero significado del texto se verá desdichadamente empañado —quizá perdido del todo— en la tarea interpretativa. Baruch Spinoza (1632-1677) creía que el verdadero significado de las Escrituras se alcanzaba por medio de la razón humana y no por ninguna tradición o autoridad de la iglesia. Hans Boersma explica: «La razón humana tiene la capacidad de investigar la historia, por lo que las Escrituras deben leerse históricamente y no alegóricamente. En consecuencia, Spinoza afirmaba que las Escrituras deben ser

1. Hans Boersma, *Scripture as Real Presence: Sacramental Exegesis in the Early Church* (Grand Rapids: Baker Academic, 2017), 7.

tratadas como cualquier otra cosa ordinaria y visible: deben ser analizadas empíricamente, y no se debe permitir que realidades superiores e invisibles determinen nuestra comprensión natural de la Biblia».[2]

Como una piedra arrojada a un estanque, la búsqueda de la objetividad tiene un efecto dominó. Uno de los efectos es la inadmisibilidad de la interpretación alegórica. Si la Biblia debe estudiarse como cualquier otra obra literaria, sin presuposiciones teológicas que influyan en el intérprete, la interpretación alegórica no puede sobrevivir a tal planteamiento. La alegorización de un texto bíblico se basa en la noción de que el texto es, en última instancia, la Palabra *de Dios* para nosotros, y que el diseño divino tiene un significado implícito que habla de las realidades de Cristo y su iglesia. Pero si la autoría humana establece el límite de lo que el intérprete puede concluir, es evidente que los autores humanos están sujetos a incoherencias, contradicciones y errores. Con el tipo de objetividad que persiguen personas como Hobbes y Spinoza, no hay lugar para lecturas alegóricas de los textos. Tales lecturas se considerarían conclusiones subjetivas que suponen erróneamente un designio y una unidad divinos de las Escrituras y que sobrepasan imprudentemente los límites de la intención del autor humano.

Denuncia del mito

La retrospectiva histórica nos ayuda a ver que la objetividad total es un mito. Ningún intérprete es imparcial, cada conclusión sobre la Biblia se alcanza dentro de la cosmovisión de un individuo (sea cual sea), y el propio testimonio de la Biblia (y la posición de la gran tradición) es que la Biblia ciertamente *no* es como cualquier otro libro. Los intérpretes que intentan comprender las Escrituras ignorando primero el testimonio *de* las Escrituras y el testimonio *sobre* las Escrituras se han embarcado en un tipo de erudición que no es cristiana.

La erudición cristiana no está reñida con la razón, y la gran tradición rebosa de ejemplos de intérpretes que prestan una atención reflexiva al texto. La razón humana no es prescindible en la tarea interpretativa. Pero, como dijo John Webster, «Dios no es convocado a la presencia de la razón; la razón es convocada ante la presencia de Dios».[3] La razón humana no es el árbitro final de la verdad. El pecado ha afectado nuestras facultades humanas, y la razón no está exenta. Para comprender el significado de las Escrituras, el intérprete necesita, en última instancia, algo más que herramientas gramaticales e históricas. El intérprete necesita ojos para ver y oídos para oír. «Las

2. Boersma, *Scripture as Real Presence,* 8.
3. John Webster, *Holiness* (Grand Rapids: Eerdmans, 2003), 17.

Sagradas Escrituras son el resultado de un movimiento divino; no se genera simplemente por la espontaneidad humana, sino por la fuerza motriz del Espíritu Santo. Esa fuerza motriz ordena de tal modo estos actos de comunicación textual humana que puedan servir adecuadamente a la publicación del conocimiento de Dios».[4]

Antes y después de la Ilustración

La interpretación durante los años de la Ilustración contrasta fuertemente con el modo en que los intérpretes cristianos premodernos trataron el texto bíblico. Spinoza fue uno de los primeros intérpretes «en buscar orígenes históricos detrás del texto bíblico, llegando a posiciones que advertían puntos de vista comúnmente asociados con la posterior crítica bíblica superior de la erudición alemana del siglo XIX».[5] En palabras de Richard Muller y John Thompson, «a diferencia de la exégesis histórico-crítica de los siglos XVIII, XIX y XX, la exégesis más antigua (ya fuera de la época patrística, medieval o de la Reforma) entendía que la *historia* —es decir, el relato que se entiende que el texto cuenta adecuadamente— residía en el texto y no debajo o detrás de él».[6]

En otras palabras, según la gran tradición, la manera de entender el significado del texto bíblico no es yendo detrás del texto. El texto canónico debe ser el centro de atención del intérprete. Si, por el contrario, el texto canónico se considera la etapa final de la composición que debe ser deconstruida para llegar al significado real o pretendido, entonces la gran tradición ha estado en el camino equivocado todo el tiempo. La interpretación alegórica —que se basa en el sentido literal y luego trata de establecer conexiones bíblicas internas que testifiquen de Cristo y edifiquen a la iglesia— sería una grave desviación de la sana interpretación. Los exégetas premodernos creían que «el significado de un texto se rige por el alcance y el objetivo del libro bíblico en el contexto del alcance y el objetivo de la revelación canónica de Dios. En otras palabras, los exégetas cristianos han asumido tradicionalmente que un propósito divino y una autoría divina unen el texto de todo el canon».[7]

Hans Frei observa que «una vez que la lectura literal y la histórica empezaron a separarse, la interpretación figurada quedó desacreditada como recurso literario y como argumento histórico».[8] La gran tradición creía que el plan

---

4. Webster, *Holiness*, 18.
5. Boersma, *Scripture as Real Presence*, 9.
6. Richard A. Muller y John L. Thompson, «The Significance of Precritical Exegesis: Retrospect and Prospect», en *Biblical Interpretation in the Era of the Reformation*, eds. Richard A. Muller y John L. Thompson (Grand Rapids: Eerdmans, 1996), 339.
7. Muller y Thompson, «Significance of Precritical Exegesis», 340.
8. Hans W. Frei, *The Eclipse of Biblical Narrative: A Study in Eighteenth and Nineteenth Century Hermeneutics* (New Haven, CT: Yale University Press, 1974), 6.

de Dios estaba incrustado en los signos, símbolos y tipos del Antiguo Testamento, y que estos elementos se cumplieron en Cristo y su iglesia en los siglos que siguieron a estos patrones y profecías. Sin embargo, las grietas filosóficas dentro de los estudios bíblicos tuvieron efectos profundos y amplios, ya que «forzaron la credulidad más allá del punto de ruptura al sugerir que dichos y acontecimientos de un día se referían predictivamente a personas y acontecimientos específicos cientos de años después».[9] Desde una perspectiva histórico-crítica, la exégesis tipológica y la interpretación alegórica eran absurdas. Interpretar la Biblia con la gran tradición solo puede hacerse con una cosmovisión sobrenatural. El problema de la Ilustración fue que la razón humana se convirtió en la alternativa a una cosmovisión sobrenatural.[10]

La exégesis de los puritanos

Aunque la interpretación alegórica sufrió bajo los supuestos naturalistas del enfoque ilustrado de la Biblia, los puritanos fueron una excepción a estos supuestos y afirmaron la inspiración divina y la unidad de las Escrituras. Los puritanos creían que los intérpretes debían respetar el sentido literal del texto. Señalaban varios tipos dentro del Antiguo Testamento, pero eran reacios a emplear la interpretación alegórica. Thomas Gataker (1574-1654) expuso el sentimiento puritano cuando dijo: «No nos atrevemos a alegorizar las Escrituras, cuando su letra nos da un sentido claro y apropiado».[11] Pero había ocasiones en que era preferible una lectura alegórica. Por ejemplo, en su interpretación de Cantar de los Cantares, James Durham (1622-1658) afirmó el sentido literal del Cantar, pero creía que este sentido incorporaba «figuras y alegorías» que el Espíritu pretendía, para señalar la comunión entre Cristo y su iglesia.[12]

Jonathan Edwards (1703-1758) mostró una profunda reverencia por las Escrituras. Afirmaba la unidad de los Testamentos y la interconexión de la revelación de Dios. Compartía un punto de vista que «era sorprendentemente afín a ese grupo de pensadores de finales del siglo XVII y principios del XVIII que han sido caracterizados como "metafísicos teocéntricos"», personas que veían cualquier ciencia nueva como compatible con la implicación íntima

---

9. Frei, *Eclipse of Biblical Narrative*, 6.
10. Craig A. Carter, *Interpreting Scripture with the Great Tradition: Recovering the Genius of Premodern Exegesis* (Grand Rapids: Baker Academic, 2018), 88.
11. Citado en Leland Ryken, *Worldly Saints: The Puritans as They Really Were* (Grand Rapids: Zondervan, 1986), 145.
12. Joel R. Beeke y Mark Jones, *A Puritan Theology: Doctrine for Life* (Grand Rapids: Reformation Heritage Books, 2012), 34. [Para una edición en español, ver Joel R. Beeke y Mark Jones, *Una teología puritana* (Envigado: Poiema Publicaciones. 2022).]

y momento a momento de Dios con la creación.[13] Edwards era un exégeta paciente, que dedicaba muchas horas a estudiar el significado gramatical e histórico de un texto. Pero su compromiso con el sentido literal no excluía el empleo de una lectura espiritual.[14]

Toda la fuerza del cambio

Los postulados críticos de finales del siglo XVII lograron un poderoso efecto en el siglo XVIII. Iain Provan escribe: «Es sobre todo el siglo XVIII el que se asocia con el título de "Siglo de las Luces". Entre sus nombres más famosos hay que incluir a Voltaire (François-Marie Arouet, 1694-1778), David Hume (1711-1776), Jean-Jacques Rousseau (1712-1778), Adam Smith (1723-1790) e Immanuel Kant (1724-1804)».[15]

Hacia 1700, la unidad de las Escrituras era inestable, y la historicidad del texto bíblico, poco fiable. Según Hans Frei, «Toda la fuerza del cambio de perspectiva y argumentación en relación con los textos bíblicos narrativos se produjo en el siglo XVIII».[16] La creencia en la autoridad y la unidad de la Biblia había disminuido. Johann Semler (1725-1791), un importante erudito histórico-crítico, creía que la Biblia contenía asuntos de interés religioso, pero que «ya no se [podía] creer en la inspiración por igual de todos los libros de la Biblia».[17] La opinión de Semler era bastante representativa. Se había producido un lento, pero constante cambio hacia una «interpretación histórica» de la Biblia en las obras de Eichhorn, Gabler, Michaelis y otros, pero Semler fue el primer teólogo protestante alemán que abordó la Biblia por medio de la historia de las religiones e insistió en una lectura crítica y no dogmática de ella.[18] Luego, a finales del siglo XVIII en Alemania, «la mayoría de los profesores de Antiguo Testamento eran neólogos (eruditos bíblicos escépticos) o racionalistas».[19]

En resumen

Durante la Ilustración, se cuestionaron y suspendieron algunos de los principales supuestos bíblico-teológicos de los exégetas premodernos. El objetivo

---

13. George M. Marsden, *Jonathan Edwards: A Life* (New Haven, CT: Yale University Press, 2003), 73-74.
14. David Barshinger, «"The Only Rule of Our Faith and Practice": Jonathan Edwards's Interpretation of the Book of Isaiah as a Case Study of His Exegetical Boundaries», *Journal of the Evangelical Theological Society* 52, n.º 4 (diciembre 2009): 823.
15. Iain Provan, *The Reformation and the Right Reading of Scripture* (Waco, TX: Baylor University Press, 2017), 391.
16. Frei, *Eclipse of Biblical Narrative,* 51.
17. Frei, *Eclipse of Biblical Narrative,* 111.
18. Craig G. Bartholomew, *Introducing Biblical Hermeneutics: A Comprehensive Framework for Hearing God in Scripture* (Grand Rapids: Baker Academic, 2015), 211.
19. Bartholomew, *Biblical Hermeneutics,* 211.

era buscar el sentido con un método objetivo, sin permitir que los prejuicios del intérprete afectaran a la interpretación del texto bíblico. Se exaltaba la razón humana, y la inspiración divina y la unidad de las Escrituras se consideraban impedimentos para comprender el significado real del texto. En este entorno filosófico, la interpretación alegórica es un fracaso, ya que este método depende de los mismos supuestos que se han suspendido. Los eruditos imaginaban que la Biblia era como cualquier otra obra literaria. Pero según la gran tradición, la Biblia no es como cualquier otro libro, e interpretarla se hace siempre a partir de un conjunto de supuestos. No hay verdadera objetividad, porque cada intérprete tiene una cosmovisión, y esa cosmovisión influye en la comprensión del texto bíblico.

Preguntas para la reflexión

1. ¿Cómo enfocaron Thomas Hobbes y Baruch Spinoza la interpretación bíblica?
2. ¿Cómo debemos responder a la noción de objetividad interpretativa?
3. ¿Qué papel debe desempeñar la razón humana en la tarea de la interpretación?
4. ¿Cómo se vio afectada la interpretación alegórica por la elevación de la razón humana?
5. ¿Qué pensaban los puritanos de la interpretación alegórica?

PREGUNTA 31

¿Cómo se practicaba la alegoría en la Edad Moderna tardía?

Los cambios filosóficos significativos de la Ilustración fueron como semillas que crecieron hasta convertirse en árboles de escepticismo y antisobrenaturalismo, y a finales de la era moderna (1800-1900) probamos el fruto en las ramas. No todos los defensores iniciales del método histórico-crítico sentían aversión por las afirmaciones y los acontecimientos sobrenaturales de la Biblia, pero la búsqueda del significado que se oculta tras el texto bíblico fue una trayectoria que se alejó de la exégesis canónica para convertirse en algo que, al final, disminuyó la Biblia y despreció la gran tradición.[1]

Qué hacemos con el Antiguo Testamento

Mientras que la unidad de los Testamentos cimentó la práctica de la lectura alegórica, la compartimentación de los Testamentos —y de los libros individuales— destruyó esta práctica. Una cuestión importante para los intérpretes era qué hacer con el Antiguo Testamento. Según Ellen Davis, «probablemente la cuestión de mayor alcance que separa la interpretación bíblica tradicional de la moderna (o posmoderna) es si —y en caso afirmativo, cómo— leer el Antiguo Testamento como testimonio de Jesucristo».[2]

¿Cómo podría el Antiguo Testamento dar testimonio de Cristo si la historicidad de sus enseñanzas y acontecimientos estuviera en duda? Y si el Nuevo Testamento se refería a personas del Antiguo Testamento que no existieron y a acontecimientos que no sucedieron, entonces el Nuevo Testamento debe ser visto con sospecha y no como un compromiso autorizado y digno de confianza del Antiguo Testamento. Si Adán nunca vivió, si nunca creció un jardín en el Edén, si un arca nunca sobrevivió a un diluvio, si el mar Rojo nunca se dividió, si nunca llovió maná del cielo, si el Sinaí nunca tronó con

1. Se hizo popular dar prioridad a la deconstrucción de los textos, proponer etapas de composición y explicar cualquier elemento sobrenatural de los relatos. Si la práctica académica revelaba prioridades, entonces la «verdad» bíblica no debía encontrarse en la forma canónica del texto, sino en la supuesta historia precanónica del texto y en el contexto y la comunidad reimaginados que, finalmente, dieron lugar al texto o textos.
2. Ellen F. Davis, «Teaching the Bible Confessionally in the Church», en *The Art of Reading Scripture*, eds. Ellen F. Davis y Richard B. Hays (Grand Rapids: Eerdmans, 2003), 18.

humo y fuego, si nunca se construyó el tabernáculo... si todas estas cosas y otras más no sucedieron tal y como las relata el texto, ¿qué haremos con el Antiguo Testamento? Si Isaías no escribió el libro de Isaías, y si el libro de Daniel fue escrito después de los acontecimientos que profetiza, entonces ¿qué haremos con el Antiguo Testamento?

El efecto irónico de la crítica histórica —intencionado o no— fue negar lo que la Biblia presentaba como histórico y equiparar crítica con escepticismo. En palabras de Carl Braaten y Robert Jenson: «El método histórico-crítico fue concebido en un principio y recibido como el gran emancipador de la Biblia, del dogma eclesiástico y la fe ciega. Algunos practicantes del método sienten ahora que la Biblia puede haberse convertido entretanto en su víctima».[3]

Detrás de los mitos

Un erudito que se situó «en el origen» de la crítica bíblica fue Wilhelm de Wette (1780-1849). Creía que los textos bíblicos no contienen historia fidedigna, sino mitos, y los mitos pueden contener «ideas sublimes» dignas de ser observadas y estudiadas.[4] Por ejemplo, los relatos del Pentateuco, aunque sin valor para el historiador, eran «un producto de la poesía religiosa del pueblo israelita, que refleja su espíritu [*Geist*], una forma de pensamiento, amor a la nación, filosofía de la religión».[5] Cuando llegó Julius Wellhausen (1844-1918), especuló sobre los orígenes no divinos del Pentateuco, y sus opiniones —formuladas en la hipótesis documentaria — «se convirtieron en el consenso casi total» de los estudiosos del Antiguo Testamento.[6] Wellhausen no quería que las preocupaciones filosóficas influyeran en los estudios bíblicos; en su opinión, «la investigación del Antiguo Testamento descubre los hechos, y la filosofía puede seguir a los hechos, pero no debe precederlos».[7] Esperaba que la investigación fuera científica, objetiva y neutral.[8] Cuando Heinrich Ewald (1803-1875) estudió los relatos del Antiguo Testamento, quería saber lo que había sucedido *realmente,* no solo lo que transmitía la tradición.[9] ¡Y por «tradición», Ewald entendía el texto bíblico! Creía, por ejemplo, que el

---

3. Carl E. Braaten y Robert W. Jenson, eds., *Reclaiming the Bible for the Church* (Grand Rapids: Eerdmans, 1995), ix.
4. Craig G. Bartholomew, *Introducing Biblical Hermeneutics: A Comprehensive Framework for Hearing God in Scripture* (Grand Rapids: Baker Academic, 2015), 213-14.
5. Bartholomew, *Biblical Hermeneutics,* 215.
6. J. Rogerson, *W. M. L. de Wette, Founder of Modern Biblical Criticism: An Intellectual Biography,* Journal for the Study of the Old Testament Supplement 126 (Sheffield: Sheffield Academic, 1992), 55, citado en Bartholomew, *Biblical Hermeneutics,* 220.
7. Bartholomew, *Biblical Hermeneutics,* 222.
8. Bartholomew, *Biblical Hermeneutics,* 223.
9. Iain Provan, *The Reformation and the Right Reading of Scripture* (Waco, TX: Baylor University Press, 2017), 412.

valor de las narrativas (o tradiciones) patriarcales de Génesis no eran fiables y debían ponerse en duda.[10]

En el ámbito de los estudios sobre el Nuevo Testamento, un importante erudito histórico-crítico fue Ferdinand Christian Bauer (1792-1860). Aplicó un enfoque antisobrenatural al Nuevo Testamento, negó que las cartas paulinas pudieran conciliarse con los relatos de Hechos y clasificó el libro de Hechos como un documento del siglo II poco fiable desde el punto de vista histórico.[11] S. J. Hafemann resume el impacto de Bauer: «Desde Bauer, todas las interpretaciones del Nuevo Testamento han tenido que pasar la prueba de la probabilidad histórica de una manera que no se había impuesto antes del siglo XIX, incluso para quienes aceptan la realidad de la intervención divina y la autoridad de las Escrituras».[12] Cuando David Strauss (1808-1874) rechazó los milagros y la divinidad de Cristo —y, por tanto, rechazó el cristianismo—, estaba elaborando en su erudición las implicaciones de los supuestos histórico-críticos. Strauss defiende básicamente la aplicación de la categoría de mito al Nuevo Testamento.[13] Sostiene que el método alegórico de Orígenes es un ejemplo del enfoque mitológico.[14] La imagen del núcleo y la cáscara es útil para Strauss. En su opinión, el método alegórico extrae la idea racional (o núcleo) del texto, mientras que la cáscara de la verdad histórica se desecha.[15] Benjamin Jowett (1817-1893) creía que el intérprete debía intentar «librarse de la interpretación»,[16] de modo que ningún sistema de pensamiento ajeno a la Biblia influyera en él. Un componente clave del enfoque hermenéutico de Jowett es claro, según sus propias palabras: «*Interpretar las Escrituras como cualquier otro libro*».[17]

Abandono de la gran tradición

A pesar de la opinión que algunos eruditos del siglo XIX tenían de los exégetas premodernos, y a pesar de los intentos de Strauss de afirmar que su proyecto de mitologización era paralelo al método de Orígenes, cabe hacer al menos cuatro observaciones. En primer lugar, la idea de que las Escrituras deben leerse como cualquier otro libro contrasta con la gran tradición. Como

10. Provan, *Reformation and the Right Reading of Scripture,* 412.
11. Bartholomew, *Biblical Hermeneutics,* 219.
12. S. J. Hafemann, «Bauer F(erdinand) C(hristian) (1792-1860)», en *Historical Handbook of Major Biblical Interpreters,* ed. D. K. McKim (Downers Grove, IL: InterVarsity, 1998), 289.
13. Craig A. Carter, *Interpreting Scripture with the Great Tradition: Recovering the Genius of Premodern Exegesis* (Grand Rapids: Baker Academic, 2018), 117.
14. Carter, *Interpreting Scripture with the Great Tradition,* 117.
15. Carter, *Interpreting Scripture with the Great Tradition,* 118.
16. Benjamin Jowett, «On the Interpretation of Scripture», en *Essays and Reviews* (Londres: John W. Parker & Son, 1860), 384.
17. Jowett, «Interpretation of Scripture», 377 (énfasis en el original).

afirman Richard Muller y John Thompson, «la exégesis precrítica no siempre fue correcta en sus afirmaciones, ni ciertamente unívoca en sus puntos de vista; pero siempre se preocupó por situar la exégesis bíblica dentro de la comunidad de quienes valoraban el texto como algo más que una curiosidad, es más, como Escrituras inspiradas».[18]

En segundo lugar, el compromiso de un intérprete con el método histórico-crítico llevará a conclusiones que socavan las convicciones cristianas, como la autoría divina de las Escrituras y la unidad de los Testamentos. Andrew Louth está en lo correcto cuando dice: «Nada parecido al cristianismo tradicional puede sobrevivir en un entorno así, porque ese cristianismo tradicional afirma que, mediante ciertos acontecimientos específicos del pasado, Dios se ha revelado a los hombres».[19] La práctica de algo parecido a la interpretación alegórica queda excluida por el método histórico-crítico.

En tercer lugar, la comparación que hace Strauss de su propio método con la alegorización de Orígenes no es justa. Orígenes creía en la inspiración divina y la unidad de las Escrituras; Strauss no. Orígenes afirmaba una y otra vez la historicidad de las personas y los acontecimientos bíblicos; Strauss no. Cuando Orígenes se desviaba de una lectura histórica y hablaba solo de una espiritual, creía que el texto lo obligaba a hacerlo; Strauss se dejaba llevar por sus presupuestos antisobrenaturales. Cuando Orígenes abría la Biblia, no creía estar leyendo mitos; Strauss sí. Según Henri de Lubac:

> Si se quiere encontrar algo parecido a verdaderos imitadores de los antiguos mitólogos, los Cornuto y Heráclito, los Salio y Julio, los Procluso y Olimpiodoro, no es recurriendo a Orígenes o Gregorio, Agustín, Beda o Ruperto. Sería más bien entre un cierto número de eruditos del siglo pasado, que enérgicamente convirtieron en mitos no solo las narrativas de Génesis, sino también las de los libros de Jueces y Reyes, y a veces incluso las de los Evangelios. Entre estos imitadores se encuentran G. L. Bauer (1802), Lebrecht de Wette (1807), H. Ewald (1843), Th. Noldeke (1868), Ed. Schrader (1869), J. Wellhausen (1878), E. Stucken (1896), H. Winckler (1902). Un imitador de este tipo fue D. Fr. Strauss (1835-36). Para Bauer, por ejemplo, la mayoría de los supuestos hechos de la Biblia tenían su paralelo en las fábulas griegas o romanas; para de Wette, la clave del mito explicaba naturalmente

---

18. Richard A. Muller y John L. Thompson, «The Significance of Precritical Exegesis: Retrospect and Prospect», en *Biblical Interpretation in the Era of the Reformation*, eds. Richard A. Muller y John L. Thompson (Grand Rapids: Eerdmans, 1996), 345.
19. Andrew Louth, *Discerning the Mystery: An Essay on the Nature of Theology* (Oxford: Clarendon, 1983), 16.

todos los supuestos milagros de la Biblia; para Stucken, los patriarcas no eran más que las estrellas, etc.[20]

En cuarto lugar, comenzar con una postura antisobrenatural hacia el texto bíblico es abandonar el ámbito de la neutralidad. Además, no es posible ninguna postura neutral ante la Biblia. La objetividad del método científico no puede transferirse sin problemas a la tarea de leer las Escrituras. Según Peter Leithart, «todo el proceso es una artimaña. Ningún método es teológicamente neutral, y el método funciona a menudo como una forma de determinar de antemano lo que el texto puede y no puede decir».[21]

En resumen

En el siglo XIX, la interpretación alegórica fue tratada con aversión general. El auge del método histórico-crítico perjudicó enormemente el compromiso del intérprete con el texto. Los eruditos, en lugar de ceñirse al texto canónico, se desviaron hacia métodos de deconstrucción, todo ello impulsados por una supuesta neutralidad antisobrenaturalista. Necesitaban adentrarse en el texto y ver a través de los mitos para llegar al verdadero significado de lo que pretendían los autores (humanos). En opinión de Craig Carter, «el estudio histórico-crítico moderno de la Biblia se basa en una falsa concepción de la realidad creada, una falsa concepción de la historia y una falsa concepción de la Biblia. El estudio de la Biblia no mejora con la crítica histórica; solo se erosiona y degrada».[22]

Preguntas para la reflexión

1. ¿Qué tipo de suposiciones sobre la Biblia hace el método histórico-crítico?
2. ¿Quiénes eran algunos eruditos de la alta crítica en el siglo xix?
3. Según los eruditos de la alta crítica, ¿qué valor tiene el Antiguo Testamento si sus narrativas no relatan hechos históricamente fidedignos?
4. ¿Por qué David Strauss justificó su acercamiento a la Biblia utilizando las interpretaciones alegóricas de Orígenes?
5. ¿Por qué no es posible la interpretación alegórica en el método de la alta crítica?

---

20. Henri de Lubac, *Medieval Exegesis: The Four Senses of Scripture*, vol. 2, trad. Mark Sebanc (Grand Rapids: Eerdmans, 2000), 18.
21. Peter J. Leithart, «The Quadriga or Something Like It: A Biblical and Pastoral Defense», en *Ancient Faith for the Church's Future*, eds. Mark Husbands y Jeffrey P. Greenman (Downers Grove, IL: IVP Academic, 2008), 116.
22. Carter, *Interpreting Scripture with the Great Tradition*, 126.

PREGUNTA 32

¿Cómo se practicaba la alegoría en la era posmoderna?

La era posmoderna (desde 1900 hasta nuestros días) ha sido testigo de una recuperación de la exégesis premoderna. Esta recuperación no ha sido unánimemente aceptada, ya que las implicaciones del método histórico-crítico todavía se ven y se practican en la erudición. Pero el interés por la exégesis premoderna se está cultivando y proporciona un necesario correctivo a los presupuestos antisobrenaturales que han impregnado la erudición bíblica durante los últimos siglos.

En busca del verdadero Jesús

La primera búsqueda del Jesús histórico (1778-1906) comenzó con la publicación del libro de H. S. Reimarus *The Wolfenbüttel Fragments,* en el que discutía la conexión entre el «Jesús de la historia» y el «Cristo de la fe». En la primera década del siglo XX, esta búsqueda llegó a su fin, ya que las publicaciones enviaron a los estudiosos de Jesús en distintas direcciones.[1] Pero en 1954 comenzó una segunda búsqueda, dirigida por Ernst Käsemann (1906-1998) y otros alumnos de Rudolf Bultmann, que valoraron los documentos no canónicos de los «evangelios» en el intento de comprender cómo Jesús estaba conectado con el cristianismo primitivo.[2] Esta segunda búsqueda no ha terminado. Una tercera búsqueda comenzó aproximadamente en 1965, en relación con la publicación de G. B. Caird de *Jesus and the Jewish Nation* [Jesús y la nación judía], un libro que, al igual que la tercera búsqueda, trata de situar a Jesús en el contexto del judaísmo del segundo templo del siglo primero.[3]

Si la búsqueda del Jesús real comienza por forjar una división entre un «Jesús de la historia» y un «Cristo de la fe», entonces los eruditos ya han descarrilado. Puesto que toda investigación histórica se realiza de acuerdo con una cosmovisión, cualquier búsqueda del Jesús real es una búsqueda anclada en

1. Andreas J. Köstenberger, L. Scott Kellum, Charles L. Quarles, *The Cradle, the Cross, and the Crown: An Introduction to the New Testament,* 2.ª ed. (Nashville: B&H Academic, 2016), 125-26. [Para una edición en español, ver Andreas J. Köstenberger, L. Scott Kellum, Charles L. Quarles, *El Cordero y el León: Una introducción al Nuevo Testamento* (Nashville: B&H Español, 2021)].
2. Köstenberger, Kellum, Quarles, *Introduction to the New Testament,* 127.
3. Köstenberger, Kellum, Quarles, *Introduction to the New Testament,* 128.

presupuestos. Mientras que en estas búsquedas modernas se plantea la cuestión de si el Jesús de la historia es el Cristo de la fe, los exégetas premodernos de la gran tradición habrían rechazado esta falsa dicotomía.

La búsqueda moderna de Jesús tiene implicaciones para la interpretación alegórica. Si el texto canónico —incluso con sus elementos sobrenaturales— no es el lugar de la verdad sobre Jesús, entonces la noción de un significado divinamente incrustado en las palabras y los acontecimientos de las Escrituras es un fracaso. Gran parte de estas búsquedas históricas de Jesús no fomentan una búsqueda académica en continuidad con la gran tradición. Pero si postulamos que el Jesús de la historia es el Cristo de la fe, si leemos la Biblia como la Palabra inspirada y autorizada de Dios a su iglesia, si reconocemos que la unidad de la Biblia fue establecida por un autor divino que ha entretejido símbolo y misterio en el texto, entonces la interpretación alegórica no se consideraría un enfoque descabellado de las Sagradas Escrituras.

Las parábolas y Jülicher

Al leer las parábolas en obras de exégetas premodernos, encontraremos que ver un significado simbólico y alegórico en los detalles era un enfoque común. Un ejemplo famoso es la interpretación de Agustín del buen samaritano en Lucas 10:30-37. Agustín decía que el hombre herido era Adán, la paliza era la incitación al pecado, el samaritano era Jesús, dos denarios eran los dos mandamientos de amar a Dios y al prójimo, la posada era la iglesia, etc.[4] Adolf Jülicher (1857-1938) se opuso a este planteamiento argumentando que las parábolas, tal y como fueron contadas originalmente por Jesús, pretendían resaltar un punto de comparación y que los elementos alegóricos fueron complementos posteriores de la iglesia.[5]

En lugar de leer las parábolas según la suposición de Jülicher, deberíamos considerar que las parábolas de los Evangelios transmiten con precisión la enseñanza de Cristo, y que incluso los elementos alegóricos eran intencionados por Él. Buena sabiduría hay en el siguiente planteamiento: «Las parábolas de Jesús no son ni simples historias que enseñan una sola moral ni puras alegorías. En la mayoría de las parábolas, algunos elementos son simbólicos y otros no. La clave de una interpretación adecuada consiste en distinguir los elementos simbólicos de los que no lo son y, a continuación, determinar los referentes de cada símbolo».[6] Esta clave no significa que la interpretación de las parábolas de Jesús dependa únicamente del ojo del

---

4. Köstenberger, Kellum, Quarles, *Introduction to the New Testament,* 209.
5. Köstenberger, Kellum, Quarles, *Introduction to the New Testament,* 209-10.
6. Köstenberger, Kellum, Quarles, *Introduction to the New Testament,* 210.

espectador, sino que debemos entender, en palabras de Craig Blomberg, que «las parábolas evangélicas, con o sin los supuestos añadidos e interpretaciones de la tradición posterior, son alegorías, y probablemente enseñan varias lecciones cada una».[7]

Aproximación al Cantar de los Cantares

En la gran tradición, el Cantar de los Cantares se trataba de forma alegórica hasta la época moderna. Hans Boersma escribe: «Cuando observamos la forma en que la gente leía el Cantar de los Cantares en el pasado, nos damos cuenta de una ruptura bastante radical a mediados del siglo XIX en la forma en que la gente entendía el libro… Durante los primeros 1800 años de la fe cristiana, este canto de amor entre Salomón y la sulamita se interpretó como una alegoría, una imagen de la relación entre Cristo y su Iglesia».[8] Y el cambio de enfoque interpretativo continuó en la década de 1900 y también en el siglo XXI. Por ejemplo, un comentarista escribe que no hay nada en el Cantar de los Cantares «que insinúe un significado distinto del sexual».[9]

Sin embargo, en nuestra era posmoderna se han escrito algunos comentarios que abordan el Cantar de los Cantares de un modo que recuerda a los exégetas premodernos. Por ejemplo, Christopher Mitchell escribió sobre el Cantar de los Cantares y defiende muchas interpretaciones figurativas y alegóricas de los detalles del libro bíblico.[10] Y James Hamilton escribió un comentario cuyo título es muy transparente: *Song of Songs: A Biblical-Theological, Allegorical, Christological Interpretation* [Cantar de los Cantares: Una interpretación bíblico-teológica, alegórica y cristológica].[11] Estas nuevas obras forman parte de un movimiento creciente de exégesis que podríamos considerar un regreso a la interpretación premoderna.

De regreso a la interpretación premoderna

En 1980, David Steinmetz publicó un artículo titulado «The Superiority of Pre-Critical Exegesis» [La superioridad de la exégesis precrítica].[12] Sostiene que «solo confesando el sentido múltiple de las Escrituras, es posible

---

7. Craig L. Blomberg, *Interpreting the Parables* (Downers Grove, IL: InterVarsity, 1990), 69.
8. Hans Boersma, *Sacramental Preaching: Sermons on the Hidden Presence of Christ* (Grand Rapids: Baker Academic, 2016), 43.
9. Tremper Longman III, *Song of Songs,* New International Commentary on the Old Testament (Grand Rapids: Eerdmans, 2001), 36.
10. Christopher W. Mitchell, *The Song of Songs,* Concordia Commentary (St. Louis: Concordia Publishing House, 2003).
11. James M. Hamilton Jr., *Song of Songs: A Biblical-Theological, Allegorical, Christological Interpretation,* Focus on the Bible (Fearn, Ross-shire, Scotland: Christian Focus, 2015).
12. David C. Steinmetz, «The Superiority of Pre-Critical Exegesis», *Theology Today* 37, n.º 1 (abril 1980): 27-38.

que la iglesia haga uso de la Biblia hebrea o recupere los diversos niveles de significado en el desarrollo de la historia de la creación y la redención».[13] Pero Steinmetz no ofrece en absoluto un respaldo a todas las interpretaciones de los exégetas premodernos. Dice, por ejemplo, que los «exégetas medievales cometieron errores garrafales en la aplicación de su teoría, pero también obtuvieron triunfos notables y brillantes».[14] Steinmetz critica con razón los supuestos modernistas que socavaron la gran tradición: «Hasta que el método histórico-crítico no se vuelva crítico con sus propios fundamentos teóricos y desarrolle una teoría hermenéutica adecuada a la naturaleza del texto que está interpretando, permanecerá restringido —como se merece— al gremio y a la academia, donde la cuestión de la verdad puede aplazarse indefinidamente».[15]

En su libro *Discerning the Mystery* [Discerniendo el misterio] (1983), Andrew Louth aborda algunos efectos de la Ilustración y hace una defensa de la exégesis alegórica.[16] Durante las décadas de 1990 y 2000, se publicaron una serie de obras que abordan partes o la totalidad de la gran tradición. Frances Young escribió *Biblical Exegesis and the Formation of Christian Culture* [Exégesis bíblica y la formación de la cultura cristiana], donde (entre otros argumentos) rebatía las caricaturas relacionadas con las escuelas alejandrina y antioquena.[17] Se publicó en inglés la serie de Henri de Lubac sobre *Medieval Exegesis* [Exégesis medieval].[18] No solo se adentra en el vasto ámbito de la Edad Media y sus numerosos intérpretes, sino que sienta las bases de la hermenéutica patrística para demostrar la continuidad que se desarrolla en la gran tradición. Hans Boersma y Matthew Levering editaron *Heaven on Earth? Theological Interpretation in Ecumenical Dialogue* [¿Cielo en la Tierra? Interpretación teológica en el diálogo ecuménico], que contiene ensayos como «"There's Fire in That Rain": On Reading the Letter and Reading Allegorically» [Hay fuego en esa lluvia: Sobre la lectura de la letra y la lectura alegórica] de Lewis Ayres, y «Origen against History? Reconsidering the Critique of Allegory» [¿Orígenes contra la historia? Reconsideración de la crítica de la alegoría] de Peter Martens.[19]

---

13. Steinmetz, «Superiority of Pre-Critical Exegesis», 32.
14. Steinmetz, «Superiority of Pre-Critical Exegesis», 38.
15. Steinmetz, «Superiority of Pre-Critical Exegesis», 38.
16. Andrew Louth, *Discerning the Mystery: An Essay on the Nature of Theology* (Oxford: Clarendon, 1983).
17. Frances M. Young, *Biblical Exegesis and the Formation of Christian Culture* (Grand Rapids: Baker Academic, 1997).
18. Henri de Lubac, *Medieval Exegesis: The Four Senses of Scripture*, 3 vols., trad. Mark Sebanc (Grand Rapids: Eerdmans, 1998-2009).
19. Hans Boersma y Matthew Levering, eds., *Heaven on Earth? Theological Interpretation in Ecumenical Dialogue* (Hoboken, NJ: Wiley-Blackwell, 2013).

En 2017-2018, Baker Academic publicó tres libros importantes: *Scripture as Real Presence* [Las Escrituras como presencia real], de Hans Boersma,[20] *Interpreting Scripture with the Great Tradition* [Interpretando la Escritura con la gran tradición], de Craig Carter,[21] y *The Letter and Spirit of Biblical Interpretation* [La letra y el espíritu de la interpretación bíblica], de Keith Stanglin.[22] Estos libros fomentan la comprensión y aplicación de la interpretación premoderna que se basa en supuestos, como la autoría e inspiración divinas de las Escrituras, la unidad de los Testamentos y la lectura cristológica del Antiguo Testamento. Aunque los autores de estos tres libros no aprueban todas las interpretaciones de los exégetas premodernos, recomiendan encarecidamente una postura ante las Sagradas Escrituras que sea coherente con la gran tradición y no con el método histórico-crítico.

En resumen

Nuestra era posmoderna ha sido testigo de una recuperación —incluso un redescubrimiento— de la exégesis premoderna en los círculos académicos. Diversos artículos y libros desde 1900 y 2000 han abordado la gran tradición con el objetivo de contrarrestar caricaturas, aportar matices y aclaraciones, y trazar el desarrollo y la dirección de los sentidos literal y espiritual de las Escrituras. Algunos comentarios han empleado incluso interpretaciones alegóricas. El renacido interés por la exégesis premoderna no es unánime, pues la erudición sigue mezclada con quienes estudian el Antiguo y el Nuevo Testamento, con poco o ningún interés en mantener las convicciones interpretativas de la gran tradición. Pero para quienes creen que la Biblia es la Palabra de Dios para el pueblo de Dios, la gran tradición seguirá siendo una fuente de sabiduría y orientación.

Preguntas para la reflexión

1. ¿Cómo influyeron las supuestas búsquedas del Jesús histórico en la práctica de la interpretación alegórica?
2. ¿Tienen las parábolas de Jesús elementos alegóricos?
3. ¿Qué cambió en la interpretación del Cantar de los Cantares en el siglo XIX?

---

20. Hans Boersma, *Scripture as Real Presence: Sacramental Exegesis in the Early Church* (Grand Rapids: Baker Academic, 2017).
21. Craig A. Carter, *Interpreting Scripture with the Great Tradition: Recovering the Genius of Premodern Exegesis* (Grand Rapids: Baker Academic, 2018).
22. Keith D. Stanglin, *The Letter and Spirit of Biblical Interpretation: From the Early Church to Modern Practice* (Grand Rapids: Baker Academic, 2018).

4. ¿Qué opina David Steinmetz sobre el método histórico-crítico y la exégesis premoderna?
5. ¿Qué importancia tuvieron las décadas de 1990 y 2000 para la comprensión de la exégesis premoderna?

SECCIÓN C
Identificación de las alegorías

PREGUNTA **33**

¿Cómo debemos poner en práctica la interpretación alegórica?

Solo debemos practicar la interpretación alegórica si podemos argumentar textual y canónicamente nuestras conclusiones. La frase anterior parte de al menos tres premisas: los buenos argumentos son vitales, las interpretaciones alegóricas no son automáticamente erróneas, y el significado de un texto es más claro a la luz de todo el canon.

El sentido literal y más

Prestando atención al sentido literal de un texto bíblico, debemos considerar si existen razones literarias para ir más allá de lo que allí vemos. Por ejemplo, ¿estamos leyendo una parábola o una visión profética? Estas pueden tener elementos alegóricos incorporados en el propio pasaje. De hecho, a veces incluso se ofrece una interpretación alegórica en un texto bíblico posterior, como cuando Jesús explica lo que quiso decir en una parábola o cuando Dios, un ángel o el propio profeta desentrañan una visión profética.

En las narrativas, la interpretación alegórica puede realizarse cuando los elementos del pasaje parecen estar conectados con otras partes de la revelación bíblica. Sin embargo, el intérprete debe ser cauteloso con las narrativas, ya que su alegorización sobrepasará no solo lo que el público inicial pudo haber entendido, sino también lo que el autor humano pudo haber pretendido. No obstante, la razón por la que la alegorización de las narrativas puede ser válida es la autoría divina de las Escrituras. Los dos testamentos están interconectados en cientos de lugares, todos los cuales el Señor ha supervisado por el Espíritu y en beneficio de los lectores.

En la iglesia primitiva, los intérpretes adoptaban sentidos literales y espirituales de las Escrituras. Así, un pasaje podía tener niveles tanto de *historia* como de *allegoria*. Orígenes dividió el sentido espiritual en alma y espíritu de las Escrituras. Juan Casiano —y los intérpretes medievales que lo siguieron— dividieron los sentidos de las Escrituras en cuatro: literal, alegórico, tropológico y anagógico. Los tres últimos sentidos comprendían el sentido espiritual. Los intérpretes medievales como Tomás de Aquino, junto con los reformadores que vinieron después, querían insistir mucho en el sentido literal y arraigar cualquier otro significado en ese sentido literal (o «llano»). Al insistir tanto en el sentido literal, estos intérpretes consideraban que el sentido espiritual era una extensión o aplicación del sentido literal, y no una desviación de él.

Entonces, ¿cómo debemos clasificar la interpretación alegórica como lectores del siglo XXI? La interpretación alegórica es un tipo de lectura espiritual que debe estar justificada y fundamentada en el sentido literal o llano del texto visto a través de una lente canónica. La interpretación alegórica no debe estar motivada por el deseo de restar importancia a los relatos históricos de las Escrituras ni de eludir los elementos sobrenaturales de las Escrituras. Debe haber razones literarias sólidas —argumentos textuales— para una lectura alegórica. Por ejemplo, si la parábola del hijo pródigo (ver Lc. 15:11-32) debe leerse alegóricamente, entonces el intérprete debe poder defender esas conclusiones exegéticas señalando el contexto, otras parábolas, otras enseñanzas claras de Jesús o alusiones al Antiguo Testamento para vindicar una lectura más profunda de las palabras de Jesús. O si las acciones de un personaje bíblico deben entenderse alegóricamente, como el hecho de que Rahab colgara un cordón de grana de una ventana, entonces el intérprete debe poder defender esa postura señalando pasajes circundantes o características literarias que refuercen una lectura más profunda de la acción de ese personaje.

Aprender de los excesos alegóricos

Cuando los intérpretes actuales consideran la noción de interpretación alegórica, una objeción común es la observación de excesos. Y si podemos señalar a intérpretes anteriores que llevaron el texto demasiado lejos, ¿qué nos impide hacer lo mismo? ¿Acaso no es demasiado arriesgado alegorizar los textos? Consideremos, en primer lugar, que siempre que interpretamos un pasaje de las Escrituras (sea cual sea el método), lo hacemos como intérpretes no inspirados que se enfrentan al texto inspirado. Existe un «riesgo» inherente a esta tarea, ya que la certeza de las interpretaciones podría situarse en un espectro que va de lo más probable a lo más improbable. En segundo lugar, el método histórico-crítico ha adoptado su propio tipo de especulación. Stanglin lo explica:

> Irónicamente, una de las críticas más comunes de los modernos contra la interpretación alegórica es que conduce a especulaciones alejadas del texto en cuestión y que sirve para hacer alarde de la creatividad del intérprete. Sin embargo, el método histórico-crítico, tal como se practica generalmente, no incluye menos especulación, aunque de un

> sabor diferente. La especulación espiritual premoderna y desenfrenada se ha sustituido por la especulación histórica moderna y desenfrenada.[1]

La respuesta a la interpretación alegórica desenfrenada no consiste en abandonarla, sino en refrenarla. Una de las razones por las que se han producido excesos alegóricos es la insuficiente justificación textual. Un intérprete puede oponerse a una lectura alegórica insistiendo en que no hay ninguna razón textual para afirmar tal lectura. Se trata de una objeción válida, porque debemos evitar lecturas que no tengan otra defensa que el instinto subjetivo del alegorizador. Una segunda razón por la que se han producido excesos alegóricos es el deseo de encontrar sentido a demasiados detalles. Si una interpretación alegórica intenta dar cuenta de todos los detalles de un pasaje, la credibilidad del método se ve afectada por lecturas demasiado entusiastas. No todos los detalles de un pasaje tienen que ser alegorizados para que una interpretación alegórica de un pasaje sea válida. Una tercera razón por la que se han producido excesos alegóricos es por no permitir que el sentido literal dé forma a cualquier otro significado del pasaje. El sentido literal es crucial, como atestigua la gran tradición. Sin embargo, atender al sentido literal del texto «no implica necesariamente descartar un sentido espiritual que pueda describirse como un *sensus plenior* o el sentido espiritual o cristológico del texto».[2] De hecho, el sentido literal se refiere al *significado* del texto bíblico, «tanto si ese significado se transmite a través de afirmaciones literales como a través de algún tipo de lenguaje figurado, y tanto si ese significado es lo que el autor humano pretendía conscientemente, como si es una extensión de la intención del autor humano implantada en el texto por el Espíritu Santo a través de la inspiración».[3]

En busca de controles

Dado que el plan divino de redención era parte integrante del propósito de Dios en la creación, los personajes y acontecimientos del Antiguo Testamento tenían un significado mayor y más profundo de lo que se podía comprender en aquel momento. Pero a medida que la revelación progresiva de Dios se desarrollaba en las Escrituras, se hizo evidente la naturaleza interconectada de la historia de la salvación. El autor divino, que nos ha tejido en el seno materno, ha tejido una gran epopeya en el seno —o canon— de las Sagradas

---

1. Keith D. Stanglin, *The Letter and Spirit of Biblical Interpretation: From the Early Church to Modern Practice* (Grand Rapids: Baker Academic, 2018), 200.
2. Craig A. Carter, *Interpreting Scripture with the Great Tradition: Recovering the Genius of Premodern Exegesis* (Grand Rapids: Baker Academic, 2018), 164.
3. Carter, *Interpreting Scripture with the Great Tradition,* 166-67.

Escrituras. Las piezas cohesionan porque una mente divina ha supervisado el proceso de principio a fin.

Como intérpretes de la gran tradición que se ocupaban de la Palabra de Dios, eran conscientes de que los autores humanos de la Biblia no lo veían todo claro y que solo a la luz de todo el canon podía discernirse el significado más completo de un texto. Existían múltiples controles de la interpretación alegórica para evitar que se atribuyeran a la Palabra de Dios disparates subjetivos. Después de todo, «la principal preocupación de quienes se oponen al sentido espiritual, como hemos visto, es que no haya límites o controles a lo que uno puede encontrar en las Escrituras».[4] El sentido espiritual nunca pretendió ser una pendiente resbaladiza hacia interpretaciones sin sentido. Más bien, «está claro que los primeros intérpretes cristianos, especialmente desde la época de Ireneo, han abogado por el uso de límites adecuados al sentido espiritual».[5]

En primer lugar, una lectura alegórica debía estar arraigada en el sentido llano del texto, de modo que fuera coherente con la regla de las Escrituras. Calvino criticó la interpretación alegórica que no se basaba en el sentido llano del texto.[6] Las lecturas alegóricas debían surgir del «sentido llano». El lector debía prestar atención a las palabras, la gramática, el contexto y el desarrollo orgánico que pudiera producirse a lo largo del canon. Los intérpretes premodernos se preocupaban por estas cosas, y nosotros también deberíamos hacerlo.

En segundo lugar, una lectura alegórica no debe contradecir otros pasajes claros de las Escrituras. Esto significa que los intérpretes deben aplicar la «regla de las Escrituras». Como dijo Tomás de Aquino, un intérprete no debe abrazar una interpretación espiritual de un texto que no se enseña en otra parte en sentido literal.[7] Calvino, que tenía palabras fuertes que decir sobre la práctica alegórica, escribió: «Las alegorías no deben ir más allá de lo que permite el sentido señalado por las Escrituras; pues lejos están de ser suficientes y aptas para probar una doctrina determinada».[8]

En tercer lugar, la interpretación alegórica no solo debía basarse en el sentido literal y no violar la regla de las Escrituras, sino que debía honrar la regla de la fe. Con Agustín, Calvino y otros, debemos insistir en que las lecturas alegóricas no sean el fundamento de la doctrina cristiana, pero tampoco se debe permitir que las lecturas alegóricas contradigan la enseñanza de la

---

4. Stanglin, *Letter and Spirit of Biblical Interpretation*, 205.
5. Stanglin, *Letter and Spirit of Biblical Interpretation*, 205.
6. Carter, *Interpreting Scripture with the Great Tradition*, 186.
7. Stanglin, *Letter and Spirit of Biblical Interpretation*, 206.
8. Juan Calvino, *Institución de la religión cristiana* (Barcelona: Fundación Editorial de Literatura Reformada, 1999), 2.5.19 (239).

iglesia de Cristo. La regla de fe es, esencialmente, Jesucristo como ámbito de las Escrituras, sirviendo el Credo de los apóstoles como prueba de fuego para desenmascarar las interpretaciones anticristianas. «Para los intérpretes premodernos que hacían hincapié en la interpretación espiritual, el contenido de la fe cristiana siempre se entendió como un límite necesario».[9]

En cuarto lugar, la unidad de los testamentos era un control, pues la gran tradición ha reconocido que el Antiguo Testamento establece lo que se cumple —o al menos se inaugura— en el Nuevo Testamento. Por lo tanto, necesitamos el Nuevo Testamento para entender el Antiguo, y necesitamos el Antiguo Testamento para entender el Nuevo. Si alguien busca un significado en un pasaje del Antiguo Testamento mientras ignora lo que el Nuevo Testamento tiene que decir al respecto, se está cometiendo un error interpretativo. «La cuestión es que cualquier interpretación de una parte debe ajustarse al todo: a todo el canon de las Escrituras y a toda la regla de fe».[10]

Hacer espacio para Cristo

La interpretación alegórica ve la Biblia como una colección de escritos inspirados por Dios que dan cabida a Jesús. En palabras de Chad Ashby: «El Antiguo Testamento narra tanto la historia de la salvación como la creación de motivos, ciclos narrativos y estructuras literarias reconocibles en la memoria colectiva del pueblo de Dios. Como figura central de la historia de la salvación, Jesucristo es un personaje con infinitas facetas. No puede bailar el vals en el escenario de la historia hasta que haya realmente un *escenario* en el que bailar el vals».[11] La interpretación alegórica dice que ese escenario existe, que la figura central de la historia de la salvación ha llegado y que nosotros, como intérpretes, podemos discernir dónde y cómo se ha hecho espacio para su llegada.

El barrido canónico de las Escrituras nos ayuda a ver que todo el Antiguo Testamento preparó el escenario para la venida de Cristo, y así se persigue la interpretación alegórica desde la convicción de que Dios incrustó en esas Escrituras anteriores al Salvador que es Cristo Jesús el Señor. Ashby escribe:

> La alegoría no consiste tanto en ignorar el contexto inmediato de una narrativa como en reconocer su contexto canónico más amplio. Cada pasaje de las Escrituras es recibido por un pueblo necesariamente moldeado por el contexto creado por los motivos de la Palabra de Dios…

---

9. Stanglin, *Letter and Spirit of Biblical Interpretation*, 206.
10. Stanglin, *Letter and Spirit of Biblical Interpretation*, 207.
11. Chad Ashby, «On Canonical Reading, Context, and Collective Biblical Consciousness», entrada de blog de chadashby.com, publicada el 27 de abril de 2015.

Una buena interpretación alegórica no busca borrar una narrativa en su contexto inmediato. Al contrario, valora la narrativa por el contexto que crea para Cristo.[12]

En resumen

Quienes defienden la legitimidad de la interpretación alegórica desde la perspectiva de la exégesis premoderna deben insistir, al mismo tiempo, en que no se trata de entregar las Escrituras a los caprichos subjetivos del intérprete. No es un método de lectura de la Biblia en el que «todo vale». Más bien, un intérprete debe acercarse a las Sagradas Escrituras con convicciones y controles premodernos. Los excesos alegóricos son reales, y se pueden encontrar muchos ejemplos en la historia. Pero si nos atenemos al sentido literal del texto y argumentamos textualmente cualquier lectura espiritual que propongamos, estaremos en condiciones de evitar los caprichos exegéticos que, comprensiblemente, han alimentado la frustración hacia la interpretación alegórica. Por medio de la interpretación alegórica, vemos cómo las Escrituras crearon el contexto y el espacio para la venida del Hijo de Dios. Está envuelto en los pañales de la ley, los profetas y los salmos.

Preguntas para la reflexión

1. ¿Puede la interpretación alegórica, bien hecha, prescindir de los argumentos textuales?
2. Para una interpretación alegórica, ¿qué papel desempeña el sentido literal de un texto?
3. ¿Cuáles son algunas de las razones por las que se han producido excesos alegóricos en la historia de la interpretación?
4. ¿Por qué es importante la regla de fe como un «control» para la alegorización de los textos bíblicos?
5. ¿Por qué la unidad de los testamentos es un «control» fundamental para alegorizar los textos bíblicos?

---

12. Ashby, «On Canonical Reading».

PREGUNTA 34

¿Hay alegorías desde Génesis hasta Deuteronomio?

Los modelos y símbolos de la Biblia, sus figuras y sombras, comienzan en el Pentateuco. Los autores bíblicos del Antiguo Testamento escribieron sobre cosas que estaban más allá de su capacidad de comprender plenamente, porque el significado de sus escritos aún no había alcanzado el clímax redentor en Cristo. Con la venida de Cristo, la luz del alba brilla sobre las sombras del Antiguo Testamento. Una vez que nuestros ojos se ajustan para centrarse en la historia épica que Dios está contando, podemos decir —con la gran tradición ante nosotros— que los testamentos testifican juntos sobre la Palabra que estaba en el principio con Dios y se hizo carne en la plenitud de los tiempos.

Génesis

Adán y el Edén

Al violar el mandato de Dios, Adán y Eva abandonaron el jardín del Edén en el exilio (Gn. 3:24). Se enfrentaron al juicio y a la maldición, y su única esperanza era una futura semilla que traería la victoria (ver Gn. 3:15).[1] El relato histórico sobre Adán también es significativo en varios niveles, que se establecen porque los dos testamentos son verdaderos y están unidos. Adán es Israel e Israel es Adán, pues los israelitas violaron los mandamientos de Dios en su historia y fueron desterrados de su lugar sagrado a causa del juicio y la maldición de Dios (2 R. 25).[2] En la plenitud de la Palabra de Dios, la historia de Israel está prefigurada por Adán. Pero nosotros también somos Adán. En él hemos pecado (Ro. 5:12) y estamos destituidos de la gloria de Dios (Ro. 3:23). Estamos en el exilio espiritual fuera del Edén, y nuestra única esperanza es el hijo prometido de Eva. Como Adán, Dios cubre nuestra vergüenza. Nos llama para que salgamos de nuestro escondite y nos proporciona las vestiduras de la justicia de Cristo. En última instancia, Cristo es el Hijo prometido de

1. Sobre Génesis 3:15, Benjamin Keach escribe, «La primera promesa del evangelio y todo el misterio de la redención venidera, es propuesto por Dios mismo en esta alegoría» (*Preaching from the Types and Metaphors of the Bible* [1855; reimpr., Grand Rapids: Kregel, 1972], 192).
2. Ver Seth D. Postell, *Adam as Israel: Genesis 1–3 as the Introduction to the Torah and Tanakh* (Eugene, OR: Pickwick, 2011).

Adán *y* Eva. El Señor Jesús llevó la maldición por nosotros y ahora nos lleva de vuelta al Edén. Su cruz se ha convertido en nuestra cobertura. Ahora, en lugar de la maldición de Dios en Adán, tenemos toda bendición espiritual en Cristo en los lugares celestiales (Ef. 1:3).

Caín y Abel

Caín odiaba y se oponía a su justo hermano Abel. Esta oposición lo llevó al asesinato y a la injusticia (Gn. 4:8-11). Caín fue el modelo para los futuros opositores del pueblo de Dios. La semilla de la serpiente estaría enemistada con la semilla de la mujer (Gn. 3:15). «Dentro del contexto general de Génesis, la "semilla de la mujer" se refiere a los que son justos, mientras que la "semilla de la serpiente" denota a los que son impíos».[3] No debemos ser Caín, que asesinó a su hermano, porque Dios es amor (1 Jn. 3:12; 4:8). Los santos son Abel, que ama al Señor, pero cuya devoción provoca odio. Ambos ofrecieron sacrificios, pero a Dios solo le agradó Abel. Los líderes religiosos de la época de Jesús eran Caín, porque deshonraban a Dios a pesar de su conformidad externa con las leyes de sacrificio (Mt. 15:8-9). La historia de Caín y Abel nos habla del culto falso y del verdadero, de los incrédulos y de los creyentes. Pero Jesús es también Abel, que se enfrenta a la persecución y a la muerte como consecuencia del odio que se ejerce contra Él. Siendo hermano de Caín, Abel estaba con su propia familia, pero los suyos no lo recibieron (Jn. 1:11). El relato histórico de Caín y Abel contiene todas las historias de rivalidad que lo siguen.[4]

Abraham, sus esposas y sus hijos

Abraham estaba casado con Sara y, por recomendación de esta, tomó a Agar como esposa para tener un hijo como Dios había prometido (Gn. 16). Sin embargo, la línea de la promesa no vendría por el hijo de Abraham y Agar. En cambio, Dios abrió el vientre de Sara y le permitió concebir con el patriarca, e Isaac —el hijo prometido— nació (Gn. 21). La situación con Agar e Ismael fue el resultado de los esfuerzos y las intrigas naturales de la carne humana, mientras que el nacimiento de Isaac a través de Sara mostró el efecto del poder de Dios y la fidelidad de su palabra. En la vida de Abraham, de sus esposas y de sus hijos, vemos que se establece una trayectoria:

---

3. T. D. Alexander, *The Servant King: The Bible's Portrait of the Messiah* (Leicester: Inter-Varsity, 1998), 18.
4. Según James Hamilton, «el conflicto de la semilla que atraviesa Génesis y el resto de la Biblia adopta una forma tanto individual como colectiva… En el mundo simbólico que Génesis ofrece a sus lectores, las personas son o bien semilla de la serpiente, del lado de la serpiente en el jardín, o bien semilla de la mujer, del lado de Dios y confiando en sus promesas». (*God's Glory in Salvation through Judgment: A Biblical Theology* [Wheaton, IL: Crossway, 2010], 82, 84).

no todos los descendientes de Abraham son hijos de la promesa. La obra de Dios prima sobre la obra de la carne. Pablo argumenta que, en el Antiguo Testamento, estas líneas tienen un significado pactual.[5] Las esposas son dos pactos, uno que da hijos para la esclavitud y otro que da hijos para la libertad (Gá. 4:24-26). Los incrédulos deben saber que son Ismael, nacidos solo según la carne y, por tanto, no son hijos de la promesa ni herederos (Gá. 4:25, 30-31). Los creyentes deben saber que son Isaac, hijos de la promesa y nacidos por el Espíritu (Gá. 4:28-29).

José y sus hermanos

El propósito último de la historia de José y sus hermanos es revelar al Salvador, que fue rechazado y luego vindicado.[6] José descendió a la fosa, fue vendido a mercaderes madianitas, acusado falsamente por la mujer de Potifar y encarcelado antes de ser elevado a una posición de poder (Gn. 37–41). Estos terribles acontecimientos esculpen líneas evangélicas que se parecerán a Jesús cuando venga como el Redentor prometido. Cuando vemos a José revelarse a sus hermanos, maravillémonos ante el Salvador que reveló su estado resucitado y glorificado a sus temerosos discípulos (Gn. 45:3; Jn. 20:19-29). Mientras José perdona a sus hermanos y se reconcilia con ellos, ¿oye usted las palabras de perdón del Cristo resucitado, dadas a los pecadores, a los que ha reconciliado con Dios (Gn. 45:14-15; 50:19-21; Mr. 2:5)? José, el hijo amado, se convierte en la persona de esperanza y buena voluntad para los hambrientos. Los relatos sobre José y sus hermanos (Gn. 37–50) tienen un significado mayor. El reclamo de los hermanos —«La vida nos has dado» (Gn. 47:25)— apunta a nuestra necesidad más profunda. La historia de José se convierte, y siempre estuvo destinada a serlo, en la historia de nuestra liberación en Cristo.

Éxodo

Fuera de Egipto y a través del mar

En la totalidad del canon bíblico, el punto del cautiverio egipcio era nuestra subyugación espiritual al pecado y a la muerte. Nuestro nuevo Moisés, el Señor Jesús, trajo la redención por la sangre derramada. La Pascua enseñaba a Israel que un sustituto era inmolado en su lugar, y así Dios les estaba enseñando

---

5. Ver Matthew Y. Emerson, «Arbitrary Allegory, Typical Typology, or Intertextual Interpretation? Paul's Use of the Pentateuch in Galatians 4:21–31», *Biblical Theology Bulletin* 43, n.º 1 (febrero 2013): 14-22.
6. Samuel Cyrus Emadi, «Covenant, Typology, and the Story of Joseph» (tesis doctoral, Southern Baptist Theological Seminary, 2016).

acerca de la cruz de Cristo (Éx. 12; 1 Co. 5:7; 1 P. 1:19). La victoria de Cristo significa que el éxodo de Egipto no es menos significativo, ¡sino más! Según Pablo, Dios condujo al pueblo a través del mar Rojo para su bautismo y luego les dio de comer y beber para demostrar su provisión y cuidado (1 Co. 10:1-4). La historia cristiana tiene raíces en el Antiguo Testamento e imágenes del éxodo. El mar Rojo se interponía entre los pecadores y su Creador, pero quien hizo el agua también puede dividirla. Gracias a nuestra unión con Cristo por la fe, su victoria es nuestra. Somos un pueblo en éxodo, hemos abandonado nuestra esclavitud, y la nube de la presencia de Dios está con nosotros hasta el fin del mundo (Mt. 28:20).

Maná y agua

La interpretación alegórica muestra la continuidad entre los tiempos anteriores y posteriores de la historia de la salvación. Mientras los israelitas viajaban de Egipto al Sinaí, Dios les proporcionaba comida y bebida para sustentarlos. Pero en el Nuevo Testamento, vemos que el maná y el agua siempre se referían a Cristo (Jn. 6:48-51; 1 Co. 10:4). Si el pueblo no comía el pan, perecería. Y si nos negamos a tomar a Cristo por la fe, pereceremos. La vida solo viene comiendo su carne y bebiendo su sangre (Jn. 6:53). Alimentarse de su pan significa vida eterna (Jn. 6:58). Recibir su agua significa vida eterna (Jn. 4:13-14). Durante el viaje de Israel, el maná real y el agua real tenían que ver con un Redentor real.

Muebles del tabernáculo

El tabernáculo era la morada portátil de Dios, construida según las instrucciones dadas a Moisés (Éx. 25–31; 35–40). Pero en el plan de Dios, el tabernáculo tenía que ver con Jesús.[7] Necesitamos el sacrificio de Cristo, por eso un altar para el sacrificio era el primer mueble visible al entrar en el atrio (Éx. 40:6). Necesitamos la purificación que la cruz lograría para los pecadores impuros, por lo que había una fuente de agua delante del tabernáculo para que los sacerdotes lavaran su impureza antes de entrar en la gran sala conocida como el Lugar Santo (Éx. 40:7). Necesitamos la luz de vida de Cristo, por lo que se colocó un candelabro en el lado sur del Lugar Santo (Éx. 40:4). Necesitamos el pan y la bebida que solo Cristo puede suministrar, por lo que se colocó una mesa de pan en el lado norte del Lugar Santo (Éx. 40:4). Necesitamos la obra intercesora y sacerdotal de Cristo, por lo que se colocó un altar de incienso justo delante del velo que

7. Ver Philip Graham Ryken, *Exodus: Saved for God's Glory*, Preaching the Word (Wheaton, IL: Crossway, 2015), 1055-73.

ocultaba el Lugar Santísimo (Éx. 40:5). Y necesitamos la obra expiatoria de Cristo para poder habitar en la misma presencia de Dios, por eso detrás del velo estaba el arca del pacto, que simbolizaba la santa y gloriosa presencia de Dios (Éx. 40:3). El tabernáculo se construyó al pie del monte Sinaí, y ya estaba conectado con el monte Calvario. Cuando Jesús murió, el velo se rasgó de arriba abajo, porque su cuerpo era un velo rasgado por nosotros, para que Él fuera el camino a Dios (Mr. 15:38; Jn. 14:6).

Levítico-Deuteronomio

El sistema de sacrificios

La ofrenda de animales era una práctica que gritaba *sustitución*. Todo el sistema de sacrificios, todos sus holocaustos y ofrendas por el pecado, todas sus ofrendas de paz y ofrendas de grano, tenían que ver con Jesús (ver Levítico 1–7).[8] «En la noción de lenguaje de Agustín, los detalles levíticos —animales, sangre, grano, aceite y el resto— son "sonidos reales", dentro de un continuo de significado en el que Jesús es el sonido final o la palabra con la que Dios se indica a sí mismo».[9] Jesús fue el gran Sumo Sacerdote que se ofreció a sí mismo, haciendo una obra mayor que la que Aarón o cualquier sacerdote de la tribu de Leví había hecho jamás (Lv. 16). El día de la expiación anual se estableció por causa de Cristo. El recuerdo anual de la Pascua era por causa de nuestro inmaculado Salvador que fue inmolado. Él soportaría por nosotros las consecuencias de la contaminación, y se nos imputarían las bendiciones de la obediencia. Cuando meditamos sobre el sistema de sacrificios del Antiguo Testamento, vemos las buenas nuevas de la cruz incrustadas por adelantado, de modo que cuando nuestro Sumo Sacerdote dijo: «Consumado es» (Jn. 19:30), nos damos cuenta de que ningún otro sacerdote podría haber dicho esas palabras y haberlas dicho en serio.

La organización del campamento

En los años que siguieron al éxodo, Israel era una nación de acampada. Construían el tabernáculo y, al partir del Sinaí, acampaban alrededor del tabernáculo cuando se detenían (Éx. 40:36-38; Nm. 10). Tres tribus estaban estacionadas en cada uno de los cuatro lados del tabernáculo (Nm. 2). La morada portátil era el centro del campamento, y esta colocación tenía un sentido teológico: Dios debía ser el centro de la vida de Israel. Si ellos seguían

8. Ver T. D. Alexander, *From Paradise to the Promised Land: An Introduction to the Pentateuch*, 2.ª ed. (Grand Rapids: Baker Academic, 2002), 225-26.
9. Ephraim Radner, *Leviticus*, Brazos Theological Commentary on the Bible (Grand Rapids: Brazos, 2008), 296.

la palabra de Dios, sería un pueblo centrado en Él. «El campamento de guerra del desierto formaba un cuadrado hueco, con el tabernáculo de la presencia divina en el centro. Él era la fuente de la fuerza, el "reactor nuclear". El pueblo de Dios no era como islas separadas, sino una comunidad bajo Dios, en la que cada individuo y cada subgrupo eran plenamente responsables ante Él».[10] Aarón y la tribu de Judá acamparon en el lado oriental, que era la entrada al atrio y al tabernáculo (Nm. 2:3; 3:38). Esta colocación también tiene un significado, pues hay que pasar por una presencia real y sacerdotal para acercarse a Dios. El Señor Jesús —el rey y sacerdote perfecto— nos reconcilia con Dios. Y si seguimos la palabra de Dios, seremos un pueblo centrado en Cristo (1 Co. 10:31; Col. 3:17).

El viaje al desierto

Israel fue rescatado de Egipto y se dirigió a la tierra prometida. Esa es la historia de la vida cristiana. El nuevo éxodo en Cristo nos ha encaminado hacia el cielo y la nueva creación. Pero aún no hemos llegado. Como Israel, estamos en el desierto, viajando entre la liberación y la herencia. En el camino, hay tentaciones y pruebas, dudas y temores. Pero el mensaje de Emmanuel es verdadero: tenemos a Dios con nosotros (Mt. 1:23; 28:20). Somos exiliados elegidos (1 P. 1:1) y peregrinos, que moriremos antes de recibir las cosas prometidas (He. 11:13). Israel viajó por el desierto, entre Egipto y el Sinaí y entre el Sinaí y Canaán. Su experiencia es importante para nosotros, pues aún no hemos entrado en el «reposo» que Dios ha preparado (He. 4:9-11).[11]

En resumen

Los relatos del Pentateuco están llenos de significado espiritual para la venida de Cristo y para la vida cristiana. En los diez ejemplos anteriores, solo hemos arañado la superficie al establecer conexiones significativas entre pasajes bíblicos anteriores y posteriores. Los tratos de Dios con los patriarcas y la historia de Israel, en perspectiva canónica, forman grandes plantillas y alegorías de las realidades del nuevo pacto. El designio de Dios es que estos personajes y acontecimientos históricos tengan significados más profundos. La comprensión de los primeros autores bíblicos no limita el significado de estos pasajes. Más bien, el autor divino, por medio de la revelación progresiva de las Sagradas Escrituras, enhebra las formas en que el Pentateuco encuentra su mayor significado en Cristo y su pueblo.

---

10. Roy Gane, *Leviticus, Numbers*, NIV Application Commentary (Grand Rapids: Zondervan, 2004), 506.
11. Ver Alexander, *Paradise to the Promised Land*, 251-52.

Preguntas para la reflexión

1. ¿De qué manera la historia de Adán es algo más que la historia de Adán?
2. ¿Cómo entendía Pablo los relatos sobre Abraham, sus esposas y sus respectivos hijos?
3. ¿Qué significado más profundo tienen los muebles del tabernáculo?
4. ¿Qué podemos aprender de la disposición de las tribus de Israel en torno al tabernáculo?
5. ¿Cómo puede servir la peregrinación de Israel por el desierto de modelo para la vida cristiana?

PREGUNTA **35**

¿Hay alegorías desde Josué hasta Ester?

Las narrativas históricas de las Escrituras continúan con los libros desde Josué hasta Ester. Y, a medida que estos relatos informan de lo que sucede con el pueblo de Israel, Dios sigue introduciendo en ellos destellos avanzados del evangelio. Durante estos libros, los autores bíblicos registran la entrada en la tierra prometida y el eventual exilio de esta.

Josué–Rut

Hacia la conquista de la tierra

A partir de Jericó, Josué —el nuevo Moisés— condujo al pueblo de Dios a habitar los territorios de los cananeos (Jos. 6). En el Nuevo Testamento, surge un nuevo Josué, cuyo nombre en griego es Jesús (Mt. 1:21). Y Jesús conquista también la tierra, realizando signos y prodigios, y ejerciendo dominio. Vence a los demonios, la enfermedad y la muerte (Mr. 5). Él salva a los pecadores conquistando almas, trayendo la liberación de las tinieblas y la idolatría. Cuando Josué y los israelitas conquistan a los reyes del norte y del sur (Jos. 10–12), vemos un anticipo de la gloria de Dios que llenará la tierra y transformará lo que está caído y bajo maldición.[1] En unión con Cristo, los creyentes tienen una misión global no cualificada por ninguna frontera geográfica (Mt. 28:19-20; Hch. 1:8). Hacer discípulos de todas las naciones —la Gran Comisión— es la conquista de la iglesia. Equipados con la armadura de Dios, luchamos no solo contra la carne y la sangre, sino contra las potestades espirituales y los principados (Ef. 6:10-20). La santificación es conquista, sometiendo los deseos de la carne a los deseos del Espíritu (Gá. 5:16-25). Debemos mortificar las obras de la naturaleza pecaminosa (Ro. 8:13). Perseveramos desde una posición de victoria en Cristo. Nada puede separarnos del amor de Dios por nosotros en Cristo, y somos más que vencedores por medio de Él (Ro. 8:37). Aunque vencedores, moriremos; y como Cristo, resucitaremos para heredar la tierra.

---

1. Ver James M. Hamilton Jr., *God's Glory in Salvation through Judgment: A Biblical Theology* (Wheaton, IL: Crossway, 2010), 148, donde escribe: «Con Yahvé en medio de ellos, Israel ha recuperado algo de la experiencia edénica. Al cruzar a la tierra, Israel se mueve en la dirección de la inversión de la maldición».

El cordón de grana

La Pascua se celebraba poniendo sangre de cordero en los postes de las puertas (Éx. 12), y la historia de Rahab recuerda al lector esa escena. A ella se le dijo que hiciera algo en su casa para que pasara el juicio (Jos. 2:14-18). El cordón de grana era un símbolo de su obediencia a los espías y una prenda de su devoción a Yahvé. Confesó que Él era Dios en los cielos y en la tierra (Jos. 2:11). Lo que en última instancia libera a los pecadores es la cruz, por lo que la cruz es el significado más profundo del cordón de grana. Rahab es cada pecador que está dispuesto a confesar al Señor con fe. Ya no hay condenación para nadie en Cristo (Ro. 8:1).

Una hambruna en la tierra

El libro de Rut opera en múltiples niveles. Al situar el libro en el período de los Jueces, el lector puede ver que la falta de alimentos y la falta de liderazgo espiritual están relacionadas (Rt. 1:1). Los israelitas son un pueblo necesitado, y el hambre indica que no todo va bien.[2] Luego llegan noticias de muerte y, de repente, Noemí también tiene hambre de familia (Rt. 1:3). La preocupación del lector por Noemí se refleja en la preocupación por Israel: ¿Cubrirá la bendición las necesidades de la tierra durante el oscuro período en que gobiernan los jueces? Pero la esperanza de Noemí se convierte en esperanza para Israel. Dios bendice el linaje de Noemí por medio de Rut y Booz y el nacimiento de su hijo, Obed (Rt. 4:15). Este es antepasado del rey David, por lo que la historia de la restauración en el libro trata del plan de Dios para que la nación tenga un rey (Rt. 4:18-22). El arco del libro va del hambre a la plenitud. Ese arco también describe los efectos del pecado y los futuros cielos y tierra nuevos. Cristo nos lleva del hambre a la plenitud. Él trae paz a nuestro caos, y gozo a nuestro luto. El pecado nos vacía, dejando nuestras almas estériles e indigentes. Pero Cristo viene a alimentar y saciar (Jn. 6:35). Viene a redimirnos y a sanarnos. Y no detendrá esta obra hasta que la muerte sea derrotada mediante nuestra resurrección. Él siempre termina lo que empieza.

1 Samuel–2 Crónicas

David y Goliat

En la historia de David contra Goliat, vemos al rey prometido que triunfa cuando todo parece estar en su contra. El joven David se enfrenta a los enemigos de Dios, cuyo representante es Goliat (1 S. 17:4). El motivo de los enemigos

---

2. Ver Peter J. Leithart, *A House for My Name: A Survey of the Old Testament* (Moscow, ID: Canon, 2000), 119-22.

de Dios nos lleva más allá de Goliat, hasta Satanás y sus huestes demoníacas. La piedra es la cruz, y la herida en la frente de Goliat es la cabeza de la serpiente finalmente aplastada (Gn. 3:15; 1 S. 17:49). Cuando se lee dentro de todo el canon, la victoria de David sobre Goliat tiene tintes mesiánicos para quienes tienen oídos para oír.[3] Y, en nuestra unión con Cristo, la victoria de David es también nuestra. Gracias a la fuerza de Cristo, superamos las tentaciones y perseveramos en las pruebas.[4] Si Dios es por nosotros, ¿quién contra nosotros?

La reprimenda de Natán

El rey David tomó a Betsabé y organizó el asesinato de su marido, Urías. Entonces Dios envió Natán a David, y Natán tenía una historia que contarle (2 S. 12). Había un hombre rico y un hombre pobre, y el hombre rico tenía muchos rebaños, mientras que el hombre pobre solo tenía un corderito. El pobre crio al cordero, lo cuidó y lo alimentó con su propia comida y copa (2 S. 12:2-3). Pero entonces, dijo Natán, cuando el hombre rico tuvo un invitado y no estaba dispuesto a preparar una comida de su propio rebaño, tomó el cordero del hombre pobre y lo preparó para el invitado (2 S. 12:4). David se enfureció y dijo: «Vive Jehová, que el que tal hizo es digno de muerte» (2 S. 12:5), y Natán respondió: «*Tú* eres aquel hombre». (2 S. 12:7). La historia de Natán era una alegoría sobre David. No todos los detalles de la historia necesitan una interpretación. Pero David era el rico que tenía mucho, pero que le quitaba al pobre. Aunque Betsabé pertenecía a Urías, David la quería para sí. Se aprovechó de su posición y autoridad, y Natán lo reprendió con una alegoría.

Construcción del templo

Salomón (el hijo de David) construye el templo de Dios (1 R. 6), y Jesús (el Hijo de David) construye también el templo de Dios (Jn. 2:19). Aunque el logro de Salomón fue destruido, nada prevalecerá contra el templo de Cristo: la iglesia (Mt. 16:18). El grandioso y glorioso complejo del templo de 1 Reyes

---

3. Ver Peter J. Leithart, «The Quadriga or Something Like It: A Biblical and Pastoral Defense», en *Ancient Faith for the Church's Future*, eds. Mark Husbands y Jeffrey P. Greenman (Downers Grove, IL: IVP Academic, 2008), 122-24.
4. Leithart escribe: «La alegoría de la conquista desemboca en una tropología, y en este punto todas las florituras homiléticas de este pasaje pasan a primer plano. Con todas las probabilidades en su contra, David confió en que Yahvé lo libraría; usted también debería hacerlo. David defendió el honor de Yahvé; usted también debería hacerlo. La historia trata de la gestión de crisis y nos enseña que debemos enfrentarnos a los Goliat que nos rodean con la fe de David. El Dios que derrotó a Goliat por medio de David es el Dios que resucitó a Jesús de entre los muertos, y puede resucitarlo a usted de su Seol personal. Nótese que, operando por la cuadriga, estas exhortaciones a la confianza, la fe y el valor no son estímulos morales generalizados, sino que, por surgir de una lectura alegórica de la historia, son formas específicas de imitación de Cristo, el gran David» («Quadriga or Something Like It», 124).

es superado por la iglesia multiétnica de Apocalipsis (Ap. 7:9). Con el favor de Cristo brillando sobre nosotros, reflejamos más brillantemente que todos los metales y las piedras del templo. Y cuando Cristo regrese para resucitar a los muertos a la vida inmortal, brillaremos como las estrellas para siempre (Dn. 12:3). Así como los materiales y los vasos del templo reflejaban la belleza y la gloria de Dios, la resurrección de los justos será la glorificación de la morada de Dios. Cuando Salomón construye el templo en 1 Reyes, el significado más profundo de esa construcción es la glorificación de la iglesia y la transformación de la creación.

Exilio y retorno

Cuando Israel es desterrado de la tierra prometida (2 R. 25), es como si Adán y Eva abandonaran de nuevo el huerto del Edén (Gn. 3:24). Israel —un Adán nacional— va al oriente bajo juicio. El exilio físico de la nación fue el resultado de su exilio espiritual. Al final de 2 Reyes, miles de israelitas son deportados, el templo es destruido y la ciudad de Jerusalén asolada. La nación experimentó una muerte corporativa por la maldición del exilio, pero el retorno fue la resurrección. De la tumba de Babilonia, los israelitas salieron y regresaron a la tierra prometida. El Adán nacional volvía a entrar en el Edén. En la cruz, Jesús cargó con la maldición de nuestro exilio espiritual, y al tercer día resucitó de la muerte física. La victoria de Cristo es una historia de exilio y retorno. Y por nuestra unión con Él, es también la historia de la vida cristiana: ya no somos exiliados espirituales y hemos sido liberados de nuestra cautividad para heredar las promesas de Dios. Como hijos de Abraham, unidos a la descendencia de Abraham, somos coherederos de Cristo y verdaderos israelitas (Gá. 3:29; 4:6-7).

Esdras–Ester

Reconstrucción de los muros

Cuando terminó el exilio y los israelitas regresaron a la tierra prometida, sus planes de reconstrucción tenían un significado espiritual. Reconstruir el templo físico y los muros sugeriría una disposición a renovar los sacrificios y el culto según la ley de Moisés. Pero cuando el proceso de reconstrucción se estancó, esta pausa propuso algo espiritualmente negativo (Esd. 3–4). Y aunque el templo fue finalmente reconstruido, los muros de Jerusalén permanecieron en ruinas (Neh. 1–2). Nehemías vino a reconstruir los muros y, al hacerlo, a edificar también al pueblo.[5] La esperanza de los pecadores es

---

5. Ver Leithart, *House for My Name*, 236-37.

que Dios es un reconstructor. Él toma nuestras ruinas y las restaura. Nuestro interior se renueva día a día (2 Co. 4:16).

La ejecución de Amán

En el libro de Ester, el malvado Amán preparaba la horca para ahorcar a su némesis Mardoqueo (Est. 5:14). Pero en una inversión de las expectativas, Amán se enfrenta al destino que había planeado para Mardoqueo. Si alguien era ahorcado, era un acto de juicio. En Ester 7, Amán es el que cuelga de la horca bajo juicio. Tal muerte pública mostraba deshonra y vergüenza sobre el culpable. Este juicio sobre el enemigo de Dios es una muestra de la victoria de Dios sobre todos sus enemigos. El complot contra Mardoqueo —incluso contra los judíos en el libro, o contra el Hijo de Dios y la iglesia— se vuelve contra el que odia al Señor. Los impíos caen en la trampa que tienden a los demás.[6]

En resumen

La vida en la tierra prometida, seguida del exilio y el retorno, se relata en narrativas históricas que tienen un significado más profundo de lo que su sentido literal podría sugerir en un principio. Los libros desde Josué hasta Ester fueron inspirados por el autor divino, con todo el canon en mente, de modo que los personajes y acontecimientos individuales encuentran su mayor significado en las realidades del nuevo pacto. Una lectura alegórica adecuada es una lectura más completa o profunda de los textos bíblicos a la luz del canon bíblico. En este tipo de lectura, cosas como los cordones de grana y los muros reconstruidos, y personas como David y Amán, tienen que ver con algo y con alguien más.

Preguntas para la reflexión

1. ¿Cuál es la lectura alegórica del cordón de grana en el libro de Josué?
2. ¿Cómo funciona el libro de Rut en múltiples niveles?
3. ¿Cuál es la lectura alegórica de la batalla entre David y Goliat?
4. ¿Cuál es el significado del templo de Salomón en la totalidad del canon?
5. En la totalidad del canon, ¿cómo podemos entender la reconstrucción de los muros por parte de Nehemías?

6. Ver Leithart, *House for My Name*, 228-29.

PREGUNTA 36

¿Hay alegorías desde Job hasta Cantar de los Cantares?

Los libros tradicionalmente conocidos como literatura sapiencial —Job, Salmos, Proverbios, Eclesiastés y Cantar de los Cantares— están llenos de poesía. La poesía hace uso de imágenes, símbolos y metáforas, y la interpretación alegórica puede identificar un significado más profundo de los pasajes bíblicos de estos libros.

Job–Salmos

La historia de Job

El significado más profundo de la historia de Job es la historia de Jesús. El relato de Job —un hombre que sufrió la pérdida de su familia y sus animales, y que se enfrentó a las burlas y acusaciones de sus «amigos» (Job 1-3)— forma parte de una historia más amplia que nos lleva al justo sufriente, el Señor Jesús, que se enfrentó a la traición, el sufrimiento y la muerte. La historia de Job también nos recuerda que quienes temen al Señor pueden sufrir injustamente a manos de otros. En la dureza de la vida, los creyentes pueden encontrarse en una oscuridad y desesperación, en las que el libro de Job adquiere un nuevo significado. Job es Jesús, y Job somos nosotros. Vemos en su historia la agenda de Satanás contra nosotros, y leemos las falsas acusaciones de quienes creen conocer nuestros motivos y saber por qué nos suceden las cosas. Pero la historia de Job nos dice que Dios tiene la última palabra (Job 38–41). Su poder puede traer reivindicación y renovación, a pesar del sufrimiento y la angustia que experimenta su pueblo (Job 42).[1] Leviatán parecía un adversario indomable, pero Dios es supremo sobre esta criatura (Job 41). Leviatán es Satán, el que se opuso a Job al principio del libro (Job 1–2), pero también aquel cuyos movimientos están bajo la mirada de nuestro Dios soberano. Ningún hombre puede domar al Leviatán; sin embargo, Dios sí.

1. Ver Toby J. Sumpter, *A Son for Glory: Job through New Eyes* (Monroe, LA: Athanasius, 2012), 184-85.

Contemplar el rostro de Dios

En el Salmo 17, David termina su canto diciendo: «En cuanto a mí, veré tu rostro en justicia; estaré satisfecho cuando despierte a tu semejanza» (Sal. 17:15). En el salmo, él pide a Dios que escuche su clamor para que llegue la reivindicación (Sal. 17:1-2). Pide refugio a la sombra de las alas divinas (Sal. 17:8-9). Espera que el Señor se enfrente y someta a quienes buscan su destrucción (Sal. 17:13-14). La confianza de despertar y ver el rostro de Dios es una esperanza que se encuentra en el justo. Pero el significado más profundo de esta esperanza es la resurrección del cuerpo y la visión beatífica (ver a Dios). Los limpios de corazón verán a Dios (Mt. 5:8). Aunque los justos duerman en la muerte, volverán a despertar por el poder de la resurrección (Fil. 3:10-11).[2] Nuestros cuerpos reflejarán el cuerpo glorioso de Cristo resucitado (Fil. 3:21). Aunque David esperaba ser librado de la angustia, el sentido más pleno de sus palabras es la glorificación en Cristo. A su regreso, resucitaremos y lo contemplaremos.

El rey longevo

En el Salmo 72, Salomón —el hijo de David— pide a Dios que dé al rey, entre otras cosas, dominio «de mar a mar» (Sal. 72:8), que los enemigos del rey laman «el polvo» (Sal. 72:9) y que su vida sea larga (Sal. 72:15). La mejor aplicación de este salmo es a Cristo, pues Él verdaderamente tiene todo el dominio en el cielo y en la tierra, reinará hasta que haya puesto a todos los enemigos bajo sus pies, y reinará por días interminables.[3] En el Salmo 72:17, Salomón dice: «Será su nombre para siempre, se perpetuará su nombre mientras dure el sol. Benditas serán en él todas las naciones; lo llamarán bienaventurado». Jesús es la descendencia de Abraham, en quien serán bendecidas todas las familias de la tierra (Gn. 12:2-3; Gá. 3:16). Cuando leemos el Salmo 72, podemos ver la verdad en las palabras de Jesús, de que los Salmos dan testimonio de Él y deben cumplirse (Lc. 24:44).

Asolando la viña

En el Salmo 80, se representa alegóricamente el juicio de Dios contra su pueblo. El salmista dice: «Hiciste venir una vid de Egipto; echaste las naciones, y la plantaste. Limpiaste sitio delante de ella, e hiciste arraigar sus raíces, y llenó

---

2. Ver Derek Kidner, *Psalms 1–72*, Tyndale Old Testament Commentaries, vol. 14a (Downers Grove, IL: InterVarsity, 1973), 89-90. [Para una edición en español, ver Derek Kidner, *Salmos 1–72: Introducción y comentario sobre los Libros I y II de los Salmos* (Buenos Aires: Ediciones Certeza, 1991)].
3. Ver Richard P. Belcher Jr., *The Messiah and the Psalms: Preaching Christ from All the Psalms* (Fearn, Ross-shire, Scotland: Mentor, 2006), 137-39, 203.

la tierra» (Sal. 80:8-9). Dios liberó a los israelitas del cautiverio egipcio, los introdujo en la tierra prometida mediante la conquista y les permitió ocupar los territorios que les habían sido asignados. Entonces, «Los montes fueron cubiertos de su sombra, y con sus sarmientos los cedros de Dios. Extendió sus vástagos hasta el mar, y hasta el río sus renuevos» (Sal. 80:10-11). El poderío de Israel aumentó, y los límites de la tierra se expandieron bajo David y Salomón. Esta vid plantada era ahora un espectáculo extraordinario. Pero el salmista pregunta: «¿Por qué aportillaste sus vallados, y la vendimian todos los que pasan por el camino? La destroza el puerco montés, y la bestia del campo la devora» (Sal. 80:12-13). Dios trajo el juicio a la tierra de Israel mediante el levantamiento de un adversario extranjero. Luego vinieron la invasión, la subyugación y el exilio. De forma poética y alegórica, el salmista relata cómo Israel llegó a la tierra, prosperó y después se enfrentó a las maldiciones de la ruptura del pacto.[4]

Proverbios–Eclesiastés

El llamado de la sabiduría

Uno de los rasgos literarios más reconocibles del libro de Proverbios es la personificación de la sabiduría como una dama que llama a los simples y necios. La Sabiduría llama a los oyentes para que acudan a ella en busca de conocimiento, a fin de evitar el desastre que conlleva una vida de insensatez (Pr. 1:20-33). El significado más profundo de la llamada de la Sabiduría es la buena nueva de Cristo Jesús. Los pecadores deben prestar atención al evangelio mediante el arrepentimiento y la confianza, y luego vivir de una manera que se ajuste al evangelio que profesan (Mt. 7:24-27; Gá. 2:14). La voz de la Sabiduría es la voz de Cristo, cuyas palabras de invitación y advertencia conducirán a la vida a quienes tengan oídos para oír. Los discípulos de Jesús son discípulos de la Sabiduría.

Pan sobre las aguas

Cuando el autor del Eclesiastés dice: «Echa tu pan sobre las aguas; porque después de muchos días lo hallarás. Reparte a siete, y aun a ocho; porque no sabes el mal que vendrá sobre la tierra» (Ec. 11:1-2), no está hablando del pan en sí.[5] Está instando al lector a arriesgarse, a diversificar, aunque no se controlen todos los factores ni se garantice el resultado. El miedo al futuro puede

---

4. Ver Peter J. Leithart, *A House for My Name: A Survey of the Old Testament* (Moscow, ID: Canon Press, 2000), 199-200.
5. Ver Benjamin Keach, *Preaching from the Types and Metaphors of the Bible* (1855; reimpr., Grand Rapids: Kregel, 1972), 195.

paralizar a la gente a la hora de tomar decisiones. El llamado a «echar» es un llamado a actuar. El «pan» representa una inversión, un aprovechamiento de la oportunidad. A veces, la vida puede parecer un proceso de ensayo y error, una serie de intentos y correcciones a mitad de camino y, finalmente, llegadas. El sentido de la sabiduría del escritor es que, aunque no conozcamos el futuro, debemos actuar (Ec. 11:3-6).

Un cuerpo que se rompe

Casi al final de Eclesiastés, el escritor describe un cuerpo que se desmorona, aunque al principio el significado puede ser ambiguo.[6] En Eclesiastés 12:3, las amas de casa tiemblan, los hombres fuertes se encorvan, las muelas (que quedan) cesan, y los que miran por las ventanas se oscurecen. En el versículo siguiente, se cierran las puertas de afuera, disminuye el ruido y se abaten las hijas del canto (Ec. 12:4). Finalmente, la cadena de plata se quiebra, el cuenco de oro se rompe y el cántaro se hace añicos (Ec. 12:6). Todas estas imágenes diferentes se aclaran en 12:7: «y el polvo vuelva a la tierra, como era, y el espíritu vuelva a Dios que lo dio». Utilizando muchas metáforas, el autor describe el deterioro físico del cuerpo humano.[7] Las manos tiemblan, las piernas se doblan, los dientes dejan de funcionar, la vista se oscurece, los oídos no oyen tan bien (si es que oyen), la voz baja y es suave, y finalmente, la propia cuerda de la vida se corta en la última exhalación. Aunque el autor podría haber hablado directamente de las distintas partes del cuerpo, consideró más adecuada una alegoría. Con una interpretación alegórica de Eclesiastés 12, asistimos al final de la vida cuando el espíritu humano regresa a Dios.

Cantar de los Cantares

El huerto cerrado

En un pasaje poético que describe la consumación de la pareja en Cantar de los Cantares, el esposo habla de «Fuente de huertos, pozo de aguas vivas, que corren del Líbano» (Cnt. 4:15). Y, en 4:16, la esposa lo invita a venir a su jardín y dejar que fluyan sus aromas. Pero el lenguaje sobre el jardín y el agua no se refiere a un jardín y al agua. ¡El jardín es el cuerpo de la esposa! El contexto confirma esta lectura alegórica: «Huerto cerrado eres, hermana mía, esposa mía; fuente cerrada, fuente sellada» (Cnt. 4:12). La naturaleza fuertemente metafórica del Cantar de los Cantares prepara al lector para

---

6. Ver Sidney Greidanus, *Preaching Christ from Ecclesiastes* (Grand Rapids: Eerdmans, 2010), 276, 290-94; Zack Eswine, *Recovering Eden: The Gospel according to Ecclesiastes* (Phillipsburg, NJ: P&R, 2014), 98-99.
7. Ver Keach, *Types and Metaphors of the Bible*, 194.

lecturas alegóricas profundas y amplias.[8] Hay metáforas que se refieren a su noviazgo, su boda, su consumación, sus cuerpos y mucho más. Cuando interpretamos estas numerosas descripciones figurativas, automáticamente estamos realizando una lectura alegórica.

El esposo y la esposa en alianza

Cantar de los Cantares no trata de un esposo y una esposa cualquiera. No se trata de una boda cualquiera. No es una historia de amor cualquiera. La poesía de Cantar de los Cantares está anclada en el canon bíblico, que da testimonio del Hijo de Dios, que entregó su vida por la iglesia, su esposa.[9] En el Antiguo Testamento, la relación de Dios con Israel era pactual (ver Éx. 24). Abandonar a Yahvé equivalía a un adulterio espiritual (Os. 2:2). Cantar de los Cantares fue escrito por el hijo de David (Cnt. 1:1), por lo que en el versículo inicial aparece una dimensión davídica del libro. A lo largo de la historia de la iglesia cristiana, los intérpretes han considerado que la relación en Cantar de los Cantares se refiere, en última instancia, a la comunión de Dios con su pueblo en Cristo. Pablo confirma el uso de tal metáfora bíblica cuando dice que el matrimonio humano es un profundo misterio sobre Cristo y la iglesia (Ef. 5:32). Una lectura alegórica de Cantar de los Cantares no solo conecta con la gran tradición, sino que es coherente con el argumento y el canon de las Escrituras. La pareja conoce la fuerza del amor divino y su naturaleza inextinguible (Cnt. 8:6-7). Nada puede separarnos del amor de Dios que está en Cristo Jesús, Señor nuestro (Ro. 8:39).

En resumen

Las secciones poéticas de las Escrituras se prestan a la lectura alegórica porque la naturaleza del lenguaje está llena de imágenes y metáforas que invitan al intérprete a adentrarse en la superficie del texto. Desde las experiencias de Job hasta el matrimonio en Cantar de los Cantares, el propósito cristológico de las Escrituras configura e informa lo que precede a Cristo. Los personajes y los acontecimientos son, en el esquema canónico de las cosas, llamados a testificar en el estrado. Y cuando escuchamos su testimonio, hablan de Cristo y de su pueblo. Sus testimonios convergen en perfecta armonía, y hablan de lo que es digno de confianza y verdadero. El sufrimiento de Job, la lírica de los salmistas, la voz de la Sabiduría, el cuerpo moribundo en Eclesiastés, el jardín en Cantar de los Cantares; estos y muchos otros ejemplos invitan al lector a

---

8. Ver James M. Hamilton Jr., *Song of Songs: A Biblical-Theological, Allegorical, Christological Interpretation,* Focus on the Bible (Fearn, Ross-shire, Scotland: Christian Focus, 2015), 28-33.
9. Ver Keach, *Types and Metaphors of the Bible,* 194; Hamilton, *Song of Songs,* 33.

reflexionar sobre el Antiguo Testamento como Escrituras cristianas, y a ver en esos textos al Cristo que está allí, al Salvador en las sombras listo para salir.

Preguntas para la reflexión

1. ¿Cómo afecta una interpretación alegórica al libro de Job?
2. Además de las mencionadas en este capítulo, ¿hay otras partes de los Salmos que exijan una lectura más profunda y espiritual a la luz de todo el canon?
3. ¿Cómo puede beneficiarse Eclesiastés de la interpretación alegórica?
4. ¿Por qué deberían los intérpretes considerar un enfoque alegórico de Cantar de los Cantares?
5. ¿Qué pruebas hay en Cantar de los Cantares que sugieran que la interpretación alegórica es crucial para el significado del libro?

PREGUNTA **37**

¿Hay alegorías desde Isaías hasta Malaquías?

Los profetas del Antiguo Testamento ministraron la palabra de Dios al pueblo de Israel. Ministraron durante un reino fracturado y en medio de los redobles de tambor de futuros desastres. Sus palabras y acciones tenían significados más profundos para los oyentes y lectores, y a veces estos significados más profundos se proporcionaban en el texto del profeta. Los libros de estos profetas están llenos de visiones que requieren, una y otra vez, una interpretación alegórica para ser comprendidas. La razón de este requisito es la presencia generalizada de imágenes y símbolos en estas visiones.

Isaías–Ezequiel

El monte sobre los montes

El profeta Isaías vio que el monte de la casa de Dios se elevaría un día por encima del monte más alto, se alzaría sobre las colinas, y todas las naciones vendrían a él (Is. 2:2). El templo —la casa de Dios— era el lugar más importante de Jerusalén, y Jerusalén era la ciudad más importante del mundo. Así que la elevación del templo significaba su prominencia mundial, y esta posición sería convincente para las naciones que afluirían a él (Is. 2:2). La visión de Isaías se completaría en parte con Cristo, el Verbo que hizo tabernáculo entre las naciones (Jn. 1:14). Jesús dijo que, cuando estuviera en lo alto y elevado, atraería a las naciones hacia sí (Jn. 12:32). La visión de Isaías se está cumpliendo con el avance del evangelio en el mundo, a medida que los elegidos de cada tribu y lengua son llevados a Cristo por medio de la fe. La visión se cumplirá por completo en los cielos nuevos y la tierra nueva, cuando todos caminen según la palabra de Dios y reine la paz en la ciudad global de Dios (Is. 2:3-5).

La destrucción de la viña

En Isaías 5, Dios tenía una viña amada que plantó. Cavó su lugar, movió algunas piedras y construyó una atalaya para vigilarla (Is. 5:1-2). Dios esperaba que las vides produjeran uvas, pero en su lugar produjeron uvas silvestres (Is. 5:2). En respuesta al fruto que Dios vio, quitó el seto de la viña para que fuera devorada y pisoteada, y dio lugar a que crecieran espinos en una zona que ya no se podaba ni cultivaba (Is. 5:5-6). Israel es la viña, y el fruto malo fue su desobediencia.[1] La respuesta de Dios fue la promulgación de maldiciones del pacto, que culminaron con un adversario extranjero que pisoteó la tierra en juicio. Retiró el cerco de protección que había librado a Israel de la destrucción.

El cinto arruinado

Dios le dijo al profeta Jeremías que comprara un cinto de lino, se lo pusiera alrededor de la cintura y no lo sumergiera en agua (Jer. 13:1). Jeremías obedeció la palabra del Señor, compró el cinto y se lo puso. Y la palabra de Dios llegó de nuevo al profeta: toma el cinto y escóndelo en una hendidura de la roca (Jer. 13:4). Jeremías también siguió esta instrucción. Y cuando el Señor le dijo que recuperara el cinto, Jeremías lo encontró estropeado e inservible (Jer. 13:6-7). El sentido de las instrucciones de Dios y de la actividad de Jeremías se refería a Israel. El orgullo de Judá era el cinto de lino, y Dios lo echaría a perder, porque rechazaron sus palabras, siguieron sus propios corazones y se fueron tras los ídolos (Jer. 13:9-10). Se suponía que Israel se aferraría a Dios como el cinto se aferraba al profeta, pero adoraron a otros dioses y así se volvieron inservibles (Jer. 13:10-11).

Los higos buenos y malos

El Señor le dio a Jeremías una visión de dos cestas de higos: una cesta tenía higos buenos, la otra tenía higos malos (Jer. 24:1-2). La segunda cesta de higos era tan mala que no se podían comer. Aprendemos que estas cestas de higos son los israelitas. Los higos buenos son los exiliados de Judá que fueron llevados cautivos a Babilonia (Jer. 24:5).[2] Los planes de Dios para ellos son buenos, pues los plantará y los edificará, y será su Dios (Jer. 24:5-7). Pero la cesta de los higos malos, que no se pueden comer, son personas como el rey Sedequías, sus funcionarios, el resto de Jerusalén que permaneció en la tierra y los que habitaron en Egipto (Jer. 24:8). Dios haría de esta «cesta» de gente un horror y un oprobio, una maldición en los lugares donde morasen (Jer. 24:9). El fin de esta segunda cesta es la destrucción (Jer. 24:10).

---

1. Ver Peter J. Leithart, *A House for My Name: A Survey of the Old Testament* (Moscow, ID: Canon, 2000), 199, donde escribe sobre una noción paralela en Jeremías 1:5 y 1:10: «Israel es representado como un jardín o una viña que el Señor ha plantado en la tierra (cf. Salmo 80; Isaías 5), esperando que produzca frutos para deleite de Él. Judá no tiene frutos, por lo que el Señor amenaza con desarraigarla».
2. Leithart, *House for My Name*, 207-8.

La historia de dos hermanas

El Señor habló a Ezequiel de dos mujeres. Estas mujeres eran hermanas y vivían en la inmoralidad. La hermana mayor se llamaba Ahola, y la hermana menor Aholiba (Ez. 23:4). Pero estas hermanas llegaron a ser del Señor y tuvieron hijos. Ahola representaba a Samaria, y Aholiba a Jerusalén, lo que significa que las dos hermanas representaban la tierra de Israel.[3] Aunque Ahola pertenecía al Señor, esta hermana «cometió fornicación» y fue tras sus amantes, los asirios (Ez. 23:5). Como consecuencia, cayó en sus manos para ser juzgada (Ez. 23:9). La otra hermana, Aholiba, fue peor que Ahola y fue tras otros amantes, los babilonios (Ez. 23:14-17). La lujuria de Aholiba sería su perdición (Ez. 23:20-23). Sería expuesta y humillada, descubierta y mancillada (Ez. 23:28-30). El significado de la alegoría es que Dios había juzgado al reino del norte de Israel, y ahora juzgaría al reino del sur de Judá, porque toda la tierra de Israel se había contaminado en su búsqueda de ídolos e inmoralidad. Sus acciones eran espiritualmente adúlteras, y había llegado el momento del juicio.

La muerte de la esposa de Ezequiel

En Ezequiel 24, el profeta experimenta la muerte de su esposa. Pero su muerte significa algo más profundo. Anteriormente, en el capítulo, Jerusalén cayó en manos de los babilonios (Ez. 24:2, 14), lo que supuso la muerte corporativa de la nación. Y luego muere la esposa de Ezequiel (Ez. 24:18). Estas muertes corporativas e individuales están conectadas. Ezequiel representa a Dios, y cada uno de ellos experimenta una pérdida. La muerte de la mujer de Ezequiel representa la pérdida de los israelitas, el pueblo de Dios en la tierra prometida. «La muerte de la esposa de Ezequiel simboliza la caída del santuario. El Señor utiliza las mismas palabras para describir el amor de Ezequiel por su esposa ("el deleite de tus ojos", Ez. 24:16) y su preocupación por el santuario ("el deseo de vuestros ojos y el deleite de vuestra alma", Ez. 24:21)».[4] La yuxtaposición de estas muertes corporativas e individuales sugiere que tienen una relación interpretativa.

Huesos secos en un valle

En una visión al profeta en Ezequiel 37, hay un valle de huesos secos. Dios dice a Ezequiel que profetice sobre ellos, llamándolos a escuchar y obedecer (Ez. 37:4). Los huesos se juntan, los tendones y la carne los cubren, y la piel se extiende sobre ellos (Ez. 37:7-8). Por fin, el aliento entra en los cuerpos, y los

---

3. Ver Benjamin Keach, *Preaching from the Types and Metaphors of the Bible* (1855; reimpr., Grand Rapids: Kregel, 1972), 195.
4. Leithart, *House for My Name,* 218.

huesos antes secos se levantan en el valle para formar un gran ejército (Ez. 37:9-10). El valle de los huesos representaba a los israelitas en el exilio, porque el juicio babilónico había causado la muerte corporativa de la nación.[5] Sin embargo, lo que Ezequiel vio significaba el resurgimiento y el regreso de Israel. Dios sacaría a la nación de su cementerio babilónico y volverían a entrar en la tierra prometida (Ez. 37:12).

Daniel

El sueño de una imagen

Nabucodonosor, rey de Babilonia, sueña con una imagen hecha de diferentes materiales. La cabeza es de oro, el pecho y los brazos son de plata, el centro y los muslos son de bronce, y las piernas y los pies son de hierro y arcilla (Dn. 2:32-34). En el sueño, una piedra golpeaba la imagen y se convertía en una montaña que llenaba toda la tierra (Dn. 2:35). Daniel explica que la cabeza de oro es Nabucodonosor, y que los otros metales son reinos que siguen a Babilonia (Dn. 2:37-40). Finalmente, vendrá una piedra que representa un reino eterno (Dn. 2:44-45). Si la cabeza de oro es Nabucodonosor y Babilonia, podemos confirmar históricamente que los reinos subsiguientes son Persia, Grecia y Roma.[6] Como preveía el sueño de Nabucodonosor, una piedra llegaría durante el cuarto imperio. Jesús, la Piedra, nació durante el reinado de César Augusto (Lc. 2:1-7). Y como Hijo de David, estableció el reino eterno de Dios.

El carnero y el macho cabrío

El profeta Daniel tuvo una visión de un carnero que pisoteaba todo a su paso (Dn. 8:3-4). Entonces se levantó un macho cabrío y desafió al carnero, se precipitó sobre él con ira y lo derrotó (Dn. 8:5-7). Esta descripción de la visión de Daniel necesitaba una interpretación, por lo que un ángel explicó su significado (Dn. 8:16-17). El carnero representaba a los medo-persas, y el macho cabrío a los griegos (Dn. 8:20-21). Cuando Daniel vio que el macho cabrío vencía al carnero, estaba viendo la derrota de los medo-persas a manos de los griegos. En retrospectiva histórica, podemos identificar también otras partes de la visión de Daniel. El macho cabrío tenía un solo cuerno que se rompió y fue sustituido por otros cuatro cuernos (Dn. 8:8, 22). Este gran cuerno era

5. Ver Leithart, *House for My Name,* 219, donde dice que la visión de Ezequiel 37 es «sobre una resurrección de la muerte del exilio».
6. Mitchell L. Chase, «Daniel», en *ESV Expository Commentary,* vol. 7, *Daniel–Malachi* (Wheaton, IL: Crossway, 2018), 43-45.

Alejandro Magno, que condujo a los griegos a la victoria sobre Medo-Persia. Sin embargo, tras su muerte, su imperio fue dividido entre cuatro generales.[7]

Oseas–Malaquías

Los nombres de los hijos de Oseas

Los nombres de los hijos de Oseas tienen un significado más profundo. A uno lo llamó Jezreel, a otra Lo-ruhama y al tercero Lo-ammi (Os. 1:4-11). Los nombres significan, respectivamente, Dios dispersará, Sin piedad y No es mi pueblo.[8] La familia histórica de Oseas tenía un propósito teológico. Su familia daba testimonio de la justa indignación de Dios contra los israelitas, pues la rebelión de estos se había alineado contra el Señor. Por lo tanto, Dios los trató como sus enemigos, que no recibirían misericordia y que no eran su pueblo. Los dispersaría en el exilio. Los nombres, sin embargo, se invertirían una vez finalizado el período de juicio. Dios atraería a los israelitas (Os. 2:14). Dios traería al pueblo disperso y lo sembraría de nuevo en la tierra prometida (Os. 2:22). Los que no eran su pueblo serían llamados «[su] pueblo», pues a los que no recibieron misericordia se les daría misericordia (Os. 2:23).[9]

La rebelión y liberación de Jonás

El profeta Jonás huyó de las instrucciones de Dios para ir en barco a Tarsis, en lugar de ir a predicar a Nínive (Jon. 1:2-3). Además de su desprecio por los habitantes de aquella ciudad, no mostró preocupación por los tripulantes de la barca, que estuvo en peligro debido su presencia en ella (Jon. 1:4-10). En lugar de arrepentirse y aceptar ir a Nínive, Jonás dijo a los marineros que la tormenta cesaría si lo arrojaban por la borda (Jon. 1:11-12). Entró en el agua y empezó a ahogarse. Tragado por un pez, la vida de Jonás fue guardada y, al cabo de tres días, el pez vomitó al profeta sobre tierra seca (Jon. 1:17; 2:10). La mentalidad de Jonás era compartida por otros. Era un profeta del reino del norte de Israel (2 R. 14:25), y pensaba igual que ellos. El reino del norte estaba dejando de ser una luz para las naciones, representado en el profeta Jonás. Nínive, que estaba en Asiria, tenía un dios que era en parte pez, así que el tiempo que Jonás pasó en el vientre de un pez presagiaba la próxima

---

7. Chase, «Daniel», 114.
8. Ver George W. Schwab Sr., «Hosea», en *ESV Expository Commentary,* vol. 7, *Daniel–Malachi* (Wheaton, IL: Crossway, 2018), 182-84.
9. Según Schwab, «A la luz de Pentecostés y el posterior desarrollo de la historia de la iglesia, en la que Dios envió su Espíritu a los corazones de los no judíos, se abrió para Pablo todo un nuevo panorama de significado. Aquellos de quienes se decía "no son mi pueblo" son ahora declarados "Hijos del Dios vivo" (cf. Os. 1:10; Ro. 9:22-26). Se refiere a los gentiles. Pablo ve en esto una profecía de la llegada de los gentiles a la fe por medio de Jesús» (Schwab, «Hosea», 184-85).

invasión a Israel por Asiria. Los asirios consumirían el reino del norte, pero finalmente Dios traería a los israelitas a casa.[10] Regresarían del vientre del adversario y entrarían en la seca tierra prometida.

En resumen

Las palabras, acciones y visiones de los profetas de Dios están llenas de significado espiritual, y la lectura alegórica expone este significado para el intérprete. A veces, el significado es evidente en el contexto inmediato o se explica más adelante en el pasaje bíblico. La gran cantidad de imágenes y símbolos hace que la lectura alegórica no solo sea apropiada, sino esencial para discernir el significado de muchos textos. Los once ejemplos de este capítulo, aunque no son exhaustivos, bastan para mostrar que la literatura profética contiene capas de significado diseñadas por Dios. Los intérpretes no pueden adoptar un enfoque de «todo vale», sino que deben ser sensibles al texto inmediato y canónico del pasaje bíblico, al tiempo que tienen en cuenta los cumplimientos históricos posteriores que podrían aclarar un pasaje profético en retrospectiva.

Preguntas para la reflexión

1. ¿Cómo aclara una lectura espiritual la visión de Isaías sobre un monte que se eleva por encima de todos los demás montes y las naciones que acuden a él?
2. ¿Cuál es el significado alegórico de la visión de Ezequiel sobre huesos secos que cobran vida en un valle?
3. Cuando el rey Nabucodonosor soñó con una imagen hecha de varios metales, ¿cómo identifica la interpretación de Daniel —y nuestra retrospectiva histórica— lo que vio el rey?
4. ¿Por qué eligió Dios nombres específicos para los hijos de Oseas?
5. ¿De qué manera la mentalidad y las acciones del profeta Jonás representan verdades más amplias sobre el reino del norte de Israel?

10. Ver Leithart, *House for My Name*, 184.

PREGUNTA **38**

¿Hay alegorías desde Mateo hasta Hechos?

En el Nuevo Testamento, las realidades del nuevo pacto se inauguran cuando el Mesías prometido entrega su vida por su esposa. Los autores bíblicos escriben sobre la vida y el ministerio de Cristo, y sobre el ministerio de sus apóstoles, que siguió a su ascensión. Sus plumas del nuevo pacto gotean tinta del Antiguo Testamento. Los autores bíblicos, inspirados por el Espíritu Santo, ofrecen interpretaciones autorizadas del Antiguo Testamento, y describen las palabras y acciones de Cristo y sus apóstoles con capas de significado, listas para que el lector las vea y explore.

Mateo–Juan

Los regalos de los magos

Cuando los magos se enteran de que el niño Jesús está en Belén, le llevan regalos. Tras postrarse ante Él en señal de adoración, le presentan sus tesoros de oro, incienso y mirra (Mt. 2:11). El lector recordará que la reina de Sabá llevó oro y especias a Salomón (1 R. 10:2) y que un salmo real hablaba de los regalos que se llevaban al rey de Dios (Sal. 72:10-11, 15). Además, los objetos de oro, incienso y mirra estaban asociados con el tabernáculo (Éx. 25–30). Por fin, el Verbo se hizo carne y habitó entre los pecadores (Jn. 1:14). Es el prometido Hijo de David, digno de devoción y exaltación. Y los regalos de los magos comunicaban ciertamente adoración y devoción. Eran regalos dignos de un rey. Los regalos deben incitar a los intérpretes a considerar la respuesta de su propio corazón a Cristo. El lector de la Biblia debería postrarse ante Él y adorarlo. Cuando reflexionamos sobre los regalos de los magos, ¿estamos dispuestos a tomar nuestra cruz y seguir a Jesús, puesto que Él es el rey de valor infinito? Imitar los regalos de los magos no es lo importante. Sin embargo, bajo la superficie, se nos exhorta a estimar a Cristo. Debemos amarlo con todo nuestro corazón, alma, mente y fuerzas.

La dieta de Juan el Bautista

Juan el Bautista iba vestido como Elías, con una prenda de pelo de camello y un cinto de cuero alrededor de la cintura (Mt. 3:4; ver 2 R. 1:8). Pero ¿qué sentido tenía la dieta: langostas y miel silvestre? No se trata de detalles superfluos para el lector. No solo la vestimenta de Juan se inspira en el Antiguo Testamento, sino también su alimentación. Las langostas eran un ejemplo del juicio de Dios. Dios envió langostas a Egipto (Éx. 10:1-20), Dios advirtió de langostas en Israel (Dt. 28:42), y las langostas son una imagen de juicio en los profetas (Jl. 1:4-7). La miel, sin embargo, es una imagen de la bendición de Dios. Dios rescataría a Israel de Egipto y lo llevaría a una tierra que mana leche y miel (Éx. 3:8). La dulzura de la miel se aplica al deleite en la palabra de Dios (Sal. 19:10). Así que cuando Juan el Bautista come langostas y miel, el significado se refiere al mensaje que está proclamando en la región alrededor del río Jordán.[1] Proclama el arrepentimiento y el perdón para los que vienen a confesar sus pecados y a bautizarse. Su mensaje, como la miel, es dulce para quienes lo reciben. Pero para los que lo rechazan, su mensaje, como las langostas, es juicio y maldición. El alimento que entra en su boca representa el mensaje que sale de ella.

Tender redes

Jesús se acercó a los pescadores y les dijo: «Venid en pos de mí, y os haré pescadores de hombres», así que ellos dejaron sus redes y lo siguieron (Mt. 4:19-20). Ser pescadores era su medio de vida, por lo tanto, seguir a Jesús significó una reorientación de la vida. La prioridad era Jesús. Esto no significa, por supuesto, que los hombres no volvieran a tener una red en sus manos, pero el abandono inicial de sus redes es un momento crucial en el que queda claro un cambio de lealtad. El acto de echar las redes, por tanto, significa entregarse a Cristo, dispuesto a seguirlo dondequiera que vaya. Más tarde enseña que si otros quieren ir en pos de Él, deben negarse a sí mismos, tomar su cruz y seguirlo (Mr. 8:34). El discipulado (representado por las redes y la cruz) significa que seguimos a Jesús con todo lo que somos, negando cualquier otra cosa que compita por el protagonismo. Las redes son nuestras vidas. Puede que no seamos pescadores, pero Jesús quiere que dejemos las redes y tomemos nuestra cruz.[2]

---

1. Según Andrew T. Le Peau, «Las langostas sugieren que Juan está comiendo de la tierra, lo que hizo Israel cuando los ejércitos extranjeros llegaron en juicio para invadir y devastar la tierra (ver Is. 7:14-25, especialmente 15 y 22), un contraste irónico con la tierra prometida con su abundancia de "leche y miel". La miel continúa el tema del desierto ("miel silvestre"). Ezequiel 3:3 también compara el sabor del rollo de la palabra de Dios para el profeta con algo dulce como la miel. Todo esto subraya el papel de los profetas (y, por tanto, de Juan) de llevar al pueblo la palabra de Dios tanto de promesa como de juicio» (*Mark through Old Testament Eyes* [Grand Rapids: Kregel Academic, 2017], 35).
2. Ver Le Peau, *Mark through Old Testament Eyes*, 42-43.

La mujer y el pozo

Cuando Jesús va a un pozo en Samaria, llega una mujer, y tienen una conversación que funciona en más de un nivel. Primero hablan del agua física. Después, Jesús empieza a hablar de agua espiritual. El significado espiritual del pasaje es vital para entender las palabras de Jesús a la mujer. El pozo de Jacob te dejará sedienta otra vez, explica Jesús (Jn. 4:13). No es así con el pozo que Él tiene y *es*. Su agua es la mejor clase de agua viva, que brota para vida eterna (Jn. 4:14). La mujer, sin embargo, no percibe la transición en su conversación (Jn. 4:15). Lo ve, pero no lo *ve* realmente. Pero, cuando terminan de hablar, ella ha aprendido que Él es el Mesías (Jn. 4:26), y regresa a su pueblo para proclamarlo (Jn. 4:29, 41-42). El agua que Jesús le ofreció es el agua que nos ofrece a nosotros. El pozo de Jacob es todo aquello en lo que confiamos, aparte de Cristo, para sostenernos espiritualmente. No obstante, la sed del alma nunca se sacia en los pozos mundanos. En la historia de la samaritana, Jesús nos llama a beber de Él, a aprender que Él es el Cristo y a proclamar esa verdad a los demás para que también beban.

Calmar la tormenta

En una barca que atraviesa el mar de Galilea, los discípulos se encuentran con una violenta tormenta (Mr. 4:35-37). Pero tienen a Jesús con ellos. Lo despiertan y gritan angustiados (Mr. 4:38). En contraste con sus discípulos, Jesús exhibe una gran calma en su corazón y ordena una gran calma sobre el mar. Pregunta a los discípulos por qué tienen miedo (Mr. 4:40), y ellos se preguntan quién puede ser este, a cuyas palabras obedecen el viento y el mar (Mr. 4:41). La presencia y el poder de Cristo son un remedio para nuestros temores. No está físicamente con nosotros en un barco, pero está presente en nuestras vidas. Y, en todas las tormentas que afrontamos, nos llama a ser personas de fe y no personas debilitadas por el miedo. Si el viento y el mar obedecen las palabras de Cristo, nada de lo que afrontamos escapa a su autoridad y soberanía. Cuando sucede lo inesperado, cuando nos damos cuenta de que no podemos controlar nuestras vidas ni las vidas de los que nos rodean, cuando nuestras barcas se llenan con el agua de circunstancias abrumadoras y dudas internas, podemos clamar a Cristo, que siempre está con nosotros y es una ayuda siempre presente en nuestros problemas. En esta barca, tendremos problemas, pero ánimo: Él ha vencido al viento y al mar.

Curación de un paralítico

Los amigos de un paralítico lo llevaron a Jesús, y este le dijo: «Ten ánimo, hijo; tus pecados te son perdonados» (Mt. 9:2). Luego, para demostrar su autoridad para perdonar los pecados, Jesús se dirigió a la condición física del hombre: «Levántate, toma tu cama, y vete a tu casa» (Mt. 9:6). El hombre se retiró curado, física y espiritualmente. Si el hombre se iba a casa caminando, pero sin perdón, moriría en sus pecados. La mayor curación fue el perdón que Jesús le otorgó. Sin embargo, la necesidad de curaciones físicas sugiere el grado de los efectos del pecado en este mundo. No solo estamos rotos por dentro, sino que nos estamos consumiendo por fuera. Al hacer caminar al cojo, Jesús afirma el valor del mundo físico creado e invierte los efectos tangibles de la maldición (ver Is. 35:6). Los milagros físicos son muestras del poder de Cristo, pero también son signos que apuntan a la condición espiritual de todos nosotros. La incapacidad física del cojo señala la incapacidad espiritual del mismo hombre y de todo pecador. Solo Jesús puede levantarnos de la muerte de nuestras transgresiones. Estamos tan paralizados que tenemos que ser llevados a Jesús con las palabras evangélicas de otros, que nos llevan al Gran Médico.

La alimentación milagrosa

Jesús alimentó a miles de personas con una pequeña cantidad de pan y pescado. Lo hizo con una multitud de cinco mil personas y más tarde con otra de cuatro mil (Mr. 6:30-44; 8:1-10). En aquellas comidas junto a la colina, Jesús era el anfitrión mesiánico, el que alimentaba a las multitudes de judíos y gentiles.[3] Todos los que comían quedaban satisfechos, ¡y sobraba comida! La gracia de Jesús se desbordó de una manera bendita. En el relato de Juan sobre la primera comida, Jesús afirmó: «Yo soy el pan de vida» (Jn. 6:48). Esta identificación mostraba lo que era verdadero bajo la superficie de los panes. Jesús se estaba dando a sí mismo. Él era el pan, y sería partido y repartido por la fe a judíos y gentiles que lo recibieran. Cuando Jesús alimentó a miles de personas, les estaba mostrando verdades sobre la salvación que había venido a traer. Dijo: «el pan que yo daré es mi carne» (Jn. 6:51). Para los que tenían oídos para oír y ojos para ver, las comidas milagrosas revelaban al pan de vida que había bajado del cielo para alimentar a los pecadores dándose *a sí mismo*.

La curación de un ciego

A la salida de Jericó, un mendigo ciego llamado Bartimeo oyó que Jesús pasaba por allí (Mr. 10:46-47). Llamó a Jesús «Hijo de David» y clamó misericordia (Mr. 10:48). Cuando Jesús llamó a Bartimeo, el ciego se le acercó y le pidió que le devolviera la vista (Mr. 10:51). Jesús le aseguró: «tu fe te ha salvado» (Mr. 10:52). El ciego recuperó la vista y siguió a Jesús. Su vista física

3. Ver Leroy A. Huizenga, *Loosing the Lion: Proclaiming the Gospel of Mark* (Steubenville, OH: Emmaus Road, 2017), 165-66; Le Peau, *Mark through Old Testament Eyes*, 143-44.

revelaba su vista espiritual.[4] Bartimeo siguió a Jesús porque confiaba en Él. La salud de aquel hombre no era solo física; sobre todo, y lo más importante, era espiritual. Cuando llegamos a comprender quién es Jesús, se nos ha devuelto la vista. Sus milagros físicos escarban bajo la superficie de las cosas. Aparte de la obra del Espíritu, todo pecador es el ciego Bartimeo. Necesitamos que la voz de Cristo nos llame y nos restaure, que nos dé ojos para verlo y poder seguirlo como discípulos.[5] Todo discípulo debe comprender que la razón por la que Bartimeo siguió a Jesús es la misma por la que cualquiera de nosotros sigue a Jesús: la misericordia.

La parábola del sembrador

La naturaleza de las parábolas mostraba quién estaba dentro y quién fuera en cuanto a la comprensión de los misterios del reino. Jesús contaba parábolas para encubrir y ocultar. Por eso los discípulos le preguntaban: «¿Qué quisiste decir con eso?». El significado de las parábolas de Jesús no era evidente. Por ejemplo, una vez contó una parábola sobre un sembrador que esparció la semilla a lo largo del camino, en terreno pedregoso, entre espinos y en tierra buena (Mr. 4:3-8). Pero luego pidió que escucharan verdaderamente sus palabras (Mr. 4:9), una escucha que significaba *comprensión.* Mucha gente lo escuchó sin entenderlo. Explicó a sus discípulos que la semilla es la palabra, y que los suelos son tipos de personas. Algunas reciben la palabra, pero es arrebatada como la semilla sembrada a lo largo del camino (Mr. 4:15). Algunos reciben la palabra, pero cuando viene el sufrimiento por causa de esta, caen como semilla que no tiene raíz en el terreno pedregoso (Mr. 4:16-17). Algunos reciben la palabra, pero la mundanalidad los cautiva y la semilla es infructuosa, como semilla sembrada entre espinos, que ahogan su crecimiento (Mr. 4:18-19). Algunas personas reciben la palabra y dan fruto, y esto es como semilla sembrada en buena tierra (Mr. 4:20). Esta parábola, como otras parábolas de Jesús, contiene elementos alegóricos que deben ser meditados e interpretados.[6] A veces Jesús proporciona la interpretación, mientras que otras veces el contexto de la parábola, o la incorporación de parábolas similares, pueden aclarar el significado de las palabras de Jesús. En Marcos 4:1-20, Jesús es el sembrador que ha venido a sembrar la palabra del reino, pero no todos los oyentes responden de la

---

4. Ver Le Peau, *Mark through Old Testament Eyes,* 192-94.
5. Al hablar del Evangelio de Marcos en su conjunto, Leroy Huizenga escribe: «En el relato, los personajes deben seguir literalmente a Jesús en el camino del discipulado, como el ya no ciego Bartimeo de Marcos 10:52, que luego se convierten en ejemplos metafóricos, alegóricos, del discipulado» (*Loosing the Lion,* 46-47).
6. Ver Le Peau, *Mark through Old Testament Eyes,* 87-96; Matthew Black, «The Parables as Allegory», *Bulletin of the John Rylands Library* 42, n.º 2 (1960): 273-87.

misma manera. La razón por la que la gente necesita un cierto tipo de oído para las parábolas es porque necesita un cierto tipo de oído para Jesús.

El buen pastor

Jesús habló de las personas que entran en el redil de las ovejas por el camino equivocado: no por la puerta, sino trepando como un ladrón (Jn. 10:1). La voz de un extraño no obligará a las ovejas a seguirlo (Jn. 10:5). A diferencia de los extraños que no se preocupan por las ovejas y que son ladrones y salteadores que solo vienen a robar, matar y destruir, Jesús es el buen pastor que da su vida por las ovejas (Jn. 10:8-11). El lenguaje sobre los extranjeros y los falsos pastores es una acusación contra los líderes de Israel que han llevado al pueblo por el mal camino. Jesús es el buen pastor, cuya voz oirán y seguirán las ovejas. Las ovejas son los elegidos de entre las naciones. Jesús da su vida por sus ovejas yendo a la cruz, y con su muerte salva y asegura a su rebaño.

Maldecir la higuera

El lunes de la semana de la pasión, Jesús se dirigió a Jerusalén y maldijo una higuera por el camino (Mr. 11:12-14). Esta palabra de juicio contra la higuera —«Nunca jamás coma nadie fruto de ti» (Mr. 11:14)— no se refería realmente a la higuera. Las palabras de Jesús se referían a Israel y al templo. En el Antiguo Testamento, se comparaba a los israelitas con diversas plantas, entre ellas una higuera (ver Os. 9:10). Y aunque Israel debía dar el fruto de la obediencia, era como una higuera sin fruto. El significado más profundo de la acción de Jesús en Marcos 11 se confirma con la llegada de Jesús a Jerusalén, donde entra en el templo y voltea las mesas y expulsa a compradores, vendedores y cambistas (Mr. 11:15-19). La maldición de la higuera se refería al juicio que se avecinaba.[7] Al mostrar frutos injustos, los dirigentes de Israel pedirían la crucifixión del Hijo de David antes que terminara esa semana.

Lavatorio de pies

Cuando se acercaba la hora del arresto, Jesús lavó los pies de sus discípulos (Jn. 13:1, 3-5). El lavatorio de los pies era el acto superficial que realizaba, pero significaba algo mucho más importante. Sin embargo, los discípulos aún no lo veían. Cuando Jesús se acercó a Pedro, el discípulo le dijo: «Señor, ¿tú me lavas los pies?». (Jn. 13:6). Jesús le dijo: «Lo que yo hago, tú no lo comprendes ahora; mas lo entenderás después». Jesús estaba simbolizando que había venido a lavar a los discípulos mediante su muerte. Dijo: «Si no te lavare, no tendrás parte conmigo» (Jn. 13:8). El lavado por parte de Jesús llevaría a compartir

---

7. Ver Huizenga, *Loosing the Lion*, 239-50; Le Peau, *Mark through Old Testament Eyes*, 203-5.

con Jesús. El Hijo del Hombre no había venido a ser servido, sino a servir, a dar su vida como rescate (Mr. 10:45). Se humilló hasta morir en una cruz, para limpiar a los impuros con su preciosa sangre. Pedro observó lo que Jesús hizo con la toalla que limpiaba sus pies, pero al mismo tiempo no vio el verdadero significado. No obstante, después de la cruz y la resurrección de Cristo, estos actos en su ministerio terrenal serían vistos y comprendidos bajo una luz más clara y con una visión más nítida.

El pan y la copa

En la Última Cena con sus discípulos, la noche del jueves de la semana de la pasión, Jesús tomó en su mano el pan y luego la copa (Mr. 14:22-23). Siglos de Pascuas se habían desarrollado antes de aquella noche, y era costumbre que el cabeza de familia interpretara lo que significaban los elementos de la cena (Éx. 12:26-27). Pero Jesús no se centró en un éxodo y un pacto en el pasado; se centró en un nuevo éxodo y un nuevo pacto en el *futuro* (Lc. 22:20). Dijo que el pan era su cuerpo, y la copa su sangre, listos para ser partidos y derramados por los pecadores (Mr. 14:22-24).[8] El significado más profundo de la Pascua era la cruz. Del mismo modo que dio el pan a sus discípulos y compartió la copa, su muerte significaría la vida para el mundo (Jn. 6:35). Antes que Jesús comenzara su ministerio público, Juan el Bautista había declarado la verdad detrás de todos los corderos que se habían ofrecido: «He aquí el Cordero de Dios, que quita el pecado del mundo» (Jn. 1:29). En el aposento alto con sus discípulos, Jesús enseñó que su cuerpo y su sangre serían partidos y sacrificados, pues sabía que Él era el Cordero apartado para esta obra expiatoria.

Hechos

La curación del mendigo cojo

Los apóstoles Pedro y Juan se dirigían al templo cuando se encontraron con un cojo que pedía limosna (Hch. 3:1-3). Pedro le dijo que, aunque no tenía plata ni oro, le daría lo que tenía: «en el nombre de Jesucristo de Nazaret, levántate y anda». (Hch. 3:6). Tal como había previsto Isaías, los cojos saltaban (Hch. 3:8; Is. 35:6). El Espíritu de Dios obró por medio de los apóstoles de Cristo, y estos apóstoles realizaron muchos de los mismos tipos de milagros que hizo su Maestro. El hombre curado se marchó adorando a Dios (Hch. 3:8), lo que sugiere que la liberación había entrado en su corazón y no solo en sus miembros. El milagro confirmó la autoridad de los apóstoles de Cristo y el poder del nombre de Cristo. A través de estos embajadores del Señor, los

8. Ver Le Peau, *Mark through Old Testament Eyes*, 260-61.

efectos del pecado y la maldición fueron superados. Los pecadores necesitan una restauración interior, y la historia del cojo de Hechos 3 es un testimonio de que la restauración ha llegado en el nombre de Cristo. Pedro había tomado de la mano al cojo y lo había levantado (Hch. 3:7), y la mano de Pedro era la mano de Cristo. Nuestra restauración viene cuando la mano de Cristo nos agarra y nos saca de la oscuridad del pecado y nos pone en pie para una vida de adoración. ¡Cuánto más grande que la plata o el oro es la vida eterna!

La visión del gran lienzo

El apóstol Pedro tuvo una visión mientras estaba en el tejado de una casa (Hch. 10:9). Tenía hambre, pero antes de ir a comer, vio un gran lienzo que descendía del cielo (Hch. 10:9-11). El lienzo estaba cubierto de toda clase de animales, reptiles y aves, y una voz le dijo: «Levántate, Pedro, mata y come» (Hch. 10:12-13). Pedro se mostró reacio, porque eso sería anular las leyes dietéticas entre alimentos limpios e inmundos, pero Dios declaró el fin de esas leyes dietéticas (Hch. 10:15). Aunque Pedro no entendió todo lo que significaba la visión, de repente llegaron gentiles a la casa. Quedó claro que las barreras entre alimentos/personas limpias y alimentos/personas impuras ya no estaban en vigor. La visión del lienzo cubierto de animales aplicaba las realidades del nuevo pacto que Cristo había realizado. Nuestro único Salvador tiene un único pueblo. Ha tomado a judíos y gentiles creyentes y ha hecho de ellos, en sí mismo, un hombre nuevo y un solo cuerpo (Ef. 2:14-16).

En resumen

Era habitual que Jesús hablara y actuara de varias maneras. Cuando consideramos los cuatro Evangelios y el libro de Hechos, la utilidad de la lectura alegórica es evidente debido al abundante número de símbolos, parábolas, milagros y enseñanzas que atraen a los intérpretes bajo la superficie de lo que se dice y se hace. Sin embargo, los intérpretes deben leer con cuidado y canónicamente, ofreciendo lecturas espirituales que puedan defenderse textualmente y sean canónicamente coherentes. El propio Jesús se dedicó a la enseñanza alegórica, especialmente cuando relacionó su ministerio con las esperanzas del Antiguo Testamento que había venido a cumplir.

Preguntas para la reflexión

1. ¿Cuál es el significado de la dieta de langostas y miel de Juan el Bautista?

2. ¿Qué concluiría una lectura alegórica sobre las alimentaciones milagrosas que Jesús realizó con pan?
3. ¿Por qué es importante un enfoque alegórico para entender las parábolas de Jesús, como la parábola del sembrador?
4. ¿Hay un significado más profundo en la maldición de Jesús a la higuera, el lunes de la semana de pasión?
5. Cuando Jesús lavó los pies de sus discípulos, ¿cuál era el significado profundo que acabarían comprendiendo?

PREGUNTA 39

¿Hay alegorías desde Romanos hasta Apocalipsis?

En las cartas de los apóstoles de Cristo, los intérpretes observarán lecturas alegóricas del Antiguo Testamento, así como la descripción de figuras que una lectura alegórica hará más claras. El libro de Apocalipsis, en particular, requiere lecturas alegóricas en muchos lugares debido a la naturaleza de la literatura apocalíptica. Los siguientes ejemplos completarán nuestra investigación no exhaustiva de las alegorías en la Biblia.

Romanos–Filemón

No poner bozal al buey

Parte del mensaje de Pablo a los corintios trataba de cómo un apóstol puede renunciar a sus derechos. Uno de estos derechos es recibir una compensación por el trabajo. Para fundamentar su argumento, apela a lo que enseña la ley de Moisés: «No pondrás bozal al buey que trilla» (1 Co. 9:9, citando Dt. 25:4). Un buey amordazado no puede beneficiarse del trabajo que realiza.[1] Pablo trae a colación este versículo sobre un buey para hablar de los apóstoles. Puesto que el apóstol trabaja para Cristo, tiene el privilegio de beneficiarse económicamente de sus labores ministeriales. Cuando Pablo cita Deuteronomio 25:4, pregunta: «¿Tiene Dios cuidado de los bueyes…?». La respuesta parece ser afirmativa, pues el contexto de la ley se refiere a los bueyes. Pero Pablo escribe sobre las palabras de Dios en la ley: «¿… o lo dice enteramente por nosotros? Pues por nosotros se escribió; porque con esperanza debe arar el que ara, y el que trilla, con esperanza de recibir del fruto. Si nosotros sembramos entre vosotros lo espiritual, ¿es gran cosa si segáremos de vosotros lo material?» (1 Co. 9:10-11). El significado más profundo y verdadero de que un trabajador se beneficie del trabajo no es el buey que pisa, sino el predicador que proclama. Pablo dice que la palabra sobre los bueyes «por nosotros se escribió».

1. Ver Jan L. Verbruggen, «Of Muzzles and Oxen: Deuteronomy 25:4 and 1 Corinthians 9:9», *Journal of the Evangelical Theological Society* 49, n.º 4 (diciembre 2006): 699-711. Aunque Verbruggen no cree que Pablo esté leyendo Deuteronomio 25:4 de forma alegórica, ofrece un útil estudio de las cuestiones y posibles interpretaciones.

Prefiguración de las ordenanzas

Las experiencias de Israel en el Antiguo Testamento fueron sombras de la iglesia del Nuevo Testamento. En la comunidad del nuevo pacto, Cristo ha decretado las ordenanzas del bautismo y la cena del Señor. Pero existe cierta continuidad entre los israelitas y los corintios a quienes Pablo escribió. El apóstol dice: «y todos en Moisés fueron bautizados en la nube y en el mar, y todos comieron el mismo alimento espiritual, y todos bebieron la misma bebida espiritual; porque bebían de la roca espiritual que los seguía, y la roca era Cristo» (1 Co. 10:2-4). El viaje de Israel a través del mar Rojo y sus subsiguientes comidas de maná fueron un trasfondo apropiado para las realidades del nuevo pacto que se simbolizan en el bautismo y la cena del Señor. Pablo ofrece una lectura más completa de las experiencias de Israel. También menciona que «de los más de ellos no se agradó Dios» (1 Co. 10:5), por lo que los corintios no deben presumir de la gracia y vivir en la impenitencia o la idolatría. Los acontecimientos de la historia de Israel «les acontecieron como ejemplo, y están [escritos] para amonestarnos a nosotros, a quienes han alcanzado los fines de los siglos» (1 Co. 10:11). A través de los lentes del nuevo pacto, los cristianos leen el Antiguo Testamento como su propia historia y como escrito para ellos.

Libertad y esclavitud en la familia de Abraham

El ejemplo más famoso de interpretación alegórica en el Nuevo Testamento es Gálatas 4:24-31, donde Pablo reflexiona sobre la familia de Abraham y dice: «Lo cual es una alegoría» (Gá. 4:24).[2] Los lectores de Pablo en Galacia estaban siendo tentados a formas de vida que parecían iluminadas, pero que en realidad los esclavizarían. Las obras de la ley no podían justificar a los pecadores. Para revelar la belleza de la promesa de Dios en Cristo Jesús, Pablo señaló a las esposas e hijos de Abraham. Solo un hijo —Isaac— era el hijo de la promesa. El otro hijo —Ismael— también era de Abraham, pero no era hijo de la promesa. Ismael representaba la lucha de la carne, pues su nacimiento fue el resultado de la relación de Abraham y Agar. Ismael y Agar fueron desterrados del hogar de Abraham, e Ismael fue separado del ámbito del pacto de las promesas de Dios a Abraham. Agar, por tanto, engendra «hijos para esclavitud» (Gá. 4:24), y la esclavitud es la condición espiritual de todo aquel que intenta ganar su justicia por las obras de la ley. Pero si las personas vienen a Cristo por la fe y confían en su obra suficiente en su favor, son hijos de la promesa como Isaac. Sara y su hijo prometido representan la libertad, y la libertad es la condición espiritual de todos en Cristo (Gá. 4:31). La lectura

2. Ver Matthew Y. Emerson, «Arbitrary Allegory, Typical Typology, or Intertextual Interpretation? Paul's Use of the Pentateuch in Galatians 4:21–31», *Biblical Theology Bulletin* 43, n.º 1 (febrero 2013): 14-22.

alegórica que hace Pablo de la familia de Abraham no minimiza la historicidad de esas relaciones y acontecimientos, pero indica que las verdades épicas se desarrollaban en las respectivas mujeres y niños de esa familia.

Hebreos–Apocalipsis

Fuera del campamento con Cristo

La carta a los Hebreos autoriza una hermenéutica cristológica del Antiguo Testamento. Hacia el final de la carta, el escritor llama al lector a seguir a Cristo, aunque eso signifique sufrir por Él. Las imágenes de este mandato evocan el campamento israelita del Antiguo Testamento, que servía de frontera entre los que estaban dentro del campamento y los que estaban fuera. Estar fuera del campamento era el exilio, un lugar de vituperio e impureza. Por eso es significativo que la crucifixión de Cristo ocurriera fuera de la ciudad de Jerusalén: Cristo fue enviado fuera del campamento para soportar el vituperio. Ahora nosotros llevamos un reproche diferente. El escritor dice: «Salgamos, pues, a él, fuera del campamento, llevando su vituperio» (He. 13:13). Aunque Cristo cargó con nuestros pecados, el «vituperio» del versículo se refiere principalmente al sufrimiento que padeció a manos de sus adversarios. Al seguir a Cristo, también nos enfrentaremos a la oposición, y por eso nos unimos a Él fuera del campamento.[3] Debemos estar dispuestos a soportar el vituperio por el nombre de Cristo. Debemos estar dispuestos a vivir como exiliados en el mundo de los que aún no están en la ciudad eterna.

La palabra que permanece para siempre

En su primera carta, Pedro recordó a sus lectores que habían nacido de nuevo gracias a «la palabra de Dios que vive y permanece para siempre» (1 P. 1:23), y luego se apoyó en un pasaje de Isaías del Antiguo Testamento: «Toda carne es como hierba, y toda la gloria del hombre como flor de la hierba. La hierba se seca, y la flor se cae; mas la palabra del Señor permanece para siempre» (1 P. 1:24-25; ver Is. 40:6, 8). En el contexto de Isaías 40 (NBLA), un orador grita al pueblo: «Consuelen», y la palabra permanente del Señor se contrapone al pueblo, cuya carne se marchita como las flores y la hierba al soplo del Señor. Luego se le dice al orador que suba a un monte y anuncie «buenas nuevas» para las ciudades de Judá: Dios viene con su fuerza liberadora (Is. 40:9-10, NBLA). Es este contexto el que configura el mensaje de Pedro a sus lectores. El poder liberador de Dios se ha manifestado plenamente en Cristo Jesús, cuya muerte y

---

3. Dennis E. Johnson, «Hebrews», en *ESV Expository Commentary,* vol. 12, *Hebrews Revelation* (Wheaton, IL: Crossway, 2018), 209.

resurrección son la buena nueva que hay que proclamar. Los pecadores nacen de nuevo gracias a la buena nueva permanente. Cuando Pedro lee Isaías 40, ve con razón que el evangelio de Cristo es lo que perdurará para siempre. Tras referirse a la «palabra» de Isaías que «permanece para siempre», Pedro escribe que «esta es la palabra que por el evangelio os ha sido anunciada» (1 P. 1:25). Pedro ve que el evangelio es el significado más profundo de la «palabra» viva y permanente de Isaías 40. Es el mensaje más grande de consuelo, el mensaje más grande de paz. El mayor mensaje de consuelo, la noticia más preciosa que se puede gritar desde la cima de la montaña, es la buena nueva de la cruz.

La mujer y el dragón

En una conocida escena de Apocalipsis, una mujer embarazada se enfrenta a un gran dragón que quiere devorar a su hijo (Ap. 12:1-4). El niño nace a pesar de la intención asesina del dragón, y el niño es el rey prometido que gobernará las naciones con vara de hierro (Ap. 12:5). El lugar del gobierno del hijo es el trono de Dios (Ap. 12:5). La mujer huye al desierto, donde Dios la sostiene durante el tiempo de la persecución (Ap. 12:6, 14-17). La breve historia está llena de esperanza mesiánica.[4] El niño es el Cristo, el Hijo de Dios del Salmo 2 que gobernaría las naciones. La encarnación se produjo en medio de la guerra, pues el dragón —es decir, Satanás— despreciaba al niño. Los planes satánicos de Herodes el Grande eran la muerte del niño (ver Mt. 2:16-18). Pero Satanás no puede detener al Ungido de Dios, así que persigue a su pueblo. La mujer es el remanente del pueblo de Dios, pues Jesús nació de la nación de Israel. La mujer es también María, que fue el instrumento elegido por Dios para el nacimiento del Mesías; y la mujer es también Eva, pues la promesa de Dios fue que un vástago de Eva derrotaría a la serpiente (Gn. 3:15). Jesucristo —simiente de Eva, Mesías de Israel e hijo de María— nació para reinar, y reina a la diestra de Dios en el cielo.

En resumen

En los libros de Romanos a Apocalipsis, una forma que tienen los autores bíblicos de comunicarse con sus lectores es la interpretación alegórica. Esta estrategia no estaba motivada por un rechazo de la historicidad de personajes o acontecimientos anteriores. Más bien, estos autores bíblicos leyeron textos anteriores con ojos iluminados por las realidades del nuevo pacto de Cristo y su iglesia. Ya sea Pablo, Pedro, Juan o el autor de Hebreos, estos autores ayudan a sus primeros lectores —y a nosotros por extensión— a ver y saborear la buena

---

4. Thomas R. Schreiner, «Revelation», en *ESV Expository Commentary,* 12:658-60.

nueva. Y puesto que estas buenas nuevas son vivas, permanentes y eternas, ¿no le gustaría imitar a estos autores y deleitarse en ellas de todo corazón?

Preguntas para la reflexión

1. Cuando Pablo cita la ley de Moisés sobre no poner bozal al buey cuando trilla, ¿cómo entiende su significado?
2. ¿Cómo vincula Pablo las ordenanzas del bautismo y la cena del Señor con las experiencias de los israelitas del Antiguo Testamento?
3. ¿Cómo ve Pablo que las esposas y los hijos de Abraham revelan verdades mayores sobre la libertad en Cristo y la esclavitud bajo la ley de Moisés?
4. ¿Cómo explica una lectura alegórica la enemistad entre la mujer y el dragón?
5. ¿Se le ocurren otros pasajes de Apocalipsis que una lectura alegórica pueda aclarar?

CUARTA PARTE

Reflexión sobre la tipología y la alegoría

PREGUNTA **40**

¿Por qué los intérpretes deben prestar atención a la tipología y la alegoría?

Nuestra última pregunta en este estudio bíblico e histórico es por qué deberían importarle a usted los temas de los capítulos anteriores. Tenemos que reflexionar sobre por qué importan la tipología y la alegoría. No son cuestiones exclusivas de conversaciones académicas o de entusiastas de la historia de la iglesia. Estos temas importan porque pertenecen a la Biblia, y la Biblia es el libro más importante del mundo. Una tarea crucial para los creyentes es ser un fiel estudiante e intérprete de las Escrituras, por lo que debemos preguntarnos por qué la interpretación tipológica y alegórica ayuda en esta tarea.

El testimonio de Cristo

Las palabras de Jesús deberían hacernos preocupar por la tipología y la alegoría. Él enseñó que las Escrituras del Antiguo Testamento contenían «lo que de él decían» (Lc. 24:27). Vino a cumplir la ley, los profetas y los salmos (Lc. 24:44). Afirmó que Moisés «de [Él] escribió» (Jn. 5:46) y que el conjunto de las Escrituras «dan testimonio de [Él]» (Jn. 5:39). Quería que sus discípulos supieran cómo el Antiguo Testamento daba testimonio de Él, así que les abrió el entendimiento para que lo entendieran (Lc. 24:45). De repente, las sombrías estancias de esperanza mesiánica del Antiguo Testamento se llenaron de luz. Los antiguos profetas no comprendían del todo lo que el Espíritu les mostraba, pero sabían que estaban sirviendo a creyentes más allá de sus días (1 P. 1:10-12).

Ahora bien, si el Señor Jesús insistió en que el Antiguo Testamento preparaba su camino, entonces la interpretación tipológica y alegórica son formas de leer esas Escrituras anteriores a la luz de su afirmación. La interpretación tipológica y la alegórica demuestra la veracidad del testimonio de Cristo. Estas estrategias de lectura muestran *cómo* las Escrituras dan testimonio de Cristo. Toman en serio el uso que el Señor hizo del Antiguo Testamento, el modo en que enseñó a sus discípulos a interpretarlo y el valor de imitar a los autores bíblicos en su compromiso con él.

Las Escrituras cristianas no comienzan con el tiempo del cumplimiento; comienzan con el tiempo de la promesa. Todo el Antiguo Testamento es

Escrituras cristianas, que se remontan a Génesis 1:1, cuando Dios creó los cielos y la tierra. Cada versículo posterior, cada genealogía y viaje, cada pacto y liberación, estaba preparando el camino para el Señor. Afirmemos las palabras de Keith Stanglin:

> No hay ningún libro del Antiguo Testamento, por íntimamente ligado que esté a su antiguo contexto del Oriente Próximo, que no trate finalmente de Cristo. Tales lecturas no son cristocéntricas hasta el punto de excluir al Padre y al Espíritu Santo o de subvertir la narrativa en cuestión. Pero las narrativas, las leyes, los salmos, la sabiduría y las profecías apuntan a la revelación de Dios en Cristo y dan testimonio de la reconciliación que Dios trae a su pueblo en Cristo.[1]

La interconexión de las Escrituras

No solo el Nuevo Testamento utiliza el Antiguo Testamento; el Antiguo Testamento utiliza el Antiguo Testamento. Un lector atento de las Escrituras se dará cuenta de lo interconectados que están los pasajes bíblicos en todo el canon. Dada esta interconexión, necesitamos las estrategias de lectura de la tipología y la alegoría porque pueden aclarar lo que un autor bíblico está haciendo con un pasaje anterior y cuál es el significado de ese pasaje en su contexto canónico.

La interconexión de las Escrituras no es obra de simples seres humanos. Los sesenta y seis libros canónicos, que cuentan una historia épica y dan testimonio de nuestro Redentor, son en sí mismos un testimonio unido de autoría divina. Los autores bíblicos estaban escribiendo la Palabra *de Dios*. La interpretación tipológica y alegórica refuerza la veracidad de esta autoría divina, porque el intérprete cuidadoso examina el matiz y el ingenio a lo largo de los muchos géneros e historias de la Biblia. Esta atención por parte del intérprete puede servir también para fines apologéticos, ya que el estudio diligente de la Biblia puede revelar la gloria autovalidadora de las Escrituras.

La lectura tipológica y alegórica prueba la conocida afirmación de Agustín: «Lo Nuevo está en lo Antiguo oculto, lo Antiguo está en lo Nuevo revelado».[2] Las glorias veladas en el Antiguo Testamento se dan a conocer y se descubren en el Nuevo. El Antiguo Testamento se transfigura en el Nuevo. Kevin Vanhoozer afirma:

---

1. Keith D. Stanglin, *The Letter and Spirit of Biblical Interpretation: From the Early Church to Modern Practice* (Grand Rapids: Baker Academic, 2018), 43.
2. Agustín, «Questions on the Heptateuch 2.73», citado en Michael Cameron, *Christ Meets Me Everywhere: Augustine's Early Figurative Exegesis* (Nueva York: Oxford University Press, 2012), 248.

> Así como la transfiguración muestra la gloria del Hijo en y a través de su carne, la interpretación «transfigural» descubre la gloria de la palabra profética en el «cuerpo» de su texto. Henri de Lubac tiene razón: «el Antiguo Testamento vive, transfigurado, en el Nuevo». La interpretación espiritual es, en última instancia, una cuestión de lectura *transfigural,* que discierne el misterio de la gloria de Dios en el cuerpo del texto, lo terrenal de la historia.[3]

Prácticas en la gran tradición

Todo lector de la Biblia es un intérprete, y todo intérprete aborda la Biblia desde una cosmovisión que configura su interpretación. La cuestión de la cosmovisión, por tanto, es primordial. La interpretación tipológica y alegórica se basa en presupuestos premodernos, que nos ayudan a criticar y a salir de aquellos aspectos de nuestra cosmovisión posmoderna que son contrarios a la fe cristiana. Si los intérpretes estudian las prácticas de la gran tradición, veremos que las figuras fieles de la historia de la iglesia puede que no estuvieran todas de acuerdo en las conclusiones sobre tal o cual texto, pero se comprometieron con las Escrituras con una postura de fe y creyeron que la intención y el designio del autor divino estaban efectivamente escritos a lo largo de los siglos de revelación progresiva.

La lectura tipológica y alegórica nos remite a la gran tradición, en la que los intérpretes se aferraban a la unidad de los dos testamentos y procuraban leer las Escrituras en consecuencia. Si esperamos leer la Palabra de Dios en sintonía con la comunidad de santos que nos precedió, debemos considerar el papel de la lectura tipológica y alegórica. Y debemos leer las obras de estos antiguos intérpretes. Richard Muller y John Thompson afirman: «Ha llegado, pues, el momento de superar el "esnobismo cronológico" del que tan a menudo hace gala la exégesis moderna hacia sus propios antepasados. De hecho, muchas de las historias modernas de la exégesis precrítica han dedicado ellas mismas mucho más tiempo a vilipendiar a estos intérpretes anteriores que a comprenderlos».[4]

Al considerar las prácticas interpretativas de la gran tradición, no estamos en absoluto en deuda con las conclusiones a las que llegaron sobre determinadas narrativas, profecías o imágenes. Más bien, al realizar una lectura

---

3. Kevin J. Vanhoozer, «Ascending the Mountain, Singing the Rock: Biblical Interpretation Earthed, Typed, and Transfigured», en *Heaven on Earth? Theological Interpretation in Ecumenical Dialogue,* eds. Hans Boersma y Matthew Levering (Oxford: Blackwell, 2013), 222 (cursivas en el original).
4. Richard A. Muller y John L. Thompson, «The Significance of Precritical Exegesis: Retrospect and Prospect», en *Biblical Interpretation in the Era of the Reformation,* eds. Richard A. Muller y John L. Thompson (Grand Rapids: Eerdmans, 1996), 336.

tipológica y alegórica, participamos en una conversación exegética más amplia sobre cómo leer con fe la Palabra de Dios. Los reformadores ciertamente modelaron esto. Muller y Thompson señalan que «los reformadores compartían con épocas anteriores una visión de la interpretación que era de naturaleza comunitaria, en la medida en que se basaba en la "nube de testigos" compuesta por la iglesia y sus exégetas a lo largo de los siglos».[5]

La nube de testigos interpretativos es importante porque la interpretación de las Escrituras siempre se hace en conversación con alguien que nos precedió, ya sea un predicador al que crecimos escuchando o un padre de la iglesia primitiva cuyos tratados nos impactaron. Debido a las personas que nos forman, podemos ser reacios a ver ciertos tipos en el Antiguo Testamento, o incluso podemos resistirnos a considerar el valor de las lecturas alegóricas en general. Y los abusos interpretativos en la actualidad —y a lo largo de la historia, si vamos al caso— no alivian las preocupaciones instintivas que sentimos. ¡Por el contrario, los ejemplos de mala exégesis pueden hacernos recelar de la promoción de lecturas tipológicas o alegóricas!

Las prácticas hermenéuticas de la gran tradición pueden darnos una perspectiva necesaria. Se nos recuerda que muchos de los que nos han precedido han cometido errores interpretativos, y nosotros también los cometeremos. No todo el mundo pensaba que Orígenes tenía razón en todo, no todo el mundo estaba de acuerdo con los escritos de Agustín, y no todo el mundo estaba de acuerdo con todos los puntos de vista de Lutero. ¿Y qué más puedo decir? Porque me faltaría tiempo para hablar de Ireneo, Crisóstomo, Basilio, Casiano, Gregorio Magno, Buenaventura, Beda el Venerable, Tomás de Aquino, Calvino, Spurgeon y Clowney. Las prácticas de la gran tradición proceden de una nube de testigos cuya línea no está completa. ¡Unámonos a ellos!

La gran tarea de la predicación

El domingo siempre se acerca, por lo que el predicador debe estar preparado para hablar de la Palabra de Dios. La tarea de predicar justifica lecturas tipológicas y alegóricas de las Escrituras porque estas lecturas edifican a la iglesia, tratando las Escrituras como la Palabra de Dios para el pueblo de Dios. Si afirmamos la unidad de los testamentos dados por un autor divino y, por tanto, creemos en la inspiración y autoridad de la Biblia, entonces la gran tarea de la predicación es invitar a la congregación a deleitarse con el predicador en la Palabra de Dios. O, cambiando de metáfora, predicar es levantar la tapa del cofre para que todos puedan contemplar juntos los tesoros y las glorias.

5. Muller y Thompson, «Significance of Precritical Exegesis», 342.

Stanglin escribe: «En el caso de las Escrituras, la hipótesis de los primeros cristianos es que deben ser edificantes para la iglesia moral y espiritualmente. Se leen las Escrituras para la transformación moral y espiritual, para acercarse a Dios. Para los cristianos, pues, las Escrituras instruyen en el amor y la moral, pero también en la fe y la doctrina».[6] Con la interpretación tipológica y alegórica, el predicador muestra la fidelidad de Dios, la seguridad de sus promesas, la paciencia de su carácter, la majestad de la redención y la consumación de sus propósitos en Cristo.

Toda la iglesia necesita todo el consejo de Dios. Necesita las narrativas, pero también las leyes; las cartas, pero también las profecías; los salmos, pero también los sacrificios. Mediante interpretaciones tipológicas y alegóricas, los predicadores tienen la tarea de proclamar que Dios resumirá —y ya ha empezado a hacerlo— todas las cosas en Cristo.

La bendición para el lector

Hay una bienaventuranza que debemos creer: bienaventurados los intérpretes tipológicos y alegóricos, porque verán a Cristo en las Escrituras. Y cuando contemplamos a Cristo, cambiamos. Somos alentados, condenados, exhortados, reorientados. Somos bendecidos. Esta experiencia es el testimonio de muchos creyentes que ven ciertos pasajes situados, por primera vez, en su contexto canónico y cristológico. Estos lectores dicen: «Nunca había entendido este pasaje hasta ahora» o «Nunca me había dado cuenta de por qué es importante».

Un ejemplo de este tipo de bendición en el Antiguo Testamento son las leyes y las ordenanzas de Israel para el sistema de sacrificios. No cabe duda de que algunas partes de Éxodo y de Levítico son una lectura difícil en lo que se refiere a los detalles de lo que Israel debía ofrecer y cuándo y cómo ofrecerlo. Pero J. C. Ryle tiene razón: «Propongámonos, al leer nuestra Biblia, estudiar los tipos y las ordenanzas de la Ley mosaica con atención y en oración. Están llenos de Cristo... Aquellos que no estudian las ordenanzas judías por considerarlas partes oscuras de la Biblia, pesadas y poco interesantes, solo muestran su ignorancia y se pierden grandes ventajas».[7] La ceremonia de la Pascua demuestra el punto de vista de Ryle. Jesús es nuestro Cordero pascual (1 Co. 5:7; Jn. 1:29), y su sacrificio puso un punto final a la larga sentencia que era el sistema de sacrificios (He. 10:12). Leer acerca de estas ceremonias del Antiguo Testamento puede ser una gran bendición para el intérprete cristiano,

---

6. Stanglin, *Letter and Spirit of Biblical Interpretation*, 75.
7. J. C. Ryle, *Mark: Expository Thoughts on the Gospels* (Carlisle, PA: Banner of Truth Trust, 1994), 305. [Para una edición en español, ver J. C. Ryle, *Marcos: Meditaciones sobre los Evangelios* (Ciudad Real: Editorial Peregrino, 2002)].

¡porque fueron diseñadas para señalar a Cristo! «Aquellos que las examinan con Cristo como la clave de su significado las encontrarán llenas de luz del Evangelio y de verdad reconfortante».[8]

El lector se enriquecerá al ver los personajes y acontecimientos del Antiguo Testamento como sombras de la persona de Cristo y de su obra pasada o futura. Las historias de los patriarcas, el sufrimiento de los justos y la vida de los profetas esculpen contornos cristológicos que Jesús llena. Mediante la interpretación tipológica y alegórica, el lector puede edificarse viendo, con Melitón de Sardes, que

> Este es el que fue asesinado en Abel,
> atado en Isaac,
> exiliado en Jacob,
> vendido en José,
> expuesto en Moisés,
> sacrificado en el cordero,
> perseguido en David,
> deshonrado en los profetas.[9]

Para un intérprete es una experiencia gozosa verse arrastrado a las riquezas de las Escrituras, y las lecturas tipológicas y alegóricas arrastrarán al lector a esas riquezas. La profundidad espiritual ejemplificada por la gran tradición demuestra la profundidad y lo inagotable de la Palabra de Dios. Al regocijarnos en la gloria reveladora de Cristo, de la Palabra de Dios, nuestro gusto por las Escrituras se endulzará y nuestro amor por ellas se volverá más profundo.

En resumen

Dado el testimonio de Jesús, la interconexión de las Escrituras, las prácticas de la gran tradición, la gran tarea de la predicación y la bendición para el lector de la Biblia, estas son razones suficientes para que nos preocupemos por la interpretación tipológica y alegórica. La gran historia de la Biblia está lista para ser leída y abrazada con fe, esperanza y amor, y Dios la utilizará para hacer de nosotros personas de más fe, más esperanza y más amor. Ahora leemos las Escrituras como exiliados a la espera de esa ciudad eterna. Un día moraremos allí, y Dios mismo será nuestro Dios. Con las lágrimas enjugadas y la muerte eliminada para siempre, la fe será la vista, la esperanza se cumplirá y el amor permanecerá para siempre.

---

8. Ryle, *Mark*, 306.
9. Melitón de Sardes, *On Pascha* (Yonkers, NY: St Vladimir's Seminary Press, 2001), 56.

Preguntas para la reflexión

1. ¿Cómo se relacionan la interpretación tipológica y la alegórica con las palabras de Cristo sobre el testimonio del Antiguo Testamento?
2. ¿Cómo la interconexión de las Escrituras justifica la interpretación tipológica y alegórica?
3. ¿Cómo deberían influir las prácticas de la gran tradición en nuestra interpretación actual?
4. ¿Por qué la interpretación tipológica y alegórica es importante para la tarea de predicar?
5. ¿Cómo las interpretaciones tipológica y alegórica aportan bendición al lector de la Biblia?

Bibliografía

Barrett, Matthew. *Canon, pacto y cristología: Repensando a Jesús y las Escrituras de Israel.* Nuevos Estudios en Teología Bíblica. Cali: Monte Alto Editorial, 2023.

Beale, G. K. *Handbook on the New Testament Use of the Old Testament: Exegesis and Interpretation.* Grand Rapids: Baker Academic, 2012.

Boersma, Hans. *Scripture as Real Presence: Sacramental Exegesis in the Early Church.* Grand Rapids: Baker Academic, 2017.

Boersma, Hans y Matthew Levering, eds. *Heaven on Earth? Theological Interpretation in Ecumenical Dialogue.* Oxford: Blackwell, 2013.

Carter, Craig A. *Interpretando la Escritura con la gran tradición: Recuperando el espíritu de la exégesis premoderna.* Lima: Teología para Vivir, 2022.

Clowney, Edmund P. *El misterio revelado: Descubriendo a Cristo en el Antiguo Testamento.* Envigado: Poiema Publicaciones, 2014.

Danielou, Jean. *From Shadows to Reality: Studies in the Biblical Typology of the Fathers.* Traducido por Dom Wulstan Hibberd. Londres: Burns & Oates, 1960.

Davidson, Richard M. *Typology in Scripture: A Study of Hermeneutical TUPOS Structures.* Berrien Springs, MI: Andrews University Press, 1981.

De Lubac, Henri. *Medieval Exegesis: The Four Senses of Scripture.* 3 volúmenes. Traducido por Mark Sebanc. Grand Rapids: Eerdmans, 1998-2009.

Fairbairn, Patrick. *The Typology of Scripture: Viewed in connection with the Whole Series of the Divine Dispensations.* 2 volúmenes. 6.ª edición. Edimburgo: T&T Clark, 1876.

Frei, Hans W. *The Eclipse of Biblical Narrative: A Study in Eighteenth and Nineteenth Century Hermeneutics.* New Haven, CT: Yale University Press, 1974.

Froehlich, Karlfried. *Biblical Interpretation in the Early Church.* Sources of Early Christian Thought. Filadelfia: Fortress, 1984.

Goppelt, Leonhard. *TYPOS: The Typological Interpretation of the Old Testament in the New.* Grand Rapids: Eerdmans, 1982.

Hamilton, James. M., Jr. *La gloria de Dios en la salvación a través del juicio: Una teología bíblica.* 2 volúmenes. Cali: Monte Alto, 2021.

____________. *¿Qué es la teología bíblica?: Una guía para la historia, el simbolismo y los patrones de la Biblia.* Cali: Monte Alto, 2020.

Johnson, Dennis E. *Walking with Jesus through His Word: Discovering Christ in All the Scriptures.* Phillipsburg, NJ: P&R, 2015.

Legaspi, Michael C. *The Death of Scripture and the Rise of Biblical Studies.* Nueva York: Oxford University Press, 2010.

Leithart, Peter J. *Deep Exegesis: The Mystery of Reading Scripture.* Waco, TX: Baylor University Press, 2009.

____________. «The Quadriga or Something Like It: A Biblical and Pastoral Defense». En *Ancient Faith for the Church's Future.* Editado por Mark Husbands y Jeffrey P. Greenman, 110-125. Downers Grove, IL: IVP Academic, 2008.

Levy, Ian Christopher. *Introducing Medieval Biblical Interpretation: The Senses of Scripture in Premodern Exegesis.* Grand Rapids: Baker Academic, 2018.

Louth, Andrew. *Discerning the Mystery: An Essay on the Nature of Theology.* Oxford: Clarendon, 1983.

Muller, Richard A. y John L. Thompson, eds. *Biblical Interpretation in the Era of the Reformation.* Grand Rapids: Eerdmans, 1996.

Ninow, Friedbert. *Indicators of Typology within the Old Testament: The Exodus Motif.* Frankfurt: Peter Lang, 2001.

O'Keefe, John J. y R. R. Reno. *Sanctified Vision: An Introduction to Early Christian Interpretation of the Bible.* Baltimore: Johns Hopkins University Press, 2005.

Schrock, David. «From Beelines to Plotlines: Typology That Follows the Covenantal Typography of Scripture». *Southern Baptist Journal of Theology* 21, n.º 1 (primavera 2017): 35-56.

Stanglin, Keith D. *The Letter and Spirit of Biblical Interpretation: From the Early Church to Modern Practice.* Grand Rapids: Baker Academic, 2018.

Vos, Geerhardus. *Biblical Theology.* Carlisle, PA: Banner of Truth, 1948.

Young, Frances M. *Biblical Exegesis and the Formation of Christian Culture.* Grand Rapids: Baker Academic, 1997.

Índice de las Escrituras

Génesis

1 ... 57, 118, 119, 136
1:1 ... 118, 286
1:26-28 ... 119
1:28 ... 52, 119, 124
1–2 ... 16, 203
1-11 ... 15
2 ... 136
2:7 ... 215
2:8 ... 119
2:9 ... 121
2:9-10 ... 119
2:15 ... 68, 119
2:16 ... 121
2:16-17 ... 68
2:17 ... 121
2:23 ... 120
2–3 ... 69
3 ... 16, 121
3:2-6 ... 121
3:6 ... 52, 120
3:7-8 ... 121
3:7-10 ... 52
3:15 ... 16, 18, 122, 124, 157, 177, 245, 246, 254, 281
3:17-19 ... 52
3:19 ... 27
3:21 ... 56, 121
3:22 ... 121, 122
3:24 ... 119, 122, 125, 137, 163, 245, 255
4 ... 16
4:1-2 ... 122
4:4 ... 56
4:7 ... 29
4:8-11 ... 246
4:10 ... 122
4:25 ... 123
4:26 ... 123
5 ... 62
5:3 ... 123
5:22-24 ... 123
5:29 ... 124
6:5 ... 16
6:9 ... 124
6:18 ... 124
6–8 ... 16
6–9 ... 67
9 ... 16
9:1 ... 52, 114
9:7 ... 124
9:9-17 ... 124
9:20 ... 52
9:20-21 ... 52
9:22-24 ... 52
11 ... 16
11:30 ... 127
12 ... 16
12:1 ... 125
12:1-3 ... 15, 68
12:2-3 ... 16, 125, 258
12:3 ... 125
12:7 ... 125
12:10 ... 28
12:15 ... 28
12:16 ... 28
12:17-19 ... 28
12:20 ... 28
14:1-17 ... 126
14:18-20 ... 126
14:20 ... 126
15 ... 16
15:5 ... 125
15:8 ... 125
15:18 ... 127
16 ... 246
16:15 ... 127
17:5 ... 16
17:11 ... 127
17:14 ... 127
18:10 ... 127
18:22-33 ... 127
18–19 ... 27
19 ... 127
19:24 ... 127
19:25 ... 127
19:28 ... 127
21 ... 16, 246
21:1-7 ... 127
21:9-10 ... 127
21:12 ... 127
22:1-3 ... 128
22:2 ... 56, 128
22:11-13 ... 128
23 ... 23
25 ... 16, 128
25:29-34 ... 128
29:35 ... 129
29–30 ... 16
32 ... 128
32:24 ... 128
32:28 ... 16, 128
32:30 ... 128
35:11 ... 129
37 ... 16
37:7-10 ... 129
37:12-28 ... 129
37:26-27 ... 130
37–41 ... 247
37–50 ... 247
39:13-20 ... 129
41:43-46 ... 129
41–47 ... 28
42:3 ... 130
42:7-8 ... 129
43:9 ... 130
44:33 ... 130
45 ... 16
45:1-15 ... 129
45:3 ... 247
45:14-15 ... 247
46–47 ... 17
47:25 ... 247
49:10 ... 15, 30, 130
50 ... 17
50:19-21 ... 247
50:20 ... 129

Éxodo

1 ... 17
1:8-14 ... 28
1:22–2:10 ... 132
2 ... 17
2:14 ... 132
3 ... 17
3:8 ... 132, 270
3:14-16 ... 141
4:22 ... 57, 132
4:30 ... 141
6:6 ... 152
7:14–8:19 ... 141
7–12 ... 17, 28, 132, 133
9:6 ... 28

9:9 29
10:1-20 270
12 30, 76, 89, 163, 248, 253
12:1-28 66
12:6 56
12:21-22 30
12:21-23 133
12:23 149
12:24-27 134
12:26-27 275
12:28 133
12:35-41 28
12–17 179
13–14 133
14 17
14:9-10 134
14:13 134
14:22 134
14–15 27
15 17
15–17 133
16 17, 36
16:9-10 141
16:22-26 134
16:35 134
17 17, 76, 135, 167
17:6 135
17:10 135
17:11-12 135
19–23 17
19–24 133, 176
20 136
20:8-11 136
23:15 137
23:16 137
24 17, 120, 261
25:8 137, 138
25:10-15 138
25:18-20 138
25–30 269
25–31 248
25–40 17, 23
26:31-34 142
28 196
28:1 141
35–40 248
40:3 249
40:4 248
40:5 249
40:6 248
40:7 248
40:12-15 138
40:36-38 249

Levítico

1:3 140
1–7 17, 56, 249
8 141
9 141
16 141, 249
16:1-10 56
16:11-17 141
16:14-15 142
16:21 142
23:15-22 137
23:33-44 137
25 143, 152
25:10 143
26 27, 176
26:33 146

Números

2 249
2:3 250
3:5-39 138
3:38 250
10 17, 249
13 17
13:31-32 143
14 17
14:2 141
14:32-34 143
16:1-3 144
16:30-33 144
20:24-28 141
21:4-9 77
21:5 144
21:6 144
21:8 144
25:1 145
25:2-3 145
25:4-5 145
25:7-8 145
25:11 145
25:11-13 145
27:15-18 148

Deuteronomio

1–3 17
4–6 17
13–26 17
18:15 145
18:18 145
25:4 25, 278
28 27, 176
28:42 270
28:64 146
28–30 17
31 114

Josué

1 18, 114
1:7 148
1:14-15 150
1–3 179
2:9-11 149
2:11 253
2:13 149
2:14-18 253
2:18 149
3 18
3:7 114
3:14-17 149
6 18, 252
7–12 18
10–12 150, 252
13–22 18
23–24 18
24 148

Jueces

1–2 18
6:15 151
6:16 151
6:30 151
6:34 151
6:36 151
7:6-8 151
7:19-25 151
8:30-31 151
13:3 151
13:5 151
13:24 151
16:19-21 151
16:22 152
16:29-30 152
16:30 152
17:6 150
18:1 150
19:1 150
21:25 18, 150

Rut

1:1 153, 253
1:3 253
1:3-5 153
2:15-16 153
3:10-11 153
3:13 152
3:14 153

3:15 153
4 62
4:9-10 152
4:14-15 153
4:15 .... 153, 253
4:18-22 .... 18, 253
4:22 153

1 Samuel
1:20 155
2:35 155
3:1-18 155
3:19 155
3:20 155
5:4 156
5:9 156
5:12 156
6:11-15 156
7:15 155
15 167
16:11 156
16:13 156
17 82
17:4 253
17:42-43 157
17:45-47 157
17:49 .... 157, 254

2 Samuel
5 18
5:6-7 157
5:9 157
5-6 18
6:2-4 157
6:7 138
6:16-17 157
7:12-13 .... 18, 51, 158, 164
11:1-5 156
12 254
12:2-3 254
12:4 254
12:5 254
12:7 254

1 Reyes
3:12 158
3–4 68
4:24 158
4:29-30 158
4:33 158
4:34 158
5–8 .... 18, 158, 159
6 254
6–8 .... 157, 179
10:2 269
12 18
17 159
18 159
19 160

2 Reyes
1:8 .... 25, 160, 269
2 159
2:9 160
2:12-14 160
4:18-37 160
4:40-41 160
4:42-44 160
13:21 160
14:25 267
17:14 176
20:1 160
20:5-6 160
24:11-12 161
24:13 161
24:15 161
25 .... 157, 179, 245, 255
25:27-28 161
25:29-30 161

1 Crónicas
1 62

2 Crónicas
34:1-2 161
34:8 161
34:15 161
34:19 161
34:21 161
34:31 161
35:1 161
35:16-17 161
36:22 162
36:23 162

Esdras
1:2-3 163
2:1-2 164
3:2 164
3:10-11 164
3–4 255
7 19
7:8-9 164
7:10 164
9:2-3 164
9:6-15 164

Nehemías
1:3-5 165
1–2 255
2:1-8 165
4–6 165
6:15 .... 19, 166
13 165

Ester
2 19
3:1 167
3:2-6 166
3:6 167
3:13 167
4:14 166
4:16 166
4–5 19
5:1 166
5:1-8 166
5:14 .... 166, 256
6:10 167
6:11 167
7 256
7:1-6 166
7:10 167
8–9 168
9 168
10:3 167

Job
1:1 169
1:21 169
1–2 257
1–3 257
2:7-10 169
2:11-13 169
3–31 169
19:25-27 169
38–41 257
41 .... 62, 257
42 257
42:10 170
42:12 170
42:17 170

Salmos
2 .... 26, 46, 281
2:1-6 167
2:4 144
2:7 26
3 170
3:1-2 170
4 214

6:2-3 170
6:10 171
11:7 171
16 46
17 258
17:1-2 258
17:8-9 258
17:13-14 258
17:15 258
19:10 270
22:1 .... 170, 171
22:18 .... 66, 171
23:1 28
23:6 171
24:1 39
24:7 171
42:1 28
69:21 171
72 258
72:8 .... 171, 258
72:9 258
72:10-11 269
72:11 171
72:15 .... 258, 269
72:17 258
80 .... 36, 258, 264
80:8-9 259
80:10-11 259
80:12-13 259
95 143
95:7-11 143
106:7-12 27
110 .... 46, 126
110:1 .... 126, 136
110:2 126
110:4 126

Proverbios
1:8-9 172
1:20-33 259
1:22 29
2:4 172
8 .... 172, 173
8:23-24 172
8:25-26 172
8:27-29 172
8:30-31 172
8:35 173
9:17 29
22:20-21 207

Eclesiastés
3:20 27
11:1-2 259
11:3-6 260
11:9 173
12 260
12:1 173
12:3 260
12:4 260
12:6 260
12:7 260
12:12 173
12:13 173

Cantares
1:1 .... 174, 261
1:6 174
1:7 174
2:1 174
2:8 174
2:10-14 174
2:16 174
3:9-11 174
4:1–5:1 174
4:1-15 174
4:11 174
4:12 260
4:12-15 174
4:15 260
4:16 260
5:1 174
8:6 175
8:6-7 .... 174, 261

Isaías
1:10 27
2:2 263
2:3-5 263
5 .... 187, 263, 264
5:1-2 .... 179, 263
5:2 263
5:5-6 264
5:7 187
7 177
7:1-2 177
7:3-4 177
7:7 177
7:11-12 177
7:14 177
7:14-16 177
7:14-25 270
12 85
35:6 .... 272, 275
40 .... 280, 281
40:6 280
40:8 280
40:9-10 280
40–66 85
42 27
42:1 26
53 46
53:1-12 56
55 46
65:17 118

Jeremías
1:5 264
1:6 .... 145, 177
1:10 264
3:12 178
5 178
13:1 264
13:4 264
13:6-7 264
13:9-10 264
13:10-11 264
20 178
22:5 178
24:1-2 264
24:5 264
24:5-7 264
24:8 264
24:9 264
24:10 264
31 178
31:31-34 25
38:1-13 178
43 178

Lamentaciones
1:2 178
1:8 178
2:2 178

Ezequiel
3:3 270
14:14 27
16 120
23:4 265
23:5 265
23:9 265
23:14-17 265
23:20-23 265
23:28-30 265
24 265
24:2 265
24:14 265
24:16 265

24:18 ... 265
24:21 ... 265
37 ... 163, 265, 266
37:4 ... 265
37:7-8 ... 265
37:9-10 ... 266
37:12 ... 266

Daniel
1:1-4 ... 179
1:8 ... 180
1:20 ... 180
1:20-21 ... 180
2:32-34 ... 266
2:35 ... 266
2:37-40 ... 266
2:44-45 ... 266
2:48-49 ... 180
3:4-7 ... 180
3:13-18 ... 180
3:19-21 ... 180
3:25 ... 180
3:27 ... 180
5 ... 162
5:29 ... 180
6:1-5 ... 181
6:6-9 ... 181
6:10-11 ... 181
6:14-16 ... 181
6:17 ... 181
6:19-23 ... 181
6:24 ... 181
6:28 ... 180
8:3-4 ... 266
8:5-7 ... 266
8:8 ... 266
8:16-17 ... 266
8:20-21 ... 266
8:22 ... 266
9:20-27 ... 143
9:24 ... 143
9:24-27 ... 56
9:26-27 ... 143
12:3 ... 255

Oseas
1 ... 120
1:2 ... 181
1:4-11 ... 267
1:10 ... 267
2:2 ... 261
2:14 ... 267
2:14-23 ... 120
2:22 ... 267
2:23 ... 267
3:1 ... 120
3:2-3 ... 120
9:10 ... 274
11 ... 57, 58
11:1 ... 57, 58
11:5 ... 57
11:10-11 ... 57

Joel
1:4-7 ... 270
3:4 ... 182
3:7-8 ... 182
3:19 ... 182

Amós
1:2–2:3 ... 182

Jonás
1:1-4 ... 182
1:2-3 ... 267
1:4-6 ... 182
1:4-10 ... 267
1:11-12 ... 267
1:15 ... 182
1:17 ... 182, 267
2:10 ... 182, 267

Miqueas
5:2 ... 58

Habacuc
1 ... 46

Hageo
1:4-8 ... 183
2:9 ... 183
2:23 ... 164

Malaquías
4:5 ... 160

Mateo
1 ... 62
1:1 ... 20, 113, 128, 158
1:1-17 ... 126, 156
1:5 ... 153
1:14 ... 62
1:21 ... 148, 177, 252
1:22-23 ... 177
1:23 ... 250
1–2 ... 152
2 ... 58
2:1 ... 58
2:6 ... 58
2:11 ... 269
2:13-18 ... 132
2:15 ... 57, 58
2:16-18 ... 281
2:23 ... 58
3:4 ... 269
3:16-17 ... 156
3:17 ... 26, 27
4:1-11 ... 133, 180
4:19-20 ... 270
5:8 ... 258
5:17 ... 153, 161, 165, 179
5:34-35 ... 29
7:24 ... 173
7:24-27 ... 259
8:11 ... 162
9:2 ... 271
9:6 ... 272
10:29 ... 39
11:14 ... 160
11:23 ... 60
11:24 ... 127
11:28 ... 136
11:39-40 ... 60
12:6 ... 159, 179
12:28-29 ... 150
12:38 ... 33
12:39-40 ... 183
12:40 ... 33
12:40-41 ... 113
12:41 ... 33, 35, 183
12:42 ... 113, 158, 173, 180
13:44 ... 28
15:8-9 ... 246
16:18 ... 164, 254
17:5 ... 145
21:9 ... 158
21:25 ... 29
23:37 ... 165
23:37-38 ... 178
24:37-39 ... 60
24:38-39 ... 124
25:31-32 ... 182
25:31-34 ... 180
25:34 ... 119, 146
25:41 ... 146
26 ... 129
26:26-28 ... 56
27:46 ... 171
27:51 ... 142

27:59-66 ... 181
28 ... 129
28:18 ... 136, 167
28:19-20 ... 252
28:20 ... 248, 250

Marcos
1:6 ... 25, 160
1:11 ... 128, 161
1:15 ... 173, 178
1:27-28 ... 159
1:40-45 ... 160
1–3 ... 150
2:5 ... 247
2:23-28 ... 136
3:1-6 ... 136
3:6 ... 132, 165
3:20-21 ... 128
3:27 ... 157
3:32 ... 128
4 ... 173
4:1-20 ... 273
4:3-8 ... 273
4:9 ... 273
4:15 ... 273
4:16-17 ... 273
4:18-19 ... 273
4:20 ... 273
4:35-37 ... 271
4:38 ... 271
4:40 ... 271
4:41 ... 271
5 ... 150, 252
5:38-43 ... 160
6:19-25 ... 160
6:30-44 ... 272
7:24–8:10 ... 153
8:1-10 ... 272
8:31 ... 129, 170
8:34 ... 270
10:45 ... 130, 152, 165, 182, 275
10:46-47 ... 272
10:48 ... 272
10:51 ... 272
10:52 ... 272, 273
11 ... 274
11:1 ... 165
11:12-14 ... 274
11:14 ... 274
11:15-19 ... 274
11–12 ... 173
12:32 ... 173
12:36 ... 136
12:37 ... 159, 173
13 ... 178
14:1 ... 132
14:1-2 ... 134, 180
14:22-23 ... 275
14:22-24 ... 275
14:25 ... 162
14–15 ... 178
15:1-15 ... 181
15:15 ... 181
15:16-20 ... 167
15:24 ... 66
15:38 ... 249

Lucas
1:35 ... 128, 155
1–2 ... 152
2:1-7 ... 156, 266
2:4-7 ... 153
2:40 ... 155, 172
2:47 ... 172
2:52 ... 155, 172
3 ... 62
4:16-24 ... 162
7:11-17 ... 160
9:31 ... 26, 163
10:30-35 ... 190
10:30-37 ... 232
14:26 ... 29
15:11-32 ... 240
22:20 ... 133, 182, 275
23:34 ... 122
24:16 ... 45
24:27 ... 42, 45, 285
24:32 ... 45
24:44 ... 42, 258, 285
24:45 ... 46, 285
24:46-47 ... 46

Juan
1:1-3 ... 172
1:4 ... 173
1:11 ... 128, 246
1:14 ... 51, 138, 176, 269
1:29 ... 66, 113, 134, 140, 275, 289
1:46 ... 151
2:19 ... 159, 179, 254
2:19-21 ... 166
2:19-22 ... 51, 183
2:20 ... 179
2:21 ... 159
3:14-15 ... 77, 144
3:16 ... 121, 128
3:16-17 ... 166
3:29 ... 174
3:30 ... 160
4:13 ... 271
4:13-14 ... 248
4:14 ... 135, 271
4:15 ... 271
4:26 ... 271
4:29 ... 271
4:41-42 ... 271
5 ... 44
5:18 ... 44
5:19 ... 156, 172
5:19-20 ... 44
5:36 ... 44, 132
5:38 ... 45
5:39 ... 42, 45, 285
5:45 ... 45
5:46 ... 42, 45, 285
5:46-47 ... 45
6:1-15 ... 160
6:32 ... 36
6:32-33 ... 134
6:35 ... 253, 275
6:48 ... 272
6:48-51 ... 248
6:51 ... 113, 135, 272
6:53 ... 248
6:58 ... 248
7:5 ... 128
7:37-39 ... 137
8:12 ... 133, 137
8:29 ... 172
8:39-44 ... 122
10:1 ... 274
10:5 ... 274
10:8-11 ... 274
10:14 ... 174
10:16 ... 174
10:17 ... 130
11:38-44 ... 160
12:31 ... 157
12:32 ... 263
13:1 ... 274
13:3-5 ... 274
13:6 ... 274
13:8 ... 274
14:6 ... 249
14:26 ... 41
15:1 ... 36, 179
15:26 ... 41
16:7 ... 41

16:8-11 41
16:13-14 41
16:33 170
17:1 157
17:8 .... 141, 156, 176
19:24 171
19:28 171
19:30 .... 142, 178, 249
19:41 138
20:1-10 156
20:11-12 138
20:19-29 247
20:25 33
20:30-31 24
20–21 129

Hechos
1:3 46
1:8 .... 20, 252
1:14 128
2:1 137
2:25-28 46
2:34-35 46
3 276
3:1-3 275
3:6 275
3:7 276
3:8 275
3:22 .... 113, 145
3:26 145
4:25-26 46
7:43-44 33
7:44 34
7:52 176
7:52-53 176
8:30 46
8:31 46
8:32-35 46
9:4-5 144
10:9 276
10:9-11 276
10:12-13 276
10:15 276
13:14 46
13:22 156
13:27 46
13:33-41 46
17:2-3 46
23:25 33

Romanos
1:3 158
1:5 130
2:28-29 127
3:23 245
4:13 126
5 .... 61, 67, 68, 69, 75
5:12 .... 122, 245
5:12-21 61
5:14 .... 33, 34, 67, 113, 114, 120
5:20 68
6:3-5 125
6:17 33
8:1 .... 180, 253
8:13 252
8:18-21 118
8:20-22 166
8:21-23 119
8:31-34 168
8:31-39 .... 120, 175
8:37 252
8:39 261
9:22-26 267
16:20 167

1 Corintios
1:30 173
5:7 ... 30, 134, 161, 248, 289
6:19 .... 51, 159, 183
9:9 .... 25, 278
9:10-11 278
10:1-4 .... 194, 248
10:1-5 60
10:1-11 202
10:2-4 279
10:4 .... 113, 135, 248
10:5 279
10:6 .... 33, 34, 60
10:11 279
10:31 250
11:25-26 168
15:4 161
15:20 ...... 123, 137, 161, 168
15:23 119
15:25 .... 123, 150, 167
15:25-26 120
15:26 119
15:45 .... 68, 120

2 Corintios
3:14-16 52
4:16 256
4:17 170
11:2 120
11:3 120

Gálatas
2:14 259
3:13 152
3:16 .... 51, 128, 133, 258
3:29 .... 51, 255
4 .... 202, 217
4:1-7 51
4:6-7 255
4:24 .... 194, 279
4:24-26 247
4:24-31 279
4:25 247
4:28-29 247
4:30-31 247
4:31 279
5:16-25 252
6:15 127

Efesios
1:3 246
1:10 42
1:11 39
2:14-16 276
5:25-27 174
5:32 .... 120, 174, 261
6:10-20 252

Filipenses
1:6 182
1:21 170
2:8 128
2:9-11 .... 129, 167
2:10-11 171
3:9 121
3:10-11 258
3:17 33
3:18-19 182
3:21 258

Colosenses
1:15 120
1:15-16 42
1:16-17 172
1:17 39
2:3 173
2:9 156
2:11 127
2:16-17 .... 35, 137
3:17 250

1 Tesalonicenses
1:7 33

2 Tesalonicenses
1:10 ... 182
3:9 ... 33

1 Timoteo
2:5-6 ... 139
4:12 ... 33

Tito
2:7 ... 33

Hebreos
1:1-2 ... 145, 177
1:3 ... 120, 160, 171
3:7-11 ... 143
3:12 ... 143
4:8 ... 149
4:9 ... 136
4:9-11 ... 250
5:1-6 ... 141
7 ... 126
7:7 ... 126
7:9-10 ... 126
7:23-25 ... 141
7:24 ... 139
7:26 ... 113
7:26-27 ... 141
7:27 ... 141
8:1-2 ... 36
8:5 ... 33, 34, 35
8:8-12 ... 25
9 ... 35
9:4 ... 138
9:7 ... 141
9:11 ... 53
9:11-28 ... 35
9:12 ... 142
9:21-22 ... 35
9:23 ... 35
9:24 ... 35, 36, 46, 53, 139, 171
9–10 ... 47
10:1 ... 35, 46, 47
10:4 ... 140
10:10 ... 140
10:12 ... 141, 289
10:20 ... 142
10:31 ... 144
11:4 ... 122
11:5 ... 123
11:7 ... 124
11:8-9 ... 125
11:10 ... 126, 157
11:13 ... 125, 250
11:13-16 ... 51
11:14 ... 125
11:16 ... 125, 149
12:22 ... 157
12:24 ... 122
13:13 ... 280

1 Pedro
1:1 ... 250
1:10-11 ... 41
1:10-12 ... 285
1:12 ... 41
1:19 ... 169, 248
1:23 ... 280
1:24-25 ... 280
1:25 ... 281
2:4-5 ... 183
2:5 ... 159, 164
2:9 ... 162
2:21 ... 169
3:19 ... 156
3:20-21 ... 35
3:20-22 ... 124
3:22 ... 156
5:3 ... 33

2 Pedro
1:21 ... 40
2:4-10 ... 144
2:6 ... 127
3:7 ... 124
3:13 ... 167

1 Juan
1:5 ... 28
3:12 ... 246
4:8 ... 246

Judas
14-15 ... 123

Apocalipsis
1 ... 21
2–3 ... 21
5:5 ... 158
7:9 ... 129, 255
7:9-14 ... 153, 162
12:1-4 ... 281
12:5 ... 281
12:6 ... 281
12:14-17 ... 281
19:9 ... 121
19:16 ... 158
20 ... 21
20:2-3 ... 150
21 ... 21
21:1 ... 118
21:2 ... 121, 158, 179
21:4 ... 118, 158
21:8 ... 178
21:27 ... 119
21–22 ... 119
22 ... 57
22:1-2 ... 119
22:3 ... 119

40 preguntas sobre cómo interpretar la Biblia, ahora en una segunda edición revisada, examina los problemas más acuciantes que encuentran los creyentes y los nuevos estudiantes de la Biblia cuando intentan leerla y comprenderla. Robert Plummer proporciona primero información de trasfondo y consideraciones generales para la interpretación, y después examina géneros y temas específicos en los estudios recientes de hermenéutica. Al final de cada tema, aparece una guía de preguntas que estimulan el pensamiento y el diálogo. Esta segunda edición incluye nuevos capítulos e información sobre traducciones bíblicas, tendencias de interpretación bíblica y tecnología relacionada con la Biblia.

NUESTRA VISIÓN

Maximizar el efecto de recursos cristianos de calidad que transforman vidas.

NUESTRA MISIÓN

Desarrollar y distribuir productos de calidad —con integridad y excelencia—, desde una perspectiva bíblica y confiable, que animen a las personas a conocer y servir a Jesucristo.

NUESTROS VALORES

Nuestros valores se encuentran fundamentados en la Biblia, fuente de toda verdad para hoy y para siempre. Nosotros ponemos en práctica estas verdades bíblicas como fundamento para las decisiones, normas y productos de nuestra compañía.

Valoramos la excelencia y la calidad
Valoramos la integridad y la confianza
Valoramos el mérito y la dignidad de los individuos y las relaciones
Valoramos el servicio
Valoramos la administración de los recursos